퀄리티 투자,
그 증명의 기록

Investing for Growth
Copyright © Harriman House Ltd.
Originally published in the UK by Harriman House Ltd in 2020, www.harriman-house.com.

All rights reserved.
No part of this book may be used or reproduced in any manner whatever without written permission except in the case of brief quotations embodied in critical articles or reviews.

Korean Translation Copyright © 2022 by Water Bear Press Co., Ltd.
Korean language edition published in arrangement with Harriman House Ltd
through BC Agency, Seoul

이 책의 한국어 판 저작권은 BC에이전시를 통해
저작권자와 독점계약한 워터베어프레스에 있습니다.
저작권법에 의해 한국 내에서 보호를 받는 저작물이므로 무단전재와 복제를 금합니다.

퀄리티 투자,
그 증명의 기록

테리 스미스의 투자자 서한과 칼럼들

테리 스미스 지음
김진원 옮김
generalfox(변영진), 생각의여름(김태진) 감수

WATER BEAR PRESS

퀄리티 투자, 그 증명의 기록

초판 1쇄 발행 2023년 3월 24일
초판 3쇄 발행 2024년 3월 1일

지은이 테리 스미스
역자 김진원
감수 generalfox(변영진), 생각의여름(김태진)

기획 장동원 이상욱
책임편집 오윤근
디자인 김재은
제작 제이오엘앤피

발행처 워터베어프레스
등록 2017년 3월 3일 제2017-000028호
주소 서울 강서구 마곡서로 152 두산더랜드타워 B동 1101호
홈페이지 www.waterbearpress.com
이메일 book@waterbearpress.com
ISBN 979-11-91484-14-4 03320

* 책값은 뒤표지에 있습니다. 잘못 만들어진 책은 구입하신 곳에서 바꿔드립니다.

헨드릭스와 펠릭스를 위해

차례

감수사	11
추천사	25
한국어판 서문	30
서문	34

①	펀드 운용 보수	49
②	2010년 연례 투자자 서한	54
③	자사주 매입: 아군인가, 적군인가?	64
④	ETF는 생각보다 훨씬 심각하다	66
⑤	ASR	71
⑥	머독은 뉴스 코퍼레이션 지배를 포기해야 한다	74
⑦	뉴스 코퍼레이션: 가족 기업	76
⑧	UBS 대참사는 ETF의 위험성을 경고한다	80
⑨	위대한 도전자 '스모킹 조' 프레이저는 어떻게 시대를 대표하는 인물이 됐는가	83
⑩	2011년 연례 투자자 서한	88

⑪	트레이더가 소매 금융을 망친다	100
⑫	월스트리트 대폭락의 교훈	103
⑬	투르 드 프랑스의 교훈	108
⑭	2012년 연례 투자자 서한	111
⑮	무수익 위험: 왜 지루함이 최고인가	127
⑯	투자의 열 가지 황금률	130
⑰	마켓 타이밍: 절대 따라하지 마라	135
⑱	옥석 가리기	138
⑲	절세만을 목적으로 하는 투자는 하지 마라	141
⑳	너무 많은 종목은 포트폴리오를 망친다	144
㉑	투자금을 지키기 위해 비용을 억제하라	147
㉒	이런 표현을 사용하는 기업 주식은 사지 마라	151
㉓	퀄리티에 돈을 더 내는 게 안전한 이유	155
㉔	데자뷔가 다시 오고 있다	158
㉕	2013년 연례 투자자 서한	162
㉖	팩트만 말해요	180
㉗	셰일: 기적인가, 혁명인가, 아니면 악대차인가?	184
㉘	최악의 적은 자기 자신이다	188
㉙	빅 블루 투자자가 쥔 건 승리 패가 아닐 수도 있다	192
㉚	증조할아버지, 전쟁 전에 어디에 투자했어요?	196
㉛	MUGS가 있는데 BRICs를 왜 사나?	199
㉜	신흥국을 여행하는 히치하이커를 위한 안내서	203

33	테스코에서 울리는 경고 신호는 어떻게 무시됐나?	207
34	유레카! 펀드 이름 짓는 법을 알아냈다!	211
35	내가 은행주에 투자하지 않는 이유	215
36	제2의 테스코?	219
37	우리 모두 다 같이 기업 호키코키를	223
38	2014년 연례 투자자 서한	227
39	'주주가치'란 정확히 무엇인가?	240
40	주주가치는 목표가 아니라 결과다	244
41	천국에 이르는 세 계단	248
42	소고기는 어디 있어? 맥도날드의 불확실한 회복	251
43	경마 베팅에서 500번 승리한 알렉스 버드의 교훈	256
44	알렉스 퍼거슨 경의 성공이 주는 교훈	260
45	채권형 주식: 가지지 않고 배길 수 있을까?	264
46	배당 소득에 젖는 건 촌스러운 짓이다	268
47	목표에서 눈을 떼지 말자: 중요한 건 총수익이다	272
48	아무도 재무제표를 안 읽는데, 뭣 하러 분식회계를 하나?	277
49	훌륭한 제품과 서비스가 핵심이다	282
50	지난 5년간 펀드스미스에서 배운 것들	285
51	2015년 연례 투자자 서한	293
52	2016년에 가진 돈으로 딱 한 가지를 한다면	303
53	채권형 주식을 무시하면 안 된다	305
54	니프티 피프티의 교훈	309

(55) '안다는 걸 아는 것'에 집중하자 314
(56) 2016년 연례 투자자 서한 318
(57) 신흥국 ETF와 죽음의 아가리 329
(58) 주식 투자만의 독특한 장점 333
(59) 아스트라제네카가 테스코처럼 보이기 시작한다 336
(60) 2017년 연례 투자자 서한 341
(61) ESG? SRI? 그린 포트폴리오는 정말 친환경인가? 371
(62) 글로벌 주식 포트폴리오에 소형주를 넣으면 추가 위험 없이 가치를 증대할 수 있다 374
(63) 배당 소득은 필요 없다 380
(64) 주식이 채권보다 좋은 실적을 낼까? 385
(65) 2018년 연례 투자자 서한 389
(66) 펀드 운용에 관한 통념 417
(67) 2019년 연례 투자자 서한 421
(68) 긴급 투자자 서한: 팬데믹 441
(69) 절대 위기를 허비하지 마라 445
(70) 세상에는 두 부류의 투자자가 존재한다 449
(71) 결승선을 가장 먼저 통과하려면 453

부록 1. 2020년 연례 투자자 서한 458
부록 2. 2021년 연례 투자자 서한 476
부록 3. 2022년 반기 투자자 서한 494

일러두기
− 원서에는 각주가 없으며, 한국어판의 모든 각주는 독서의 편의를 위해 감수자가 달았다.
− 한글 전용을 원칙으로 하되, 필요한 경우에 원어나 한자를 병기했다.
− 인명 지명 등의 외래어 표기는 검색이 가장 용이하고 널리 사용되는 표기를 따랐다.
− 책·신문·잡지 등의 제목은 《 》, 논문·기사·사설 등의 제목은 〈 〉으로 표기했다.
− 국내 출간 도서명은 국내 출간 제목을 따랐고, 미출간 도서명은 원제에 가깝게 옮겼다.

| 감수사 |

한국에서 주목받는 투자자 대부분은 미국 출신이고 유명 투자서도 미국을 배경으로 하는 경우가 많다. 그래서 이 책의 저자 테리 스미스가 다소 생소한 사람이 많겠지만, 사실 영국 증권가에서는 그만큼 주목받는 인물도 없다.

테리 스미스가 보유한 펀드스미스 에쿼티 펀드 지분 가치는 2억 파운드 이상(2022년 1월 기준)이고 펀드스미스에서 받은 2021년 회계연도 보수 총액이 3,600만 파운드에 이른다. 즉, 현재 영국 증권가에서 가장 잘나가는 기관 투자자이자 기업가, 부자다. 그러나 그가 영국 증권가에서 주목받는 건 비단 이런 그의 실적 때문만은 아니다. 테리 스미스의 특별함은 그의 경력에서부터 드러나기 시작했다.

테리 스미스가 금융계에 발을 디딘 순간부터 펀드매니저였던 것은 아니다. 그는 카니프 유니버시티 칼리지University College Cardiff(현 카디프 대학교)에서 역사학을 전공하여 수석으로 졸업한 후, 바클레이즈에서 애널리스트로 투자업계에 첫발을 내디뎠다. 이때부터 그의 행보는 남달랐는데, 자기 직장인 바클레이즈 주식을 매도해야 한다는 보고서를 작성하기도 했다. 그는 UBS 필립스 앤드 드류UBS Phillips and Drew로 이직한 후 베스트셀러가 된 《성장을 부르는 회계》를 저술했다. 일부 기업이 주당순이익을 실제보다 좋아 보이게 만드는 회계 처리 방식을 논한 이 책에서 UBS의 고객이기도 한 기업들의 실명을 거론한 것이 문제가 되어 그는 해고당했다. 하지만 회계의 허점과 이를 악용하는 기업과 회계 관행에 관한 고발, 뒤따른 UBS와의 시끄러운 분쟁 덕분에 테리는 엄청난 명성을 얻으며 자타공인 영국 최고의 금융 애널리스트가 됐다. 그런데 그렇게 애널리스트로서 입지를 쌓은 그의 다음 선택은 일종의 스타트업 기업이었던 콜린스 스튜어트Collins Stewart에 합류하는 것이었다(그의 사원 번호는 9번이었다고 한다). 그는 이 회사가 2003년에 인수한 털릿 리버티Tullett Liberty(이 책 추천사에서 언급된 털릿 프리본은 이 회사를 다시 분할해 만든 회사다)의 채권단을 설득해 직접 투자 운용을 맡으면서 본격적으로 펀드매니저의 DNA를 발현하기 시작했다.

테리 스미스의 성과를 비판적으로 보는 사람들도 꽤 있는데, 그들의 논지는 "2008~2009년 금융 위기 이후 도래한 저금리 시대라든가 양적 완화가 미친 영향"(서문) 덕분에 펀드스미스가 성공할 수 있었다는 것으로 요약할 수 있다. 그들은 "금리 인상이 미칠 영향에 관한 그럴듯한 이야기를 담는 데 수조 개의 픽셀"(51장)을 사용하면서 펀드스미스 투자 철학이 미래에는 고전하리라고 점치기도 했다.

하지만 테리는 결과로 그런 비판을 무색하게 하고 있다. 2022년 6월 30일 기준 펀드스미스의 설정 후 누적 투자 수익률은 동 기간 시장 실적(MSCI 선진국 지수)의 두 배에 약간 못 미치는 451.5%다. 2022년 시장이 하락하면서 YTD 손실이 약 18%에 달했지만, 투자 실적이 여전히 시장을 크게 앞서는 건 분명하다. 그렇게 펀드스미스는 설립 11년 만에 260억 파운드, 약 41조 원 자금을 운용하는 영국 최대 뮤추얼펀드로 성장했다(2022년 1월 기준). 그가 '영국의 워런 버핏'이라고 불리기도 하는 이유다.

이 책은 그런 테리 스미스가 펀드스미스의 10주년을 기념해 그간 각종 금융지에 기고한 글과 연례 투자자 서한을 한데 모아 엮은 책이다. 특별히 이 한국어 번역서에는 저작권자의 허락을 얻어 2020년과 2021년 연례 투자자 서한과 최신 2022년 반기 투자자 서한도 번역해 첨부했다. 이 책을 통해 한국 독자도 영국 최고 주식 투자자 테리 스미스의 투자 철학과 사고방식, 투자 의사결정뿐 아니라 그의 해박한 지식을 맛볼 수 있을 것이다.

오늘날 테리 스미스와 펀드스미스가 갖는 가치와 특별함은 여러 차원에서 이해할 수 있다. 먼저 위에서 언급했듯 장기 투자와 퀄리티 투자가 통한다는 사실을 입증하고 있다는 점이다. 나아가 펀드스미스의 투자는 현재진행형으로, 확고한 철학에 기반한 여정을 앞으로 오랫동안 목격할 수 있는 가능성이 크다. 1953년생인 테리도 적은 나이가 아니지만, 워런 버핏이나 찰리 멍거와 비교하면 약 30년, 한 세대만큼 어리다. 게다가 테리는 이미 부자가 됐는데도 한동안 현직에 있고자 하는 열망을 드러낸다.

> 저는 수년 전에 분명히 은퇴할 수도 있었습니다. 저는 딱히 값비싼 라이프스타일을 지향하지 않습니다. 단지 제가 하는 일이 좋고, 그 일에 관심이 아주 많을 뿐입니다. 제 철학대로 투자금을 운용하고 투자와 기업, 시장에 관해서 배워 나가는 게 정말 즐겁습니다. 저는 골프도 안 치고 낚시도 안 합니다. 제가 기관 투자자가 아니었더라도 현재 펀

드스미스가 투자하는 방식 그대로 제 개인 자금을 운용했을 겁니다.*

    더 많은 개인 투자자가 저렴한 비용 구조에서 더 나은 투자 수익을 낼 수 있는 방향을 목표로 한다는 점에서도 가치가 있다. 월등한 실력을 갖춘 전문 투자자라면 자기 부를 극대화할 수 있는 수단, 즉 더 나은 보수 구조를 가진 헤지펀드나 폐쇄형 사모펀드의 형태로 투자 사업을 펼치는 것이 더 합리적인 선택일 것이다. 하지만 펀드스미스 에쿼티 펀드는 개방형 뮤추얼펀드로, 더 많은 사람과 함께하길 바라는 테리의 성향을 반영하고 있다. 나아가 장기간 보유하면서 타이밍과 관련한 거래를 많이 하지 않아도 되는 기업에 투자한다는 철학을 고수한다. 개인 투자자가 주식 시장에서 부자가 될 방법에 관해 테리와 펀드스미스를 참고하는 것이 복잡한 금융 기법이나 이색적인 금융파생상품을 사용하는 투자를 참고할 때보다 도움이 되리라고 본다.

    또한 테리가 거시 경제에 관한 예측이 펀드스미스의 투자 철학과 전략에 영향을 미치지 않는다고 말하면서도 뛰어난 통찰에 기반해 경제와 시장을 분석하는 글을 정기적으로 쓴다는 점도 의미가 있다. 특히 코로나19와 뒤이은 양적 완화 조처의 확대가 낳은 불가피한 결과, 즉 인플레이션의 위험이 엄습한 지금 50년 가까이 시장을 경험해 온 그의 통찰은 더 가치 있게 느껴진다.(부록 1, 2, 3) 현재 많은 투자자가 미래를 예상하고자 참고하는 과거 주식 시장의 역사를 통찰하는 대목은 가히 백미라 하겠다.(12, 54장)

    이 책에 담긴 테리의 투자 철학과 전략을 최대한 짧게 요약하면, '가

---

* FT Adviser, Terry Smith: How I built my £26bn fund, 2022. 1. 31.

격 대비 가치가 높고 오랫동안 보유할 수 있는 높은 퀄리티와 회복 탄력성을 갖춘 소수의 대형 승자 기업에 집중투자하면 결국 우수한 투자 실적을 낼 수 있다' 정도가 되지 않을까 싶다. 이 압축적인 문장의 키워드를 하나씩 떼서 곱씹어 보자.

'가격 대비 가치가 높고'

테리에 따르면 많은 투자자가 가치의 척도로 활용하는 주가수익비율(PER)은 "엉성한 대용 지표"에 불과하다. "밸류에이션이 낮다고 해서 가격 대비 가치가 높지 않을뿐더러 밸류에이션이 높다고 해서 가격이 비싸지는 않다."(67장)

테리가 PER 대신 가격 대비 가치의 척도로 활용하는 지표는 '잉여현금흐름 수익률'이다. 이는 "기업의 잉여현금흐름을 시장가치로 나눈" 값인데, 그는 책 전체에 걸쳐 주당순이익(EPS)과 이를 근거로 계산한 PER에 날 서린 비판을 퍼부었다.(주로 3, 36, 39장) 그의 전작인 《성장을 부르는 회계》가 주요 회계 속임수가 어떻게 EPS를 높이는지 파헤치는 내용이었다는 걸 고려하면 당연한 일이기도 하다.

이 내용은 매수 시점에 관한 통찰로도 이어진다. 테리에 따르면 "문제가 없는 기업은 없"고, "기업이 마주한 문제가 일시적이고 사소"하다면 저가 매수 기회가 된다. 물론 그 문제가 "실존을 뒤흔드는 위협"은 아닌지 판단하는 것은 각 투자자의 역량에 달린 문제긴 하다. 테리가 "투사의 열 가지 황금률"에서 첫 번째 계명으로 "완전히 이해할 수 없다면 투자하지 마라"를 꼽은 건 바로 그 때문이다.(16장) 기업과 해당 사업을 잘 모르는데 어떻게 문제의 심각성과 영향 범위, 지속성을 판단할 수 있겠는가? 물론 잘 아는 섹터와 기업이라고 해서 자동으로 승리로 가는 승차권을 확보하는 것은 아니다. 테리가 영국 최고의 금융 애널리스트였는데도 "은행주에 투자하지 않고, 앞으로도 절대 하지 않을 것"이라고 말한 이유를 생각해 볼 필요가 있다.(14장) 관련 지식이 있다고 해도 아직 충족해야 할 조건이 많이 남았다.

'오랫동안 보유할 수 있는'

테리는 펀드스미스가 중시하는 "훌륭한 기업" 지분을 갖게 됐다면 "영원히 보유"하길 희망한다.(65장) 물론 강조를 위한 표현이겠지만, 11년간 줄곧 보유해 온 종목이 일곱 개에 달할 만큼(2021년 12월 31일 기준) 장기 투자하는 것은 사실이다.

그렇다면 어떤 기업이 장기 투자의 대상일까? 이 대목에서 '훌륭한 기업'에 투자해야 할 이유를 하나 더 이해할 수 있는데, "형편없는 기업"을 매수한다면 그 이유가 무엇이든 "일이 잘 풀릴 때까지 기다리는 동안 가치는 꾸준히 스러진다."(41장) 미래 성장을 불러올 투자에 쓸 돈이 부족할 만큼 주주에게 과도하게 환원하거나(이에 대한 비판은 60장을 참고하라), 기업이 창출한 현금을 재투자 수익률이 낮은 곳에 사용하는 '재투자 위험'이 발생하기 때문이다.

여기서 테리는 "배당주가 무배당주보다 좋은 실적을 낸다"라는 통념을 깨기도 한다.(45, 46, 47장) 이 통찰은 다음 문장에 담겨 있다.

> 중요한 건 배당금이나 배당금을 재투자하는 그 자체가 아니다. 정확히 말하면 배당금 재투자 수익률이 투자 수익을 만든다.(46장)

배당을 거의 하지 않는 정책이 "사업 내에서 큰 이익을 낼 수 있는 재투자 기회를 반영하는 것이라면", "모든 이익을 유보하는 기업(버핏의 경우다)이 같은 상황에서 배당금을 지급하는 기업보다 좋은 실적을 낼 것"이라는 것이다.(47장)

논리적으로 재투자 수익률이 높은 기업에 투자하면 된다고 결론 내릴 수 있다. 그런데 그 수익률이 높다는 건 어떻게 판단하는가? 테리의 정의에 따르면, 재투자 수익률이 높다는 건 "자본비용을 웃도는 이익"을 낼 정도를 의미한다.(18장) 하지만 자본비용을 판단하는 건 투자자, 특히 개인 투자자에게는 막막한 일이다. 자기자본비용 같은 개념이 등장해서 그런데, 통념을 거부하는 테리는 어차피 자본자산 가격결정 모형, 즉 CAPM을 활용해서 "얻은 값도 잘해야 추정치에 불과하다"고 말한다.(39장) 테리가 제시하는 현실적인 해법은, "모든 경우의 자본비용을 앞설 만큼 사용자본이익률(ROCE)이 높은 기업에만 관심을 쏟으면 된다"는 것이다.(18장) 이들은 "현금 창출 능력이 높고, 그 현금흐름의 적어도 일부를 사업을 키우고 투자의 가치를 복리 성장시키는 일에 재투자할 수 있는 기업이다."(16장)

정리해보면 ROCE가 높은 기업이 '훌륭한 기업'일 가능성이 크다. 그렇다고 무조건 ROCE가 높은 기업에 투자하면 되냐하면, 당연히 그렇진 않다. ROCE를 '훌륭한 기업'의 정성적 요건과 함께 살펴보거나, 그 요건을 갖춘 기업 활동의 결과로 해석하는 것이 테리의 관점과 가깝다. "ROCE는 어쨌거나 하나의 재무비율일 뿐이다."(40장) 그렇긴 해도 테리는 재무제표 공시 수치를 먼저 따져서 ROCE를 살펴보고 기준에 부합할 때만 다음 단계로 나아가 이 기업이 무슨 사업을 하는지, 지속가능성이 큰지 따져보는 과정을 거치라고 말한다.

'높은 퀄리티'

테리는 어떤 규범이나 이론적 구분에 얽매이는 사람이 아니다. 펀드스미스 에쿼티 펀드가 업계 관행을 따르지 않는 것만 봐도 알 수 있다. 펀드스미스는 성과 보수를 받지 않고, 선취 보수를 받지 않으며, 부채나 파생상품을 이용해 투자하지 않는다. 공매도와 마켓 타이밍도 하지 않고, 인덱스 추종도 하지 않으며, 트레이딩과 헤징 전략을 구사하지도 않는다.

이렇게 기존의 개념틀에 얽매이지 않는 테리가 선택한 '훌륭한 기업'의 기준은 '퀄리티'다. 그는 "퀄리티 투자가 펀드스미스의 접근법을 더 적절하게 담아내는 개념"(서문)이며 "훌륭한 수익을 내기 위해 가장 중요한 건 퀄리티"(49장)라고 말한다.

일반적으로 '고퀄리티 기업'은 기업의 자본 배분과 자본이익률, 성장원, 경영진, 산업 구조, 소비자 편익, 경쟁우위 면에서 우수한 기업을 말한다. 여기에 테리식 정의는 "저가와 반복 구매, 상대적으로 예측 가능한 일상적인 일에 기반한 제품과 서비스를 판매·공급"하는 기업이 더해진다.(25장) 그래서 펀드스미스는 이를 다 갖춘 필수 소비재 기업을 선호하지만 "이 주식들이 최고가를 경신하고 있을 때조차 포트폴리오에서 차지하는 비중이 절반에도 미치지 못"(서문)할 만큼, 필수 소비재만 고퀄리티 기업 요건을 충족하는 건 아니다.

펀드스미스 에쿼티 펀드는 일반적인 섹터 분류상 '제약'에 속하는 의료기기 기업 투자 비중도 높은 편이다. 이를 보고 테리를 단순히 성장주 투자자로 오해할 수 있는데, 그는 제약사의 임상시험 통과 확률을 직접 계산해서 보여주고(44장) "어떤 종목도 보유하지 않는다"라고 언급할 만큼 제약 섹터에 비판적이다.(48장) 상당한 분량을 할애해 아

스트라제네카의 실상을 파헤치는 대목에서도 잘 드러난다.(59장)

그렇다면 펀드스미스의 대표 투자 사례인 스트라이커는 어떻게 설명할 것인가? 스트라이커는 제약이 아니라 의료기기·장비 사업을 하는 회사다. C. R. 바드 역시 카테터라는 소모품을 주로 판매하는 회사다. 이 섹터의 '반복 구매'라는 특성이 테리에게 꽤 매력적인 듯하다. 또 다른 대표 투자 사례인 아이덱스 역시 넓게 보면 이 특성을 공유한다고 할 수 있다.

테리는 위 '고퀄리티 기업'의 요건을 기술, 즉 테크 섹터까지 확장한다. 1953년생인 사람에겐 그리 쉽지 않을 일일 텐데, 마이크로소프트와 페이팔, 인튜이트, 페이스북 등의 투자 사례가 이에 해당한다.(26장, 60장, 65장) 특히 마이크로소프트는 "힙하지 않고 유행의 첨단을 걷고 있지 않으며, 애플이 가진 디자인 감각이 없기에 성공할 자격이 없다고 생각"(26장)하는 많은 사람이 무시하는 대목, 즉 사업을 잘한다는 측면을 보고 투자한 사례다.

요컨대 고퀄리티 기업을 파악하기 위해선 단순히 다른 사람과 반대로 하는 '역투자'가 아니라 "팩트에만 집중"할 수 있는 "역발상 투자자의 외로움"을 받아들여야 한다.(16장)

'회복 탄력성을 갖춘 소수의 대형 승자 기업'

테리는 예측 가능성을 아주 중요하게 생각한다. '퀄리티 기업'의 정의에서도 이 면모가 잘 드러나는데, 그는 "오랜 세월 뛰어난 회복 탄력성을 보인 기업에 투자"한다.(2장) 코로나19 팬데믹을 맞아 긴급 발송한 투자자 서한에서도 언급했듯이, "일단 살아남아야 앞으로 무슨 일이 일어날지도 알 수 있다."(68장) 회복 탄력성을 갖춘 기업은 오랫동안 숱한 위기를 다 이겨내고 살아남아 끈질긴 생명력과 퀄리티를 입증했다. "지난 148년간 사업을 하면서 단 한 번의 적자만 기록"한 네슬레가 대표적이다.(43장)

이런 기업에 투자하는 건 "누가 승리할지 예측하기보다, 이미 승리한 기업에 베팅"하는 방식이다.(43장) 이들은 지난 세월 훌륭한 사업 실적을 기록한 덕분에 규모가 크고 유동성이 높은, 이미 잘 알려진 기업일 가능성이 크다.

다른 투자자가 아직 알아채지 못한 투자가 높은 수익을 낸다고 생각하기 쉬운 역발상 투자의 유혹을 고려할 때, 대형주에만 투자한다는 테리의 전략은 의아함을 자아낸다. 게다가 아무도 모르는 나만의 종목, 시간이 지나 더 많은 사람에게 알려져서 남들에게 자랑할 수 있는 종목에 투자하고 싶은 열망을 다스리는 건 아주 힘들다(감수자들도 그랬다). 하지만 기업이 창출하는 이익과 미래 성장을 지속할 '예측 가능성' 측면에서 볼 때 "상대적으로 안전한 전략"이 될 수 있다.(10장)

그래서 펀드스미스 포트폴리오 기업은 '평균 연령'은 2021년 말 기준 96세에 이른다.(부록 2) 물론 이들의 평균 연령이 갈수록 젊어진다는 데서 다소 변화가 있긴 하다. 기존의 필수 소비재 중심 포트폴리오에 여러 테크 섹터에 속하는 젊은 기업을 편입한 결과인데, 이런 변화가 투자 지평이 넓어지고 미래 성장에 투자한다는 의미가 있음에도 테리는 "평균 설립 연도가 급등해 20세기로 진입하니 다소 우려스럽다"라며 불편함을 드러내기도 했다.(14장)

'집중투자'

앞선 과정들을 거쳐 '훌륭한 기업'을 찾아냈다면 집중투자하는 것이 옳다고 테리는 말한다. 여기서 테리는 현대 포트폴리오 이론의 핵심 가정을 비판한다. 그에 따르면 포트폴리오 "종목 수가 20~30개에 이를 때쯤이면 가능한 만큼의 위험 감소 효과를 이미 달성한 뒤다." 여기서 종목 수를 더 늘려도 추가 헤징이 별로 안 될뿐더러, "퀄리티 면에서 타협해야 할 여지가 늘기 마련이다."(20장)

그렇다면 성장 가능성이 크다고 확신하는 단일 섹터에 투자하는 게 나은 대안 아닌가? 펀드스미스 에쿼티 펀드가 영국 투자협회 글로벌 섹터에 속한 펀드 중에서 5개년 실적 기준으로 오랫동안 3위를 기록한 건, 순위가 높은 두 펀드가 헬스케어 섹터 특화 펀드였기 때문이다. 이들 펀드는 동 기간 해당 섹터가 우수한 투자 실적을 내면서 그 성과를 100% 반영할 수 있었다. 하지만 테리의 집중투자가 "단일 섹터에 집중"한다는 걸 의미하지는 않는다. 오히려 "감수하고 싶지 않은 위험"이라고 했다.(49장) 이 책 20장에서 펀드스미스 에쿼티 펀드의 편입 기업 수에 20~30개 상한선을 부여한 것도 같은 맥락이다.

'결국 우수한 투자 실적을 낼 수 있다'

여기서 중요한 말은 '결국'이다.

테리는 많은 투자자가 "시장 사이클의 저점 근처에서 매수해 고점 근처에서 매도하는 전략"인 '마켓 타이밍'을 할 수 있다는 환상에 젖어 있다고 비판한다.(16장) 그는 이 책에서 "그걸 해내는 사람이 존재하더라도 극소수"라고 여러 차례 강조하며 본인은 그 극소수에 속하지 않는다고 솔직히 털어 놓는다.(17장)

대신 더 먼 미래에 일어날 가능성이 큰 결과를 기다리는 편을 택했다. 펀드스미스 에쿼티 펀드의 "천국에 이르는 세 계단" 중 그가 "가장 힘든 지점"이라고 표현한, "아무것도 하지 마라"라는 원칙이다.(41장) 예컨대 그는 현시점에 기업의 훌륭함을 보여주는 지표(잉여현금흐름 수익률이든 ROCE든)뿐 아니라 향후 수년간(최소 5년)의 성장도 고려한다. 만약 어떤 기업의 현재 잉여현금흐름 수익률이 낮다고 하더라도 향후 5년간 증가할 것으로 확신한다면 테리는 그 기업에 투자할 것이다. 다시 말해 그의 가치 평가 방식은 현시점의 정적인 상태에 관한 판단만이 아니라 미래 성장도 반영한다.

그가 테크 섹터의 여러 '훌륭한 기업'에 투자하면서 다소 변화한 측면도 있다. 소프트웨어나 IT 기업은 주로 연구개발이나 마케팅에 투자해 미래 독점적 사업권을 구축하려고 시도하는 경우가 많다. 본질적으로 성장을 위한 투자 지출이지만, 상당 비중을 당기 비용 처리한다. 따라서 오늘의 투자 지출이 미래에 가져올 성과는 현재 시장에서 저평가받는 경향이 있다. 마이크로소프트만큼 논란이 됐던 페이스북 사례가 대표적이다.(65장)

아무것도 하지 않는 것은 의사결정의 수를 줄일 뿐 아니라 거래비용을 줄인다는 이점도 있다. 그가 연례 투자자 서한에서 '투자 총비용(TCI)'이라는 자체 기준을 마련해 투자의 종합적인 비용을 보고하려 노력한 이유도 여기에 있다. "투자자가 돈을 버는 방법은 사실상 펀드가 보유한 기업 주식의 시세 차익과 배당금뿐이다. 거래비용은 투자수익을 떨어뜨리므로 여러 펀드를 비교할 때 꼭 고려해야 한다."(25장)

왜 아무것도 하지 않는 "지루함이 최고"(15장)인지에 대한 답은 다음 두 문단에 압축되어 있다.

훌륭한 기업의 주식을 보유하더라도 그 사업의 강점이 결국 주가에 반영되지 않으면 별 소용이 없다. 하지만 기업 심층 펀더멘털의 경제성은 배제하고 주가 움직임에만 계속 집중하는 태도는 건전하지도 않고 쓸모도 없다. 장기적으로 보면 하나가 다른 하나를 따를 텐데, 펀더멘털이 주가에 후행하지는 않는다.(51장)

우리는 대체로 투자 기업의 주가 실적이 그 기업의 잉여현금흐름 실적을 추종하는 유형을 선호한다. 밸류에이션 확장으로 이룬 성과는 장기적으로 보면 결국 제자리로 돌아오는 유한한 게임인데, 우리는 포트폴리오를 장기간에 걸쳐 운용하기를 바라기 때문이다.(14장)

테리는 지난 2014년 모리셔스섬으로 이주한 이후로 거기서 대부분 업무를 수행하고 있다. 이를 단순히 부자가 초호화 별장에 자기 왕국을 건설했다는 식으로 보면 곤란하다. 테리는 "네브래스카주 오마하에서 운용할 때 갖춘 미덕"을 보여준 워런 버핏과 "바하마의 나소에서 펀드를 운용했던" 존 템플턴 경을 본받아, 단기 실적에 집착하는 사람들로 가득 찬 중심지에서 멀어져 인내심을 실천하기 위한 장소로 모리셔스를 택했다.(66장)

각자 개인 별장이나 제3의 공간이 있다면 더 좋겠지만, 자기 집에서도 이 의도적 차단을 할 수 있다. 테리가 '투자의 열 가지 황금률'에서 제시한 마지막 계명인, "주가 흐름 때문에 심난하면 화면을 꺼라"를 실천하면 된다.(16장)

워터베어프레스 장동원, 이상욱 대표님과 우연히 만나 이 책을 감수할 기회를 얻었다. 현업 종사자가 아닌 터라 순전히 테리에 대한 팬심과 우리 투자 공부에도 도움이 되겠다는 마음으로 호기롭게 뛰어들었다. 테리와 워터베어프레스에 누가 되지 않도록 최대한 리서치하고 독자의 이해를 도울 수 있는 주석과 자료를 담느라 많은 시간을 썼지만, 언제나 모든 일에는 아쉬움이 남는 법이다. 그나마 이미 지나간 과거에 관한 기록이라, 리서치로 우리 감수자의 부족한 부분을 일부 채울 수 있었다는 사실이 다행스럽다.

또한 테리와 비슷한 투자 철학을 가진 닉 슬립Nick Sleep과 콰이스 자카리아Qais Zakaria의 《노마드 투자자 서한》을 편역하면서 같은 영국 투자자를 이해하는 데 도움이 됐다. 물론 특정 기업이나 섹터에 관한 견해에는 차이가 있지만, 투자 철학 면에서는 맞닿는 지점이 더 많다.

게다가 투자와 직접 관련이 없는 학문을 전공한 사람들의 공통점인지, 다양한 분야를 넘나들며 펼쳐내는 지식의 범위와 깊이도 닮았다. 특히 투르 드 프랑스(13장)나 여러 스포츠에서 투자의 통찰을 얻는다는 점에서 더욱 그러하다. 물론 축구 팬인 우리 감수자 입장에서는 테리 쪽이 더 재밌긴 했지만 말이다.

모쪼록 테리와 펀드스미스의 훌륭한 투자 여정을 담은 이 책이 한국 독자의 투자 철학 정립에 도움이 되길 바란다. 물론 투자 철학과 스타일이 각자 삶의 여정을 반영하는 총체적 산물이라고 생각하는 터라, 테리와 펀드스미스가 무조건 정답이라고 생각하지는 않는다. 하지만 투자 철학에 존재하는 이분법적 구도, 즉 성장과 가치의 논쟁에 지친 투자자에게 유력한 대안이 되리라는 점은 분명하다.

generalfox(변영진), 생각의여름(김태진)
개인 투자자, 《노마드 투자자 서한》 편역자

| 추천사 |

2011년 11월, 테리 스미스가 펀드스미스Fundsmith를 설립하고 1년쯤 지났을 때였다. 그는 내게 이런 부탁을 해 왔다. "무시무시한 레프트훅을 자랑하는 전 헤비급 권투 챔피언 '스모킹 조' 프레이저Smokin' Joe Frazier가 세상을 떠났다는 소식을 듣고 애도하는 글을 썼습니다. 《파이낸셜 타임스》에 실을 수 있는지 한번 봐주시겠습니까?"

테리가 이런 요청을 하는 일은 정말 드물다. 하지만 유능한 신문 편집자라면 잘 안다. 독자가 뜻밖의 내용을 반긴다는 점을. 더욱이 내가 알기로 테리는 열혈 권투 예찬론자에 권투 박사였다(한번은 자선 기금을 모을 요량으로 함께 링에 오르자고 나를 살살 구슬리기도 했다. 그 제안을 거절한 건 아주 현명한 판단이었다).

테리의 요청을 받아들여 고인을 기리는 헌사를 《파이낸셜 타임스》에 실었다. 그 글에는 삶의 핵심을 파고드는 진실이 담겨 있다. 테리는 조 프레이저가 그토록 위대한 인물이 될 수 있었던 이유를 그가 경쟁했던 상대(조지 포먼George Foreman과 무하마드 알리Muhammad Ali)와의 관계와 그들과 치른 시합의 의미에서 찾을 수 있다고 썼다. "우리를 징의하는 건 우리가 겨루는 상대라는 점을 명심해야 한다. 그 상대가 권투 선수든, 은행가든, 정치인이든."

지난 15년 동안 내가 그랬듯, 테리 스미스의 진가를 아는 사람은 그가 경쟁심이 매우 강하다는 걸 잘 안다. 산악자전거를 타고 프랑스 알프스를 오를 때나, 바닷가 안뜰에서 킥복싱을 할 때나, 경쟁 관계에 있는 주식 브로커나 펀드매니저와 맞붙을 때나 경쟁심만큼은 누구에게도 뒤지지 않는다. 테리를 정의해 온 것 역시 상대였다. 훌륭한 상대, 준수한 상대, 그저 그런 상대 모두. 하지만 테리를 독보적이게 하는 건 거침없이 이어 온 승리가 아니다. 어떤 입장을 취할 때 선택한 원칙이다.

40년 이상 금융 서비스 산업에 몸담으며 커리어를 쌓아 온 동안 테리는 상대를 링 구석으로 몰아넣는 '스모킹 조'만큼이나 위협적인 존재였다. 자기가 보기에 복잡한 상품 판매 전략이나 분식 회계로 투자자를 혼란하게 하거나 현혹하며 무능이란 죄를 범한 사람에게는 '특별 대우'를 해주었다. 테리는 물불 가리지 않는 '퀄리티quality'의 수호자다. 그에게 퀄리티는 곧 참된 가치다.

테리는 늘 자신이 약속한 (적잖은) 말을 행동으로 옮겼다. 뉴질랜드 출신 최고의 공군 조종사이자 브리튼 전투Battle of Britain의 숨은 영웅인 키스 파크 경Sir Keith Park을 기리는 기념관을 런던에 설립하고자 홀로 활동을 조직했다. 또한 털릿 프리본Tullett Prebon을 뛰어난 인터딜러 브로커inter-dealer broker[•]로 키워낸 뒤 제 발로 걸어 나와 펀드스미스를 설립했다. 이어 펀드스미스에서 건실한 기업에 투자하려는 헌신적인 노력이 승리 공식임을 입증했다. 아직은 큰 인기를 얻지 못하고 있지만.

• 개인이 아닌 브로커 딜러, 딜러 은행 및 기타 금융기관 간의 거래를 쉽게 해주는 전문 금융 중개자.

테리의 간결한 설명을 보자.

> 훌륭한 제품과 서비스를 제공하고, 시장점유율이 높으며, 뛰어난 수익성과 현금흐름을 구가하고, 제품개발에 힘쓰는 훌륭한 기업.

10년 전 펀드스미스 출범 당시 상황은 썩 좋지 않았다. 각국 중앙은행이 전례를 찾아보기 힘들 정도로 시장에 개입한 덕분에 2007~2009년 글로벌 금융 위기의 여파가 다소 누그러지기는 했지만 경기 회복을 확신하기에는 아직 일렀고, 유럽은 국가 부채 위기로 호된 몸살을 앓고 있었다. 이듬해부터 펀드스미스가 차츰 번창하며 펀드 운용 산업에 만연한 여러 안일한 가정에 이의를 제기하기 시작했다.

첫 번째 잘못된 통념은 알고리듬이 세상을 지배하기 때문에 패시브 투자passive investing를 대체할 만한 유의미한 대안이 더 이상 없다는 것이다. 상장지수펀드exchange-traded funds, ETF의 대두가 대표적이다. ETF는 그야말로 기하급수적으로 성장했는데, 이른바 '액티브' 투자active investing에 비해 표면적으로는 훨씬 안정적인 투자 수익을 보장한다. 하지만 펀드스미스는 블랙록BlackRock이나 피델리티Fidelity, 뱅가드Vanguard 같은 거인들 곁에 수익성 있는 틈새시장이 존재함을 입증했다.

두 번째 잘못된 통념은 이른바 가치 투자value investing가 명을 다했다는 것이다. 그 고발을 뒷받침하는 주요 증인이 바로 오랫동안 영국의 총아Britains' golden boy로 환대받았던 닐 우드퍼드Neil Woodford다. 분명 우드퍼드는 인베스코Invesco에서 물 만난 고기 같았다. 하지만 2014년 독립한 이후의 투자 실적은 또 다른 영국의 총아인 빌리 워커Billy Walker와 별반 달라 보이지 않는다. 영국 스테프니 출신 헤비급 권투 선수로

'금발의 폭격기the Blond Bomber'라고 불리던 워커는 글러브를 벗고 영화계로 진출했지만, 배우로서의 수명은 길지 못했다. 사실 우드퍼드가 몰락한 이유는 그가 자만심에 차서 유동성이 낮은 주식에 무분별하게 투자했기 때문이다. 정통한 개별 종목 투자자stock picker가 항상 우드퍼드와 같은 결말을 맞는 것은 아니다.

세 번째 잘못된 통념은 자산 배분을 최우선으로 고려해야 하고, (공공연히 입 밖에 내지는 않지만) 중소형주를 포트폴리오에 편입하면 감당하기 힘든 수준의 위험이 발생한다는 것이다. 사실 테리가 2018년 8월 《파이낸셜 타임스》에 쓴 글에서 주장했듯 "중소형주를 포트폴리오에 편입하면 추가 수익을 내면서도 위험 수준은 낮추는, 언뜻 불가능한 위업을 달성할 수 있다. 이는 의심의 여지가 없다." 이 말은 펀드스미스의 중소형주 펀드 스미스슨Smithson 출시를 어느 정도 염두에 두고 한 말임은 분명하다. 하지만 이후 펀드의 실적이 테리의 말을 증명했다.

네 번째 잘못된 통념은 블루칩 기업은 건드릴 수 없을 만큼의 인정을 받아 마땅하다는 것이다. 테리는 몇 번이나 통념에 도전하겠다는 의지를 불살라 왔다. 미국의 IBM이나 영국의 테스코Tesco 같은 국가 대표급 기업과 대결하면서 기초 실적과 수익성을 가차 없이 파헤쳤다. 돌이켜보면 테리의 예리한 분석은 정말이지 놀라운 선견지명이었다.

내가 보기에, 테리의 '두려움이나 치우침 없는' 종목 선정 방식과 내가 저널리즘에 접근하는 방식에는 닮은 점이 있다. 우리 둘 다 대학에서 역사를 전공했을 뿐 아니라 말로 소통할 때는 솔직하게, 글로 표현할 때는 단순하게 다가가려는 직업인이다. 사실 내 초창기 편집장 경력은 2005년 말 테리와의 첫 만남을 빼놓고 말하기는 힘들다. 당시 우리는 내가 전임자한테 인계받은 골치 아픈 법적 분쟁을 매듭지었다.

테리가 내게, 그리고 아마도 다른 많은 이들에게도 가르쳐 준 점은 위험을 무릅쓰고 투기 산업에 발을 들이더라도 투자 수익을 거의 올릴 수 없다는 것이다. 세상은 우리가 본디 알 수 없는 일투성이다. 물론 이런 현실이 많은 사람, 특히 기자들이 탁상공론이나 일삼는 예측 전문가가 되는 걸 막지는 못한다. 뉴스와 논평이 실시간으로 전 세계로 퍼지는 소셜 미디어 시대에 너무나도 많은 이들이 미래에 대해 의견을 낸다. 단순한 예측을 넘어 상황에 영향을 미치기 위해서다. 이는 언론의 자유에 반기를 들려는 주장이 아니다. 오히려 얼빠진 발언이나 미디어에 등장하는 평론가가 상대적으로 해롭다고 일깨우는 경고에 가깝다.

그래서 내게는 향후 10년간 펀드스미스가 어떤 운명을 맞을지 말하지 않아도 되는 완벽한 명분이 있다. 나는 자유민주주의의 향방을 걱정하는 큰 그림을 보는 사람이기에 당분간 말을 아껴야 한다. 브렉시트Brexit 자체나 영국 입장에서 그것이 갖는 의미에 대해서도 내놓을 지혜가 부족하다. 끝으로 아마추어 경제학자에 불과하기 때문에 인플레이션의 귀환을 두고 벌어지는 논쟁에 기여할 수 있는 부분도 없다. 그저 아이작 뉴턴Isaac Newton 경의 물리학 제3법칙을 기억하며, 중앙은행의 특별 조치가 어느 순간 어떤 형태로든 반작용을 낳을 수밖에 없다고 한마디 보탤 뿐이다.

그나저나, 투자자와 지지자에게 중요한 단어는 딱 세 개다.

생일 축하합니다, 펀드스미스!

라이오넬 바버
2005~2020년 《파이낸셜 타임스》 편집장

| 한국어판 서문 |

《퀄리티 투자, 그 증명의 기록》이 한국어로 출간된다니, 감개무량하다. 2020년 9월 이 책을 출간한 후 중국을 제외한 전 세계는 코로나19와 뒤이은 락다운, 여행 금지 조치에서 벗어나기 시작했다. 그 결과 인플레이션이 급증했는데, 이 글 작성 시점에 미국의 인플레이션율은 8%가 넘는다. 코로나19가 초래한 공급 제한이 집 안에 머무는 시간이 늘면서 소비 지출이 줄었던 소비자의 수요 증가 및 중앙은행의 양적 완화 정책 시행과 맞물리면서 나타난 결과다. 이 조합의 폭발력이 성에 차지 않는다는 듯, 러시아는 2022년 2월 우크라이나를 침공해 에너지와 다른 원자재 가격에 큰 충격을 더했다.

 미래 사건, 나아가 시장이 그 사건에 대응하는 방식을 예측하는 능력에 근거해 투자하는 사람들에게는 실로 어려운 상황이 펼쳐졌다.

 하지만 펀드스미스의 투자 전략과 펀드가 어떤 시점에서는 시장에 뒤처지는 성과를 낼 수도 있고, 우리가 보유하지 않고 앞으로도 그럴 일이 없을 섹터에 속한 소위 '가치'주로의 순환에도 뒤처질 수 있다는 걸 펀드스미스 설립 때부터 예측했고 이 책 서문에서도 다뤘다. 이런 예측이 틀렸다고 판명 난다면 기쁘겠지만, 우리 예측이 현실이 되리라는 것은 자명하다. 모든 투자 전략은 발상이 얼마나 훌륭한지, 얼마나 잘 실행하는지와 관계없이 시장에 뒤처지는 투자 실적을 내는 시기를 겪을 수밖에 없다. 그렇지 않으면 그 전략을 사용하는 펀드로 자금이 더 많이 유입되어 파멸로 향하는 자기충족적 예언의 기수가 된다.

	총수익률 (2022.1.1.~2022.8.31., 파운드화 기준)	총수익률 (2010.11.1.~2022.8.31., 파운드화 기준)
나스닥	−11.6%	646.1%
S&P 성장 지수	−10.0%	582.8%
펀드스미스 에쿼티 펀드 (T클래스 배당재투자)	−12.4%	487.4%
S&P 500	−2.4%	481.8%
다우 존스	2.5%	419.7%
S&P 은행 지수	−7.3%	371.2%
S&P 가치 지수	6.1%	369.1%
S&P 원자재 지수	−2.1%	290.2%
S&P 에너지 지수	72.9%	176.6%
S&P 항공사 지수	−5.9%	107.0%
S&P 금속·광업 지수	−6.6%	70.8%

위 표에서 드러나듯 2022년에 우리 펀드와 성장 투자 전략은 가치 투자 전략과 가치주가 대다수인 섹터에 뒤처지는 투자 실적을 올렸다. 하지만 가치주로 순환하는 전략에서 눈에 띄는 실적을 낸 에너지 섹터가 우크라이나 사태로 급상승세를 탔다는 사실에 주목해야 한다. 또한 가치 투자 전략으로 선회하기 전에 위 표에서 오른쪽 열의 수치를 살펴볼 필요가 있다. 이 가치주가 지난 오랜 세월 저조했던 실적을

만회하려면 지금처럼 시장을 앞서는 실적을 아주 오랫동안 지속해야 한다. 영국 에너지 섹터 상장기업 중 최대 규모를 자랑하는 BP와 쉘의 주가가 상승했지만 1990년대 고점 수준을 거의 회복했을 뿐이라는 사실에서 잘 드러난다. 쥐구멍에도 볕 들 날이 있지만, 그것이 견실한 장기 투자 전략의 기초가 되기는 힘들다.

나아가 금리 상승이야말로 2022년 성장·퀄리티주와 경기 순환·가치주 간 주가 실적에 격차가 발생한 가장 명백한 원인이었다. 금리 상승기에 장기 자산의 가격은 단기 자산보다 더 큰 폭으로 하락하기 마련이다. 장기 채권은 현재가치를 계산하는 과정에서 미래 이자 수입이나 이익에 적용하는 할인율, 곧 금리가 증가하므로 단기 채권보다 그 가격이 더 큰 폭으로 하락한다. 주식도 비슷하다. 높은 PER을 가진 고평가된 기업은 금리가 상승하면서 미래 이익의 가치가 평가절하돼 더 먼 미래의 이익까지 할인해야 하므로 저평가된 가치주보다 주가가 더 큰 폭으로 하락한다. 그 결과 우리 포트폴리오의 밸류에이션이 5년 전과 비슷한 수준으로 하락했다.

내게는 미래 거시경제나 지정학적 사건, 나아가 시장이 그것에 어떻게 반응할지를 알아맞힐 통찰력이 없다. 우리가 경기 침체나 약세장에 돌입한 것인지 확신할 수 없을뿐더러 인플레이션이 어느 정도에 이를지, 이를 진압하는 데 필요한 금리 수준이 어느 정도인지도 알지 못한다. 대신 펀드스미스는 예측이 옳았다고 판명 날 몇 안 되는 일에 집중하고자 하는데, 바로 투자하는 기업의 펀더멘털 실적이다. 지금 승리를 선언하는 것은 이번 경기 하락 국면에서 시기상조인 것이 확실하기는 하지만, 현재까지 우리 투자 기업의 펀더멘털 실적은 견고했다. 금리나 인플레이션의 수준이 아니라 바로 그 펀더멘털 실적이 우리 펀드의 장기 투자 실적을 결정한다.

분명히 말하건대 많은 시장 참가자와 달리 우리는 투자한 기업이 하락세를 겪지 않지 않으리라고 생각하지 않는다. 나아가 하락이 실제 일어나더라도 여러분에게 조언하듯이 늘 평정을 유지할 것이다. 오히려 우리 투자 기업이 경기 사이클의 저점에서도 그런대로 괜찮은 자본 이익률을 올릴 것이라고 예상한다.

그렇기는 해도 경제와 시장 상황 때문에 한동안 순탄치 않은 시간을 보낼 가능성이 커 보인다. 여러분에게 두 가지 생각할 거리를 주고 싶다.

- 통화 정책은 너무 느슨하거나 지나치게 꽉 조이는 두 가지 방향밖에 없다는 이론이 있다. 과거 통화 정책이 너무 느슨했는지 논의할 필요는 없다고 생각하지만, 만약 그것이 사실이라면 앞으로는 지나치게 꽉 조이는 방향이 될 것이다. 이러한 맥락에서 인플레이션 자체보다는 그 결과로 발생하는 경기 침체가 가장 우려스럽다. 우리가 투자하는 유형의 기업은 평균적인 기업보다 그 역경을 무사히 헤쳐 나갈 수 있다고 생각한다.
- 시장은 '할인 메커니즘'으로 미래를 할인한다. 차트 투자자인 브라이언 마버Brian Marber의 관찰에 따르면 경기 침체라는 결말을 맞는 유일한 시장 유형은 약세장이다.

두 가지 생각을 종합해 볼 때, 나는 낙관적인 태도를 견지하고 있다.

테리 스미스
2022년 8월

| 서문 |

첫 10년에서 배운 것들

나는 펀드스미스 창립 10주년을 기념하며 이 책을 출간하기로 결심했다. 그동안 지면에 실었던 글과 펀드스미스 에쿼티 펀드Fundsmith Equity Fund 투자자에게 보낸 연례 서한을 함께 엮었다.

   펀드스미스는 첫발을 내디딜 때부터 투자자와 직접 소통하는 것을 중요하게 생각했다. 우리 투자 전략과 실적, 진행 중인 일에 관해 다른 중개자의 입을 빌리지 않고 설명할 수 있는 최고의 기회이기 때문이다. 이는 종종 찾아오기 마련인 일이 부득이하게 잘 풀리지 않는 상황에서 특히 중요하다. 투자자가 자신에게나 우리 펀드에게나 해로운 일을 하지 않도록 막을 수 있기 때문이다. 그래서 우리는 연례 투자자 서한을 작성하는 것에서 더 나아가 연례 총회도 개최한다. 이 공개 총회에서 투자자의 질문에 즉석에서 직접 답변한다. 투자자 대상 연례 총회는 법적 의무가 아니기에 우리를 제외한 다른 영국 뮤추얼펀드는 이 행사를 열지 않는다. 어느새 펀드스미스 총회 참석률은 모든 영국 상장 기업의 주주 총회 중 가장 높아졌다. 이 책을 쓰는 목적도 바로 직접 소통이라는 전통을 이어 나가기 위해서다.

이 서문을 통해 지난 10년을 헤쳐 나가며 배운 교훈 몇 가지를 이야기하려 한다.

첫 번째로 말하고 싶은 건, 펀드스미스의 투자 전략이 통한다는 것이다. 2020년 8월 말까지 지난 10년간 직접 투자자에게 가장 인기가 높고 내 개인 돈도 투자하고 있는 T클래스 배당재투자 펀드T-class accumulation unit*의 가치는 총 425% 증가했고, 연 복리 수익률은 18.4%를 기록했다. 이에 반해 동기간 MSCI 선진국 지수MSCI World Index의 누적 수익률은 193.5%, 연 복리 수익률은 11.6%였다. FTSE 100 지수의 총수익률은 54%였다.

경제 신문이나 여러 투자 자문가가 쓴 논평을 읽는 사람이라면 우리 투자 전략이 어떻게 통했는지 의아할 수 있다. 2008~2009년 금융 위기 이후 도래한 저금리 시대라든가 양적 완화Quantitative Easing가 미친 영향이라든가 하는 이야기를 들어봤을 것이다. 각국 중앙은행과 정부가 양적 완화 정책을 펴며 금융 자산을 대량으로 사들인 덕분에 우리가 투자할 만한 유형의 주식이 좋은 실적을 낼 수 있었다고들 말한다(내가 보기에는 다른 모든 주식도 마찬가지다). 채권처럼 안정적인 이익과 현금흐름을 창출하기에 투자하는 주식을 가리키는 '채권형 주식bond proxy' 같은 유행어를 들어봤을 수도 있다. 금융 위기 이후 채권이 선전했는데, 채권 수익률이 0에 가까워지거나 그 이하로 떨어지면서 투자자는 우리가 선호하는 주식을 대안으로 삼았다. 펀드스미스 설립 후 처음 몇 년간은 우리 투자 전략을 두고 필수 소비재에 너무 집중한다

---

* T클래스는 개인 투자자용 상품이고, I클래스는 최소 투자금액이 높은 대신 낮은 보수율을 적용하는 기관 투자자용 상품이다. 배당재투자형accumulation은 펀드 기초자산의 배당금을 재투자하는 유형이고, 현금배낭형income은 배낭금을 투자자에게 즉시 지급하는 유형이다.

며 이런저런 말이 많았다. 이 주식들이 최고가를 경신하고 있을 때조차 포트폴리오에서 차지하는 비중이 절반에도 미치지 못했는데 말이다. 나중에는 곧 버블이 붕괴하리라고 예상되는 기술주 비중이 높다는 식으로 말이 바뀌었다. 그런 주식의 포트폴리오 비중 역시 절반에 한참 미치지 못했다. 심지어 펀드스미스가 좋은 실적을 올린 건 운 좋은 때를 잘 만나서 일을 시작한 덕분이라는 소리도 들었다. 그 말을 한 이들 중에는 펀드 설정 당시에 시기가 영 좋지 않다고 조언을 건넸던 사람도 있었다. 내가 유일하게 옳다고 생각하는 설명은 잘 접할 수가 없어서 이번 기회를 빌려 오해를 바로잡고자 한다.

반대만 일삼는 이들 가운데 일부는 이른바 가치 투자를 두고 현재까지 벌어지는 논쟁의 주역들이다. 이들은 가치 투자를 성장 투자growth investing나 퀄리티 투자quality investing와 대비시킨다. 가치 투자의 기원은 《현명한 투자자The Intelligent Investor》와 《증권 분석Security Analysis》의 저자이자 워런 버핏Warren Buffett의 정신적 스승이기도 한 벤저민 그레이엄Ben Graham으로 거슬러 올라간다. 그레이엄과 젊은 시절의 버핏에게 가치 투자란 내재가치intrinsic value보다 낮은 가격에 거래되는 주식을 매수하는 것을 가장 중요한 투자 고려 사항으로 삼고, 내재가치와 주가가 서로 만날 때까지 기다리는 것이었다. 물론 내재가치가 하락하는 게 아니라 주가가 상승하는 방식이길 희망하면서. 이는 훗날 다른 전문가의 손에서 밸류에이션이 낮은 주식에 투자하는 아주 단순한 전략으로 바뀌었는데, 그건 그레이엄과 버핏의 가치 투자와 엄연히 다르다. 그래서 앞서 '이른바'라는 단서를 붙였던 것이다. 밸류에이션이 낮은 주식의 내재가치는 그보다 더 낮을 수 있다. 그런 주식을 사는 것이 투자 성공의 비법은 아니다. 물론 성장 투자나 퀄리티 투자도 밸류에이션에 대한 고려 없이는 결코 성공할 수 없다(내가 보기에는 퀄리티 투자가 펀드스미스의 투자법을 더 적절하게 담아내는 개념이다). 하지만 고퀄리티 기업의 주식을 사도 좋을 만한 적절한 값어치를 나타내는 밸류에이션 수준이 어느 정도인지 안다면 깜짝 놀랄지도 모르겠다. 아래 그래프는 우리가 투자를 고려할 만한 주식 집단의 '적정justified' 주가수익비율Price to Earnings Ratio, PER을 나타낸다.

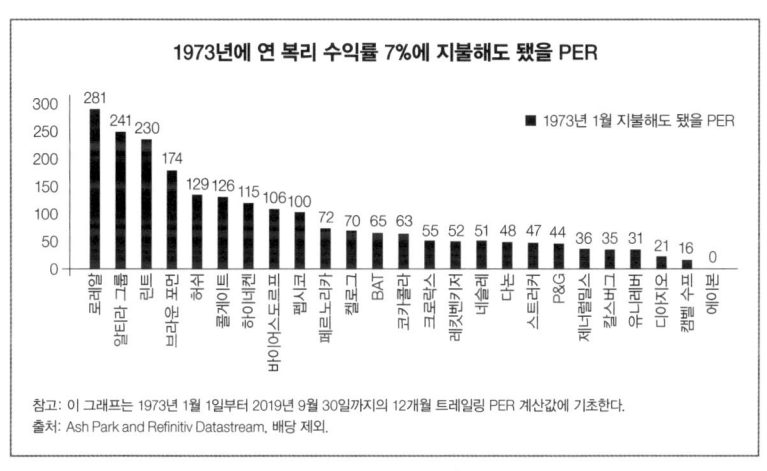

'적정'하다는 게 무슨 말일까? 위 그래프는 MSCI 선진국 지수 수익률이 연 6.2%였던 1973~2019년 시기에 연 복리 수익률 7%를 달성하며 지수 수익률을 상회했던 주식들을 1973년 당시에 매수했다면 지불해도 됐을 PER이 얼마인지 보여준다. 1973년에 로레알L'Oréal을 매수했다면 이익의 281배 수준의 가격을 지불하고도 지수 수익률을 앞서는 연 복리 수익률 7%를 달성했을 것이다. 콜게이트 파몰리브Colgate-Palmolive의 적정 PER은 126배였고 코카콜라는 63배였지만 둘 다 시수

수익률을 앞섰다. 이런 방식은 분명 밸류에이션 수치가 낮아야만 투자하는 가치 투자의 변이형과는 어울리지 않는다. 하지만 이들 주식이 그야말로 엄청난 밸류에이션에도 불구하고 가격 대비 가치가 높았다는 사실을 반박하긴 어렵다.

워런 버핏도 인정했듯이 성장이 가치 평가의 구성 요소라는 건 분명한 사실이다. 성장은 기업 가치를 높일 수도 있고 훼손할 수도 있다. 불충분한 투자 수익을 내는 기업을 성장시켜봤자 손실만 키운다. 하지만 사용자본이익률Return on Capital Employed, ROCE*이 아주 높고 그 이익의 상당 부분을 재투자할 수 있는 성장원을 갖추고 있다면, 그 기업은 시간이 지나면서 가치와 주가가 모두 복리 성장한다. 여기서 그 결과가 장기간에 걸쳐 일어난다는 사실을 아는 게 중요하다. 펀드스미스가 투자할 만한 주식이 어느 한 시기에는 투자자가 기피할 법한 저평가 주식, 즉 경기 사이클에 큰 영향을 받는 부문에 속하고, 레버리지 비율이 높으며, 비즈니스 모델이 문제가 있거나 시대에 뒤떨어져서 형편없는 수익성과 이익률, 현금 창출을 보이는 주식보다도 성과가 나쁠 수 있다. 옛말마따나 쥐구멍에도 볕 들 날이 있고, 밀물에는 모든 배가 뜨는 법이다. 강세장, 특히 경기가 침체기에서 회복기로 돌아서는 시기에 이 기피 기업이 펀드스미스가 택할 법한 고퀄리티 기업을 웃도는 성과를 낼 가능성이 높다. 어쨌든 고퀄리티 기업은 회복할 거리가 없으니 말이다. 이게 걱정되면 펀드스미스 전략에 관심을 끄면 된다.

앞서 말한 것과 같은 일이 일어나면 이른바 가치 투자자나 평론가가

* 기업이 투자한 자본 대비 얼마만큼의 이익을 창출하는지 측정하는 수익성 지표. 비슷한 지표인 투하자본이익률Return on Invested Capital, ROIC의 분모에 해당하는 투하자본은 기업의 핵심 사업에 투자하는 자본(순운전 자본+유형자산−기타 순영업자산)인데 반해 ROCE는 사용자본(총자산 − 유동부채)이다. ROIC는 세후 수치를 사용하지만 ROCE는 세전 수치를 사용한다는 차이도 있다.

한껏 으스대는 소리를 듣게 된다. 그리고 그때 당연하게도 투자자가 지난 10년간 언제라도 그들의 충고를 따라 펀드스미스가 보유한 유형의 퀄리티 주식을 버리고 그쪽으로 갈아탔다면 손실을 봤으리라는 사실은 언급하지 않는다. 내가 확인한 바에 따르면, 그 으스댐은 2012년 8월 12일 자 《인베스트먼트 어드바이저Investment Adviser》 잡지에 처음 등장했다. "PER 수치로 보건대 오늘날 퀄리티 기업의 주가가 상대적으로 비싸다는 사실을 보여주는 증거가 아주 많다." 그날 이후 펀드스미스 에쿼티 펀드의 T클래스 배당재투자 펀드의 가치는 306%나 상승했는데, 벤치마크인 MSCI 선진국 지수를 131%p 앞섰다. 저평가된 저퀄리티 기업이 때를 만나 빛을 볼 날이나 해가 있다는 저들의 충고를 따른다면 단기적으로 약간 더 나은 실적을 낼 수도 있다. 하지만 퀄리티 기업이 다시 시장을 상회하는 수익을 내는 훨씬 긴 기간 동안 번영하고 싶다면, 좋은 타이밍과 강심장 그리고 퀄리티 기업 주식으로 되돌아가겠다는 의지가 필요하다.

퀄리티 투자가 가치 투자보다 비교적 더 많은 성공을 거둔 이유를 내가 앞서 열거한 요인, 즉 저금리나 양적 완화, 채권형 주식, 소비재 주식이나 기술주로 국한해서 설명할 수는 없다. 많은 가치주의 저조한 펀더멘털 실적이 그대로 퀄리티 주식에 비해 낮은 주가 실적으로 이어졌다는 게 정확한 설명이다.

아래 표에서는 2015년 기준 저PER로 단순히 정의한 '가치'주와 고평가된 성장주의 실적을 비교했다(내 논지에 맞춰 종목과 시점을 고르지 않았다).

2020년 시점에서 되돌아보면, 소위 '가치'주의 순이익이 너무 작아서 5년 후 예상 PER이 결코 낮지 않았음이 자명하다. 사실 내부분 현

	2015.1. 직전 12개월 EPS	2020.8. 직전 12개월 EPS	증감률	2015.1.2. 트레일링 PER	트레일링 PER (2015.1.2. 주가 ÷ 2020.8. 직전 12개월 EPS)	2015.1.2.~ 2020.8. 주가 실적
엑손	$7.60	$1.68	−78%	12	55	−36%
GE	$1.50	−58¢	−139%	16	−42	−65%
HSBC	42p	−1.6p	−104%	15	−385	−26%
마크앤스펜서	31p	1.2p	−96%	15	380	−68%
보다폰	42p	−2.7p	−106%	5	−81	−31%
어도비	53¢	$7.58	+1,330%	136	10	723%
아마존	−52¢	$26.01	n/a	(593)	12	1,195%
페이스북	$1.10	$8.19	+645%	71	10	337%
넷플릭스	9¢	$5.93	+6,489%	554	8	1,164%
페이팔	46¢	$2.18	+374%	88	19	581%

재 순이익earnings, PER의 'E'이 없다. 이에 반해 비교적 비싸 보이는 성장주는 순이익 실적이 훨씬 좋았다. 그래서 지금까지는 2015년의 비싸 보이는 밸류에이션에 그럴 만한 이유가 있었음을 입증했다. '가치'주를 선택했다면 이익이 주가보다 더 빠른 속도로 떨어져 현시점에 비싸 보이는 주식만 보유하게 된 이중고를 겪었을 것이다. 아, 하지만 이제 내 귀에 얼치기 전문가가 그 주식이 경기 회복 수혜주recovery stock가 되었기 때문에 그렇다고 경고하는 소리가 들린다. 그런 것 중 어느 것도 저금리나 양적 완화, 채권형 주식과 관계가 없다.

거듭 말한다.

- 밸류에이션이 낮다고 해서 가치가 높은 것은 아니다.

- 밸류에이션이 높다고 해서 가격이 비싼 것은 아니다.

지난 10년 동안 정말 확신하게 된 것이 있다면 바로 예측의 가치다. 예측을 하는 사람은 언제나 혀를 내두르게 한다. 좀 더 최근에는 코로나19 팬데믹pandemic에서 회복하는 형태가 V자형이나 U자형, (회복 이후 2차 대유행과 그로 인한 경제 락다운lockdown이 이어지는) W자형, 욕조형, 나이키Nike형(내가 만들어 낸 말이 아니다) 중 무엇일지를 놓고 격렬한 논쟁이 벌어지고 있다. 나는 이 주제에 관해 경제학자 J. K. 갤브레이스J. K. Galbraith가 내놓은 견해를 좋아한다. "경제 예측의 유일한 기능은 점성술을 존중할 만해 보이게 만드는 것이다." 이는 비단 경제 예측에만 적용되는 이야기가 아니다. 지난 10년 동안 우리는 여러 예측 전문가가 이렇게 말하는 소리를 들어 왔다.

- 브렉시트는 일어나지 않을 것이다.
- 나렌드라 모디Narendra Modi는 (두 번씩이나) 인도 총리가 되지 못할 것이다.
- 도널드 트럼프Donald Trump는 미국 대통령이 되지 못할 것이다.
- 금은 암호화폐로 대체될 것이다.
- 이번에는 다르다. 항공주는 괜찮은 투자처가 될 것이다.

몇몇 경우에 관한 예측 전문가의 생각이 완전히 빗나간 이유는 일정 수준의 역할 혼란role confusion 때문으로 보인다. 여론 조사원이나 평론가, 예측 전문가는 자기 임무가 어떤 일을 예상하거나 보고하는 게 아니라 그 일에 영향을 미치는 것이라고 여기는 듯하다. 브렉시트와 트럼프, 모디에 찬성표를 던지면 민족주의와 편견, 낮은 교육 수준을 드러내는 것이라는 입장을 이미 취했기 때문에 여론 조사에 참여한 응답자가 진짜 의견을 밝히길 꺼렸을 수도 있다고 생각하는 게 저들에겐 불가능한가? 저들이 선택한 후보나 정책이 승리하리라고 요란스럽게 부르짖는 모습은 마치 에디 이자드Eddie Izzard부터 버락 오바마Barack Obama에 이르는 각양각색의 유명 인사와 정치인이 브렉시트에 어떻게 투표할지 사람들을 호되게 다그칠 때와 똑같은 효과를 낳을 수 있다. 내가 보기에 그 접근법은 사이먼 앤드 가펑클Simon & Garfunkel의 〈더 복서The Boxer〉에 나오는 가사 한 구절로 요약할 수 있다. "인간은 자신이 듣고 싶은 말만 듣고 나머지는 흘려버리죠." 이러한 접근법이 정확한 예측을 낳을 가능성은 희박하다.

일련의 사건이 야기할 결과를 예측하고 이에 기대려는 이들은 눈가리개를 착용하지 않았더라도 여전히 애를 먹는데, 시장은 "2차적 시스템second-order system"이기 때문이다. 유용한 예측은 적확해야 할 뿐 아니라(적확하다는 것에는 타이밍이 포함된다) 시장이 무엇을 기대하는지도 알아야 한다. 시장이 여러 사건에 어떻게 반응할지에 관한 예측에서 이익을 얻을 기회를 포착하려면 말이다. 그런데 브렉시트가 통과되면 시장에 닥친다던 침체는 어디로 간 건가? 트럼프가 승리하면 덮친다던 시장 붕괴는?

갤브레이스로 다시 돌아가 보자. "세상에는 두 부류의 예측가가 있다. 미래를 모르는 자들과 자신이 모른다는 사실조차 모르는 자들." 우리는 전자에 속한다. 다른 투자자가 후자에 속하는 이들에게 기대는 한, 우리가 유리하다.

전 제너럴 일렉트릭General Electric, GE 회장인 이언 E. 윌슨Ian E. Wilson의

말처럼 "제아무리 꼼꼼하게 따져물어도 우리가 지닌 지식은 전부 과거를 다루고, 우리가 내리는 결정은 미래를 다룬다는 사실은 흔들 수 없다"는 것에서 역설이 발생한다. 우리가 '예측 가능한 미래foreseeable future'라는 표현을 모순어법으로 간주하듯이, 미래를 알 수 없다고 인정하면 미래에 벤치마크 지수를 앞서는 성과를 낼 기업을 어떻게 골라서 투자해야 한단 말인가?

짧게 답하자면 '신중하게'다. 우리 필터링 시스템을 통과해 투자 후보가 되는 기업은 소수이고, 실제로 포트폴리오에 편입하는 기업은 극소수다.

길게 답하자면, 우리가 재무 실적이 훌륭한 기업을 찾긴 하지만 이는 사업의 결과여야 하지 주요 목표여서는 안 된다는 것이다. 우리는 소비자에게 우수한 제품과 서비스를 제공해 인상적인 재무 실적을 달성하고 경쟁에 잠식당하지 않는 기업을 찾는다. 재무 성과를 내는 데만 집중하는 기업, 특히 월스트리트의 기대치와 비교하며 분기 실적에 집착하는 기업이 훌륭한 기업이자 투자처가 된 사례는 존재하지 않는다. 계속해서 '시장 컨센서스를 앞서는' 수상쩍은 분기 실적을 내놓은 잭 웰치Jack Welch 시대 이후 GE가 처했던 운명이 주는 교훈을 생각해보면, GE의 또 다른 전 회장의 말을 인용하는 건 아이러니하다.

우리는 주가에서 사업에 대해 알려하기보다는 그 반대를 추구한다. 앞서 나온 표를 다시 보자. 이른바 '가치' 투자자가 그런 주식을 보유하는 함정에 빠진 이유는 낮은 밸류에이션과 주가가 가장 중요한 정보라고 생각했기 때문이다. 하지만 그렇지 않다. 가장 중요한 정보는 기업이 영위하는 사업의 펀더멘털 실적이다.

펀드스미스가 마이크로소프트Microsoft 지분을 매수했을 때 온갖 불협화음의 쓴소리와 맞닥뜨렸다. 목소리의 주인공은 대부분 우리 펀드 투자자였는데, 매도하라는 요구가 마이크로소프트를 위한 때 이른 최후의 의식처럼 들렸다. 기술 섹터 담당 애널리스트로 보이는 사람이 작성한 분석 기사가 한 주요 경제지에 실렸다. 우리가 주당 약 25달러에 마이크로소프트 주식을 매수하고 있을 때 기사는 그 가격으로 사면 절대 안 된다고 지적했다. 그 판단은 옳았다. 처음 매수한 마이크로소프트 주식으로 10배 가까운 돈을 벌었다는 점을 고려하면, 기사 작성자가 의도한 방식은 아니었지만 말이다. 여기서 교훈은 '소음'을 무시하고 '사실'을 봐야 한다는 점뿐 아니라, 유용한 반대 지표negative indicator로 삼을 만한 사람이 있다는 것이다. 에디 이자드가 선거 운동을 지원하며 공개 지지에 나섰던 일은 어느 여론 조사보다 많은 걸 알려준다. 부언하자면 나는 이자드에 아무런 반감도 없고, 그의 〈데스 스타 캔틴Death Star Canteen〉이라는 단편 작품도 아주 재밌게 봤다. 그저 이자드가 선거 운동보다는 코미디에 훨씬 재능이 있다고 생각할 뿐이다. 하지만 그의 예측 능력을 고려하면, 막아 세우고픈 마음은 없다.

위 사례에서 훌륭한 기업이 문제에 부닥쳤을 때 저렴한 가격으로 투자할 기회를 포착할 수 있다는 교훈을 얻을 수 있다. 우리가 마이크로소프트에 투자한 시기는 전 최고경영자가 이끌면서 회사가 어려움에 부닥쳤던 때와 일치한다. 그때 마이크로소프트는 양대 기업이 각축을 벌이는 모바일 기기 부문에서 가까스로 3위, 한 기업이 멀찌감치 선두를 달리는 온라인 검색 부문에서 겨우 2위를 했다. 우리가 할 일은 기업이 마주한 문제가 일시적이고 사소해서 투자자에게 기회를 만들어주는지, 아니면 실존을 뒤흔드는 위협인지 판단하는 것이다.

이는 우리가 이미 배운 다른 교훈, 즉 문제가 없는 기업은 없다는 것과 밀접한 관련이 있다.

- 제약 회사: 특허 만료와 정부의 가격 통제
- 패스트푸드 회사: 비만세fat tax
- 식음료 회사: 비만세
- 유아식 회사: 출산율 저하
- 의료기기 및 기구 회사: 소송 위험
- 지급결제 서비스 회사: 현 시스템보다 저렴하면서도 안전한 결제망을 구축하려는 유럽연합의 지급결제산업지침Payment Services Directive 같은 정책
- 소셜 미디어: 고객 개인정보의 이용과 관리, 선거 운동, 언론의 자유와 디플랫포밍de-platforming* 간의 상충
- 기술 회사: 최종 매각이나 상장 외에 아무런 투자 수익도 요구하지 않는 듯한 투자자로부터 자본을 조달해 수익성을 무시할 수 있는 스타트업
- 담배 회사: 어디서부터 시작해야 하나?

이런 문제 전반을 과소평가하는 건 아니다. 단지 경쟁이나 규제를 포함해 다른 어떤 위협도 마주하지 않는 기업을 발견할 경우 알려 주면 정말 고맙겠다는 입장일 뿐이다. 아직 그런 기업을 보지 못했다. 문제를 포착하는 일은 어렵지 않다. 기업의 제품과 서비스, 경영진, 경쟁 포지셔닝, 전망 등에 대한 평가를 통해 흔쾌히 매수 결정을 할 만한

- * 수용할 수 없거나 공격적인 견해를 가진 사람이 특정 웹사이트에서 포럼이나 토론에 참여하는 것을 막는 관행.

주가 수준이라는 결론을 도출해야 한다. 그 반대가 아니라. 다음 그래프는 이 전략이 시간이 지나면서 얼마나 유효했는지 보여 준다.

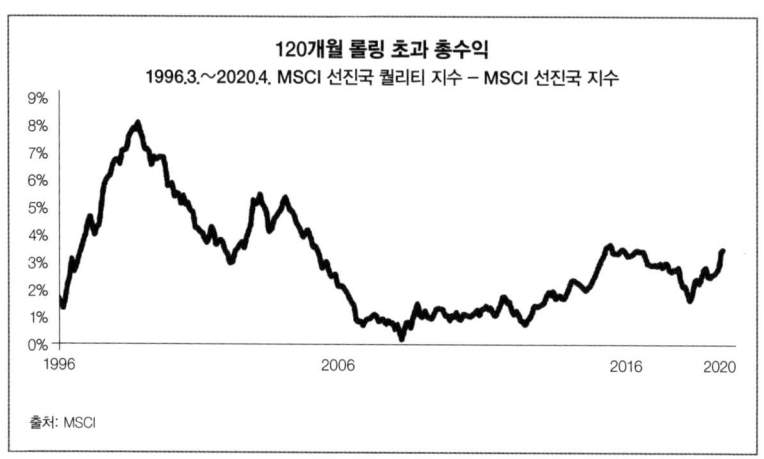

그래프에서는 지난 34년간 우리가 보유하고자 하는 유형의 기업으로 구성된 MSCI 선진국 퀄리티 지수MSCI World Quality Index와 MSCI 선진국 지수를 비교한다. 120개월 롤링 기준*으로 퀄리티 지수는 동기간 선진국 지수를 모두 앞서는 실적을 냈다. 퀄리티 주식은 선진국 지수에도 포함되므로 퀄리티 지수는 이 비교에서 기본적으로 불리하다는 사실에 유의하자. 따라서 이 그래프도 다른 게 아니라 퀄리티 주식을 보유할 때 얻는 실적 우위를 온전히 포착하지 못한다. 물론 10년(120개월)은 기다리기에 긴 시간이다. 하지만 투자의 시간 지평이 이보

• n개월 롤링은 대상 기간 매 시점 기준으로 n개월 기간 범위를 이동해서 평균값이나 중앙값, 최댓값, 최솟값 등을 계산하는 방식을 의미한다. 한편 트레일링trailing은 대상 기간의 시작과 종료 시점의 값 차이로만 계산하는 방식이다.

다 짧다면 주식 시장에 발을 들여서는 안 된다고 충고하고 싶다. 나아가 펀드스미스를 투자 파트너로 삼아서는 더더욱 안 된다.

운전을 하다 보면 이따금 아이스크림을 파는 소형 트럭을 마주친다. "중요한 건 퀄리티다It's quality that counts"라는 광고 문구가 트럭 뒷면에 크게 새겨져 있다. 아이스크림 노점상은 주식 투자 역사상 가장 위대한 원리를 이미 알아낸 듯하다. 게다가 초콜릿 막대를 꽂은 먹음직스러운 아이스크림콘도 팔기 때문에 주식 시장의 대다수 얼치기 전문가보다 앞서는 게 두 가지나 있다.

우리는 지난 10년간 '가이던스guidance'의 중요성이 점차 커지는 상황을 목도하며 놀라움을 금치 못했다. 가이던스는 기업이 애널리스트에게 제공하는 매출과 이익에 관한 전망치를 뜻한다. 이제 애널리스트 집단은 이 마약과도 같은 가이던스가 없으면 제 역할을 못하는 듯하다. 우리는 가이던스에 관한 스트라이커Stryker CEO의 유쾌하고 솔직한 태도를 선호한다. 스트라이커는 펀드스미스 출범 초기부터 지분을 계속 보유해 온 의료기기 및 기구 제조사다. CEO는 코로나19 락다운이 계속되는 기간에 이런 말을 했다. "우리가 가이던스를 제공하지 않는 이유는 앞으로 무슨 일이 일어날지 모르기 때문입니다." 네슬레Nestlé가 코로나19에도 불구하고 당해 연도 매출이 2~3% 증가하리라는 가이던스를 내놓자, 이 수치가 만족스럽지 않았던 어느 애널리스트는 "너무 광범위하다"고 평했다. 우리를 구닥다리라고 여길 수 있겠지만, '가이던스'를 내놓는 건 애초에 애널리스트의 역할 아니었던가?

실적을 보고하면서 수많은 조정adjustments을 거치는 기업은 경계해야 한다는 게 우리가 배운 또 다른 교훈이다. 한번은 몬델리즈Mondelez가 일반기업회계기준Generally Accepted Accounting Principles, GAAP에서 비일반

기업회계기준Non-GAAP으로 조정하는 27개의 '명세서'와 8쪽에 걸친 주석을 첨부하여 공시했다. 세전이익 42% 감소를 '조정 고정환율 기준 주당순이익adjusted constant currency EPS'이 18% 증가했다는 측면에서 봐야 한다고 투자자를 설득하는 게 주된 목적이었다. 그런데 조정을 거치고 나면 늘 제외되는 계정이 비용과 차변 항목인 게 과연 우연인지 의심스럽다. 일부 기업은 내가 28년 전에 쓴 《성장을 부르는 회계Accounting for Growth》를 참고서로 사용하는 듯하다.

　펀드스미스와 내 미래를 묻는 말에 답하면서 글을 끝맺겠다. 나는 계획을 세우는 인간은 신의 비웃음을 사게 된다는 말을 뼈저리게 느끼고 있다. 하지만 운명이 허락한다면 앞으로 오랫동안 펀드스미스를 경영하고 싶다. 그만둘 마음이 전혀 없다. 그렇지만 내가 떠난 뒤에도 우리가 마련해 둔 승계 방안을 통해 펀드스미스가 오랫동안 투자자에게 놀라운 투자 수익을 계속 안겨주길 바라고 또 바란다. 펀드스미스가 얼마나 오래가겠느냐는 질문에는 〈토이 스토리Toy Story〉의 버즈 라이트이어Buzz Lightyear가 했던 대사를 즐겨 인용해 대답한다. "무한한 공간, 저 너머로!"

테리 스미스
2020년 9월

1.
펀드 운용 보수

〈스트레이트 토킹Straight Talking〉*, 2010년 9월 28일

최근에 여러 언론에서 내가 새로 시작한 펀드 운용사인 펀드스미스의 출범을 다뤘다. 기사는 유출된 정보에 근거해 작성됐기 때문에 펀드스미스가 투자자에게 어떤 특성을 갖춘 투자 상품을 제공할지를 두고 여러 추측이 무성했다. 관심 주제 가운데 하나가 바로 보수fee다.

보수가 펀드스미스의 주요 관심사라고 긍정도 부정도 하지 않은 채 (적어도 몇 가지 비밀은 출범 때까지 남겨 두고 싶기도 해서) 펀드 투자자가 현재 피부로 느끼고 있는 보수(그리고 비용)의 구조적 문제를 다뤄 보려고 한다. 그러면 앞으로 다룰 주제에 풍미를 더하지 않을까 싶다.

RDR

최근 여러 기사에서 펀드 운용 보수를 다뤘는데, 특히 〈소매판매

- 테리 스미스가 직접 운영했던 블로그로, '솔직한 이야기'라는 뜻이다.

채널 개선방안Retail Distribution Review, RDR)이 어떤 영향을 미칠지에 관한 내용이 많았다. RDR이 2012년 말에 시행되면 독립 투자자문업자 Independent Financial Advisor, IFA와 웰스 매니저wealth manager, 프라이빗 클라이언트 대상 주식 브로커 같은 투자자문사는 현 펀드매니저 업계의 관행, 즉 투자금의 5%에 달하는 터무니없는 선취 보수의 일부와 연 단위로 부과하는 '후취' 수수료trail commission를 더 이상 받지 못한다.

2012년부터 투자자문사는 고객에게 직접 자문 보수를 부과하고 받아야 한다. 그렇게 되면 펀드매니저가 고객의 투자금에서 보수를 먼저 제한 뒤 자문사에 지급해 온 기존 방식보다 보수 부과를 정당화하기가 다소 어려워질 것이다.

하지만 고객이 2012년이나 그 이전에 펀드에 투자했다면 여전히 펀드 투자자문사가 후취 수수료를 받을 수 있다는 사실을 알아챈 사람은 거의 없는 듯한데, 그건 그것대로 문제다. 2010년 8월 27일자 《파이낸셜 타임스》에 실린 앨리스 로스Alice Ross의 〈거액의 돈: 내 (공짜) 조언을 받아들이고 떼돈을 긁어모으는 IFA를 피하자Serious Money: Take my (free) advice and avoid a haymaking IFA〉 기사 내용처럼, 우리가 듣기로는 영국 금융감독청Financial Services Authority, FSA이 '과당 매매churning'를 적발하기 위해 펀드 보유 주식의 회전율을 감시하고 있다. 투자자문사가 2012년 말 이후에도 후취 수수료를 계속 지급할 수 있는 펀드에 투자하도록 고객을 유인하면서 RDR 시행 전에 과당 매매가 일어날 수 있기 때문이다.

결국 2012년 이후에도 해당 펀드의 회전율 감소를 계속 주시해야 하는 더 치명적인 위험이 발생한다. 활동activity을 성공적인 투자의 적으로 보는 게 옳다면, 2013년이 되기 전에 후취 수수료를 지급하는 펀드로 고객을 몰아넣은 많은 투자자문사가 갑자기 거래 활동이 거의 없는 비활동inactivity 상태로 전환하지 않는다고 해도 전혀 놀라운 일이 아니다. 이에 대해서도 과당 매매에 준하는 감시를 해야 한다.

2/20

2/20(운용 보수 2%, 성과 보수 20%)은 헤지펀드 업계에서 통용되는 표준 보수 공식이다.

나는 이 보수 정책을 지지하지 않는다.

이런 성과-보수 구조가 어떤 결과를 낳는지 깨닫지 못한 사람이 너무나 많은 걸 보고 경악을 금할 수 없다. 그런 성과-보수 구조 때문에 많은 펀드매니저가 신용 버블이 허용하는 최대한의 자금을 끌어모았으리라는 사실과 라스베이거스를 방문하는 수많은 관광객조차 터무니없다고 여길 판에 하방 위험은 전혀 없고 20% 이상의 투자 수익률이 기대되는 상방 가능성만 있다고 생각하며 베팅했다는 사실은 자명하기에 여기서 더 언급하지는 않겠다.

투자 업계에서 아주 정교한 업무를 수행하는 많은 전문가와 논의해봤지만, 그들은 내가 이제부터 보여 주려는 계산을 모르거나 믿지 않는다.

알다시피 워런 버핏은 지난 45년간 연 복리 수익률 20.46%라는 탁월한 투자 실적을 달성했다. 버핏이 처음 경영을 맡은 1965년 버크셔 해서웨이Berkshire Hathaway 주식에 1,000달러를 투자했다면 2009년 말 430만 달러가 됐을 것이다.

그런데 버핏이 버크셔 해서웨이를 투자자와 함께 공동출자한 기업으로 운영하지 않고 헤지펀드로 만들어서 연간 보수로 펀드 가치

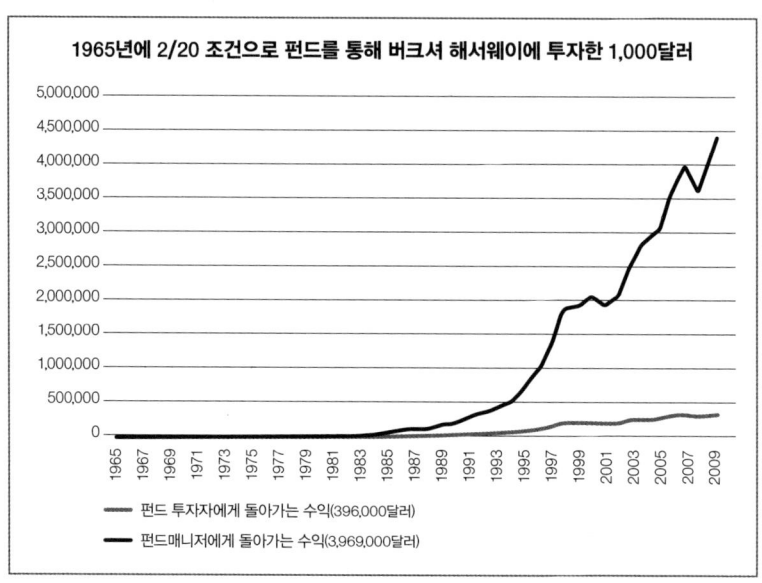

의 2%와 투자 수익의 20%를 받아 갔다고 해보자. 위 430만 달러 중 400만 달러는 펀드매니저인 버핏에게 돌아가고, 겨우 30만 달러만 투자자 수중에 떨어졌을 것이다. 이게 바로 여러분이 투자하고 있는 헤지펀드 매니저가 버핏만큼 투자 실적을 달성했을 때 맞이할 결말이다. 하지만 나를 믿어라. 그 어떤 펀드매니저도 버핏에 버금가는 실적을 내지 못할 것이다.

  2/20은 잘 작동하지 않는다. 1.5%와 15%, 아니면 1%와 10% 조합이었더라면 나았으리라는 의미가 아니다. 성과 보수 자체가 효과적이지 않다. 투자 수익을 지나치게 뜯어가고 위험한 행동을 감수하게 한다. 투자 수익 대부분을 바치지 않고도 펀드매니저가 투자 성과에 집중하게 하는 한 가지 방법이 있긴 하다. 펀드매니저의 순자산 중 상당 부분을 여러분과 동일한 조건으로 펀드에 투자하게 의무화하는 것이다.

TER과 비용

펀드 운용 보수가 아니라 총보수·비용 비율Total Expense Ratio, TER에 초점을 맞추는 관점에는 일리가 있다. TER은 펀드매니저가 펀드에 부과하는 제반 비용을 포함한다. 하지만 펀드에 부과되지 않는 주요 비용이 하나 있는데, 바로 기초 투자 거래비용이다.

영국 금융감독청(FSA)의 조사에 따르면 영국 펀드매니저의 연간 펀드 회전율이 평균 80%나 되기 때문에 거래비용은 사소하다고 치부할 수준이 아니다. 여기에는 세 층위의 추가 비용이 존재한다.

1. 브로커와 투자은행이 부과하는 거래 수수료.
2. 매수-매도 호가 스프레드bid-offer spread.
3. 포트폴리오의 연 80%를 사고팔아도 좋을 만큼 훌륭한 투자 방안을 충분히 가진 펀드매니저는 존재하지 않는다는 사실.

곧 펀드스미스가 이런 일에 어떻게 대처하는지 볼 수 있을 것이다.

2.
2010년 연례 투자자 서한

펀드스미스, 2011년 1월

펀드스미스 에쿼티 펀드 투자자에게 보내는 첫 번째 연례 서한이다. 펀드스미스는 2010년 11월 1일에 사업을 시작했다. 우리는 짧은 기간의 투자 실적을 평가하려는 시도에 비판적이다. 투자 실적을 평가하기에 2개월은 그냥 짧기만 한 게 아니라 터무니없을 정도로 짧다. 하지만 시간이 더 지나면 진정 의미 있는 실적 보고가 어떤 느낌인지 이 서한을 통해 전할 좋은 기회가 될 것이다.

2010년 11월 1일부터 12월 31일까지 펀드스미스 에쿼티 펀드의 수익률은 보수 차감 후 6.14%였다. 흔히 사용하는 벤치마크 지수와 비교하면 다음과 같다.

벤치마크는 충분히 긴 시간을 아우른다면 투자 실적을 평가하는 데 도움이 된다. 문제는 펀드매니저가 포트폴리오 구성에 벤치마크를 활용하면서 발생한다. 펀드스미스는 어떤 주가 지수를 추종하거나 지수 대비 '추적 오차 tracking error'를 최소화하려고 시도하지 않는다. 사실

펀드스미스 에쿼티 펀드	6.14%
MSCI	7.99%
MSCI EAFE	5.76%
FTSE 100	4.40%
장기 채권(10년 만기 영국 국채)	-2.57%

추적 '오차'라는 표현을 사용하는 것 자체가 액티브펀드 매니저의 잘못된 사고방식을 보여 준다.

보고 기간 펀드스미스는 MSCI 선진국 지수보다 수익률이 낮았고 MSCI EAFE 지수*보다는 높았다. 그 차이는 전자에만 포함된 미국 주식의 실적 때문이다. 펀드스미스는 FTSE 100 지수와 장기 채권보다 수익률이 높았다.

우리 투자 실적에 긍정적으로 기여한 주요 기업은 아래와 같다.

1. 델몬트 푸즈 Del Monte Foods
2. 벡톤디킨슨 Becton Dickinson
3. 도미노피자 Domino's Pizza Inc.
4. 네슬레
5. 스트라이커

기여율이 가장 높았던 기업은 델몬트 푸즈다. 델몬트 푸즈는 투자 기회가 어떻게 만들어지는지 살펴보기에 손색없는 사례다. 우리가 이

* 미국과 캐나다 등 북미를 제외한 21개 신진국 Europe, Australasia, Far East 으로 구성된 주가 지수.

기업에 매료된 이유는 주요 제품, 즉 반려동물 사료 때문이다.

반려동물 사료는 우리가 투자하고자 하는 전형적인 제품 유형, 다시 말해 비내구성 저가 소비재다. 가격대가 낮으므로 신용 거래 없이 구매할 수 있다. 소비자는 가격을 흥정할 수 없고, 슈퍼마켓이나 애완용품점에서 제시하는 가격 그대로 지불해야 한다. 대체로 소비자의 브랜드 충성도가 높아서, 일단 제품을 다 소비하면 반드시 다시 채워 놓는다. 이를 미룰 가능성도 매우 작다. 자동차 같은 내구성 소비재와 다르게 제품 수명이나 소유권을 연장할 수 없다. 게다가 연구에서 분명히 드러나듯이 허리띠를 졸라매야 하는 시기를 보낼 때 소비자는 본인이나 자녀의 먹거리 지출을 줄이지, 반려동물 사료 지출을 줄이지 않는다.

하지만 반려동물 사료가 델몬트 푸즈의 주요 제품군이라는 사실을 많은 투자자가 잊은 듯하다. 대다수 투자자는 주로 과일이나 야채 통조림 형태였던 과거 제품군에 관한 기억을 토대로 델몬트 푸즈를 평가하고 있다. 그 덕분에 가능성 높은 미래 재무 성과를 고려하면 괜찮은 잉여현금흐름 수익률Free Cash Flow Yield 수준에서 주식을 매수할 기회가 만들어졌다. 블룸버그Bloomberg가 델몬트 푸즈를 비판하기 위해 프레쉬 델몬트 프로듀스Fresh Del Monte Produce Inc.의 파업에 관한 《갤버스턴 카운티 데일리 뉴스Galveston County Daily News》의 기사를 게재하면서 사람들의 오해는 더 커졌다. 프레쉬 델몬트 프로듀스는 신선 농산물을 파는 전혀 다른 회사다. 이런 사건은 훌륭한 기업 주식을 괜찮은 가격에 매수할 기회를 만들어낸다.

펀드 설정 후 델몬트 푸즈 지분을 처음 매수한 지 18일이 지났을 때 사모펀드인 콜버그크래비스로버츠Kohlberg Kravis Roberts, KKR가 우리 매수가에 상당한 프리미엄을 얹어 인수하겠다고 제안했다.

우리가 현금으로 투자한 지분에 대한 프리미엄을 받으려고 하지 않는 건 투자자에 대한 예의가 아니겠지만, 제안을 받아들인다면 현금화한 자금으로 델몬트 푸즈에 상응하는 투자처를 다시 찾아야 하므로 단점이 없는 건 아니다. 사실 우리는 포트폴리오에 편입한 기업의 지분을 계속 보유해서 이들의 훌륭한 현금 창출 능력의 혜택을 오랫동안 누리고 싶다. 그저 더 높은 가격에 제3자에게 되팔기만을 원하지 않는다. 그래서 기업 인수 제안 같은 일에 관해 남들과 다른 관점을 가지고 있다.

주가 상승에 지나치게 열광하지 말라고 조언하고 싶다. 프리미엄을 얹어 우리 보유 지분을 현금으로 매수하겠다는(그래서 뛰어난 투자 수익률 기록을 달성할 수 있는) 제안과 관련해서도 마찬가지다. 나아가 포트폴리오 기업의 주가 하락은 자아 성찰이나 비판의 기회가 아니라 장래에 더 나은 투자 수익률을 낼 밸류에이션 수준에서 투자할 기회를 의미한다는 우리 생각을 여러분이 이해하길 바란다.

우리 투자 실적에 부정적인 영향을 미친 주요 기업은 다음과 같다.

1. 세르코 그룹 Serco Group
2. 임페리얼 토바코 Imperial Tobacco
3. 닥터 페퍼 스내플 Dr Pepper Snapple
4. 레킷벤키저 Reckitt Benckiser

어떤 경우에도 주가 하락을 이유로 우리의 투자 관점이 변화하지는 않을 것이다(더 낮은 가격일 때 투자했더라면 좋았으리라는 당연한 아쉬움을 제외한다면). 또한 주가 하락이 반드시 기업 내재가치에 부정적인 변화가 일어났음을 의미한다고 생각하지는 않는다.

당해 연도 말 우리 펀드의 현행 배당수익률historic dividend yield은 2.47%, 배당금보상비율은 2.5배 이상이었다. 보유 종목 중 배당금을 지급하지 않는 건 단 한 곳에 불과하다. 주식에 투자해서 얻을 수 있는 총수익에서 배당금이 상당한 비중을 차지해 온 역사적 사실을 고려하면, 아주 의미심장한 대목이다. 일부 투자 기업이 자사주 매입을 적극적으로 활용하기 때문에 펀드의 단순 배당수익률current yield 수치는 그 배당 지급 능력을 온전히 반영하지 않는다. 자사주 매입은 올바르게 실행한다면, 즉 더 좋은 다른 투자 기회가 존재하지 않을 때 저평가된 자사주를 매수한다면 주주가치 창출에 기여한다.

2010년 말 기준 우리 포트폴리오는 델몬트 푸즈를 포함한 22개 종목으로 구성되어 있다. 포트폴리오 기업의 평균 설립 연도는 1883년이다. 우리는 오랜 세월 뛰어난 회복 탄력성resilience을 보인 기업에 투자하고 있다. 이들 대부분은 두 차례의 세계대전과 대공황을 겪고도 살아남았다.

12개월 트레일링trailing 잉여현금흐름 수익률은 약 7%였다. 기업은 이 잉여현금흐름으로 배당금을 지급하거나 자사주 매입을 하거나 미래 이익 창출을 위한 목적으로 사업에 재투자했다. 우리 포트폴리오 기업의 평균 영업자산이익률return on operating assets은 50%에 이르기 때문에 잉여현금흐름의 재투자는 주주가치의 복리 성장을 낳는다.

우리 잉여현금흐름 수익률과 비교해 S&P 500 지수의 평균 잉여현금흐름 수익률은 7%에 약간 못 미쳤고, 250위에 해당하는 중앙값은 6.6%였다.

우리 포트폴리오 기업의 잉여현금흐름 수익률이 시장 평균보다 높다는 건 확실하다. 하지만 수명과 회복 탄력성, 예측 가능성, 매출총이익률, 영업자본이익률return on operating capital, 현금전환비율conversion of profits into cash 같은 기준에서 평균보다 퀄리티도 더 높다는 게 우리 생각이다. 간단히 말해 우리는 시장 평균보다 높은 퀄리티의 주식을 시장 평균보다 낮은 밸류에이션에 매수해서 보유하고 있다. 그게 성공적인 투자를 위한 완벽한 해결책은 아니겠지만, 적어도 순조로운 출발점은 되지 않았나 싶다.

우리는 기업 지분 보유를 기업이 영위하는 사업이 창출하는 현금흐름에 대한 청구권이라는 관점에서 이해한다. 그래서 높은 현금 창출 능력을 바탕으로 이익 일부를 배당금으로 지급한 뒤 잔여 이익을 그와 비슷한 수익률로 재투자할 수 있는 기업을 보유하고자 한다. 나아가 그런 기업의 주식을 그 투자 수익이 저평가된 주가 수준에, 못해도 적정 가치 수준에 매수하고 싶다.

주식 투자는 복잡한 단계를 거치는 패스 더 파슬pass the parcel˙ 게임이 아니다. 우리가 잘 모르고 형편없는 실적을 내며 고평가된 기업 주식을 매수하고는 일시적인 유행이나 주가 급등의 결과로 주가가 껑충 뛰어올랐을 때 그 주식을 더 큰 바보에게 매도할 수 있길 바라지 않는다. 투자하면서 돈을 잃는 게 취미가 아니라면(내가 보기에 그런 사람이 확실히 있다), 그런 건 비디오 게임으로나 즐기는 게 낫다.

나는 투자 관련 사안에 대한 강도 높은 비판을 연례 서한당 한 번으로 제한하고자 한다. 자산 관리·운용 업계에 판치는 행태를 보면

• 한국의 수건돌리기처럼 모여 앉아 사탕이나 장난감을 넣은 소포를 음악에 맞춰 옆으로 돌리다가 음악이 멈추면 소포를 한 겹만 풀어서 나오는 상품을 가져가는 놀이.

비판 대상은 널렸기 때문에, 이건 순전히 내 자제력의 문제다.

올해의 비판에는 ETF에 관한 오해와 오용을 향한 경고를 담았다. 펀드스미스 에쿼티 펀드 출범이 다소 시류에 역행하는 측면이 있기 때문에 오히려 유의미하다고 생각한다. 우리는 ① 주식 시장이 좋지 않았고, ② 평균적인 액티브펀드 매니저가 지수를 밑도는 실적을 내면서 주식이라는 자산군에 투자한 실적이 더욱 나빴던 지난 10년의 끄트머리에 액티브 주식형 펀드를 시작했다.

액티브 투자의 실패에 부딪힌 투자자가 저비용의 패시브 투자로 눈을 돌린 건 그리 놀랍지 않다. 그 결과 ETF의 부상은 지난 몇 년 동안의 투자 환경에서 눈에 띄는 특징이다. 2010년 3분기 기준으로 45개 거래소에 상장된 2,379개 종류의 ETF 상장종목 수가 5,204개에 달했는데, 그 운용자산Assets Under Management, AUM 규모가 1조 1,813억 달러에 이른다.

무엇이 문제인가? 일반적인 투자자는 ETF가 인덱스펀드index fund의 또 다른 형태라고 여기는 듯한데, 사실 여러 ETF가 그렇긴 하다. 하지만 그렇지 않은 ETF도 많은데, 여기서 오해(혹은 더 나쁜 결과)가 발생할 소지가 있다.

일부 ETF는 주가 지수를 구성하는 종목 전부나 대부분을 그 시가총액 비중에 따라 매수하여 지수를 복제한다. 하지만 이른바 합성 ETFsynthetic ETF는 지수를 복제하지 않고 대신 ETF가 추종하는 주가 지수나 기초자산군에 상응하는 금전적 수익을 제공하겠다고 동의한 거래 상대방과 체결하는 이른바 스와프 계약swap agreement을 이용한다.

신용 위기Credit Crisis 사태를 공부한 사람이라면 여기에 잠재된 문제를 포착할 수 있을 것이다. 스와프를 제공하는 거래 상대방이 디폴트를 선언하면 어떻게 되는가? 이는 한때 이론으로만 존재한다고 여겼을지 몰라도, 리먼Lehman 사태에 이어 디폴트 확산을 막기 위한 AIG 구제금융을 실행한 이후에는 현실적인 위험이 됐다. 사실 ETF는 그런 지급불능에 대비해 담보를 설정해야 하는데, 그랬다고 하더라도 모든 경우의 수에 대비할 수는 없다. 담보란 불완전한 과학에 불과하다.

게다가 개인 투자자가 직접 접근하지 못하는 시장(가령 중국의 A주A-share• 시장)이나 기초 자산 유동성이 낮은 시장(가령 일부 신흥국 주식)에 접근하려는 목적으로도 합성 ETF를 이용한다. 그래서 ETF의 실적과 기초 자산 실적, 곧 투자자 기대치 간의 괴리가 발생할 가능성이 분명히 존재한다. 거래 상대방이 투자자가 직접 소유할 수 없고 유동성이 떨어지는 기초 자산과 동일한 수익을 제공하는 계약을 제시하리라는 생각은 진지하게 재고할 필요가 있다. 특히 거래 상대방이 계약상 의무를, 이를 테면 시장의 극단적인 움직임과 유동성 위기가 동시에 발생하는 상황에서 어떻게 이행할 것인가?

물론 모든 ETF의 목적이 단순히 지수 실적을 그대로 복제하는 건 아니다. 지수 실적을 곱절로 늘리는 레버리지 ETFleveraged ETF와 지수에 대한 숏 포지션을 복제하는 인버스 ETFinverse ETF, 레버리지 인버스 ETF도 당연히 존재한다. 이들 ETF의 문제는 그 투자 수익을 일일 복리daily compounding로 계산한다는 데 있다. 아래 두 표를 통해 이를 잘 이해할 수 있다.

첫 번째 표는 변동성이 극심한 시기의 지수 등락을 보여주는데, 급등했다가 급락하더니 첫날 대비 고작 3% 상승한 선에서 마감했다. 두

• 중국 상하이와 선전 증시에 상장된 내국인 거래 전용 주식.

	1일	2일	3일	4일
지수	100	125	90	103
일일 증감률		25%	−28%	14%
누적 증감률		25%	−10%	3%
레버리지 ETF(2X)	100	150	66	85
일일 증감률		50%	−56%	29%
누적 증감률		50%	−34%	−15%

	지수	증감률	숏 포지션	숏 ETF
1일	100		100	100
2일	80	−20.0%	120	120
3일	60	−25.0%	140	150
4일	55	−8.3%	145	162.5
5일	100	81.8%	100	29.5

번째 표는 동기간 2배 레버리지 ETF의 실적을 보여준다. 지수가 3% 상승했는데도 일일 복리가 적용되는 레버리지 ETF의 동기간 누적 손실은 15%에 이른다.

인버스 ETF의 경우는 어떨까?

한 주 내내 지수가 몹시 불안한 하락세를 보이다가 마지막 날에 하락분을 다 회복했다. 이때 일일 복리가 적용되는 인버스 ETF는 누적 70.5% 손실을 본다. 레버리지 인버스 ETF였더라면 결과가 어땠을지 충분히 예상할 수 있을 것이다!

장담컨대 상당수 ETF 투자자는 레버리지 ETF와 인버스 ETF가 자기 기대에 어긋나는 실적을 낼 수 있다는 사실을 모르고 있다. 이런 종류의 ETF는 사실 당일매매를 위한 도구라는 게 내 결론이다. 이들 ETF를 하루 이상 보유하면 기초 지수나 자산의 실적과 괴리가 발생한다. 하지만 이들이 인덱스펀드인 양 부적절하게 이용되는 게 현실이다.

ETF 투자자는 대부분의 액티브 투자를 피하려고 ETF를 선택했다는 꽤 탄탄한 논리를 가졌을지 모르지만, 상당수 ETF는 그들 생각과 다르게 액티브하다.

끝으로 새로 출범한 우리 액티브펀드 이야기로 돌아오면, 펀드스미스는 앞으로의 나날을 고대하고 있다. 세계 주요 경제의 회복세가 지속되리라는 믿음이 있기 때문은 아니다. 나아가 주가가 전반적으로 저렴하다거나 주식 시장의 가격 대비 가치가 높다거나 기업 수익성의 향상이 예상되는 좋은 시점에 있다고 믿기 때문도 아니다(결국 그런 일은 일어나지 않을 수도 있다).

고대하는 이유는 먼저 우리 포트폴리오가 적정 수준 이하의 가격에 매수한 훌륭한 기업 주식으로 구성되어 있기 때문이다. 나아가 우리 투자 철학이 갖는 우위를 살려줄 때까지 포트폴리오 기업 지분을 계속 보유할 생각이기 때문이다.

게다가 우리는 펀드스미스 에쿼티 펀드 운용을 즐기고 있다. 월마트Walmart 회장이자 창업자 샘 월턴Sam Walton의 아들인 롭슨 월턴Robson Walton은 이렇게 말했다. "아버지는 월마트를 세계에서 가장 큰 유통사로 만들겠다는 포부를 가지고 사업을 시작한 게 아닙니다. 아버지가 세웠던 월마트의 목표는 어제보다 나은 오늘이었고, 그 방법이 무엇일지 늘 생각하셨습니다."

펀드스미스 역시 샘 월턴의 길을 따라가고 있다고 믿어도 좋다.

3.
자사주 매입: 아군인가, 적군인가?

《인베스트먼트 위크》, 2011년 4월 11일

내가 저술한 《성장을 부르는 회계》를 출간한 지 거의 20년이 지났다. 오늘 나는 기업이 가치를 창출하지 못한 때에도 마치 그러한 듯 보이게 만드는 회계 규정의 또 다른 허점을 들추려 한다.

상장 기업 사이에서 인기를 끌고 있는 자사주 매입을 자세히 검토한 보고서를 오늘 게재했다(tinyurl.com/y8d9l7bm). 자사주 매입이 주주 입장에서 아군인지 적군인지, 가치 창출에 기여할지 파괴할지를 다뤘다.

답이 너무 뻔해 보일 수도 있지만, 다시 한번 생각해 보라. 문제는 기업이 매입한 자사주가 재무상태표에서 사라지고 기업 실적을 왜곡하는 수단으로 활용될 수 있다는 것이다.

배당금을 지급하는 대신 자사주를 매입하기만 해도 주당순이익(EPS)을 부풀릴 수 있다. 게다가 주주가치를 창출하지 않는 것이 분명한 경우에도 마치 그러는 것처럼 보이게 만드는 경우가 많다.

자본 배분 결정은 기업 경영진이 주주를 대신해서 내리는 가장 중요한 결정이다. 하지만 투자자나 평론가는 자사주 매입 문제를 제대로 이해하지 못한 듯하다. 어쩌면 기업 경영진도 마찬가지일 것이다.

가장 중요한 사실 한 가지를 늘 간과한다. 바로 자사주 매입이 가치를 창출하는 경우는 내재가치보다 낮은 가격에 주식이 거래되고 더 높은 투자 수익률을 낼 현금 활용 방안이 없을 때뿐이라는 것이다.

대부분의 자사주 매입은 오히려 주주가치를 파괴한다. 하지만 현재의 자사주 매입 회계 처리는 그 진정한 영향을 감추기 때문에 경영진은 책임을 모면할 수 있다. 어떤 변화가 필요할까?

1. 경영진이 자사주 매수가와 내재수익률implied rate과 관련하여 자사주 매입의 타당성을 입증하고 보유 현금의 대체 활용 방안과 비교하도록 의무화해야 한다.
2. 투자자와 평론가는 대상 기업이 다른 기업의 지분을 인수할 때와 같은 기준을 적용해 자사주 매입을 분석해야 한다.
3. 투자자와 평론가는 EPS의 변동이 아니라 자기자본이익률Return on Equity, ROE 기준으로 자사주 매입의 영향을 분석해야 한다.
4. 성과급 지급이 EPS 증가에 연동된 기업 경영진이 자사주 매입을 결정했을 때는 평소보다 더 회의적인 시각으로 바라봐야 한다.
5. 자사주 매입 회계 처리는 매입한 자사주가 주주자본shareholders' funds의 일부로 재무상태표에 지분법 적용 투자 주식equity accounted asset으로 계속 남아 자본이익률 계산에 포함되는 방향으로 변화해야 한다.

4.
ETF는 생각보다 훨씬 심각하다

《텔레그래프The Telegraph》, 2011년 5월 24일

펀드스미스 에퀴티 펀드 투자자 대상 연례 투자자 서한을 1월 11일에 처음으로 발송했다. 나는 서한에서 ETF 투자에 부는 일시적 열풍에 관해 쓴소리를 퍼부었다.

내 근본적인 우려는 ETF가 불완전 판매mis-sold* 될 위험이 있다는 생각에 근거한다.

내가 보기에 많은 개인 투자자는 ETF가 인덱스펀드와 같은 것이라고 여긴다. 일부 ETF는 인덱스펀드와 같지만, 그렇지 않은 ETF도 많다. 특히 숏 ETF와 레버리지 ETF의 실적은 ETF가 곧 인덱스펀드라고 믿는 투자자의 기대에서 크게 벗어날 수 있다.

주가 지수가 결국 상승했더라도 변동성이 심했던 기간에 레버리지 롱 ETF 투자자가 손실을 보거나, 주가 지수가 결국 하락했더라도 반

---

* 상품 내용 등을 제대로 설명하지 않거나 잘못된 정보를 제공하며 판매하는 것.

등이 있었던 기간에 숏 ETF 투자자가 손실을 보는 사례를 찾는 건 어렵지 않다.

문제는 ETF의 일일 복리에 있다.

그 외에도 ETF는 대개 추종하고자 하는 기초 증권이나 자산 바스켓을 실물 보유하지 않는다. 대신 거래 상대방(ETF 발행사 역할도 하는 은행인 경우가 많다)과 자산 스와프 계약을 맺어 추종 지수나 자산의 실적을 그대로 복제하려고 한다.

그런 합의는 거래 상대방 위험counterparty risk과 담보화collateralisation 측면에서 분명한 위험 요소를 품고 있다. 신용 위기 당시 수많은 문제를 일으켰던 원인과 다르지 않다.

잠재적 위험을 보여주는 좋은 사례가 바로 뉴욕증권거래소NYSE에 'PEK' 티커로 상장한 마켓 벡터스 중국 A주 ETFMarket Vectors China A Shares ETF다. 허가받은 기관을 제외한 외국인 투자자가 중국 상하이·선전 증시에 상장된 A주를 사는 건 불법이다. 그래서 PEK는 기초 주식을 보유할 수 있도록 허가받은 브로커와 스와프 계약을 맺는다. PEK는 A주 유통 주식float 가운데 상당수를 보유하고 있는데, 주주가 빠르게 현금화 시도를 한다면 정말 흥미로운 일이 벌어질 것이다.

일부 평론가는 최소한 유럽에서는 주로 기관 투자자가 ETF를 활용하기 때문에 ETF에 관한 개인 투자자의 오해를 그리 걱정할 필요가 없다고 주장한다.

당연하게도 이 수장은 몇 가지 핵심을 놓치고 있다. 하나는 저 '기관' 투자자의 고객 대다수가 개인 투자자라는 점이다. 그 개인 투자자는 자기 돈을 맡은 웰스 매니저가 자기 돈을 ETF로 운용하면서 발생하는 위험을 제대로 이해하고 있을까?

《파이낸셜 타임스》의 투자 주간지 FTfm 증보판에는 유럽에서 개인 투자자의 ETF 직접 투자 비율이 저조하다고 지적하는 기사(2011년 5월 9일 자)가 실렸다. 같은 날 아문디Amundi ETF가 실은 래핑 광고wrap-around advert가 그 증보판을 도배하다시피 했다. 그뿐 아니라 아문디는 그날 런던으로 들어오는 통근자에게 화려하게 꾸민 아문디 ETF 브로슈어와 함께 신용카드나 정기 승차권을 넣을 수 있는 세련된 지갑을 나눠줬다. 지갑에는 다음과 같은 문구가 선명하게 새겨져 있었다.

아문디 ETF: 그저 그런 시장 추종자 그 이상

암, 그렇고말고.
이런 식으로 가다간 유럽에서 개인 투자자의 ETF 직접 투자 비율을 심각하게 걱정할 날이 곧 닥칠지도 모른다.
하지만 ETF에는 오해나 불완전 판매보다 더 치명적인 위험이 하나 더 있다. ETF는 개방형open-ended 펀드나 뮤추얼펀드와 폐쇄형closed-end 펀드의 특징을 결합한 하이브리드 펀드에 가깝다. CUcreation unit만큼 설정·환매할 수 있다는 점에서 ETF는 개방형 펀드와 비슷하다. 하지만 유통 시장에서 쉽게 매매할 수 있기 때문에 실시간 유동성을 제공하는 것처럼 보인다.
유통 시장에서 거래할 수 있는 특징은 시장 참여자가 직접 ETF를 공매도할 가능성을 낳는다. 일반적으로 공매도에는 한도가 없다. 하지만 주식 공매도에 한도가 있듯 ETF 공매도에는 사실상 한도가 존재한다.
보통주의 경우 인도할 주식을 빌릴 수 있는 공매도자의 능력이 공매도에 한계를 설정한다. 반면 ETF의 경우 공매도자는 주식 인도를 위해 ETF 신주(좌) 발행 과정을 활용할 수 있다. 그 결과 ETF 매수자가 공매도자로부터 매수하지만, 아직 신주(좌)가 발행되지 않은 상황도 얼마든지 일어날 수 있다.

공매도자에게서 매수한 ETF 투자자는 ETF의 기초 증권 바스켓이나 스와프 계약에 대한 청구권이 없다. ETF 주식(좌)을 인도하겠다는 공매도자의 약속만 존재할 따름이다.

문제는 이 과정에서 ETF 신주(좌)가 발행되기 전이라면 ETF의 기초 자산이 누적 미결제outstanding 매수 주문이 시사하는 수준보다 상당히 적을 수 있다는 점이다. 일부 ETF의 공매도 비율이 1,000%에 이른다는 보고들이 있음을 고려하면, 정말 심각한 문제다.

이와 관련한 위험을 단번에 해결하는 방법은 ETF 발행사가 누적 매수 주문량cumulative buying interest이 시사하는 가치만큼 신주(좌)를 발행하는 것이다. 하지만 말처럼 쉬운 일이 아니다.

'IWM' 같은 ETF를 예로 들어 보자. IWM의 공매도 잔량short interest 비율은 최근에 100%를 넘어 그 총액이 150억 달러(93억 파운드) 이상을 기록했다. IWM은 미국 소형주로 구성된 러셀 2000 지수Russell 2000 US small-cap index에 투자한다. 기초 주식 바스켓에 150억 달러를 투자하려면 일주일 정도의 시간이 필요하다. 그것도 기초 주식의 유일한 거래가 ETF 신주 발행인 경우라야 가능하다. 숏 스퀴즈short squeeze•가 일어날 가능성이 정말 어마어마하다.

결국 전체 ETF 자산군에 걸쳐 ETF 매수자가 신주(좌) 발행을 통해

- 주가 하락을 예상하고 공매도했던 투자자가 주가 상승으로 손실이 발생하면 추가 손실을 막기 위해 상품이나 주식을 사들이면서 주가가 더 상승해 손실이 더 커지는 현상.

4. ETF는 생각보다 훨씬 심각하다

매수했다고 생각하는 일부 펀드는 사실상 헤지펀드에 빌려준 셈이다. 따라서 ETF가 하는 일이 무엇인지 이해하는 투자자일지라도 ETF가 반드시 그가 예상한 만큼 기초 자산을 보유하는 건 아니다.

어쩌면 지난 5월 '플래시 클래시Flash Clash'* 당시 미국 주식 시장에서 총발행주식(좌) 대비 비중이 11%에 불과한 ETF 부문에서 취소 주문의 70%가 발생한 이유를 이 덜 알려진 구조적 문제에서 찾을 수 있을지도 모른다.

게다가 PEK 같은 일부 ETF의 경우 중국 A주를 공매도하는 건 불법이기 때문에 PEK의 공매도 잔량이 실제로 의미하는 바가 무엇인지 가늠하기 어렵다.

지금까지 논의한 문제의 또 다른 사례가 될 법한 문서를 최근에 내 책상에서 발견했다. ETF 트레이딩을 담당하는 사업체에 대한 자금 조달 제안서였다. 물론 회사 이름을 밝히지는 않겠지만, 이 회사는 특히 거래량이 적은 ETF에 초점을 맞춰 트레이딩과 차익거래arbitrage를 하며 가격을 형성한다. 회사는 스스로 "자기자본비율이 상당히 낮다fairly thinly capitalized"고 소개한다. 신용 위기 당시의 금융 시스템이라는 평행 세계에 울려 퍼졌던 메아리가 그대로 들리는 듯하다.

제안서에는 ETF 부문의 발전 속도가 "까딱 잘못하다간 목이 부러질 정도로 아주 빠르다breakneck"라는 표현도 담겨 있었다. 결국 누구 목이 부러지게 될지 정말 궁금하다.

• 금융 상품 가격이 매우 짧은 기간에 폭락하는 발작성 주가 폭락.

5.

ASR

〈스트레이트 토킹〉, 2011년 7월 4일

미국을 휘어잡고 영국 일부 기업도 뒤따르고 있는 자사주 매입의 주주가치 대량 살상 활동이 이번 주에 새로운 진전을 보였다.

씨티그룹Citigroup에 따르면 올해 들어 현재까지 미국 시장에서 총 85억 달러 규모의 가속증권환매Accelerated Stock Repurchases, ASR가 26회 일어났다.

ASR은 시장 거래량 규모와 비슷하도록 장기간에 걸쳐 자사주를 매입하는 게 아니라, 투자은행이나 소규모 은행 집단과 함께 단 한 번의 거래로 계획 수량 전부나 상당량을 취득하는 방식이다. 투자은행은 대상 기업 주식을 공매도하고 기업에 인도할 주식을 빌린다.

물론 어느 시점이 되면 투자은행은 숏 포지션을 커버하고 차입한 주식을 대주자stock lender에게 상환하기 위해 주식을 매수해야 한다. 투자은행은 공짜로 일을 해주는 곳이 아니므로 그저 기업을 도울 요량으로 숏 포지션을 잡을 리 만무하다. 어찌 됐든 자사주 매입은 적어도 단기 주가 상승을 일으킬 수 있고, ASR의 존재 이유 역시 더 큰 단기 상승세를 촉발하는 데 있다. 생각이 있는 조직이라면 ASR 가능성이 있는 주식을 공매도할 리가 없다. 그래서 기업은 숏 커버를 위해 주식을 매수하면서 어떤 손실이 발생해도 보전해주겠다는 동의서를 투자은행에 제출해야 한다.

IBM은 2007년 5월에 시행한 1억 1,880만 주 규모의 ASR에서 투자은행이 공매도한 주식의 최초 매입 가격으로 주당 105.18달러, 총 125억 달러의 대금을 지불했다. 이후 투자은행의 실제 포지션 청산 가격 108.13달러와의 차액인 주당 2.95달러, 총 3억 5,100만 달러를 추가 지불했다.

내가 투자업에 몸담으면서 발견한 규칙 한 가지는 경영진이 검증받고 싶지 않은 일을 할 때는 정중한 완곡어법을 구사하며 상황의 진실을 위장한다는 것이다. 그리하여 IBM이 투자은행에 지불한 금액은 '추가 비용'이나 '손실'이 아니라 '계정 조정adjustments in its accounts'이라는 이름을 갖게 됐다.

정말 놀라운 처사다. 나는 앞서 〈3. 자사주 매입: 아군인가, 적군인가?〉에서 많은 기업이 자사주를 매입할 때 내재수익률이나 심지어 정확한 매입 가격을 거의 신경 쓰지 않는다고 주장했다. ASR을 시행하는 기업은 말 그대로 자사주를 정확히 얼마에 취득하는지 전혀 알지 못한다. 사실상 투자은행이 내미는 백지 수표에 서명하며 자사주 매입에 드는 모든 비용을 보전하겠다고 동의하는 셈이다. 어떻게 이런 일을 받아들일 수 있을까? 멍청이가 아니라면 모든 경영진은 자사주 매입 가격이 잔여주주remaining shareholders의 가치 창출에 영향을 미친다는 견해를 받아들여야 한다. 주주가치에 관한 이해와 관심이 모자란 경영진의 태도는 내가 보기에 업무상 배임에 해당한다.

이 외에도 ASR은 이를 시행하는 기업에 투자한 불운한 주주에게서 투자은행이 돈을 뜯어내는 방법을 추가로 제공한다. 수수료와 공매도의 매수-매도 호가 스프레드, 차입 주식에 대한 이자, 프라임 브로커리지prime brokerage* 보수는 물론이고 마지막 포지션 커버 시 발생하는 추가 수수료와 매수-매도 호가 스프레드까지. 심지어 투자은행에 ASR 자문비까지 내는 바보 같은 기업도 있다. 명심하자. ASR은 무위험 거래에 참여하는 투자은행가의 야유회와 같다. 아울러 기업이 보유 현금을 배분하는 방법 중 모두가 두 팔 벌려 환영하는 배당을 통해서는 투자은행가가 한 푼도 벌지 못한다는 사실도 잊지 말자.

---

* 투자은행이나 증권사가 펀드사에 제공하는 거래·정산 업무와 유가증권 대차 거래, 포지션 거래 등 투자 업무 종합 서비스.

6.
머독은 뉴스 코퍼레이션 지배를 포기해야 한다

《인베스트먼트 위크》, 2011년 7월 13일

뉴스 코퍼레이션News Corporation이 자사주 매입 규모를 늘린다고 발표했다. 하지만 이는 머독 일가의 지배가 주주 이익에 정말 부합하는지 의문을 가질 권리가 있는 주주를 달랠 미끼일 뿐이다.

자사주 매입이 잔여주주의 가치를 창출하는지 판단하는 주요 기준은 다음과 같다. ① 주식이 내재가치 이하에서 거래되어야 하고, ② 보유 현금을 활용해 자사주 매입보다 더 높은 투자 수익을 낼 수 있는 대안이 없어야 한다.

최근 몇 년간 뉴스 코퍼레이션의 탐욕 가득한 행보가 불러온 결과를 한번 보자. 마이스페이스MySpace를 5억 8,000만 달러에 인수해서 3,500만 달러에 매각했고 다우 존스Dow Jones를 57억 달러에 인수한 후 현재까지 28억 달러 규모의 영업권을 상각했다. 이들보다는 자사주 매입이 주주가치 창출에 더 유익하리라는 건 분명하다.

뉴스 코퍼레이션 주가가 저렴한지 판단하기는 더 어렵다. 디즈니

Disney나 타임 워너Time Warner, 비아콤Viacom 같은 비교 기업에 비해 저평가된 건 확실하다. 하지만 전화 도청 스캔들로 인해 불투명해진 스카이Sky의 미래를 고려하면 그 펀더멘털의 전망은 여느 때보다 판단하기 어렵다.

뉴스 코퍼레이션의 실적을 본 투자자는 왜 루퍼트 머독Rupert Murdoch이 회사 경영의 최적임자가 반드시 머독이란 성을 가진 사람이어야 한다고 믿는지 질문해봐야 한다.

머독 일가의 지배는 지난 5년간 10% 수준의 썩 좋지 않은 사용자본이익률(ROCE) 실적으로 이어졌다. 주가 실적도 지난 15년간 S&P 500 지수를 밑돌았다.

뉴스 코퍼레이션이 자사주 매입보다 훨씬 큰 가치를 창출하려면 머독 일가가 보유하고 있지 않은 클래스 A 무의결권주class-A non-voting shares에 의결권을 부여해야 한다는 게 확실해 보인다.

7.
뉴스 코퍼레이션: 가족 기업

《가디언》, 2011년 7월 18일

지난주 뉴욕에 머무는 동안 색다른 경험을 했다. 폭스 뉴스Fox News 보도국 전화 도청 스캔들의 시사점에 관해 스카이 TV와 인터뷰를 했다. 루퍼트 머독이 미국에 세운 언론 제국의 심장부에서, 그의 아들인 제임스가 회장 자리에 앉아 있는 바로 그 위성 TV 채널과 말이다. 뉴스 코퍼레이션은 지배구조에서 가장 중요한 위치에 있는 스카이 TV의 외부 주주 보유 지분 전량을 인수하려고 했다(적어도 지난주까지는 그랬다). 나는 인터뷰를 통해 이번 스캔들에서 아직 제대로 주목받지 않은 몇 가지 측면을 밝혔다.

내가 보기에 스카이 뉴스Sky News 인터뷰 진행자인 안나 존스Anna Jones는 친머독 성향이었다. 나는 그녀에게 만약 상장 기업의 CEO로서 내 멋대로 다음과 같은 일을 저질렀다면 주주들이 나를 해고했을 것이라고 말했다.

1. 5억 8,000만 달러(3억 6,000만 파운드)에 마이스페이스를 인수한 후 3,500만 달러(2,200만 파운드)에 매각.
2. 57억 달러(35억 파운드)에 다우 존스를 인수한 후 영업권 28억 달러(17억 파운드)를 상각.
3. 장녀의 사업을 6억 1,500만 달러(3억 8,200만 파운드)에 인수해서 '노골적인 족벌주의'의 본보기로 구설에 오름.
4. 경영하는 기업의 주가 실적이 지난 15년간 S&P 500 지수를 하회.
5. 고용한 직원 몇 명이 불법 전화 도청과 경찰 뇌물 공여 범죄에 가담하고 고용한 경영진이 은폐를 시도.

그래서 왜 루퍼트 머독이 해고당하지 않았는지 반문했다. 답을 하자면, 머독 일가가 차등의결권differential voting rights 제도를 통해 뉴스 코퍼레이션을 지배하고 있으므로 그 누구도 머독을 해고할 수 없다.

뉴스 코퍼레이션은 의결권 측면에서 두 가지 종류 주식으로 이루어져 있다. 클래스 A 주식에는 의결권이 없고, 클래스 B 주식에 모든 의결권이 집중되어 있다. 머독 일가는 클래스 B 의결권주의 40%를 보유하고 있다. 클래스 A 발행 주식 수가 훨씬 많음에도 불구하고, 머독 일가는 클래스 A와 B 주식을 합해 총발행자본금의 고작 13%만 보유하고도 기업을 좌지우지하고 있다.

그래서 뉴스 코퍼레이션이 엘리자베스 머독의 사업체인 샤인Shine을 인수하며 지불한 6억 1,500만 달러는 말 그대로 나쁜 사람들의 돈이다. 다들 알다시피 남의 돈이 내 돈보다 훨씬 쓰기 쉬운 법이다. 마찬가지로 앞서 언급한 다른 참사로 인한 가치 붕괴의 여파는 인내심은 있지만 의결권은 없는 클래스 A 주주가 고스란히 떠안는다. 인수 자금 대부분이 그들에게서 나왔기 때문이다.

머독 일가를 둘러싼 상황에 대한 내 반응은 분명 스카이 뉴스 인터뷰 진행자가 기대하거나 듣고 싶어 한 내용이 아니었다. 진행자는 '거대 미디어 제국'을 일궈낸 루퍼트 머독의 업적을 옹호하는 태도를 취했다. 그래서 나는 기업 제국의 자격을 갖추려면 그에 걸맞은 수준의 자본이익률을 달성해야 하는데, 뉴스 코퍼레이션은 이에 실패했다는 사실을 일깨워 줬다.

사용자본이익률(ROCE)은 기업 실적을 평가하는 가장 중요한 지표로, 주주가 제공한 자본으로 경영진이 벌어들인 이익의 비율을 의미한다. 뉴스 코퍼레이션은 지난 5년간 고작 연 10% 수준의 초라한 ROCE를 기록했다. 비교 기업인 미국 미디어 기업 비아콤은 연 20%, 데일리 메일Daily Mail과 제너럴 트러스트General Trust는 연 30%의 ROCE를 기록했다.

진행자는 내 말을 자르고는 제임스와 엘리자베스 머독이 이뤄낸 훌륭한 업적을 내가 이해할 수 있길 바란다며 인터뷰를 끝냈다. 나는 그 업적이 무엇인지 토론하는 TV 생방송 출연도 환영한다. 물론 스카이 뉴스 웹사이트에 올라온 인터뷰 영상에는 진행자의 질문과 논평은 빠져 있었다.

머독 일가가 회사를 완전히 장악하기 전인데도 이 모습이 스카이의 편집권 독립과 진실성이 살아 있는 증거라면, 머독 일가의 완전한 지배 아래 놓인 후에 어떤 일이 벌어질지 생각만 해도 아찔하다.

전화 도청, 경찰 뇌물 공여, 머독 신봉자에게 영합하는 일을 누가 더 잘하는지를 두고 경쟁한 주요 양당 정치인과의 결탁 등의 기나긴 이야기는 한마디로 권력 남용의 전형이라고 할 수 있다. 뉴스 코퍼레이션의 주주 의결 구조도 마찬가지다.

뉴스 인터내셔널News International은 전화 도청 스캔들에 대한 사과문을 여러 신문에 게재했다. 루퍼트 머독은 자신이 초래한 기업 가치 훼손에 대해서도 주주에게 직접 사과해야 한다. 아울러 말보다는 행동이 중요하므로 머독은 그 일가가 보유하지 않은 클래스 A 무의결권주에도 의결권을 부여해야 한다. 그래야 뉴스 코퍼레이션의 진정한 주인이 머독의 행보를 심판할 수 있다.

8.
UBS 대참사는 ETF의 위험성을 경고한다

《인베스트먼트 위크》, 2011년 9월 16일

UBS의 '델타 원Delta One' 데스크 담당 로그 트레이더rogue trader*가 20억 달러가량의 손실을 초래하자, 불분명한 투자 상품을 다루는 은행의 위험 관리 부족, 투자·소매 금융 간의 분리 필요성, ETF에 내재한 위험 등이 다시금 수면 위로 떠올랐다.

나는 지난 1년간 ETF의 과소 평가된 위험에 관해 계속 글을 써왔다. 어쩌면 지금이 최신 자료를 근거로 내 생각을 다시 정리할 때인지도 모른다. 많은 투자자가 ETF를 인덱스펀드와 같은 것으로 생각한다. 전혀 사실이 아니다.

1. 일부 ETF는 추종하려는 자산을 실물 보유하지 않는다. '합성' ETF는 대신 파생상품을 보유한다. 이로 인해 거래 상대방 위험이 발생하며, UBS

---

* 금융권에서 특정 회사에 소속되어 있으면서 미허가 거래를 하는 트레이더.

사태에서 봤듯이 파생상품 바스켓을 제공하는 거래 상대방 내부에 도사린 몇 가지 흥미로운 위험이 생겨난다.

이러한 ETF 거래가 손실을 감당하고 파생상품 계약을 이행할 자본이 충분치 않은 거래 상대방에게 엄청난 손실을 안기면(그런 일은 언제 일어날까?) 어떻게 되는가? 그 ETF는 상장 폐지된다.

2. ETF는 기대와 달리 기초자산과 늘 일치하지는 않는다. 일일 재조정$_{\text{daily rebalancing}}$**과 일일 복리 때문에 시장이 상승했지만 중간에 몇 번의 급락이 있었던 기간에 레버리지 롱 ETF 투자자는 손실을 볼 수 있다.

마찬가지로 숏 익스포저$_{\text{short exposure}}$를 가진 인버스 ETF 투자자도 결국 시장이 하락했지만 중간에 몇 번의 반등이 있었던 기간에 손실을 볼 수 있다. 2008년 일부 인버스 ETF에서 실제로 그런 일이 일어났다. 나는 사람들이 레버리지 롱 ETF에 투자해서 시장이 상승하더라도 돈을 잃는 일을 하지 말라고 강력히 권한다. 마찬가지로 숏 ETF에 투자해서 시장이 하락하더라도 돈을 잃는 일 역시 하지 마라.

3. ETF는 거래소에서 사고팔 수 있으므로 헤지펀드나 은행이 포지션을 잡은 후 공매도할 수 있다. ETF 공매도자는 주식 인도를 위해 ETF 주식(좌) 발행 과정을 활용할 수 있는데, 그로 인해 ETF의 공매도 잔량 비율이 1,000%에 달했던 사례도 있다. 다시 말해 일부 시장 참여자가 ETF 주식(좌) 수의 10배에 달하는 규모의 공매도를 한 것이다.

그런데 유동성이 낮은 섹터에 속하는 ETF의 경우 유동성이 제한된 그 섹터에서 기초 자산을 거래하지 못할 수도 있는데, 정말 마음 놓고 ETF 주식 발행에 의지할 수 있을까?

** ETF에서 기초자산 수익률(레버리지 ETF의 경우 해당 배수 수익률)을 보장하기 위해 익스포저 총액이 자산총액 수준으로(레버리지 ETF의 경우 해당 배수 수준으로) 유지되게끔 매일 조정하는 거다.

지난주에 나는 IWM의 차입 비용(공매도한 후 주식을 매수해서 인도하는 기간에 주식을 빌리는 데 드는 비용)이 연 14%로 올랐다는 사실을 전해 들었다. 제로 금리 환경에서, 더구나 ETF의 무한대 주식(좌) 발행을 활용해 그 기초 증권을 인도하면 되는데도 연 14%를 내면서 주식을 빌리는 사람은 도대체 무슨 생각을 하는 걸까?

내 생각에는 유동성이 제한적인 섹터에 속하는 ETF의 경우(러셀 2000은 미국 '소형주' 주가 지수다) 공매도자가 ETF 주식(좌)을 충분히 발행할 수 없기 때문이 아닐까 싶다.

주식을 매수해 인도하는 게 불가능할 수도 있는 섹터에서 펀드 가치의 몇 곱절에 이르는 공매도를 허용할 때의 위험성은 자명하다. 하지만 내가 ETF의 여러 응원단장과 맞붙어 논쟁을 벌이는 동안 그들은 놀랍게도 ETF 공매도는 그런 위험을 발생시키지 않는다고 자신했다. ETF를 직접 판매하는 사람도 상품을 잘 이해하지 못하는데, 개인 투자자가 제대로 이해하고 있을 가능성은 얼마나 되려나?

4. ETF는 저비용 투자 상품으로 홍보되지만, 수익성이 가장 높은 자산운용 상품이기도 하다. 어째서 이런 명백한 모순이 생기는 걸까? 답을 하자면, ETF가 투자자에게 부과하는 총비용에서 운용 보수는 일부에 불과하기 때문이다.

판매자가 수행하는 합성·파생 상품 거래에는 숨겨진 비용이 있다. 나는 그 결과 ETF가 소매 시장에서 불완전 판매되고 있으며 ETF 운용과 상품 설계, 거래, 보유 시 발생하는 위험이 제대로 알려지지 않았다고 오래전부터 생각해 글을 써 왔다. UBS 사태를 겪고 난 이제부터라도 내 생각이 반론의 여지가 없는 진실이라고 받아들여야 한다.

9.
위대한 도전자 '스모킹 조' 프레이저는 어떻게 시대를 대표하는 인물이 됐는가

《파이낸셜 타임스》, 2011년 11월 12일

"이 세상에 둘도 없는 사람이야."

《햄릿》, 1막 2장

셰익스피어 작품에 나온 구절을 인용해 '스모킹 조' 프레이저의 경력을 요약하다니, 의외라고 생각할지도 모르겠다. 전 헤비급 권투 세계 챔피언인 그가 이번 주 간암으로 향년 67세에 세상을 떠났다.

조 프레이저가 그토록 위대한 인물이 된 이유는 그가 경쟁했던 상대인 조지 포먼·무하마드 알리와의 관계 그리고 그들과 치렀던 시합의 의미에서 찾을 수 있다. 우리를 정의하는 건 우리가 겨루는 상대라는 점을 명심해야 한다. 그 상대가 권투 선수든, 은행가든, 정치인이든.

권투에서 위대한 시대가 탄생하려면 기꺼이 서로 대결하려는 경쟁자가 적어도 세 명 필요하다. 왜 두 명은 안 될까? A가 B를 이기고 B가 C를 이겼다고 해보자. A와 C의 승부는 이미 결론 난 것 아닌가?

하지만 C가 B에 지긴 했어도 A를 무찌를 만한 기술로 예상 밖의 승리를 거두며 세계를 충격에 빠뜨릴 수도 있는 일이다.

프레이저와 포먼, 알리의 관계가 바로 그랬다. 알리가 베트남 전쟁 기간에 징병을 거부했다는 이유로 챔피언 타이틀을 박탈당한 직후 그 자리를 차지한 인물이 바로 프레이저였다. 프레이저는 1971년 알리의 복귀전에서 그에게 첫 패배를 안기며 타이틀을 거머쥐었다. 알리는 15라운드에 프레이저의 주특기인 레프트 훅을 맞고 쓰러졌다. 하지만 프레이저는 1973년에 포먼에게 패배했다. 이후 포먼은 1974년 자이르Zaire*에서 알리와 '정글의 혈투Rumble in the Jungle'라 불리게 될 시합을 치렀다. 알리는 권투 링의 로프 탄력을 이용하는 '로프 어 도프rope-a-dope' 전술로 대이변을 일으키며 타이틀을 탈환했다.

이후에도 다른 선수들이 극적인 긴장 관계를 이어가며 대여섯 명의 경쟁자가 서로 영웅적인 시합을 펼쳤다. 1980년대 미들급 선수인 '슈거' 레이 레너드Sugar Ray Leonard와 토머스 '더 히트맨' 헌즈Tommy 'The Hitman' Hearns, 로베르토 두란Roberto Durán, '마블러스' 마빈 해글러'Marvellous' Marvin Hagler의 관계가 가장 유명했다. 하지만 최고의 권투 선수 간 시합은 이제 아주 드문 일이 됐다. 스포츠 경기의 TV 방영과 이를 둘러싼 돈 때문이다. 한 TV 채널이 어느 권투 선수에게 연이은 시합의 대가로 수천만 달러를 제안할 때 최고의 경쟁자와 맞붙게 함으로써 투자 위험을 감수하지는 않을 것이다. 그래서 우리는 세계 최고의 웰터급 선수인 플로이드 메이웨더 주니어Floyd Mayweather Jr.와 매니 파퀴아오Manny Pacquiao가 여러 차례 예고한 시합을 여전히 기다릴 수밖

* 현 콩고민주공화국.

에 없다. 이게 바로 제각각 챔피언 타이틀을 내거는 복싱 기구가 급증한 이유다. 세계 최고의 권투 선수가 진정한 세계 챔피언 타이틀을 두고 싸우지 않더라도 그와 유사한 타이틀을 얻을 수 있다. 프레이저가 알리와 포먼과 경쟁했던 당시에는 세계 챔피언이 오직 한 명뿐이었다.

많은 스포츠 선수가 TV 방송국이나 스폰서한테서 돈을 우려내는 에이전트에 속해 있는 게 현실이다. 프레이저가 그랬듯 이들은 돈을 버는 것 자체는 그리 힘들지 않다는 사실을 깨닫게 될 텐데, 정말 어려운 건 그 돈을 지키는 일이다. 앞서간 수많은 권투 선수처럼 프레이저도 필라델피아 빈민가에 위치한 권투 도장 다락에서 살다가 무일푼으로 세상을 떠났다. 과거에 유명했던 은행가나 트레이더, 헤지펀드 매니저 가운데 자연의 재분배 원리 앞에서 미래에도 계속 성공(혹은 고통)을 누릴 사람은 얼마나 될까?

서너 명의 세계 최정상급 선수가 짝을 이뤄 타이틀을 두고 경쟁하던 시기가 여러 차례 있긴 했지만, 알리·프레이저·포먼의 격돌에는 스포츠를 초월하는 의미가 있었다. 이들의 시합은 미국에서 인종 차별 정책이 격변기를 맞고 베트남 전쟁에 불만이 고조하던 때를 배경으로 한다. 그래서 알리의 시합에는 단순한 권투 경기 이상의 의미가 있었다. 징집을 거부한 이유에 대한 알리의 설명에는 두 가지 쟁점이 담겨 있다. "저는 베트콩과 싸울 마음이 없습니다. 그들은 나를 깜둥이라고 부르지 않기 때문입니다."

이런 요인이 어우러져서 세 선수의 시합은 전무후무한 의미를 가지게 됐다. '세기의 결투The Fight of the Century'(프레이저 대 알리, 1971년)와 '정글의 혈투The Rumble in the Jungle'(포먼 대 알리, 1974년), '마닐라의 전율The Thrilla in Manila'(알리 대 프레이저, 1975년) 같은 이름이 붙었다. 알리는 세계에서 가장 유명한 사람이었다. 케이블과 위성 방송이 등장하기 전에는 직접 경기장을 찾아가거나 영화관에서만 송신되는 폐쇄회로 TV로 시합을 봐야 했다. 권투가 그때만큼 대중성을 가진 시절은 다시 오지 않을 것이고, 운동선수가 스포츠를 초월한 위상을 누리는 건 더 힘들어질 것이다.

프레이저가 '마닐라의 전율'이라 불리는 시합을 치를 때였다. 코너맨 에디 퍼치Eddie Futch는 한쪽 눈은 앞이 잘 보이지 않고 다른 쪽은 알리의 주먹에 맞아 아예 감긴 프레이저에게 알리가 보이느냐고 물었는데, 그는 이렇게 대답했다. "아니. 하지만 느낄 순 있어." 항상 앞으로 나아가서 상대를 느낄 만큼 가까이 다가서는 프레이저 특유의 스타일이 잘 드러나는 대목이다. 그의 대전 상대는 링에서 그가 어디에 있는지 찾아낼 필요가 없었다. 프레이저는 한 라운드를 더 치르려고 기꺼이 코너 의자에서 일어나길 주저한 적이 없던 진정한 챔피언이었다. 하지만 유명한 격언처럼 권투에서 "필요한 건 용감한 권투 선수이지, 용감한 코너맨이 아니다." 퍼치는 선수를 보살피는 코너맨의 임무를 충실히 수행했다. 그 시합을 중도 포기해서, 프레이저에게 결코 용서받지 못하는 대가를 치르긴 했지만 말이다.

프레이저를 떠나보내는 마지막 말은 그의 경쟁 상대였던 포먼에게 맡기는 게 좋겠다. "저는 세계 챔피언이 되고 싶었습니다. 하지만 프레이저와 시합을 치르고 싶지는 않았기 때문에 그에게 무슨 일이 생기기를 계속 바랐어요. 경기 시작을 알리는 공이 울리자마자 프레이저가 날린 레프트 훅이 저를 아슬아슬하게 비껴갔어요. 마치 총알이 휙 스쳐 가는 소리 같았습니다. 덜컥 겁이 나더군요. 경기 중에 프레이저를 쓰러뜨리고는 혼잣말을 했죠. '프레이저가 나를 죽이려 들겠구나.'

프레이저를 다시 쓰러뜨리고는 '아, 프레이저가 미친 듯이 달려들겠구나'라고 되뇌었습니다. 저는 연거푸 프레이저를 쓰러뜨렸지만, 그때마다 프레이저는 일어섰습니다. 저는 그를 여섯 번이나 쓰러뜨리고 나서야 세계 챔피언이 됐습니다. 시합이 종료된 후에도 프레이저는 여전히 저에게 달려들려고 했죠."

프레이저는 이 세상에 둘도 없는 사람이다. 그가 없는 세상은 더 초라해 보인다.

10.
2011년 연례 투자자 서한

펀드스미스, 2012년 1월

펀드스미스 에쿼티 펀드 투자자에게 보내는 두 번째 연례 서한이다. 펀드스미스는 2010년 11월 1일 사업을 시작해 2011년 10월 31일에 첫해를 마감했다. 우리는 이번부터 설정 후 누적 투자 수익률과 최근 역년calendar year 투자 수익률이라는 두 가지 기준으로 실적 수치를 보고했다.

우리는 짧은 기간의 투자 실적을 평가하려는 시도에 여전히 비판적이다. 투자 실적을 평가하기에는 1역년조차 너무 짧다. 이는 지구가 태양 주위를 공전하는 데 걸리는 시간일 뿐, 투자나 경기 사이클과 실질적인 관련성이 전혀 없다.

이런 단서 조항에도 불구하고 펀드스미스 에쿼티 펀드의 당해 연도 수익률은 보수 차감 후 8.4%를 기록했다. 벤치마크 지수와 비교하면 다음과 같다.

	설정 이후	2011년
펀드스미스 에퀴티 펀드	15.0%	8.4%
MSCI 선진국 지수(£)	3.2%	-4.5%
MSCI EAFE 지수(£)	-6.1%	-11.2%
FTSE 100 지수	2.8%	-1.5%
FTSE 영국 장기 국채 지수	14.7%	15.6%

펀드스미스는 가장 적합한 비교 기준이라고 생각하는 MSCI 선진국 지수보다 당해 연도 수익률이 12.9%p 앞섰다.

우리가 보기에는 꽤 훌륭한 실적이다. 2008~2009년 금융 위기가 해결되기는커녕 국가 부채 위기로 변질됐다고 깨닫는 사람이 점점 늘어난 시기에 달성한 성과다. 2008년에 정부가 은행을 구제했다면, 2011년 현재 누가 정부를 구제할 것인지가 주요 화두다. 이런 상황에서 주식 시장과 평균적인 펀드가 저조한 실적을 보였던 건 당연하다.

우리 펀드가 속해 있는 영국 투자운용협회Investment Management Association, IMA의 글로벌 그로스IMA Global Growth 섹터에서 2011년 양(+)의 투자 수익률을 낸 펀드는 펀드스미스를 제외하고 단 6개에 불과했다. 덕분에 펀드스미스는 모닝스타Morningstar의 글로벌 주식형 펀드 실적 순위에서 3위를 차지했다.

펀드스미스 투자 실적에 긍정적으로 기여한 주요 기업은 도미노피자와 필립 모리스Philip Morris, 임페리얼 토바코, 콜게이트 파몰리브, 유니레버Unilever였다.

우리 펀드 투자 실적에 부정적인 영향을 미친 주요 기업은 세르코와 스트라이커, 코네Kone, 벡톤디킨슨, 인터컨티넨탈 호텔InterContinental Hotels이었다.

2011년 펀드 회전율은 15%였다. 우리가 이상적이라고 생각하는 수준보다는 높지만, 대다수 펀드보다는 상당히 낮은 수치다.

회전율 수치의 일부는 비자발적 매매 때문이었다. KKR의 델몬트 푸즈 현금 매수 제안 마감일 전에 지분을 매도했고, 칼 아이칸Carl Icahn의 매수 제안 직후에 크로락스Clorox 지분도 매도했다. 그가 실제로 기업을 인수하리라고는 생각하지 않았지만(정확한 판단이었다), 가격 대비 가치가 높지 않은 밸류에이션 수준으로 주가가 상승했다. 델몬트와 크로락스 매도 거래를 제외한 펀드 회전율은 4%로, 우리의 궁극적인 목표(0%)에 훨씬 가깝다.

당해 연도에 자발적 거래는 킴벌리 클라크Kimberly-Clark Corporation와 도미노피자 주식 매도뿐이었다. 킴벌리 클라크는 증분 자본이익률 incremental return on capital이 감소하기 시작해서 얼마 안 되는 차익을 보고 매도했다. 우리가 매도한 후 두 종목은 펀더멘털 실적이 부진했는데도 주가 흐름은 이상하리만치 안정세를 보였다. 우리는 주가가 아니라 재무제표에서 일어나는 일에 근거해 판단하는 걸 선호한다. 도미노피자는 당해 연도 주가가 113% 오르며 가격 대비 가치가 높다고 보기 어려운 밸류에이션에 도달했다. 또한 2014년 만기 부채의 재융자 re-financing도 필요한데, 도미노피자 실적에는 이에 관해 우려할 만한 문제가 조금도 없다. 하지만 재융자를 제공하는 은행 시스템에는 문제가 쌓여 있다. 결과적으로 도미노피자를 매도했지만, 다시 투자할 기회가 있길 바란다.

결과적으로 우리 펀드의 총보수·비용 비율(TER)은 1.2%였는데, 향후 더 낮추려 한다.

당해 연도 말 우리 펀드의 현행 배당수익률은 2.4%, 배당금보상비율은 2.6배였다. 보유 종목 중 배당금을 지급하지 않는 기업은 단 한 곳인데, 이 점은 중요하다. 주식에 투자해서 얻을 수 있는 총수익에서 배당금이 차지하는 비중이 1982~2000년과 2003~2007년의 강세장 때보다 더 커지리라는 점이 분명해지고 있기 때문이다.

일부 투자 기업이 자사주 매입을 시행하고 있기 때문에 펀드의 단순 배당수익률 수치는 그 배당지급능력을 온전히 반영하지 않는다. 우리는 작년에 자사주 매입을 다룬 보고서를 발표했는데(tinyurl.com/y8d9l7bm), 대다수 자사주 매입에는 어떠한 논리적 타당성도 없다는 게 결론이다. 거의 모든 사람이 실제 매입 가격이나 밸류에이션 수준과 관계없이 자사주 매입은 좋은 일이고 주주가치 창출에 기여한다고 생각하지만, 그게 진실일 리는 만무하다. 더구나 여러 사례에서 확인할 수 있듯이 그 타이밍도 형편없었다.

자사주 매입을 시행한 포트폴리오 기업 경영진에게 서신을 보내 그 의사결정의 근거가 무엇인지 고견을 구했다. CEO가 이를 자기 문제로 받아들여 충분한 내용을 곁들여 즉각 답한 경우도 있었지만, 아예 무시하기도 했다. 우리가 엉뚱한 주식을 사거나 제대로 된 주식이더라도 비싸게 매수할 명백한 가능성을 차치한다면, 펀드스미스 투자자에게 가장 큰 위험은 재투자 위험reinvestment risk이라고 생각한다. 우리는 현금 창출 능력이 높은 기업에 투자하고자 노력한다. 경영진이 이 현금이익을 가지고 하는 일이야말로 포트폴리오의 미래 투자 수익에 영향을 미치는 주요 요인이다.

경영진은 현금 이익을 활용하는 세 가지 주요 선택지를 갖는다. 주주에게 현금을 돌려주거나, 사업의 유기적 성장을 위해 투자하거나, 다른 기업을 인수하는 것이다. 경영진이 이들 중에서 선택하는 기준이 되는 판단 근거는 그 실행 방식과 마찬가지로 아주 중요하다.

그렇다면, 예컨대 주주에게 이익 일부를 돌려주기로 했을 경우 배당금과 자사주 매입 방식 중에서 선택하는 기준은 무엇인가? 여러 사례에서 확인할 수 있듯이 경영진이 자세한 근거를 제시하지 않기 때문에 투자자는 알 수가 없다. 기업이 배당을 활용하면 아무런 이득이 없기에 자사주를 매입하라고 조언하면서 보수와 자문비, 매수-매도 호가 스프레드뿐 아니라 어쩌면 자기자본 거래proprietary trading•에서도 돈을 챙기는 투자은행가의 조언이 갖는 '편익'과 관련 있으리라고 짐작만 할 뿐이다. 이들의 조언이 어느 쪽으로 더 기울었을지 맞힌다고 해도 상품은 없다.

2011년 말 기준 우리 포트폴리오는 24개 종목으로 구성되어 있다.

포트폴리오에 속한 기업의 평균 설립 연도는 1894년이다. 우리는 오랫동안 뛰어난 회복 탄력성을 보여 온 기업에 계속 투자하고 있다.

12개월 트레일링 잉여현금흐름 수익률은 당해 연도 초에 약 7%로 시작해 기말에는 약 5.8%를 기록했다. 잉여현금흐름 수익률이 하락한 이유는 포트폴리오 기업의 주가 상승과 포트폴리오 구성 변화, 포트폴리오 기업의 자본적 지출과 운전 자본 증가 같은 요인이 복합적으로 작용했기 때문이다. 우리 잉여현금흐름 수익률과 비교해 S&P 500 지수의 중앙값은 6.1%였다. 여담이지만 이 비교에 중앙값을 사용했는데, 평균값은 뱅크 오브 아메리카Bank of America 같은 기업의 잉여현금흐름 수익률 76%를 포함하기 때문에 왜곡을 일으킨다. 여러분이 뱅크 오브 아메리카 주식을 사러 달려가기 전에, 은행의 현금흐름과 비은행

• 금융기관이 고객 예금이나 신탁자산이 아니라 자기자본이나 차입금으로 각종 금융상품에 투자하는 행위로, 흔히 '프롭prop'이라고 한다.

기업의 현금흐름은 같지 않다는 사실을 명심해야 한다. 예를 들어 뱅크 오브 아메리카의 현금흐름을 계산할 때는 당기순이익 차감 계정인 대손충당금provision for bad debts이나 손실충당금provision for impaired assets을 다시 더해주는 계산이 필요하다. 충당금이 비현금성 계정인 건 엄연한 사실이다. 하지만 이런 방식으로 은행의 현금흐름을 다른 기업의 현금흐름과 비교하는 것은 사과와 어글리 푸르트ugli fruit를 비교하는 일과 다를 바 없다(내가 어글리 푸르트를 선택한 이유는 보통 사과apple와 비교되는 배pear보다 알파벳순으로 더 멀리 떨어진 과일이기 때문인데, 은행에 대한 내 생각을 잘 보여준다).

우리 포트폴리오의 잉여현금흐름 수익률은 시장 평균과 거의 비슷한 수준이다. 하지만 수명과 회복 탄력성, 예측 가능성, 매출총이익률, 영업이익률, 영업자본이익률, 현금전환비율 같은 기준에서 퀄리티가 평균보다 높다는 게 우리 생각이다. 간단히 말해 우리는 시장 평균보다 높은 퀄리티의 주식을 시장 평균과 비슷한 수준의 밸류에이션에 매수해서 보유하고 있다.

작년에 나는 투자 관련 사안에 대한 강도 높은 비판을 연례 서한당 한 번으로 제한하겠다는 방침을 정했다. 내가 비판했던 그 문제가 어떻게 됐는지 최근 소식을 전해야겠다. 작년 주제는 ETF의 위험성에 관한 경고였는데, 이후에 일어난 일을 보고 나도 깜짝 놀랐다(금융 서비스 업계의 속임수shenanigan 앞에서 그런 감정을 느낄 수 있는 능력을 오래전에 잃었다고 생각했는데 말이다).

ETF 섹터 현직 종사자들은 내 글에 격앙된 반응을 보였다. 이유는 두 가지로 정리된다. ① 내가 정확한 비판을 했거나 아픈 곳을 건드렸거나, 아니면 둘 다. ② 그들의 수월한 돈벌이에 걸림돌이 된다.

일부 ETF 종사자는 내가 ETF를 비판하는 이유가 ETF 성장이 액티브펀드 운용 섹터 전반에, 특히 펀드스미스에 미칠 영향을 우려해서라고 주장했다. 이는 틀렸을 뿐 아니라 두 가지 이유에서 가당찮다.

1. 액티브펀드 운용 섹터에서 펀드스미스의 시장 점유율이 너무 낮다. 우리 점유율 수치를 계산해 보려 해도, 소수점 아래 '0'이 충분히 나오는 계산기를 가지고 있지 않다. 결과적으로 ETF는 대다수 액티브펀드를 대체해 펀드스미스가 나머지 보잘것없는 점유율만 갖게 될 정도까지 성장할 수도 있었다. 결국 ETF의 성장이 우리에게 영향을 미칠 가능성은 매우 낮다.
2. 나는 시점을 막론하고 대다수 투자자에게 가장 좋은 주식 투자처는 인덱스펀드라는 입장을 오래전부터 공개적으로 고수해왔다. 비용이 저렴하고, 대부분의 액티브펀드 매니저를 앞서는 실적을 낼 수 있기 때문이다.

논점을 명확히 하자면, ETF에 대한 내 비판은 다음과 같다.

1. ETF가 불완전 판매된다는 건 거의 확실하다. 내가 투자 전문가 대상으로 시행했던 비공식 설문조사에 따르면, 많은 투자자는 ETF가 인덱스펀드와 같다고 생각한다. 하지만 대다수 ETF는 그렇지 않다. 합성 ETF는 복제하려는 섹터나 시장에 속하는 기초 증권을 실물 보유하지 않는다. 인버스 ETF 투자자는 추종하는 시장 섹터가 하락할 때 손실을 볼 수 있고, 레버리지 롱 ETF 투자자는 추종 시장이나 섹터가 상승할 때 손실을 볼 수 있다. 이들 중 순수 인덱스펀드의 성과와 일치하는 ETF는 없다.
2. 특히 합성 ETF는 주의해야 한다. '합성'과 '파생', '스와프', '거래 상대방'이라는 단어로 표현되는 펀드를 보고 확연한 불안감을 느끼지 않는다면, 지난

4년간의 신용 위기 사태에 관해 더 자세히 공부할 필요가 있다.

3. ETF는 뮤추얼펀드와 달리 시장에서 거래할 수 있으므로 트레이더가 공매도할 수 있다. ETF 주식(좌)을 더 발행하면 공매도한 주식을 인도할 수 있다고 가정한 결과, 공매도 잔량이 ETF 기초자산의 10배 규모에 달하는 ETF도 존재한다는 사실은 잘 알려져 있다. 이런 상황에서 보통의 ETF 투자자는 그가 예상하는 자산 규모와 비교해 ETF가 그 10% 정도의 기초 자산만 보유한다는 사실은 모를 것이다. 나머지 90%는 공매도자가 ETF 주식(좌)을 인도하겠다는 약속에 불과하다. 공매도자가 ETF 주식(좌) 인도 의무 이행을 위해 기초 증권을 충분히 매수하기 힘들거나 불가능해지기 전까지는 아무 문제가 없다. 그런데 일부 유동성이 떨어지는 주가 지수나 섹터 ETF에서는 그런 일이 일어나고도 남는다.

내가 ETF에 대해 경고하고 나서 특히 영국 중앙은행Bank of England과 영국 금융감독청(FSA), 국제통화기금International Monetary Fund, IMF, 미국 증권거래위원회U.S. Securities and Exchange Commission, SEC 같은 곳에서도 잇따라 경고의 목소리를 냈다. 아직 외양간 안에 소가 있을지도 모르는 상황에서 문을 닫아버리는 건 아주 이례적이다. 이들 규제 기관은 신용 위기 이전에 금융 섹터를 느슨하게 통제했다고 호되게 비판받았다. 그런 기관이 이번에는 먼저 경고한다고 해서 비판하는 건 유치한 일이고, 그렇다고 무시하는 건 어리석은 행동이다.

이런 논쟁을 벌이는 동안 ETF의 또 다른 문제가 더 확실해졌다. ETF가 저비용 투자 상품으로 홍보되는데도 불구하고 당해 연도에 발표된 한 보고서는 ETF가 일부 은행의 거대 이익 창출원이 되었다는 점을 지적했다. 저비용 투자 상품이 주요 이익 창출원이 된다는 건 직관에 어긋난다. 답은 당연하게도 합성 ETF가 마치 'ETF행 승차권 천공기'처럼 쉽게 돈을 벌 수 있는 수많은 방법을 은행에 제공하기 때문이다. ETF 투자자가 내는 보수는 ETF를 운용해 달성한 총수익에서 극히 낮은 비중을 차지한다. 또한 은행은 ETF를 위한 거래를 하고 ETF의 합성 포지션에 따른 스와프 계약을 제공하며(은행이 적정 가격을 제시하는지 계산하는 사람이 있기는 한지 궁금하다) 레버리지·프라임 브로커리지·수탁·등록 보수registrar fees도 받을 것이다. 그뿐 아니라 ETF를 매매하려는 헤지펀드와 트레이더를 위한 거래도 한다. 이쯤되니 ETF에 대한 내 비판이 왜 그토록 분노를 샀는지 이해할 수 있었다.

내 조언은 단순하다. 많은 종류의 인덱스펀드야말로 주식 시장에서 투자자가 택할 수 있는 최고의 투자처다. 이 생각을 믿기로 했다면, ETF가 아니라 정확히 인덱스펀드를 사라. 실물 ETF(거래상대방 위험이 도사린 합성 파생 스와프의 위험을 즐기는 게 아니라면 유일한 고려 대상이다)와 인덱스펀드의 유일한 차이점은 '거래소에서 거래되는exchange-traded'이라는 표현이 시사하듯 ETF가 시장에서 거래된다는 점뿐이다. 내가 지금까지 읽은 보고서와 내 모든 경험은 빈번한 거래가 성공적인 투자의 적이라고 말한다. 그런데도 인덱스펀드가 아니라 ETF를 살 이유가 있는가? 대부분의 인덱스펀드는 매일 거래할 수 있다. 일 단위보다 더 자주 거래하고 싶은 사람은 헤지펀드와 초단타 트레이더, 알고리듬 트레이더가 아니라면 멍청이뿐이다(이들은 상호배타적이지 않다). 왜 굳이 이 행렬에 가담하려 하는가? 그리 좋은 선택은 아니지만, 액티브 운용을 원하지 않는다면 그냥 인덱스펀드를 사라.

2010년 중 펀드스미스는 SICAV와 US LLP 펀드를 출범했다. 둘 다 펀드스미스 에쿼티 펀드에 투자한 여러분에게 아무런 영향도 미치지 않는다. 하지만 알고는 있어야 하기에 언급한다. 더구나 통화라는 새로운 주제로 나아갈 계기이기도 하다.

SICAV는 룩셈부르크에 위치한 회사˙고 표시 통화는 유로화다. 이는 이른바 '자feeder, 子'펀드로서, 유일한 보유 자산은 펀드스미스 에쿼티 펀드 구좌다. US LLP는 델라웨어주에 설립한 유한책임조합이고 표시 통화는 미국 달러다. 펀드스미스 에쿼티 펀드와 동일한 투자 전략을 갖지만, 자펀드 자격으로 운용할 수는 없다.

투자자 요청이 있었기 때문에 두 펀드를 출시했다. 미국 기반 투자자는 영국 펀드에 투자할 때 미 국세청 제출용 K-1 문서 Schedule K-1** 를 발급받을 수 없기 때문에 세제상 엄청난 불이익을 받는다. 나아가 역외투자자 offshore investors 는 영국 기반이 아닌 투자 기구를 원했다. 하지만 어느 경우든 표시 통화가 파운드화가 아니라고 해서 통화 익스포저 currency exposure 가 발생하지는 않는다.

우리가 통화 헤지를 하는지 묻는 투자자가 종종 있다. 답은 확실한 '아니요'다. 어떻게 그럴 수 있을까? 만약 통화 헤지를 한다면 투자 기업이 상장한 국가의 통화를 기준으로 삼아야 하는가? 효과가 없을 게 분명하다. 기업이 상장한 국가와 사업 지역 사이에는 연관성이 없을 수 있다. 법인 설립 소재지나 본사 소재지 국가의 경우도 마찬가지다. 이런 맥락에서 우리가 자주 인용하는 사례가 바로 네슬레다. 네슬레

* 펀드는 소식 형태에 따라 회사형과 계약형으로 구분한다. 전자는 법인 형태의 주식회사를 설립해 투자자가 지분을 받고(투자회사이자 뮤추얼펀드), 후자는 당사자 간 신탁 계약을 체결해 투자자가 수익증권을 받는다(투자신탁). 펀드스미스 에쿼티 펀드와 SICAV, US LLP 펀드는 모두 회사형이다. 25장에 언급되는 FEET는 계약형이다.
** S 법인 S-Corporation. 즉 미연방 세무 목적상 회사의 이익, 손실, 소득 및 세액 공제를 주주에게 전가하는 법인이 한 해의 세금 보고서를 제출할 때 주주의 소득, 손실, 공제액 등을 밝히는 데 사용하는 양식.

는 본사가 있는 스위스가 주상장 시장main listing이고, 스위스 프랑 표시 재무제표를 공시한다. 하지만 총매출에서 스위스가 차지하는 비중은 약 2%에 불과하다. 따라서 스위스 프랑-파운드 선물환을 매도한다고 해도 헤지 효과는 전혀 없다. 기업이 본사 소재국이나 상장 국가의 통화가 아닌 다른 통화로 재무제표를 보고한다는 건 널리 알려져 있다.

어쩌면 우리 포트폴리오의 각 기업 매출이 발생하는 국가라는 기준에 근거해 통화 헤지를 하는 게 옳다고 생각할 수 있다. 이 접근에는 이중 문제가 있다. 첫째, 우리 포트폴리오에는 저가 제품을 공급하는 기업이 많다. 그래서 제품 생산과 판매가 국지적이다. 세제 같이 부피가 큰 저가 제품을 대량으로 수출하는 기업은 없다. 따라서 통화 익스포저라는 게 존재한다면, 이들 기업의 매출총이익률에 영향을 미칠 뿐이다. 둘째, 기업 회계 담당자가 이익의 환산이나 계좌 이체를 위해 이미 통화 헤지를 했을 가능성이 있다. 이 경우 우리가 취하는 통화 헤지 때문에 오히려 익스포저가 발생한다.

통화 익스포저와 헤지를 두고 꽤 많은 허튼소리가 떠돈다. 유로화와 미국 달러로 표시하는 우리 신규 펀드는 그 통화 위험에 변화를 주지 않는다. 통화 위험이란 기초 투자에서 발생하기 때문이다. 이를 믿지 못하는 사람을 위해 매년 실적을 통화가치가 가장 많이 하락한 통화로 표시하는 새로운 펀드 클래스를 출시할 준비가 되어 있다. 2011년에는 터키 리라로 표시했을 텐데, 펀드스미스 에쿼티 펀드의 가치는 32% 증가한 것처럼 보였을 것이다. 하지만 여러분이 펀드를 매도할 경우 가치가 하락한 통화로 대금을 수령하므로 표시 통화 변경 전후에 여러분의 부는 변화가 없다. 표시 통화 변경으로 더 부자가 될 수 있다고 생각하는 사람이 있다면 알려 주시라. '화폐 환각Money Illusion'이라는 이름의 펀드 클래스를 준비해 두겠다.

우리는 다소 두려운 마음으로 새해를 맞았다. 금융 위기를 야기한 핵심 시장 참여자 대다수는 돈을 빌리거나 지출하는 방식으로는 과도한 레버리지가 원인이었던 위기를 해결할 수 없다는 사실을 아직 깨닫지 못한 듯하다. 아울러 고통 없는 해결책이나 일시적인 유예라도 제공하도록 추가 자금 투입을 늘릴 수 있는 권한을 가진 최상위 기관은 정부 외에는 없다는 사실 역시 알아차리지 못한 듯하다(비록 현재 정부의 신용도가 의심스럽긴 하지만). 진실을 깨닫게 되면 분명 매우 고통스러운 결과로 이어질 것이다.

이에 반해 네슬레의 신용부도스와프Credit Default Swap, CDS는 유럽 여러 정부와 미 재무부의 디폴트 가능성에 대비해 가입하는 보험 비용보다 가격이 저렴하다. 우리는 시장이 항상 옳다고 믿는 부류는 절대 아니다. 하지만 CDS 가격이 알려주는 건 매일 일어나는 사소하고 예측 가능한 수많은 일에서 이익을 창출하며 보수적으로 자금을 조달하는 주요 대형주에 투자하는 게 상대적으로 안전한 전략이라는 사실이다. 그런 상황에서 일어나기 마련인 주가 변동을 이겨낼 인내심과 의연함, 유동성을 갖춰야겠지만 말이다. 펀드스미스가 투자하는 대상과 방법이 꼭 그러하다.

11.
트레이더가 소매 금융을 망친다

《가디언》, 2012년 7월 1일

바클레이즈Barclays 소속의 여러 트레이더가 리보London Interbank Offered Rate, LIBOR* 금리를 조작했다는 폭로에 영국은행협회British Bankers' Association, BBA가 '충격적'이라는 표현을 쓰는 걸 보고 영화 〈카사블랑카Casablanca〉의 한 장면이 떠올랐다. 경찰국장 르노 경감은 릭의 도박장을 폐쇄하며 말했다. "충격이야, 충격. 이곳에서 도박이 벌어지고 있었다니!" 그와 동시에 도박에서 자기가 딴 돈을 슬쩍 호주머니에 챙긴다.

  BBA가 리보 금리 조작이 횡행한 사실을 정말 알지 못했다면, 담당자가 밖으로 나가 감시 활동을 더 철저히 해야 한다. 사실 바클레이즈 회장이 BBA 회장직을 겸임하고 있다는 사실을 고려하면 조작을 몰랐다는 주장은 어처구니가 없고, 그럴 가능성이 농후한데, 더 많은 은행이 조작에 관여했고 리보뿐 아니라 다른 벤치마크 금리도 조작했다

* 런던 금융시장에 참가하는 주요 은행 간의 단기 자금조달 금리.

는 사실이 밝혀지면 더 믿기 힘들어질 것이다.

위대한 은행가인 고故 브라이언 피트먼Brian Pitman 경은 "직원을 잘 섬기는 은행은 많지만, 고객이나 주주를 잘 섬기는 은행은 거의 없다"고 했다. 다른 대다수의 일에도 그랬지만, 이 주제에 관한 피트먼 경의 생각이 옳았다는 사실에는 의심의 여지가 없다. 가장 최근에 일어난 사태에서 우리는 어떤 결론을 내려야 할까?

첫째, 소매은행과 투자은행의 분리에 반대하는 주장은 늘 근거가 빈약했다. 이제 반대론자도 더 이상 반박하기 힘든 상황이 됐다. 투자은행 트레이더의 고유 업무를 경제의 핵심 기능인 신용 창출과 지급결제 시스템의 중심인 소매 금융 업무와 병행하도록 허용하면, 트레이더는 소매은행을 압도해서 꼭 필요한 소매 금융 업무에 악영향을 미칠 것이다. 우리는 신용 경색credit crunch의 원인을 다루며 그 결과를 이미 봤다. 투자은행가가 부채담보부증권Collateralised Debt Obligation, CDO이나 대출채권담보부증권Collateralised Loan Obligation, CLO, 합성 CDO처럼 독성 물질을 담은 '알파벳 수프' 상품을 설계해 고객에게 팔았을 때 말이다. 트레이더에게 매수돼 리보 조작에 가담한 직원 사례에서도 잘 드러난다.

어떤 조치가 필요할까? 우선 영국과 미국은 월스트리트 대폭락Great Crash의 여파로 1933년 통과되어 상업은행과 투자은행 업무의 겸업을 금지했던 글래스-스티걸법Glass-Steagall Act과 같은 법안을 제정해 소매은행과 투자은행을 분리해야 한다. 비커스 위원회Vickers Commission**가 제안한 '링펜싱ringfencing'***은 살 삭농하지 않을 것이다. 리보 스캔들에서 분명히 알 수 있듯 장벽을 타올라 넘거나 밑을 파고들거나 우회할 방

** 존 비커스John Vickers 위원장을 필두로 한 영국 은행독립위원회Independent Commission on Banking, ICB.
*** 투자은행과 소매은행의 업무를 구조적(재정적, 법적 장벽)으로 분리해 위험 이전을 막자는 규제 조항.

법을 결국 찾아낼 게 분명하다. 소매은행과 투자은행 분리에 반대하는 로비를 할 법한 사람은 오로지 은행가뿐이다. 왜 우리가 그들이 하는 말을 듣고 있어야 할까? 이러한 맥락에서 정부는 실패했다. 정부는 타고난 기업 유착관계 때문에 현재 수많은 은행의 경영진으로 앉아있는 투자은행가의 아전인수 격 읍소에 설득당할 수밖에 없다.

다음으로 은행과 투자은행, 증권사가 사업을 결합해 자기자본 거래를 하는 동시에 고객의 대리인 역할 수행도 허용하는 금융 빅뱅Big Bang*의 관련 조항을 폐지해야 한다. 그런 일을 하는 조직에서 손실을 떠안는 건 늘 고객이다.

이 외에도 은행 경영권을 누구에게 줘야 할지에 관해서도 교훈을 얻어야 한다. 절대로 트레이더가 경영권을 가져서는 안 된다. 트레이더의 머릿속은 온통 단기적인 시간 지평으로 가득 차서, 근시안적으로 단기 이익을 낼 수 있는 일만 하고 장기적인 파멸의 위험을 감수한다. 트레이더를 경영진으로 앉힌 은행은 몰락의 위험을 감수하고 있는 셈이다. 살로몬 브라더스와 베어 스턴스 그리고 리먼 브라더스를 보라.

영국의 은행이 투자은행 사업이라는 모험을 하면서 발생한 문제에 봉착하기 전의 시대를 되돌아보자. 스코틀랜드 은행의 브루스 파툴로와 피터 버트부터 HSBC의 윌리엄 퍼브스, 스탠다드차타드의 맬컴 윌리엄슨, 로이드의 브라이언 피트먼에 이르는 과거 은행 경영진은 모두 소매 금융업 출신이었다. 왕국의 기사들은 마지막 한 사람까지 다 그랬고, 자신의 명예를 실추시키는 문제에 가담해 논란이 된 적도 없었다. 이들이야말로 좋은 의미로 진정한 은행가였다.

* 1986년 당시 마거릿 대처 총리 주도하에 영국 정부가 단행한 주식 매매 위탁 수수료 자유화 및 증권사 자격 제도 폐지, 외국 자본 허용 등을 골자로 하는 획기적 금융 개혁 정책.

12.
월스트리트 대폭락의 교훈

《인디펜던트》, 2012년 10월 24일

철학자 조지 산타야나George Santayana는 이렇게 말했다. "과거를 기억하지 못하는 자는 과거를 되풀이하기 마련이다." 2007년에 시작된 금융 위기도 벌써 6년 차에 접어들었다. 하지만 여전히 위태로운 경제 성장과 높은 실업률, 디플레이션, 불안정한 상처투성이 금융 시스템 등 대공황Great Depression을 방불케 하는 문제를 겪는 중이다. 그러니 평론가나 정책 입안자가 대공황 시기를 돌아보며 해야 할 일과 피해야 할 일이 무엇인지 교훈을 얻으려는 건 당연하다.

하지만 대공황에서 뭔가를 배우려면 당시 어떤 일이 일어났는지 정확히 파악해야 한다. 내가 보고 듣는 논평은 대부분 이렇게 전개된다. "대공황은 월스트리트 대폭락으로 촉발됐다. 월스트리트 대폭락은 다름 아닌 자유방임 자본주의가 낳은 결과다. 각국 정부들이 수요 진작을 위해 후대에 '케인스주의'라 불리게 된 정책을 도입하지 않고 금본위제를 고수해 경제는 공황의 늪에 더 깊이 빠졌다. 프랭클린 D. 루스벨트Franklin D. Roosevelt 행정부가 들어서고 뉴딜 정책을 시행한 후에 비로소 미국은 대공황에서 벗어나기 시작했다. 루스벨트의 케인스주의 정책이 수요 진작에 성공했기 때문이다."

안타깝게도 이런 식의 서술은 현실이라기보다는 신화에 가깝다. 먼저 자유방임주의 자유 시장 정책이 대폭락과 뒤이은 대공황의 근본 원인이었다는 생각은 실제와 크게 동떨어져 있다. 사실 루스벨트에 앞서 1932년까지 대통령을 지낸 허버트 후버Herbert Hoover는 '무모하고 낭비에 가까운 지출'과 '워싱턴에서 하나부터 열까지 통제하겠다는 사고방식' 때문에 루스벨트에게 비판받았다. 그는 1930년 스무트-홀리 관세법Smoot-Hawley Tariff을 도입해 수많은 수입품을 제한한 장본인이기도 하다. 1929년부터 시작된 연방준비제도Federal Reserve System, FED의 대폭적인 통화 공급 축소와 1928년부터 상승한 금리 역시 대폭락의 원인이자 그 영향을 퍼트리는 촉매로 작용했다. 대폭락은 단순히 자본주의나 자유 시장의 실패가 아니었다. 정부도 상당히 일조했다. 후버 행정부는 자유방임주의자가 아니라 개입주의자interventionist였고, 바로 그 개입이 문제를 일으키고 상황을 악화시켰다.

그런데 루스벨트가 "우리가 두려워할 것은 두려움 그 자체다"라는 연설을 한 뒤로 모든 상황이 바뀌었다(사실 루스벨트가 처음 한 말은 아니고, 19세기 작가 헨리 소로Henry Thoreau의 말을 차용한 것이다). 루스벨트는 당시 정부 세입이 연 30억 달러 수준이던 상황에서 100억 달러에 이르는 세출 계획을 발표했다. 1933~1936년 정부 지출은 83%, 연방 부채는 73% 증가했다.

동시에 경제 활동을 지연시키는 여러 조치가 시행됐다. 최저임금제를 도입한 사회보장법Social Security Act 때문에 많은 미숙련 노동자가 노동 시장 밖으로 밀려났다. 농업조정법Agricultural Adjustment Act은 농·축산업을 파괴했고, 국가부흥청National Recovery Administration, NRA은 거대 관료주의를 낳아 기업의 사업 비용이 상당히 증가하는 결과를 낳았다. 노동 시간이 줄고 임금이 상승했으며 야간 작업은 금지됐다. 500여 개 항목에 달하는 NRA 법령을 시행하면서 란제리부터 피뢰침에 이르는 물품의 생산을 통제했다. 이른바 '출혈적cutthroat' 가격 책정도 금지했는데, 어느 재단사는 다림질 가격을 NRA가 강제한 40센트가 아니라 35센트로 책정했다는 죄로 교도소에 수감되기까지 했다. 이렇게 반경쟁적이고 관료주의적인 방법으로 어떻게 경제 활동을 진작하려 했는지 수수께끼다. 결국 NRA 법령 실시 6개월 만에 산업생산지수가 25% 감소했다.

  동시에 루스벨트의 토목사업청Civil Works Administration, CWA은 안전핀의 역사를 연구하거나 풍선으로 새 떼를 위협해 공공 건물에 접근하지 못하도록 막는 등 지극히 무의미한 활동에 대중을 고용했다. CWA 명칭이 공공사업진흥국Works Progress Administration, WPA으로 변경된 후에도 시금치로 할 수 있는 요리 목록 만들기 같은 터무니없는 활동을 계속했다. 또한 현시대를 미리 보듯 WPA는 민주당의 선거 후원금 모금 활동에 직원을 동원했다. 지원금을 주는 정당에 자동으로 투표하며 국가에 의존하는 '고객client' 계층 개념이 탄생한 것도 이때다. 오늘날 충성 노동당원이 영국 북부와 스코틀랜드, 웨일스의 공공 부문에서 하는 일과 아주 유사하다.

  이런 조치는 대공황을 끝내기는커녕 오히려 연장했다. 노동자는 일다운 일을 찾지 못했고 자원은 정략적인 사업에 유용됐다.

  아울러 반기업적이고 '부자의 돈을 우려내는soak the rich' 세금 부과를 수반했다. 최고한계소득세율top marginal rate of income tax을 79%로 인상했다가 다시 90%로 인상했고, 인적 소득공제액은 겨우 연 600달러로 떨어졌다. 상속세율은 70%로, 증여세율은 52.5%로 인상했다. 법인세도 인상했고 유보 이익undistributed profit에는 부가가치세가 붙었다.

당연히 경제는 1938년에 다시 공황에 빠졌고 주식 시장은 1937~1938년 사이에 다시 반토막 났다. 이를 자유방임 자본주의 탓으로 돌릴 순 없다. 루스벨트 추종자 무리는 연방대법원의 NRA 및 관련법 위헌 결정과 정부 지출을 줄여 예산 균형을 맞추려고 했던 때이른 시도를 그 원인으로 꼽는다. 하지만 그 두 조치로 인한 GDP 감소는 겨우 1%에 불과했다고 추산하는데, 그 정도가 문제를 일으켰다고 보기에는 너무 낮은 수치. 아직 어떠한 관련 정책도 시행하지 않았기 때문에 긴축 재정을 현재 영국이 마주한 문제의 근본 원인으로 꼽을 수 없는 것과 마찬가지다. 정부 지출은 뉴딜 연합이 집권한 이후 거침없는 증가세를 보였다.

전쟁이 발발한 1941년경 실업률은 여전히 17% 수준이었다. 두 번의 대통령 임기 동안 경제 정책의 근간을 이뤘던 케인스주의가 승리했다고 보기는 힘들다.

그렇다면 미국은 어떤 요인 덕분에 대공황의 수렁에서 벗어났을까? 제2차 세계대전? 미국의 전쟁 개입은 유례없는 일이긴 했다. 전쟁이 일어나고 2년이 지날 때까지 미국은 참전하지 않았다. 루스벨트의 말을 인용하자면, 미국은 '민주주의의 병기창arsenal of democracy'이 되어서 연합군의 재무장을 통해 이득을 볼 수 있었다. 미국은 참전 후에도 진주만 공격을 제외하면 다른 연합국처럼 실물 자산이나 사회 기반 시설이 파괴되지는 않았다. 따라서 재무장에 대한 수요 면에서 이득만

취했을 뿐 다른 참전국이 겪었던 파괴는 피했다.

   전쟁이 끝나고 트루먼 행정부가 들어섰는데, 루스벨트 행정부와 비교해 기업 친화적인 정책을 펼쳤다. 이런 요인이 복합적으로 작용해 경기가 회복했다.

   실수를 되풀이하지 않으려면 역사에서 배워야 한다. 하지만 역사적 경험이 정치 아젠다나 편견에 맞춰 심하게 왜곡된다면 아무것도 배울 수 없다. 우리는 진실을 직시해야 한다.

13.
투르 드 프랑스의 교훈

《파이낸셜 타임스》, 2012년 11월 23일

투르 드 프랑스Tour de France가 올해 지면을 꽤 여러 번 장식했다. 영국인이 처음으로 우승했고 랜스 암스트롱Lance Armstrong이 도핑 의혹에 휩싸이며 챔피언 타이틀을 박탈당했다.

투르 드 프랑스가 투자와 무슨 관련이 있는지 의문이 들 텐데, 성공적인 투자에 중요한 교훈을 적어도 한 가지는 배울 수 있다. 내년이면 100회를 맞이하는 투르 드 프랑스의 모든 구간에서 1위를 차지하며 종합 우승을 거둔 선수는 한 명도 없었고, 앞으로도 그럴 것이다.

사이클 선수는 투자 상품처럼 각자 다른 기능에 특화되어 있기 때문이다. 사이클 선수 무리인 펠로톤peloton을 수많은 유사 인덱스펀드index-hugging funds라고 생각하면 된다. 구간(분기나 연도)마다 승자가 나타나지만, 펠로톤의 선두는 계속 바뀐다. 산악 구간에서 경주하는 선수는 부정적인 시장 상황에서 초과 성과를 내지만 초강세장에서는 그리 실적이 좋지 않은 방어형defensive 펀드와 같다. 스프린터sprinter는 속도에 특화된 초단타 트레이더라고 할 수 있다. 기어링gearing*과 파생상품은 투자판 EPO 도핑 약물과 스테로이드로, 실적을 대폭 끌어올릴 수 있지만 대가가 따르며 추가 위험을 감수해야 한다.

투르 드 프랑스는 서로 다른 세 구간 경주로 치러진다. 평지 구간에서 선수들은 펠로톤을 형성해 함께 달리는데, 주변 선수의 후류를 타면 혼자 달릴 때보다 힘을 아낄 수 있다. 개인 경기 시간을 측정하는 타임 트라이얼time trial 구간에서는 양팔을 올려 두면 더 공기역학적인 자세를 취할 수 있는 트라이바tri-bar를 장착하고 달린다. 펠로톤 내에서처럼 '후류'를 타는 게 불가능하므로 몸에 딱 붙는 경기복도 입는다. 각자 따로 출발해서 오로지 경륜 기량만 시험하는 구간이다. 이후 숨이 가빠지는 산악 구간이 등장한다. 알프스산맥의 산악로를 올라야 하므로 지구력이 관건인 구간이다.

이 세 가지 유형의 모든 구간에서 1위를 할 수 있는 신체를 가진 선수는 존재하지 않는다. 한 구간에서 뛰어나고 다른 구간에서는 크게 뒤떨어지지 않으며 팀과 함께 경기를 펼치는 것이 우승 공식이다.

변화하는 시장 상황에서 모든 보고 기간에 걸쳐 초과 성과를 달성할 수 있는 투자 전략이나 펀드매니저를 찾아 헤매는 건 투르 드 프랑스의 모든 구간에서 1위를 할 수 있는 선수를 찾으려는 노력만큼이나 무의미하다. 그런데 그게 많은 투자자가 하는 일이다. 투자자는 보고 기간마다(보통 분기마다) 펀드 실적을 평가해서 펀드매니저가 시장을 밑도는 실적을 내면 투자금을 회수하는 행동을 고집스럽게 이어간다.

이게 일정 부분 일리가 있긴 하다. 어찌 됐든 일정 기간의 투자 실

* 타인 자본을 이용해 자금 조달 효과를 가져오는 것.

적을 측정하긴 해야 하고, 거의 모든 시장 상황에서 '도그dog' 펀드*인 경우도 존재하기 때문이다.

하지만 한 개 분기는 투자 성과를 합리적으로 판단하기에 너무 짧다. 1역년도 지구가 태양 주위를 공전하는 데 걸리는 시간일 뿐이다. 지구 궤도와 관련이 있는 게 아니라면, 어떤 사업이나 투자의 실적을 측정하는 데 역년이라는 시간 단위를 쓰는 건 그리 당연하지 않다. 투자 전략이나 펀드를 제대로 평가하려면 강세장과 약세장을 아우르는 전체 경기 사이클에 걸친 결과를 봐야 한다.

투자자가 여러 펀드를 오가고 투자 전략을 바꾸는 타이밍이 거의 예외 없이 틀리기 마련이라는 증거가 많다. 연기금 수탁관리자를 위시한 전문투자자 역시 개인 투자자와 마찬가지로 이 문제에서 자유롭지 않다. 좋지 않은 실적을 계속 내는 펀드매니저를 차 버렸더니 결국 손실을 다 회복하고, 새로 선임한 펀드매니저는 지수를 밑도는 실적을 내기 시작하는 경우가 드물지 않다. 마치 산악 구간에서 승리하지 못해 갈라선 선수가 타임 트라이얼 구간에서 트로피를 들어 올리는 모습을 지켜보는 팀 스카이Team Sky 같다.

마켓 타이밍에 의존하는 투자 전략은 종류를 막론하고 더 좋지 않다. 세상에는 두 부류의 투자자가 존재한다. 마켓 타이밍을 잘할 수 없는 사람과 자신이 마켓 타이밍을 잘할 수 없다는 사실을 모르는 사람. 투르 드 프랑스와 마찬가지로 투자는 지구력을 시험하는 장이다. 승자는 훌륭한 전략이나 펀드를 발견해 계속 붙들고 있는 투자자다.

---

* 3년 연속 벤치마크 지수를 밑도는 투자 실적을 낸 펀드.

14.

2012년 연례 투자자 서한

펀드스미스, 2013년 1월

펀드스미스 에쿼티 펀드 투자자에게 보내는 세 번째 연례 서한이다. 올해는 세 가지 기간 실적 수치를 제시했다. 설정 후 누적 투자 수익률과 연 복리 수익률, 최근 역년 투자 수익률.

총수익률(%)	2012년	설정일~2012.12.31.	연 복리
펀드스미스 에쿼티 펀드	12.5	29.4	12.6
MSCI 선진국 지수	11.4	14.8	6.6

우리는 짧은 기간의 투자 실적을 평가하려는 시도에 여전히 비판적이다. 1역년조차 실적을 평가하기에는 너무 짧다. 이는 지구가 태양 주위를 한 번 도는 데 걸리는 시간일 뿐, 농업 관련 사업이 아니라면 투자나 경기 사이클과 실질적인 관련성은 없다.

이런 조건에도 불구하고, 2012년 펀드스미스는 어떤 실적을 냈을까?

펀드스미스 에쿼티 펀드의 당해 연도 수익률은 12.5%였다. 이는 우리가 벤치마크로 사용하는 파운드화 표시 배당재투자 기준 모건 스탠리 캐피털 인터내셔널Morgan Stanley Capital International, MSCI 선진국 지수로 대표되는 시장을 1.1%p 차이로 근소하게 앞선다.

나는 이 보고 기간 전반에 걸쳐 시장을 앞서는 실적을 달성했다는 사실이 다소 놀랍다. 2012년에는 이른바 '위험 자산risk assets'이 좋은 실적을 냈는데, 그리 놀라운 일은 아니다. 주요 선진국 중앙은행이 얼마 되지도 않는 경제 성장을 지속하기 위해 여러 양적 완화 정책을 동원해 더 많은 유동성을 공급하며 점차 필사적으로 노력한 해였기 때문이다. 이 모든 유동성은 어딘가로 흘러야 하고, 중앙은행이 채권을 매입하는 방식의 유동성 공급은 기록적인 저금리 환경과 만나 투자자가 고위험 자산을 매수하게 한다.

이렇게 유동성의 밀물에 모든 배가 뜨는 시기는 펀드스미스가 시장을 앞서는 실적을 내리라고 기대할 만한 환경이 아니다. 떠오른 배의 대다수는 우리가 투자를 고려할 만한 기준을 충족하지 못하니까.

나아가 2012년은 내가 보기에 순진해 빠진 관점이 두드러진 시기였다. 바로 말뿐인 약속이나 아주 드물게 일부 실행까지 이어진 조치가 2007년 이후 우리와 동고동락해온 금융 위기를 해결하는 데 도움이 되었다는 생각이다. 과도한 레버리지와 지급 불능이 초래한 위기를 어떻게 유동성 공급이 해결할 수 있다는 것인지 도저히 이해가 안 된다. 《파이낸셜 타임스》가 2012년 올해의 인물로 선정한 마리오 드라기Mario Draghi 유럽중앙은행European Central Bank, ECB 총재가 전형적인 사례다. 올해의 인물로 선정된 이유는 7월에 드라기 총재가 "무슨 수를 써서라도whatever it takes" 유로화를 구하겠다는 약속을 했기 때문으로 보이는데,

이후 그는 말 그대로 정말 아무것도 안 했다. 그런데도 유럽의 주요 문제 국가, 특히 스페인에서 차입 비용이 낮아졌고 유로화 위기는 진정 국면에 접어들었다.

관점에 따라 이걸 위협 행위만으로 바라는 결과를 얻는 이상적인 중앙은행 역할의 한 예라고 볼 수도 있고, 근본적인 문제를 해결하려는 어떠한 노력도 없이 경기장 밖으로 공을 차서 시간을 벌었을 뿐이라고 볼 수도 있다. 내가 어떻게 생각하는지 맞힌다고 해서 상품은 없다. 좌우간 중앙은행에 대한 우호적인 관점이 금융주, 경기 순환주, 중앙은행이 아니었다면 파산했거나 어려움에 부닥쳤을 기업, 펀드스미스가 절대 투자하지 않을 온갖 종류의 자산 전반의 주가를 상승시킬 가능성이 훨씬 더 높다. 예를 들어 파운드화 표시 배당재투자 기준 MSCI 선진국 은행 지수MSCI World Bank Index는 2012년에 22.3% 상승했다. 우리는 은행주에 투자하지 않고, 앞으로도 절대 하지 않을 것이다. 《파이낸셜 타임스》도 2012년에 수많은 헤지펀드가 그리스 채권에 투자해 돈을 두 배로 불렸다고 보도했다. 펀드스미스는 모 아니면 도인 거래에는 전혀 관심이 없다. 감수해야 하는 높은 위험을 정당화하려면 그런 성공적인 거래를 충분히 여러 번 반복해야 할 텐데, 이를 희망하며 거래에 참여하는 펀드매니저를 도저히 이해할 수 없다. 이게 아마 HSBC가 2012년 당해 연도 실적이 벤치마크를 밑돈 헤지펀드가 88%에 이른다고 보도하게 된 이유 중 하나가 아닐까 싶다. 2012년에 그리스 채권 같은 자산이 좋은 실적을 내는 상황이었다는 걸 염두에 두면 우리가 시장을 앞서는 성과를 달성해서 놀랐다고 말했던 이유를 헤아릴 수 있을 것이다.

우리가 매 보고 기간이나 모든 시장 상황에서 초과 성과를 달성하려 하지 않는다는 점도 명심해야 한다. 오히려 더 장기간에 걸쳐 시장과 다른 펀드를 앞서는 성과를 내려 한다.

나는 이를 투르 드 프랑스에 비유해 설명한다. 이제는 브래들리 위긴스Bradley Wiggins '경'이 된 영국 사이클 선수가 2012년에 최초로 종합 우승했던 사이클 대회 말이다. 투르 드 프랑스는 21개 구간을 23일 넘게 달리는 세계 최대 사이클 대회다. 올해로 100회를 맞이한 투르 드 프랑스 역사상 모든 구간에서 1위를 차지한 선수는 한 명도 없다. 내가 보기에 앞으로도 그 위업을 달성할 사람은 없을 것이다. 투르 드 프랑스는 아래와 같이 서로 다른 세 종류의 구간 경주로 치러지기 때문이다.

1. 선수들이 펠로톤을 형성해 함께 달리는 구간이 있다. 여기서는 앞에 달리는 선수의 후류를 타서(혹은 '회전력'을 빌려) 공기역학적으로 중요한 힘을 받을 수 있다. 팀은 이 평지 구간에서 승리하기 위해 펠로톤 속에 스프린터(가령 마크 캐번디시Mark Cavendish 같은 선수)를 데리고 있다가 결승선에 가까워지면 마지막 전력 질주를 하도록 풀어준다.
2. 선수가 따로 달리는 타임 트라이얼 구간에서는 서로 어떤 힘도 주고받을 수 없다. 각자 공기역학적 효율성을 최대화하기 위해, 선수는 트라이바를 달고 몸에 딱 붙는 경기복을 입으며 공기 저항을 최소화하는 헬멧을 쓰고 단단한 뒷바퀴와 넓은 테두리의 앞바퀴를 사용한다. 이 구간은 전반적으로 선수 개인의 경륜 기량만을 시험한다.
3. 펠로톤을 이루어 달리지만 첫 번째로 소개한 평평한 구간과 달리 상당한 오르막을 올라야 하는 산악 구간이 있다.

스프린터로 승리하기 위해서는 타임 트라이얼이나 산악 구간 특화 선수와는 완전히 다른 신체 조건이 필요하다. 브래들리 위긴스와 마크 캐번디시를 비교하면 바로 이해할 수 있는데, 그래서 모든 구간에서 1위를 할 수 있는 선수가 존재하지 않는다. 투르 드 프랑스에서 종합 우승하는 선수는 우선 한 구간에서 뛰어난 선수일 가능성이 높다(위긴스는 타임 트라이얼에 특화된 선수로, 2012년 올림픽 때 같은 부문에서 금메달을 땄다). 동시에 다른 구간에서도 크게 뒤떨어지지 않고, 팀원에게서 도움도 받는다. 실제로 투르 드 프랑스의 어느 한 구간에서도 1위를 하지 못한 선수가 종합 우승을 차지한 일도 두 번이나 있었다.

투르 드 프랑스에는 투자자가 배워야 할 교훈이 있다. 우리가 펀드스미스에서 이루려고 하는 바가 바로 투자판 투르 드 프랑스에서 우승하는 것, 즉 긴 기간에 걸쳐 초과 성과를 달성하는 일이다. 하지만 항상 또는 시장 상황과 관계없이 초과 성과를 내리라고는 생각지 않는다. 그보다는 약세장에서 상대적으로 좋은 실적을 거두고 강세장에서는 어렵게라도 보조를 맞추기를 바란다. 그래서 근소하지만 시장을 앞섰던 2012년 실적에 놀랐던 것이다.

이러한 목표를 펀드스미스 투자자가 인식하는 게 무척 중요하다. 시장 상황과 관계없이 언제나 초과 성과를 달성할 수 있는 펀드매니저를 찾아 헤매는 투자자가 너무 많다. 그런 사람은 존재하지 않는다. 신화에나 나올 법한 존재를 찾으려는 시도 때문에 여러 펀드매니저를 오가며 비용을 늘리고, 현재 장세에 맞지 않는 투자 스타일의 매니저를 차 버리고는 막 포지션을 바꾸려던 참인 최근 실적이 좋은 매니저로 갈아타는 행위를 한다.

하고 싶은 말은 다 했는데, 우리의 투르 드 프랑스는 어떻게 되고 있을까? 우리 펀드는 파운드화 표시 설정 후 누적 연 복리 수익률이 12.6%인데 반해 MSCI는 6.6%에 그쳤다. 우리의 '투르'는 아주 만족스러운 출발을 한 듯하다.

펀드스미스는 설정 시점부터 2012년 12월 말까지 IMA 글로벌 섹터에서 최고 실적 펀드의 위치를 계속 유지해왔다.

2012년 투자 실적에 긍정적으로 기여한 주요 기업은 인터컨티넨탈 호텔과 로레알, 레킷벤키저, 코네, 디아지오Diageo였다. 부정적인 영향을 미친 주요 기업은 프록터 앤드 갬블Procter & Gamble, P&G, 맥도날드McDonald's, 임페리얼 토바코, 벡톤디킨슨, (매수 중이라 현 시점에서는 이름을 밝히고 싶지 않은) 한 소비재 기업이다.

맥도날드는 여러 분기 동안 판매 실적이 좋지 않았다는 공시 이후 최근에서야 우리가 투자할 만한 밸류에이션 범위 안에 들어와서 비중은 아직 작다. 맥도날드는 우리가 목표로 하는 퀄리티를 갖춘 기업이라고 생각하기 때문에 이번 주가 하락을 매수 기회로 활용하려고 한다. 한 끼 식사를 1달러에 판매하는 사업이 매출 성장에 애를 먹고 있다면, 그 숨은 의미가 무엇일지 생각해 볼 필요가 있다. 소비자가 갑자기 돈이 많아져서 더 비싼 식당에 가는 건 분명 아닐 것이다.

2012년 펀드 회전율은 0.48%였다. 당해 연도에 자금 유입이 있었지만, 회전율 계산에 포함되지 않기 때문에 이 수치는 실제보다 더 낮다(만약 계산에 포함했다면 신규 유입 자금을 투자에 썼기 때문에 회전율이 100%에 이를 것이다). 그렇다고 하더라도 유난히 낮은 수준은 맞다.

당해 연도 유일한 편출 종목은 스위스 시험·인증 전문 기업인 SGS다. SGS뿐만 아니라 해당 섹터도 퀄리티가 뛰어나다고 여전히 확신한다. 하지만 우리가 투자할 법한 기업으로 이뤄진 투자 유니버스

investment universe에서 밸류에이션이 가장 높은 축에 속할 만큼 SGS 주가의 상승 폭이 컸다. 그래서 가격 대비 가치가 더 높은 다른 기업을 찾으려고 매도했다.

당해 연도 말 우리 포트폴리오는 28개 종목으로 구성되어 있는데, 2011년 말에는 24개였으니 다소 늘었다. 현재 보유 종목 수 한계치에 거의 도달했는데, 일부 종목을 매도하는 중이라 줄어들 것이다.

당해 연도 편입 종목은 초이스 호텔Choice Hotel과 도미노피자, 맥도날드, 비자Visa 그리고 앞서 언급한 소비재 기업이다. 작년에 도미노피자를 매도하고 왜 다시 매수했는지 더 상세히 설명할 필요가 있다. 작년의 도미노피자 매도는 부채 재융자가 연기된 데 대한 우려가 일부 작용했다. 이를 은행 시장의 불길한 징조로 해석한 우리 논지를 한 만평이 잘 보여준다. 한 남성이 책상에 명패가 놓여 있기 때문에 확실히 정체를 알 수 있는 은행 지점장 앞에 앉아 있다. 남성이 이렇게 말한다. "돈을 좀 빌리고 싶습니다." 은행 지점장의 대답이 이어진다. "이 무슨 우연의 일치란 말입니까? 우리도 돈을 좀 빌리고 싶습니다."

도미노피자에는 분명 아무런 문제가 없다. 하지만 도미노피자가 재융자를 위해 기대야 하는 은행 업계에는 문제가 산적해 있다.

결국 도미노피자는 우리 판단이 아주 잘못됐음을 입증했다. 재융자를 받았을 뿐 아니라 주당 3달러의 특별 배당금을 지급하고도 남을 만한 계약 조건을 관철했다. 그래서 나는 잘못된 판단을 했을 때 항상 해야만 하는 일, 하지만 보통 거의 해내지 못하는 바로 그 일을 했다.

1. 잘못된 판단을 했음을 (특히 스스로) 인정한다.
2. 결정을 뒤집는다.

그래서 도미노피자를 다시 매수했다.

다행히 재융자 이후 주가가 약세를 보이던 시기가 있었던 덕분에 우리는 꽤 합리적인 가격에 매수할 수 있었다. 하지만 솔직히 말하자면 가격이 하락한 것보다는 재매수 시점에 여전히 도미노피자의 가격 대비 가치가 높은지 여부가 더 중요하다. 우리는 그렇다고 생각해서 매수했다. 주가가 이전에 매도했던 가격보다 내려가길 기다렸다가 재매수하는 건 언제나 잘못된 전략이다. 손실을 보고 있는 주식이 손익분기점에 도달하면 매도하겠다는 더 흔한 종류의 기다림이 잘못된 전략인 만큼이나 말이다. 내가 즐겨 하는 말처럼 주식은 당신이 그 주식을 보유하고 있는지, 얼마에 사고팔았는지 전혀 모르기 때문에 당신이 원하는 이상적인 형태의 움직임을 보일 리 만무하다.

도미노피자 거래에서 배운 가장 중요한 교훈은 고퀄리티 기업 주식을 매도하면 이후에 주가 실적 측면에서 대부분 후회하게 된다는 점이다. 희소식이 있다면 우리가 그런 일을 그리 자주 하지는 않는다는 것이다.

이제 펀드의 비용이라는 좀 더 폭넓은 주제로 넘어가 보자. 당해 연도 성과 보수 제외 총보수·비용 비율ongoing charges figure, OCF은 16bp(0.16%) 수준으로, 2011년 대비 4bp 떨어졌다. 여기에는 연간 운용 보수·비용annual management charge, AMC이 포함되어 있다. 이 비용을 무시하는 투자자나 펀드매니저가 많다. 하지만 다른 보수와 마찬가지로 펀드 실적을 떨어뜨리는 항목이기에 관심을 가져야 하고 최소화해야 한다. 펀드는 보유 주식의 실적만큼만 성과를 낼 뿐이다. 결국 투자 수익은 비용이 성과를 빨아들이는 만큼 나빠진다.

대부분의 펀드 비용은 주주 명부를 운영하고 유지하는 일에서 발생하는데, 이는 주주 수와 매매 횟수에 따라 결정된다. 우리는 이 비용을 줄이는 데 주력한다. 펀드 규모의 증가에 따른 규모의 경제 효과를 누리되 규모가 증가했다고 해서 각종 서비스에 과도한 비용을 지불하지 않으려고 한다. 펀드 규모가 현재 크기를 유지한다면 2013년 OCF가 3bp 더 감소하리라고 예상한다.

OCF는 우리 펀드가 당해 연도에 지불한 비용을 전부 포함하지는 않는다는 사실에 놀랄 수도 있다. 거래 수수료는 물론이고 인지세나 거래 시 발생하는 매수-매도 호가 스프레드도 포함하지 않는다. 당해 연도 우리가 지급한 거래 수수료는 23만 1,000파운드였는데, 총거래액의 4bp에도 못 미치는 수준이다. 대부분이 자금 유입에서 발생한 거래였기 때문인데, 이를 제외하고 자발적 거래에 지불한 수수료는 평균 펀드 운용자산의 1bp 이하였다. 이에 반해 영국에서 평균적인 뮤추얼펀드 매니저가 청구하는 비용은 인지세를 제외하고 연 1% 수준이다.

우리 포트폴리오의 특징으로 눈을 돌려보자. 내가 아마 가장 많이 받은 질문은 우리 펀드가 보유 중인 기업 대부분이 현재까지 훌륭한 실적을 거뒀다는 사실은 이들이 고평가됐다는 것을 의미하는지였다.

우리의 주요 가치 평가 척도인 가중평균 잉여현금흐름 수익률은 당해 연도 초에 약 5.8%로 시작해 기말에는 약 5.7%를 기록했다.

펀드스미스의 잉여현금흐름 수익률 5.7%와 비교해 S&P 500 지수 비금융 섹터의 중앙값은 약 6.1%, 평균값은 5.4%였다. 한편 FTSE 100 지수 비금융 섹터의 중앙값은 4.6%, 평균값은 4.9%였다. 따라서 이 지표를 기준으로 한다면 우리 주식의 밸류에이션은 시장 평균과 비슷하거나 나아(더 저평가되어) 보인다.

우리 잉여현금흐름 수익률은 과거, 즉 정부에도 디폴트 사태가 일어날 수 있다는 사실을 투자자가 깨닫기 전에 '무위험 수익률risk-free rate'로 불렸던 국채 수익률보다 상당히 높다. 이는 의미심장하다. 국채의 쿠폰이자coupon는 시간이 지나도 증가하지 않지만, 우리가 투자한 기업의 잉여현금흐름은 증가할 수 있다. 그런 기업을 국채 수익률보다 높은 잉여현금흐름 수익률을 의미하는 가격에 매수했다면 당연히 가치를 창출한다.

어쩌면 포트폴리오의 잉여현금흐름 수익률을 주요 국채 수익률이 아니라 우리가 생각하는 적정 채권 수익률과 비교하는 게 옳을지도 모르겠다. 여러 선진국의 국채 수익률이 양적 완화 정책으로 인해 왜곡됐기 때문이다(정부의 통제를 받는 중앙은행이 국채의 주요 혹은 단독 매수자다). 합리적 투자자의 관심을 끌려면 국채 수익률이 기대 인플레이션율expected rate of inflation보다 적어도 1%p는 높아야 한다는 게 우리 추정이다. 따라서 잉여현금흐름 수익률이 이 채권 요구수익률required rate of return보다 높은 기업에만 투자하려 한다.

펀드스미스 포트폴리오 기업의 평균 사용자본이익률(ROCE)은 연 32% 수준이다. 이에 반해 S&P 500과 FTSE 100 지수 비금융 섹터의 평균값은 모두 연 20% 정도다. 포트폴리오 기업의 수명과 회복 탄력성을 고려하면, 우리가 평균보다 뛰어난 펀더멘털 실적을 내는데도 채권이나 다른 주식과 비교해 그 역량이 밸류에이션에 온전히 반영되지 않은 기업 주식을 보유하고 있다고 확신한다.

고퀄리티 기업 주식을 합리적이거나 저렴한 밸류에이션에 매수한 덕분에 훌륭한 투자 실적을 낼 수 있다는 이야기를 듣고 놀랐을지도 모르겠다. 그래서 이해를 돕고자 〈무수익 위험Return Free Risk〉이라는 제목의 짧은 보고서를 하나 썼다. 펀드스미스 웹사이트에서 다운로드할 수 있는데(tinyurl.com/y2hro8py), 제목은 오타가 아니라 말장난이다. 우리 모두 높은 수익을 내려면 더 큰 위험을 감수해야 한다고 교육받았지만, 이 논지를 반박하는 증거가 상당히 많다. 사실 규모가 작고 위험 수준이 높으며 이해하기 힘든 기업이 아니라 예측 가능한 고퀄리티 기업에 투자하면 더 큰 수익을 낼 수 있다. 하지만 인간에게는 흥분에 휩싸여 우승 후보가 아니라 100/1 배당률에 베팅하고 양키Yankee(4개를 선택해 총 열한 번 베팅하는데 여섯 번의 2배, 네 번의 3배, 한 번의 4배 누적 베팅 방식) 같은 복잡한 베팅에 참여하고 싶은 욕망이 있는 듯하다. 그런 베팅의 승률이 공정한지, 우리와 도박업자 중 누구에게 유리한지 정확하게 계산할 수 있는가? 그럴 능력이 없다면 베팅은 '시장'을 읽는 도박업자에게 유리하다. 이 원리는 투자에도 적용된다.

펀드스미스는 다른 투자자가 찾아내지 못한 투자처를 발견했다는 망상이나 승산이 거의 없어 보였던 승리를 따내는 데서가 아니라 예측 가능하고 훌륭한 수익을 내는 데서 기쁨을 얻는다.

우리 포트폴리오의 잉여현금흐름 수익률이 소폭 하락한 이유는 포트폴리오 기업의 주가 상승 효과가 주당 잉여현금흐름의 9.6% 증가로 거의 상쇄됐기 때문이다.

우리는 대체로 투자 기업의 주가 실적이 그 기업의 잉여현금흐름 실적을 추종하는 유형을 선호한다. 밸류에이션 확장으로 이룬 성과는 장기적으로 보면 결국 제자리로 돌아오는 유한한 게임finite game인데, 우리는 포트폴리오를 장기간에 걸쳐 운용하기를 바라기 때문이다.

마찬가지로 우리는 포트폴리오 기업의 잉여현금흐름 증가가 매출 규모의 성장에서 비롯되는 것을 선호한다. 비록 이는 적절한 판매가와 높은 매출총이익률을 유지할 수 있는 기업에 한정한 이야기이긴 하지만 말이다. 그런데 작금의 저성장 환경에서 잉여현금흐름 증가는 비용 절감과 자사주 매입의 결과인 경우가 많아지고 있다. 이 역시 유한한 성장원인데, 자사주 매입이 잔여주주의 가치를 창출하는 방식으로 이뤄질 경우조차 그러하다. 물론 그러리라는 법도 없다. 하지만 현재 상황에서는 유한한 수단을 활용하더라도 주당 잉여현금흐름을 계속 증가시킬 수 있는 기업에 투자하는 게 낫다.

당해 연도 말 우리 포트폴리오의 현행 배당수익률은 2.3%였고 예상 배당수익률prospective dividend yield은 2.5%로 추정한다. 배당금보상비율은 여전히 2.6배다. 배당수익률은 투자 수익률의 중요한 요소로, 장기적으로 보면 시세 차익share price appreciation보다 주식 투자 성과에 기여하는 바가 크다. 하지만 그렇다고 더 높은 배당수익률을 맹목적으로 좇아서는 안 된다.

기록적인 저금리와 채권 수익률 환경에서 투자자는 필사적으로 수익률을 추구하게 되었다. 투자 업계는 투자자의 열망에 부응하는 상품을 내놓을 만반의 준비가 되어 있지만, 그게 항상 투자자에게 이득인 방향은 아니다. 안전한 피난처로 여겨지던 국가의 국채 수익률이 하락해 0에 수렴하면서 정크 본드junk bond나 신흥국 부채 같은 고위험 채권으로 투자가 몰리기 시작했다. 미국 고수익high-yield 채권이나 정크 본드의 수익률은 2013년 초에 6%로 하락하며 사상 최저치를 기록했다. 고수익 부동산 투자 신탁과 에너지 및 수송관pipeline 관련주에 투자하는 이른바 마스터합자조합master limited partnership, MLP의 신주 발행이 폭발적으로 늘었다(이들이 어떤 방식으로 작동하는지 설명할 수 있는 투자자가 얼마나 되려나?). 심지어 신용 위기 발발에 일조했던, 독성 물질을 담은 '알파벳 수프' 투자 상품 가운데 하나인 대출채권담보부증권(CLO)도 되살아나 2012년 신규 발행이 세 배로 늘었다. 어찌나 빨리들 잊는지 놀라울 따름이다.

주식 투자자는 이런 풍조에 대한 면역이 거의 없다. 많은 투자자는 수익률을 추구하는 열망을 고배당주high-yielding equities에 투자하는 인컴 펀드income fund에 투자하여 충족하는데, 이는 실수일 수 있다. 수익률이 일정 수준에 이르면 투자자가 투자금의 자본 가치capital value 일부를 배당 소득으로 돌려받고는 이에 대한 세금을 내는 일 외에는 딱히 벌어지는 일이 없다. IMA 글로벌 에쿼티 인컴 섹터에 속한 인컴 펀드 가운데 하나를 제외한 모든 펀드는 배당 소득이 아니라 자본 가치 기준으로 비용을 부과하여 표면 수익률stated yield을 극대화한다. 이는 투자자에게 명백히 불리한 요소가 몇 가지 있는데, 투자자가 납부할 세금이 늘어난다는 점을 빼놓을 수 없다. 소득세율이 자본이득세율보다 높을 뿐 아니라 세금 회피나 유예가 더 어렵기 때문이다. 게다가 실제보다 수익률이 높아 보이게 만드는데, 펀드 입장에서는 마케팅에 도움이 된다는 분명한 장점이 있다.

우리는 투자자가 배당수익률만이 아니라 개별 주식과 포트폴리오에서 얻는 총수익률에 초점을 맞춰야 한다고 생각한다. 그리고 배당수익률을 주기적으로 펀드를 팔아서 지출해도 되는 금액의 정확한 대용 지표로 생각해서는 안 된다. 그래서 우리는 최근에 펀드스미스 투자자를 위한 정기 인출 제도를 도입했다. 배당수익률에 영향을 미치지 않으면서 펀드 투자금의 일부를 투자자가 원하는 액수만큼 정기적인 소득으로 인출할 수 있다. 총수익률이 저조한 고배당 주식을 사서 자본 가치 기준으로 비용을 책정해 배당수익률을 부풀리는 펀드가 운용하도록 두는 방법보다는 우리 방식이 정기 소득을 원하는 투자자의 필요를 충족할 수 있다고 확신한다. 펀드매니저가 투자자가 더 쉽게 투자금을 뺄 수 있는 방법을 고안하다니, 어딘가 기묘한 혁신처럼 보인다. 그래서 우리 방식이 다른 펀드매니저 사이에서 인기를 끌 것 같지는 않다.

포트폴리오에 속한 기업의 평균 설립 연도는 1902년이다. 작년 이맘때에는 1894년이었다. 우리가 올해 매수한 기업 일부가 평균 연령을 낮춘 게 분명하다. 평균 설립 연도가 급등해 20세기로 진입하니 다소 우려스럽다.

다가올 2013년을 고대하며 일어날 가능성이 높은 그럴듯한 결말 중 하나는, '그라운드호그 이어Groundhog Year*'를 겪는 것이다. EU 정상회담이 더 자주 개최되고, '무슨 수를 써서라도' 필요한 일을 하겠다는 추가적인 약속을 하면서 정작 아무것도 안 하고, 또 다른 그리스 구제금융을 실시하고, 재정 절벽Fiscal Cliff에 따른 미국의 국가 부채 한도를 놓고 논쟁을 벌이고, 침체 위기에 있는 선진국 전반의 경제에 생명 유지 장치를 사용하기 위해 양적 완화를 늘리는 한 해가 될 수도 있다.

하지만 한 가지는 변화하고 있는 듯한데, 바로 선진국 중앙은행의 권한 범위다. 최근에 연준은 월간 양적 완화 정책 규모를 종전의 두 배인 850억 달러로 늘렸다. 게다가 실업률이 '적어도'(강조는 필자가 추가) 6.5% 아래로 떨어질 때까지 정책 시행을 계속하겠다는 입장도 발표했다. 일본에서는 아베 신조Shinzo Abe 총리가 재임에 성공했고 일본은행Bank of Japan이 인플레이션 목표를 높이도록 하겠다는 입장을 명확히 밝

• 미국과 캐나다에서 마멋이라는 동물을 이용해 겨울이 얼마나 남았을지 점치는 날인 그라운드호그 데이Groundhog Day에서 따온 말.

했다. 새 영국 중앙은행 총재로 언론 지면을 화려하게 장식한 마크 카니Mark Carney는 공식 업무를 시작하기 7개월 전에 여러 중앙은행이 명목 GDP 성장을 목표로 삼아야 할지, 즉 인플레이션을 무시해야 할지에 관한 토론을 해야 한다고 발표하면서 이례적인 첫걸음을 내디뎠다.

관점에 따라 더 많은 경기 부양책을 실시한다는 의미이니 좋은 소식이라고 볼 수도 있고, 추가 경기 부양책이 경제 성장이나 고용 증가를 이루지 못하는 반면 치료하려는 질병 이상으로 고통스러운 부작용을 낳을 가능성이 있다고 생각해서 나쁜 소식이라고 볼 수도 있다.

나는 후자에 속한다. 중앙은행은 정부로부터 독립적이어야 하고, 통화 건전성 그리고 (규제력이 있다면) 은행 시스템의 안정성에 중점을 둬야 한다고 생각한다. 중앙은행이 여기서 벗어나게 하면 재정 정책과 통화 정책의 혼동으로 이어질 위험이 있다. 다시 말해 고용이나 명목 성장률 목표치를 달성할 때까지, 또는 그 후에도(앞서 연준이 사용한 '적어도'라는 표현에 유의하자) 중앙은행이 통화를 발행하고 국채를 매입해서 정부의 낭비성 지출 정책에 자금을 조달할 것이기 때문이다.

중앙은행의 탈선은 어느 시점에 이르면 필연적으로 인플레이션과 통화 가치 하락을 낳는다. 카니 같은 신세대 중앙은행 총재는 아직 그걸 겪어보지 않았다. 하지만 일단 경험하고 나면, 인플레이션이 강력할 경우 미리 정해놓은 목표치에서 쉽사리 멈추지 않는다는 사실을 깨달을 것이다. 또한 인플레이션을 통제할 수 있는 유일한 수단이 각종 금리라는 투박한 도구밖에 없다는 사실도 알아차릴 것이다. 금리가 급등한다면 현 상태의 정부 부채와 가계 부채, 경제가 감당할 수 있는 여력에 흥미로운 영향을 미칠 것이다.

주요 통화의 가치 하락은 여러 국가가 경쟁 우위를 확보하기 위해

서로 평가절하하려 들기 때문에 판단하기 다소 까다로운 문제라는 그럴듯한 지적을 할 수도 있다. 하지만 모든 통화가 경질 자산hard asset에 대비해 평가절하될지도, 쉽게 말해 인플레이션이 일어날지도 모르는 일이다.

이 시나리오가 실현될지, 된다면 언제일지 기다려봐야 알겠지만 희소식은 거시 경제 관점과 성장은 우리 투자 전략과 아무 관련이 없다는 점이다. 점점 필사적으로 노력하고 있는 경제 부양책은 오히려 우리 포트폴리오의 밸류에이션을 높일 가능성이 훨씬 크다(우리가 그런 방식으로 돈을 벌고 싶다는 말은 아니다). 우리 주식은 인플레이션이 부활하더라도 상대적으로 우수한 헤지 수단이 될 가능성이 높다.

15.
무수익 위험: 왜 지루함이 최고인가

《파이낸셜 타임스》, 2013년 1월 18일

이 글의 제목은 투자 원금에 어떤 위험을 발생시키지 않고 얻을 수 있는 투자 수익률을 의미하는 '무위험 수익률'이라는 표현에서 딴 말장난이다. 최근의 금융 위기가 닥치기 전까지는, 바로 이 무위험 수익률을 일반적으로 선진국 국가 부채의 특성으로 간주했다.

효율적 시장 가설efficient-market hypothesis, EMH의 주장에 따르면 금융 시장이 '효율적'인 이유는 투자자가 더 많은 수익을 얻으려면 더 큰 위험을 감수해야 하기 때문이다. 하지만 실제로 꼭 그렇지만은 않다. 하우겐 파이낸셜 시스템Haugen Financial Systems의 로버트 하우겐Robert Haugen과 구겐하임 파트너스Guggenheim Partners의 나딘 베이커Nardin Baker의 연구에 따르면, 변동성이 가장 낮은 하위 10% 주식은 연 복리 총수익률 8.7%를 기록한 데 반해 변동성이 가장 높은 상위 10%는 연 8.8% 손실을 기록했다. 이런 결과는 EMH에서 말하는 위험-수익의 관계와 명백히 상충된다.

골드만삭스Goldman Sachs가 발표한 또 다른 연구는 기초 퀄리티 fundamental quality를 도입한다. 여기서 기초 퀄리티는 현금 창출 능력Cash Return on Cash Invested, CROCI으로 정의된다. 이 연구에서 CROCI 실적에 따라 포트폴리오를 구성했더니 주가 실적이 CROCI에 비례한다는 점을 발견했다. 훌륭한 기업일수록 훌륭한 투자처였다.

왜 '퀄리티' 주식은 이렇게 초과 성과를 달성할까? EMH는 오직 위험을 더 감수하는 것만이 초과 수익을 내는 유일한 방법이라고 상정하는데 말이다. 답은 부분적으로 투자자 심리에서 찾을 수 있다.

사랑하는 사람이 중병에 걸렸다고 상상해보자. 생존 가능성을 10% 높일 수 있는 치료제를 살 수 있다면, 얼마를 지불하겠는가?

연구에 따르면 지불 가격은 치료제가 없을 때의 최초 생존율에 달려 있다. 확률이 50%인 상황에서 생존율을 10% 높이는 치료제는 돈을 낼 만한 가치가 있다. 최초 생존율이 0이었다면, 내 생각에는 대다수가 생존율을 10%로 높이기 위해 더 많은 돈을 지불할 것이다. 마찬가지로, 많은 사람이 확실성에 더 많은 돈을 지불한다는 점도 분명하다. 최초 생존율이 90%라 해도, 치료제를 구매하면 생존율을 100%로 끌어올릴 수 있다.

이는 투자자가 동일 기업의 주식보다 수익률이 낮은 채권에 투자하는 이유를 설명한다. 투자자는 확실한 결과를 원한다. 채권에 투자하면 확정 쿠폰이자를 받고, 정해진 시점에 원금의 일부나 전부를 돌려받는다. 반면 주식은 배당액이 변화하고 아예 지급하지 않을 때도 있으며, 주가는 예측 불가능하다. 심리학자이자 행동경제학자인 대니얼 카너먼Daniel Kahneman은 《생각에 관한 생각Thinking, Fast and Slow》에서 다음의 그래프로 이 점을 설명한다.

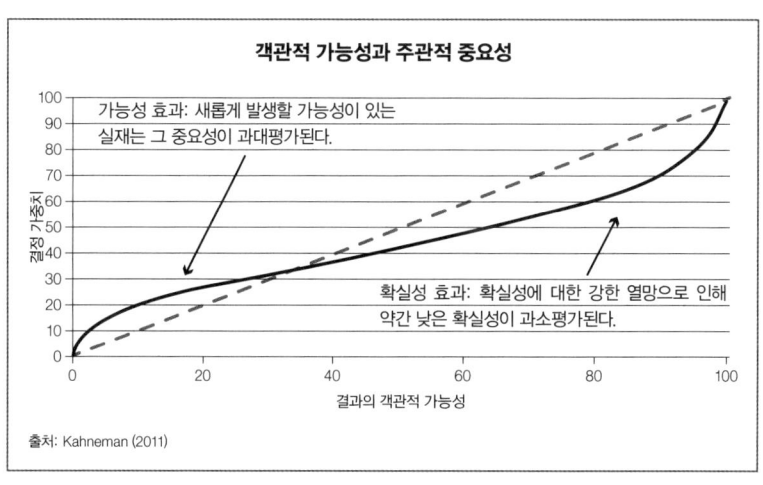

출처: Kahneman (2011)

실선은 '결정 가중치decision weight'다. 이는 실험을 통해 도출한 각 확률 수준마다 의사결정자가 부여하는 심리적 중요도다. 그래프를 보면 0~30% 생존율 구간에서는 객관적 확률에 근거한 금액보다 더 많은 돈을 지불한다는 사실을 알 수 있다. 30~100% 구간에서는 돈을 덜 내지만, 확률이 90~100%일 때 상대적인 지불 금액이 급증한다.

투자에서는 확실성에 가까운 90%대 구간이 저베타low beta 고퀄리티 주식이다. 채권과 유사한 수익 구조에 주가 변동성이 낮지만, 여전히 주가와 배당액에 불확실성이 존재한다. 이는 '지루한' 퀄리티 주식의 지속적 저평가를 설명해주며, 그 저평가가 초과 성과를 만든다.

이 모든 것의 결론은 꽤 단순하지만 아주 분명하다. 투자자는 고위험 수식('무수익 위험')을 추종하는 포트폴리오를 통해 초과 성과를 내기보다는, 예측 가능한 이익과 훌륭한 펀더멘털 재무 실적을 가진 '지루한' 퀄리티 주식을 찾아내서 매수 후 보유했을 때 달성할 투자 수익과 비교해 주가가 끊임없이 저평가된 상황을 기회로 활용해야 한다.

16.
투자의 열 가지 황금률

《파이낸셜 타임스》, 2013년 2월 15일

이론적으로는, 개인 투자자가 대규모 소매 펀드나 연기금 펀드매니저보다 유리한 측면이 꽤 있다. 보수를 정당화하기 위해 분기마다 운용 보고서를 작성할 필요가 없다. 항상 벤치마크를 넘어서는 실적을 달성해야 한다는 압박도 없다. 게다가 유동성과 포트폴리오 구성 종목에 관한 운용 규정에 얽매이지 않아도 된다.

하지만 많은 개인 투자자가 이런 장점을 충분히 활용하지 못한다. 잘못된 기업 주식을 매수하고, 거래를 너무 자주 하며, 지나치게 높은 비용을 지불하는 등 기본적인 실수를 저지르기 때문이다. 이 글에서 내가 제시하는 원칙은 투자자가 그런 함정을 피하도록 돕는 데 의의가 있다. 일부 원칙은 향후 다른 글에서 더 자세히 다루겠다.

1. 완전히 이해할 수 없다면 투자하지 마라

전설적인 스피트파이어Spitfire 전투기를 설계한 레지널드 미첼Reginald

Mitchell이 이런 말을 한 적 있다. "누군가가 너무나 복잡해서 도저히 이해할 수 없는 비행기에 관해 무언가를 말하면, 내가 지금 한 말을 떠올려라. 다 헛소리다."

투자도 마찬가지다. 관련 위험을 제대로 이해하지 못하고 '구조화 상품structured products'을 매수한, 아니 매수당한 투자자가 얼마나 많은가? 내가 즐겨 인용하는 사례는 파크스톤 애셋 매니지먼트Parkstone Asset Management가 2011년에 출시한 '더 트래커 UK 매니지드 알파 펀드The Tracker UK Managed Alpha Fund'다. 이 펀드를 소개하는 문구는 '파생결합증권securitised derivative, 저비용, 액티브 운용, 멀티 에셋multi-asset, 구조화 투자' 같은 단어로 가득 차 있다. 도대체 뭘 한다는 건지 나도 잘 모르겠다.

나는 어떤 투자 종목이나 상품이 무엇을 한다는 건지 이해할 수 없다면, 이해하지 못하게 하려는 의도가 숨어 있기 마련이라 생각한다. 그러니 투자하지 마라.

2. 마켓 타이밍을 하지 마라

'마켓 타이밍'은 시장 사이클의 저점 근처에서 매수해 고점 근처에서 매도하는 전략이다. 간단명료해 보이지만, 실제로는 정반대의 양상이 나타난다. 자금은 사이클이 고점을 향해갈 때 펀드나 시장에 투입되고 저점을 향해갈 때 회수된다.

대다수 투자자에게 주식은 가격이 올라가면 역실직으로 수요가 늘어나는 '기펜재Giffen good'와 같다. 투자자는 자신과 함께 투자하거나 중단하는 다른 사람들이 존재한다는 것에서 편안함을 느낀다. 그 결말이 절벽 끝을 향해 다 함께 달려가는 레밍lemming 무리와 같을지라도.

다른 사람들이 모두 매도할 때 매수하고, 다들 낙관적일 때 매도하는 역발상 투자자의 외로움을 반기는 사람은 거의 없다.

인간은 태생적으로 마켓 타이밍을 잘하지 못한다. 그러니 하지 마라.

3. 보수를 최소화하라

펀드매니저와 자문사에 지불하는 보수는 투자 실적의 방해물이다. 투자자문사를 통해 투자하고 투자 플랫폼investment platform●을 이용하며 뮤추얼펀드에 투자하는 평균적인 영국 투자자는 연 3% 정도의 총비용을 부담한다. 이는 주식 배당수익률이나 대다수 국채 수익률보다 높다. 배당 소득의 전부나 그 이상을 보수로 떼이는 셈이다.

4. 거래 빈도를 가능한 줄여라

투자자가 마켓 타이밍을 잘하지 못하고 보수가 투자 수익을 먹어 치우니, 논리적으로 가능한 거래 빈도를 줄여야 한다는 결론이 도출된다. 펀드매니저도 마찬가지다. 그런데 영국 금융감독청(FSA)에 따르면 평균적인 영국 뮤추얼펀드 매니저의 연간 포트폴리오 회전율은 80%에 달한다. 이로 인해 연 1.0~1.4%에 이르는 수수료와 매수-매도 호가 스프레드, 인지세가 추가로 발생한다. 이들은 모두 연간 운용 보수·비용(AMC)에 추가돼서 투자 실적에 또 다른 걸림돌이 된다.

5. 과도하게 분산투자 하지 마라

포트폴리오 다각화는 투자 실적을 개선할 수 있다. 그러나 한계

● 투자자가 온라인에서 투자 상품을 구매할 수 있게 해주는 플랫폼으로, 여러 펀드에 분산투자할 수 있는 계좌인 펀드 랩fund wrap과 여러 펀드를 비교해서 구매할 수 있는 펀드 슈퍼마켓fund supermarket으로 나뉜다.

가 존재하고 문제점도 없지 않다. 연구에 따르면 대부분의 시장에서 20개 남짓의 종목으로 구성한 포트폴리오만으로도 전체 분산투자 효과의 90%를 달성할 수 있다. 그 이상 분산투자 할수록, 개별 투자에 대한 이해도가 떨어진다.

6. 절세만을 목적으로 하는 투자는 하지 마라

벤처캐피털 신탁Venture Capital Trust, VCT이나 기업 투자 감세 제도 Enterprise Investment Schemes, EIS, 영화 금융 세제 지원film finance project 같은 제도는 세금을 회피하거나 유예하는 주요 수단이다. 투자자가 여기에 돈을 넣었다고 해서 영화나 태양광 패널에 투자하려는 불타는 욕망을 가진 건 아니다. 절세 혜택에 눈이 멀어 엄청난 보수와 기초 투자의 형편없는 실적을 간과하는데, 그냥 세금을 내는 게 나을 때도 많다.

7. 저퀄리티 기업에 절대 투자하지 마라

훌륭한 기업은 현금 창출 능력이 높고, 그 현금흐름의 적어도 일부를 사업을 키우고 투자의 가치를 복리 성장시키는 일에 재투자할 수 있는 기업이다. 저퀄리티 기업은 그렇지 않다. 사용자본이익률(ROCE)이 적정 수준에 못 미친다. 경영진이 바뀌거나 다른 기업이 인수하거나 경기 사이클 변동으로 실적이 반등해 개선되리라는 기대 때문에 저퀄리티 기업에 투자해야 한다고 생각할 수도 있다. 하지만 하루하루 그런 사선을 기다리는 동안 이늘은 조금씩 가치를 파괴해 나간다. 고퀄리티 기업은 정반대다. 훌륭한 기업과 함께한다면 시간은 우리 편이다.

8. 바보도 운영할 수 있는 사업을 하는 기업 주식에 투자하라

사업이 잘 돌아가기 위해 천재적이거나 카리스마 넘치는 CEO가 꼭 필요한 사업을 하는 기업에 절대 투자하지 마라. 결국 그 경영진이 언젠가는 자리를 떠날 게 분명한데, 그럼 어떻게 될까?

9. '더 큰 바보 이론'에 엮이지 마라

정말 보유하고 싶은 주식이 기쁜 마음으로 매수할 수 있는 가격일 때만 투자하라. 오직 되팔려는 목적으로 주식(혹은 다른 투자 상품)을 사거나 훌륭한 기업 주식이더라도 비싸게 샀다면 '더 큰 바보 이론'에 가담한 셈이다. 이 전략의 성공 여부는 같은 게임에 기꺼이 참여하려는 다른 누군가가 있느냐에 달려 있다.

10. 주가 흐름 때문에 심난하면 화면을 꺼라

매수한 주식의 주가는 기업 펀더멘털과 아무 관련 없는 이유로 등락을 거듭한다. 따라서 주가 움직임이 투자자가 좋은 투자를 했는지 여부를 판단하는 당연한 지표는 아니다. 훌륭한 기업 주식이나 펀드를 합리적인 가격에 매수했는데 요동치는 주가가 불안하다면, 그냥 주가를 안 보면 된다.

17.
마켓 타이밍: 절대 따라하지 마라
투자의 기본 원칙 다섯 가지, 그 첫 번째

《파이낸셜 타임스》, 2013년 3월 1일

'마켓 타이밍'은 무엇을 의미할까? 싸게 사서 비싸게 파는, 투자자의 유서 깊은 목표다. 개별 종목이나 펀드에 적용하면 경기나 시장 사이클의 저점에 매수해서 고점 근처에 매도하는 형태다. 전체 시장에 투자하는 시점을 고르는 방식도 있는데, 시장의 저점까지 현금을 보유하다가 급락할 때 매수한 후 고점에 현금화하는 것이다.

이게 뭐가 문제냐고 생각할지도 모른다. 고점에서 하락을 피하고 저점에서 회복에 맞춰 매수하면 투자 수익률이 높아지지 않던가? 맞다. 문제는 그걸 해내는 사람이 존재하더라도 극소수라는 데 있다.

투자자 행동에 관한 데이터가 엄청나게 많은데, 그중 하나인 아래 그래프를 보면 펀드 투자금 유출입은 원하는 목표와 반대로 일어난다. 시장과 펀드가 상승세를 탈 때 자금이 유입되고 하락세를 탈 때 유출된다. 효과적인 마켓 타이밍이 요구하는 바와 정반대다.

연기금 펀드매니저나 수탁관리자 같은 전문 투자자는 그게 바로 개

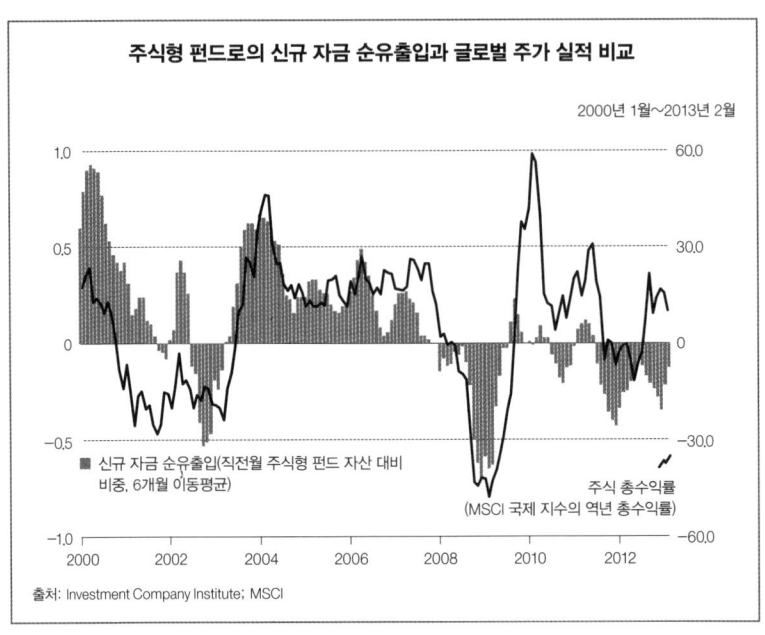

인 투자자의 전형적인 무리 본능herd instinct이라며 비웃고 있을지도 모르겠다. 하지만 쉽게 구할 수 있는 자료에 따르면 그들도 별반 다르지 않다. 일반적인 액티브펀드 매니저는 시장을 밑도는 실적을 내고, 케임브리지 어소시에이츠Cambridge Associates의 데이터로 판단컨대 펀드매니저를 고용하거나 해고하는 연기금의 결정도 타이밍을 잘하지 못했다.

모두가 마켓 타이밍을 잘하지 못하는 이유를 찾긴 어렵지 않다. 시장이 고점에 이르렀다고 자신을 설득하고, 온통 장밋빛인 환경에서 다른 사람이 모두 낙관적일 때 매도할 수 있을 만큼 강한 확신을 갖는 건 아주 힘들다. 하지만 예측이 실현되어 전망이 암울해 보이고 가격이 하락한 후 저점에서 관점을 180도 전환해(그래야만 한다) 주식이나 시장, 펀드를 매수하려면 경이로운 수준의 유연한 정신이 필요하다.

이 문제에 대한 또 다른 접근법은 시장을 떠났던 기간이 단 며칠뿐이더라도 투자 수익률에 심각한 악영향을 미친다는 명제를 검증해보는 것이다. 1994년 12월 31일부터 2004년 12월 31일까지 10년을 한번 살펴보자. 동기간 S&P 500 지수의 연 복리 총수익률은 12.07%였다. 그게 바로 이 주가 지수에 10년 내내 투자했다면 거머쥘 수 있는 비용 차감 전 투자 수익률이다. 달리 말해 10개년의 시작 시점에 투자한 1만 달러는 2004년 말 3만 1,260달러가 됐을 것이다.

하지만 마켓 타이밍을 시도하면서 시장을 며칠 떠나게 됐는데, 하필이면 그게 10년 내 최고의 시기였다면 어떻게 될까? 최고의 열흘을 놓쳤다면? 평균으로 따지면 1년에 고작 하루니까, 그리 중대한 결과를 낳지는 않을 성싶은가? 글쎄, 그 열흘을 놓쳤다면 연 복리 수익률이 6.89%로 떨어지고 10개년 끝에 수중에 떨어지는 돈은 1만 9,476달러밖에 안 된다는 사실을 알면 그 생각이 사라질 것이다. 최고의 날 30일을 놓쳤다면 투자 수익률이 떨어지는 것도 모자라 손실을 본다.

그래도 최악의 날 며칠을 피했을 수도 있다고 반문하는 사람이 있을 텐데, 모든 증거는 흐린 날보다 맑은 날이 더 많다고 말한다. 좋고 나쁜 날이 언제일지 미리 포착해 대규모 매수 결정을 확신하며 만반의 준비를 끝낼 수 있을 만큼 본인이 훌륭한 투자자라고 생각하는가? 나는 내가 그렇지 않다는 사실을 잘 알고 있다.

핵심은 이렇다. 투자자는 두 가지 부류다. 마켓 타이밍으로 돈을 벌 수 없다는 사실을 아는 사람과 모르는 사람. 그래서 나는 한 위대한 투자자의 조언을 따르려 한다. 싸게 사서 비싸게 파는 것이 중요하지만, 고퀄리티 기업 주식을 사면 매도에 관한 두 번째 구절은 이따금 잊어도 무방하다는 것이다. 그 조언은 다음 글에서 다루겠다.

18.

옥석 가리기

투자의 기본 원칙 다섯 가지, 그 두 번째

《파이낸셜 타임스》, 2013년 3월 15일

지난 글에서 '싸게 사서 비싸게 판다'는 주문으로 요약할 수 있는 마켓 타이밍을 다뤘다. 나아가 훌륭한 기업 주식을 합리적인 가격에 매수했다면, '비싸게 판다'는 구절을 이따금 잊더라도 여전히 돈을 벌 수 있다는 말로 끝맺었다.

그런데 '훌륭한 기업'이란 무엇을 의미할까? 리서치 보고서를 읽어보면 순이익이나 주당순이익(EPS) 증가, EPS에 근거한 밸류에이션에 관한 내용이 상당히 많다는 걸 알 수 있다. 반면 기업의 사용자본이익률(ROCE)을 다루는 보고서는 거의 찾아볼 수 없다.

ROCE는 상당히 중요한 지표인데, 안타까운 일이다. 투자자는 자금을 펀드나 채권, 은행 계좌에 투자하면 기대수익률이 얼마나 될지 관심이 많을 것이다. 주식 매수란 사실 그 기업의 자본금을 지분율만큼 사는 것과 같다. 그런데도 왜 기업이 자본을 활용해 창출하는 이익에는 관심을 가지지 않는가? 그 이익의 일부는 투자자의 몫이다. ROCE는 현금영업이익cash operating profit을 주주자본과 장기부채의 합으로 나눈 값이다. 계산에 사용하는 모든 수치는 보통 재무제표에 다 나와 있다.

어떤 사람이 연 5% 금리로 돈을 빌려 연 10% 투자 수익을 내는 곳에 투자한다면, 시간이 갈수록 부자가 될 것이다. 반면 투자 수익률이 2.5%에 불과하다면 갈수록 가난해진다. 기업도 마찬가지다. 자본비용cost of capital을 웃도는 이익을 내는 기업은 주주가치를 창출한다. 반대로 자본비용을 밑도는 이익을 내는 기업은 주주가치를 파괴한다.

하지만 ROCE 관점의 기업 평가는 단순히 순이익만 따지는 방법보다 어렵다. 자본비용 개념 때문이다. 부채명세서와 이자비용에 관한 설명은 보통 재무제표 주석란에 다 나오기 때문에 부채비용에 관한 판단은 수월하다. 하지만 자기자본비용을 판단하려면 조사를 많이 해야 하고, 그렇게 얻은 값도 엄밀히 따지면 추정치에 불과하다. 그렇다고 아예 관심을 끊으라는 말은 아니다. 투자자는 모든 경우의 자본비용을 앞설 만큼 ROCE가 높은 기업에만 관심을 쏟으면 된다.

이 주제에 관해서는 굳이 내가 하는 말만 믿을 필요는 없다. 워런 버핏은 1979년 버크셔 해서웨이 연례 주주 서한에서 자본이익률이 기업 경영 실적을 판단하는 주요 잣대라고 표현했다. 그토록 성공한 투자자가 너무나 명시적으로 말한 내용을 수많은 사람이 무시하고 있는 게 정말 의아할 따름이다.

여러분의 펀드매니저가 훌륭한 투자 기회를 발굴하기 위해 ROCE 같은 지표를 열심히 활용하고 있다고 생각힐지도 모르겠다. 내 경험상 그렇지 않다. 펀드매니저는 고질적으로 투자 수익이 저조한 산업에 속한 많은 기업에 투자한다. 왜 그럴까? 그런 기업의 실적이 향상하기 시작해 매수해도 되는 시점을 정확히 찍을 수 있다고 자신하기 때문이다. 경기 사이클의 회복 구간에 접어들거나 신규 경영진을 선임하거나 다른 기업이 인수하는 바로 그 시점 말이다.

오랫동안 기업 합병이 구원자로 자리매김해온 항공 산업이 좋은 사례다. 국제항공운송협회International Air Transport Association, IATA와 맥킨지는 2011년에 '비전 2050'이라는 제목의 보고서를 발간했다. 보고서는 2010년 항공 산업의 투자 자본 총액을 5,000억 달러로, 전반적인 자본비용을 연 7~8% 수준으로 추정한다. 지난 10년간 자본비용과 ROCE를 비교한 결과, 항공 산업은 연 200억 달러가량의 주주가치를 파괴해왔다는 게 결론이다. 2002~2009년 항공 산업의 평균 ROCE는 고작 연 2.8%에 불과했다. 보고서에 따르면 심지어 그 10년 내 가장 호황이었던 2007년에도 90억 달러 이상의 주주가치가 사라졌다. 이게 항공 산업만의 이야기는 아닐 것이다.

문제는 낮은 이익을 내는 기업 주식에 투자한 펀드매니저가 판도를 바꿀 만한 사건을 기다리는 동안, 이들 기업이 가치를 파괴한다는 사실이다. 하지만 자본비용을 월등히 앞서는 이익을 창출하는 기업 주식에 투자했다면 정반대다. 피인수 제안이나 이사회 쿠데타, 경기 사이클 변동을 하염없이 기다릴 필요가 없다. 기업의 내재가치가 사실상 매일 증가한다고 확신할 수 있기 때문이다. 이때 시간은 우리 편이다.

19.
절세만을 목적으로 하는 투자는 하지 마라
투자의 기본 원칙 다섯 가지, 그 세 번째

《파이낸셜 타임스》, 2013년 3월 28일

과세 연도 종료일이 다음 주다. 여러분의 메일함이 나와 별반 다르지 않다면, 4월 5일까지 투자하면 세금 감면 혜택을 받을 수 있는 상품 제안서가 쏟아지고 있을 것이다.

개인종합자산관리계좌Individual Savings Account, ISA나 자기투자개인연금 Self-invested Personal Pension, SIPP 같은 '보호지wrapper'를 두르고 투자하면 세금을 감면받을 수 있다는 일부 제안은 일리가 있다. ISA에서 실현한 자본이득이나 배당금, 자금 인출에 대한 세금을 한 푼도 안 내면서 SIPP 입금에 대해서도 세금을 감면받을 수 있다. ISA는 주식과 현금, 뮤추얼펀드 등 합리적인 투자 상품을 담을 수 있고, SIPP는 상업용 부동산을 비롯해 더 광범위한 자산을 담을 수 있다.

기초 자산에 투자하고 싶다는 순수한 바람이 아니라 세금 감면 혜택을 받을 요량으로 투자할 때 문제가 일어난다. 기업 투자 감세 제도 (EIS)와 영화 금융 세제 지원 제도, 벤처캐피털 신탁(VCT)에 투자하는 대다수 사람은 그 고도로 전문화되고 제한적인 투자를 원한다기보다 세금 회피나 유예하려는 목적이 더 크다고 생각한다.

정말로 자산총액이 1,500만 파운드(EIS나 VCT의 자격 요건이다)도 안 되는 비상장 기업에 투자하고 싶은가? 누군가 영화에 꼭 투자해야 할까? 작년에 디즈니는 영화 산업에서 잔뼈가 굵은데도 불구하고 〈존 카터: 바숨 전쟁의 서막John Carter〉으로 2억 달러가 넘는 손실을 냈다.

투자자는 세금을 피할 수 있다는 조건에 눈이 멀어 평소에는 고려도 하지 않을 자산에 투자한다. 자신에게 부과되는 보수도 자세히 따져보지 않는다. 몇몇 EIC와 VCT를 살펴보니 투자금의 2~7.5%에 달하는 선취 보수와 연 2~3% 수준의 비용, 보통 허들 레이트hurdle rate[•]를 넘어선 투자 수익의 20%에 달하는 성과 보수의 존재를 알게 됐다. 그토록 비옥한 보수 체계를 가진 상품은 엄청난 판매 활동이 필요하기 마련이다. 여러분이 메일함을 보고 이미 알아차린 사실일 테지만.

유동성이 낮은 소규모 기업과 높은 보수가 결합할 때 반드시 발생하는 결과가 있다. 총 131개 VCT 중에서 순자산가치Net Asset Value, NAV가 공모가보다 높은 경우는 겨우 17개에 불과했다. 더 심각한 건 VCT 투자를 현금화하는 유일한 방법이 그 구좌 매도뿐이라는 점이다. 이때 매도가는 보통 NAV가 아니라 주가 기준인데, NAV를 크게 밑도는 게 일반적이다. 총 131개 VCT 중에서 주가가 발행가보다 높은 건 5개에 불과했는데, 유통 시장에서 VCT를 매수하면 세금 감면 혜택이 적용되지 않기 때문이기도 하다.

공정하게 말하자면 배당금을 지급하는 VCT가 꽤 존재하는 건 사

- 펀드 운용사나 매니저에게 성과 보수를 지급할 요건이 충족되는 기준수익률. 20% 투자 수익을 올린 펀드의 허들 레이트가 5%고 성과 보수율이 20%라면, (20%−5%)*20%=3%를 지급해야 한다.

실이다. 이때 배당금에 붙는 세금도 면제된다. 하지만 내가 투자했던 유일한 VCT의 경우, 누적 배당금과 NAV 합계가 7년 전의 공모가를 겨우 앞서는 수준이었다. 이번 세금 신고 기간에 신규 공모하는 이 VCT의 투자설명서를 보니, 공모가 차감 후 누적 총수익률이 8%라고 한다. 혹시나 해서 강조하면, 연 8%가 아니라 총 8%다.

내가 운이 몹시 나빴거나 형편없는 선택을 했다며 이의를 제기할 수도 있다. 하지만 문제의 VCT는 전체 131개 중에서 NAV 기준 순위가 중간쯤은 됐고, 2월에 〈택스 이피션트 리뷰Tax Efficient Review〉 심사에서 100점 만점에 86점을 받았다.

세금이라는 변수에 기반해 투자를 운용하는 매니저는 투자자가 세금 감면 후 배당수익률에 초점을 맞추기를 바라는 듯하다. 따라서 VCT 공모에 참여해서 소득세를 30% 감면받았다면, 투자금 1파운드당 세금 감면액을 차감한 70펜스를 투자 원금으로 두고 계산한 배당수익률에 집중하게 만든다. 세금 감면이 투자금에 더해지는 기본 세율basic-rate 연금 세금 감면 방식과 달리, 자가 진단을 통해 투자자의 택스 코드tax code**를 조정하는 방식인데도 말이다. 이 주장의 결함은 세금 감면액에 해당하는 30펜스를 매니저가 아니라 세무당국이 지급한다는 데 있다. 매니저는 투자를 집행할 100펜스를 온전히 들고 있다 (물론 적지 않은 비율의 보수를 차감하기 전의 이야기다).

오로지 절세만을 목적으로 평소에는 관심도 없는 자산에 복잡하고 유동성이 낮으며 값비싼 수단을 통해 투자하느니, 정말 보유하고 싶은 기업에 투자해서 투자 수익에 대한 세금을 내는 게 낫다.

** 영국에서 급여나 연금에서 소득세를 공제하기 위해 모든 납세자별로 관리하는 문서.

20.
너무 많은 종목은 포트폴리오를 망친다
투자의 기본 원칙 다섯 가지, 그 네 번째

《파이낸셜 타임스》, 2013년 4월 12일

포트폴리오 다각화는 바람직하다. 그렇잖은가? "달걀을 한 바구니에 담지 말라"는 단순한 격언에서 직관적으로 그런 결론을 도출했든, 현대 포트폴리오 이론을 공부했든 일리가 있다는 사실을 나나 여러분이나 잘 알고 있다.

현대 포트폴리오 이론은 여러 투자 자산의 집합이 개별 자산보다 낮은 위험을 갖는다는 개념에 기반한다. 서로 다른 유형의 자산이 정반대 방향이나 다른 방식으로 가치가 변동하기 때문에 가능한 일이다.

하지만 금융 분야의 다른 개념과 마찬가지로 포트폴리오 다각화 역시 무턱대고 활용하다 의도치 않거나 정말 형편없는 결과를 얻지 않으려면 피상적인 검토 그 이상이 필요하다.

공분산$_{covariance}$은 둘 이상의 자산 투자 수익이 같은 방향으로 움직이는 정도를 보여주는 척도다. 양(+)의 공분산 값은 투자 수익이 같은 방향으로 움직인다는 의미고, 음(-)의 공분산 값은 반대 방향으로 움직인다는 의미다. 공분산 값이 낮을수록 위험이 낮다.

FTSE 100 지수에 포함된 종목으로 구성한 포트폴리오의 공분산은 당연히 그 종목 수가 늘어날수록 낮아진다. 하지만 공분산(혹은 위험)의 감소 형태는 선형이 아니다. 단 하나의 주식으로 구성한 포트폴리오는 종목 수가 늘어나면 위험이 급격하게 줄어든다. 하지만 종목 수가 20~30개에 이를 때쯤이면 가능한 만큼의 위험 감소 효과를 이미 달성한 뒤다.

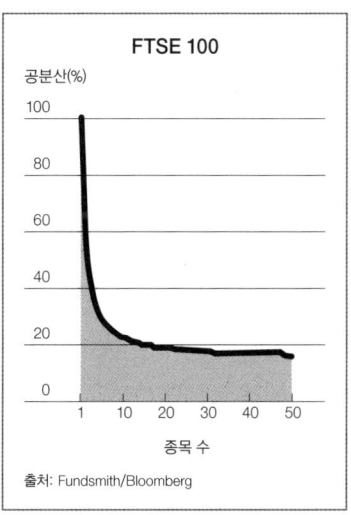

문제는 종목 수를 더 늘려도 유의미한 추가 위험 감소 효과가 별로 없을뿐더러 다른 문제가 발생한다는 점이다. 나는 〈18. 옥석 가리기〉에서 왜 훌륭한 기업에 투자하는 것이 중요한지 논했다. 하지만 우리가 접근할 수 있는 훌륭한 기업은 매우 한정되어 있다. 게다가 보유 종목 수가 많을수록 퀄리티 면에서 타협해야 할 여지가 늘기 마련이다.

보유 종목 수가 많을수록 각 종목을 속속들이 알 수 없는 것도 사실이다. 나는 어떤 것에 관해 덜 알수록 더 큰 투자 수익을 낼 가능성이 크다고 주장하는 투자 이론은 이제껏 들어보지 못했다.

이를 가리키는 용어도 있다. '다악화diworsification'. 전설적인 펀드매니저 피터 린치Peter Lynch가 그의 저서 《전설로 떠나는 월가의 영웅One Up On Wall Street》에서 사용한 표현이다. 린치는 지나치게 다각화하는 기업은 스스로 붕괴할 위험을 감수하게 된다고 주장했다. 기업 경영에 들일 시간과 에너지, 자원을 본연의 사업이 아닌 다른 데로 돌리기 때문이다. 마찬가지로 포트폴리오에 투자 종목을 추가한다면 다악화로 이어질 수 있다.

너무 많은 종목을 보유하면 투자 실적은 결국 이들 종목으로 구성된 벤치마크나 주가 지수와 일치할 것이다. 그렇게 할 요량이라면 포트폴리오를 직접 또는 펀드매니저를 고용해 보수·비용을 주면서 운용할 이유가 없다. 그냥 인덱스펀드를 사는 게 더 저렴하다.

다각화 효과의 한계를 고려할 때, 그 많은 펀드매니저는 왜 최적의 다각화에 필요한 종목 수보다 훨씬 많은 종목을 보유할까? 트래비스 샙Travis Sapp과 쉐민 옌Xuemin Yan이 '집중투자와 액티브펀드 운용: 집중펀드는 초과 성과를 낳는가?Security concentration and active fund management: Do focused funds offer superior performance?'라는 제목으로 2008년 미국에서 발표한 연구에 따르면, 평균적인 뮤추얼펀드 매니저는 90개 종목을 포트폴리오에 담았고 상위 20%의 평균값은 228개 종목이었다.

답은 대다수 펀드매니저가 투자자 돈을 잃을 때가 아니라 업계 동료와 다른 행동을 할 때 직업 안정성에 가장 큰 위협이 된다고 인식하는 데서 찾을 수 있다. 펀드매니저는 유사 인덱스펀드를 방불케 하는 수많은 종목을 보유하고 있으면 비판받는 일이 없으리라 생각하는 것이다.

이런 행동이 이른바 액티브 운용과 과잉 거래overtrading가 자아내는 높은 보수와 결합하면 주가 지수를 밑도는 펀드 실적이라는 결말을 맞는다는 게 문제다. 이에 관해서는 다음 글에서 다뤄보자.

21.
투자금을 지키기 위해 비용을 억제하라
투자의 기본 원칙 다섯 가지, 그 다섯 번째

《파이낸셜 타임스》, 2013년 4월 29일

이 글을 끝으로 투자의 기본 원칙을 다룬 연재물을 마친다. 이제까지 이른바 마켓 타이밍 대신 훌륭한 기업 주식을 매수해서 보유해야 하는 이유를 살펴봤다. 또한 절세가 주요 목적인 투자는 하면 안 되고, 과도한 포트폴리오 다각화는 무의미할 뿐 아니라 투자 실적에 손상을 준다는 이야기도 했다. 내 마지막 조언은 투자 비용에 관한 것이다.

퀄리티 주식에 집중투자한 포트폴리오를 운용한다고 해도 비용을 통제하지 못한다면 투자 수익에 제약이 따른다. 많은 투자자는 투자 활동에 부과되는 비용이 정확히 얼마인지 모른다. 이제 일반적인 투자자에게 발생하는 비용이 어느 정도인지 살펴보자.

투자자문업자와 웰스 매니저는 보통 포트폴리오 가치의 0.5~1.0%에 달하는 보수를 부과한다. 이들은 투자 플랫폼을 이용해 개별 펀드나 주식을 보유하는데, 여기에서 연 0.25% 추가 비용이 발생한다. 이게 바로 기초 펀드 매니저가 떼가는 '후취 수수료'다. 투자자가 직접

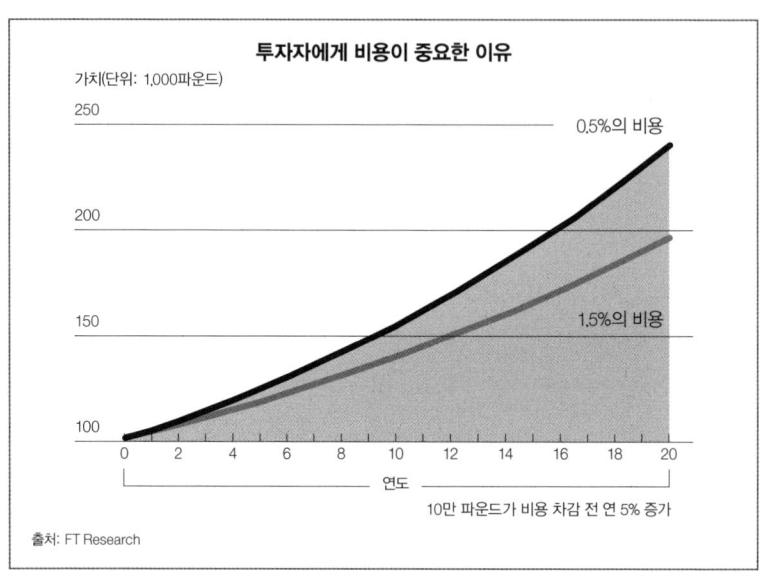

플랫폼을 이용할 수도 있는데도 말이다.

뮤추얼펀드에 투자하면 0.75~1.5%의 연간 운용 보수·비용(AMC)이 발생한다. 게다가 보통은 수탁과 사무 관리, 법률 비용도 부과하는데, 여기에 마케팅 비용도 추가된다고 한다. 이 모든 비용을 합산하면 과거에는 총보수·비용 비율(TER)이라 불렸던 성과 보수 제외 총보수·비용 비율(OCF)이 되는데, 보통 1.0~1.75% 수준이다. 여기에 플랫폼 비용과 자문비를 더하면 비용 누계가 대략 1.75~3% 정도다.

이게 다가 아니다. 위에 나온 항목 어디에도 포함되지 않는 숨겨진 비용이 있는데, 바로 펀드의 거래비용이다. 펀드매니저나 투자자가 주식을 거래하면 거래 수수료와 인지세(0.5%), 영국 인수합병위원회The Takeover Panel에 내는 추가 부담금, 매수-매도 호가 스프레드도 부담해야 한다. 유동성이 낮은 주식에 대량 주문을 내면 주가를 상당히 올려버릴 수 있다.

영국 금융감독청(FSA)이 발표한 보고서(《영국에서 개인 투자의 대가The Price of Retail Investing in the UK》, 케빈 제임스Kevin James, tinyurl.com/y2xuy8gf)에 따르면, 영국의 평균적인 펀드매니저는 매년 포트폴리오의 5분의 4 이상을 회전시킨다. 이런 행태에서 보이는 확신 부족과 과잉 매매hyperactivity에 대한 의문은 차치하더라도, 최대 1.4%에 이르는 숨겨진 비용이 매년 '총'보수·비용 비율 외에 추가로 발생한다는 것을 의미한다.

지금까지 다룬 것만 해도 충분히 안 좋은 상황인데, 이들 비용은 채권과 주식에서 얻을 수 있는 배당 소득과 극명한 대조를 이룬다. FTSE 100 지수의 배당수익률은 3.8%이고 S&P 500 지수는 2.1%, 10년 만기 영국 및 미국 국채 수익률은 2%를 크게 밑돈다. 다시 말해 포트폴리오 기대 수익의 100% 이상이 비용으로 빠져나가는 것이다.

무수한 종류의 비용을 고려하면 펀드가 어떻게 배당금을 지급할 수 있는지 의문일 것이다. 문제는 즉각적으로 드러나지는 않는데, 많은 펀드(특히 대부분의 인컴 펀드)가 펀드의 배당 소득에서 비용을 차감하는 게 아니라 자본가치 기준으로 책정하고 부과하기 때문이다.

미국의 전설적인 투자자이자 뱅가드의 창립자인 존 보글John Bogle은 2007년 기준으로 지난 81년간 S&P 500 구성 기업에 투자해서 얻은 장기 복리 수익의 약 95%가 배당 소득 재투자에서 비롯했다는 계산을 내놨다. 1981~2000년과 2003~2007년의 강세장이 주식 투자에서 시세 차익이 전부라는 잘못된 생각을 갖게끔 했다고 볼 수도 있다. 하지만 역사가 말하는 바는 다르다. 포트폴리오 투자 수익의 전부나 그 이상을 비용을 충당하는 데 다 써버리는 걸 계속 감당할 수 있는 사람은 없다. 만약 그럴 용의가 있는 투자자는 보수·비용 차감 후 형편없는 투자 실적을 마주할 게 뻔하다.

그렇다면 비용을 내지 않거나 줄일 방법이 있을까? 확실한 방법은 투자한 주식과 여러분 사이에 자리 잡은 여러 층위의 중개자를 가능한 많이 줄이는 것이다. 그 층마다 비용이 추가되니까. 가능하다면 직접 투자하라. 다른 방법은 주가 지수를 추종하는 인덱스펀드를 사는 것이다(액티브펀드 매니저가 이를 지지하는 게 좀 이상해 보이지만). 모든 비용을 합해도 연 0.25%가 안 되는 인덱스펀드가 존재한다.

일반적인 액티브펀드 매니저는 결국 벤치마크 지수를 밑도는 실적을 거두게 될 텐데, 뭣 하러 비용을 더 낸단 말인가?

22.
이런 표현을 사용하는 기업 주식은 사지 마라

《텔레그래프》, 2013년 10월 18일

나는 40년 가까이 재무 분석 일을 해오면서 기업 경영진이나 애널리스트, 평론가가 사용하는 특정 단어나 문구를 반드시 주의해서 살펴야 한다는 생각을 갖게 됐다. 언어의 오용은 차치하더라도 모호한 사고방식과 문제를 포장해 시선을 돌리려는 욕망이 합쳐진 그런 표현 말이다.

미국 기반 유통사인 월마트를 보자. 최근 실적 발표에서 경영진은 '레버리지'라는 말을 최소 80번 이상 사용했다. 레버리지에는 본연의 뜻이 몇 가지 있다. 단단한 막대를 이용해 물체를 들어 올린다는 의미가 있고, 사업 성과를 확대하기 위해 차입금을 사용한다는 재무 용어로도 쓰인다.

하지만 레버리지를 월마트처럼 "아스다Asda*는 온라인 식료품 배

- 1949년 영국 리즈에서 설립된 저가형 대형마트로, 영국에서 테스코 다음으로 큰 유통 기업이다. 월마트는 1999년 67억 파운드(약 10조 원)에 아스다를 인수했다(2020년 10월 매각).

달 산업의 선두 주자이므로 우리는 미국 시장에서 그 경험을 '레버리지' 해왔다"는 식으로 사용하면 안 된다. 복제하거나copied 이득을 보거나benefited 배웠을learnt 수는 있어도, 레버리지할 수는 없다.

이러한 '금지어 증후군Banned Word Syndrome'(세 글자로 된 약자는 반드시 있어야 할 테니, BWS라고 부르자)의 집단 발병이 월마트 판매 실적 감소 같은 결과를 수반하는 걸 우연이라고 보긴 힘들다.

따라서 사용하지 말아야 할 단어, 만약 사용되었다면 의심의 눈초리가 필요한 단어의 첫 번째 범주는 원래의 용법을 벗어난 의미로 사용된 경우다. 또 다른 사례로는 "이 상품의 판매를 증진할 '런웨이'는 아주 많다"라는 문장처럼, 제품이나 서비스의 개발 범위라는 뜻으로 쓰이는 '런웨이runway'가 있다. 런웨이는 비행기가 이륙하거나 착륙하는 좁고 기다란 땅, 즉 활주로를 뜻한다. '키key'는 자물쇠와 연관 있는 무언가를 설명할 때만 사용해야 하므로 '키 오브젝티브key objective'는 안 된다. '풋프린트footprint'도 발이나 신발과 관련 있을 때 써야지, 사업 분야를 의미하는 용례는 곤란하다.

또 다른 범주는 훨씬 간단한 단어가 있는데도 유식해 보이려고 사용하는 경우다. 경영진이나 투자 애널리스트가 사용하는 '그래뉼러' 데이터granular data니 '그래뉼러리티granularity'니 하는 표현을 들어봤을 텐데, '디테일detail'이라는 완벽한 대체재가 있다.

유식하다는 인상을 주려는 게 아니라 경멸이나 비난의 어조를 담아 단어를 구사하는 경우도 있다. 실패한 은행가와 CEO의 연금 '팟pension pot'이 비판적인 보도의 대상, 나아가 분노의 표적이 된 일이 어찌나 많

- 그래뉼러granular는 천문학·물리학에서 사진의 선명도를 묘사하기 위해 제공되는 정보의 양을 의미하는 단어인데, 기업계와 정계로 옮겨오면서 시시콜콜할 정도로 자세한 정보라는 뜻으로 사용한다.

은지 그 숫자를 세다가 놓쳤다. 언론이 연금 '펀드'pension fund라고 정확히 표현했더라도 과연 똑같은 운명을 맞았을지 궁금해진다. 팟은 일종의 용기일 뿐이다.

주의해야 하는 표현이 더 있다. 어떤 사람이 자신이 당신에게 '손을 뻗고reaching out' 있다고 말했다고 하면, 그게 연락하는 것contacting과 어떻게 다른지, 어떤 점에서 더 나은지 물어야 한다. 나아가 '솔직히to be honest'라는 표현으로 문장을 시작하는 사람도 당연히 조심해야 한다. 그렇다면 평소에는 솔직하지 않다는 뜻인가? '운영위원회steering committee'가 운영하는 모든 조직도 항상 경계해야 한다. 위원회가 배나 차를 운영steering할 수 있다는 말인가? 만약 그랬다면 결과는 어땠을 것 같은가? 내가 보기에 운영위원회가 운영하는 기관이 좋은 성과를 거둘 가능성은 희박하다.

그래서 내 성을 딴 스미스 법Smith's Law을 제정해서, 사용해도 되는 표현 유형을 정해두는 게 어떨까 하는 생각도 든다. 어떤 표현의 반의어가 사용하면 말이 안 돼서 절대 사용하지 않는다면 그 표현을 사용해서는 안 된다는 것을 골자로 한다. 나는 '엄선된 인수select acquisitions' 전략이 있다고 말하는 수많은 기업을 봐왔다. 무분별한 인수 정책을 가졌다고 시인할 사람은 아무도 없을 것이다(물론 대다수 기업이 실제로 무분별한 듯하다). 영국 중앙은행의 신임 총재인 마크 카니는 시장이 금리에 대한 '포워드 가이던스forward guidance'**를 받아들이게 하려고 고군분투하고 있다. 그는 삼산 넘쳐 서서 백워드 가이던스backward guidance를 제시할 일이 있거나 할지 자문해봐야 한다. 만약 그럴 수 있다면 그는

•• 중앙은행이 미래 통화 정책을 공표해 시장과 소통하고 미래 금리 수준 예측에 영향을 미치려는 통화 정책 수단.

'함께 무리 지어group together'(따로 무리 짓는 게group apart 가능한가?) 기쁜 마음으로 '미래 계획forward planning'을 세울 것이다(미래에 대한 게 아닌 다른 계획이 있나?). 그가 그냥 예측prediction이라고만 했더라면 더 많은 지지를 받았을지도 모른다.

과장을 즐기는 경영진이나 평론가도 조심하자. '글로벌global'이 흔한 예시다. 진정 글로벌한 기업은 극히 드물다. 국제적international일 수는 있지만, 그건 다른 의미다. '글로벌'을 직함에 사용하면 거의 항상 지위를 부풀린다. 나는 '글로벌 판매 총책임자head of global sales'라는 직함이 적인 명함을 받을 때마다 얼마나 많은 지구globe에 판매했는지 묻고 싶은 유혹에 시달린다. 올해 한 신문사에서 사이클 이벤트를 개최하면서 실은 광고는 대회를 두고 '상징적iconic'이라고 표현했다. 투르 드 프랑스는 상징적이지만 서리 힐Surrey Hill을 일주하는 건 그렇지 않다.

펀드스미스는 분석 대상 기업이 금지어를 사용한 횟수를 기록한다. 경영진에 관한 통찰을 제공하는 자료라고 생각하기 때문이다. 우리는 훌륭한 기업에 투자하는 전략을 갖고 있다. 기업이 내놓는 훌륭한 실적이야말로 이들을 발견하는 가장 좋은 방법이다(자기 기업의 훌륭함에 관한 경영진의 설명은 필요하지 않다). 하지만 우리가 경영진에 귀 기울일 때가 온다면, 직설적인 화법을 가진 사람이 우리 표와 돈을 가져간다.

전형적인 사례가 도미노피자다. 도미노피자는 2009년에 "피자가 종이박스 맛이다Pizza was cardboard." 같은 고객의 호된 비판을 공개하면서 턴어라운드에 성공했다. 진정 변화하려는 의지가 있는 기업만이 그렇게 할 수 있다. 그때부터 주가는 8.50달러에서 68달러로 상승했고, 도미노피자는 우리 펀드 설정 이후 가장 높은 비중을 실은 종목이다.

23.
퀄리티에 돈을 더 내는 게 안전한 이유

《텔레그래프》, 2013년 11월 22일

전설적인 투자자 워런 버핏은 복리를 두고 세계 8대 불가사의라고 표현했다. 투자에서 성공하려면 복리 효과를 이해하는 게 필수다. 하지만 여전히 많은 사람에게 수수께끼 같은 개념으로 남아있다.

복리 효과를 이해하는 가장 간단한 방법은 연 복리 수익률이 10%일 때 투자 원금이 두 배가 되는 데 얼마나 시간이 걸릴지 생각해보는 것이다. 중요한 건 여기서 이번 구간의 복리 이자가 원금에 더해지고 다음 구간에 그 합계액에 복리 효과가 다시 적용되는 복리 수익을 이야기하고 있다는 사실이다. 위 질문의 정답은 7년이다. 10년 후에 원금을 두 배로 늘리는 데 필요한 건 겨우 7%의 연 복리 수익률이다.

나음의 경우는 어떨까? 원금 1,000파운드를 30년 동안 연 복리 10%로 투자했을 때와 연 복리 12.5%로 투자했을 때 최종 원리금 합계와 원금의 차이는 얼마일까? 이런 질문을 하는 이유는, 직장에 다니며 30년간 저축하고 투자해서 은퇴 후 배당 소득으로 생활하려는 사람의 투자 수명에서 기대할 수 있는 성과의 합리적 범위이기 때문이다. 결과는 다소 놀라운데, 연 복리 수익률 2.5%p 차이는 최종 금액을 두 배로 늘린다. 따라서 원금 1,000파운드는 연 복리 12.5%일 때 30년 후 3만 4,243파운드지만, 10%일 때는 1만 7,449파운드다.

펀드스미스는 사용자본이익률(ROCE)이 높고 이익 대부분이나 전부를 현금으로 전환하며, 매출총이익률이 높은 데다가 수십 년간의 경기 사이클에 회복 탄력성을 보여 온 기업에만 투자한다.

그런데 그런 기업의 밸류에이션이 투자자의 우려하는 사안이 됐다. 이들 기업의 밸류에이션은 금융 위기와 뒤이은 대침체Great Recession 와중에도 상승했다. 생활필수품이나 사치품을 제공하며 한결 같은 실적을 내고, 시장 내 다른 대다수 섹터와 달리 경제 성장이 없다시피 한 환경에서도 성장을 구가할 수 있는 능력을 갖췄기 때문이다.

최근 몇 년 동안 이들 기업의 주가 상승 폭이 이익이나 현금흐름의 증가 폭을 앞섰기 때문에 분명 과거보다 밸류에이션이 높은 건 맞다. 하지만 고평가와는 다르다. 나도 최근의 상승이 있기 전만큼 밸류에이션이 매력적이진 않다는 데 동의한다. 하지만 복리를 공부하면, 이들 주식을 팔거나 심지어 피해야 한다는 결론으로 재빠르게 선회하기 전에 잠시 멈출 만한 이유를 찾을 수 있으리라고 본다.

펀드스미스는 PER을 그다지 참고하지 않는 대신 현금흐름 분석을 선호한다. 하지만 모두가 PER을 활용하니 우리 포트폴리오의 상대적 밸류에이션을 표현하는 간단한 방식이긴 하다. 펀드스미스의 PER은 시장보다 2포인트 높다. 우리가 투자한 주식의 주가는 이익 전망치의 21배 수준이고, MSCI 선진국 지수는 약 19배 정도다.

그 시사점이 무엇인지 생각할 때 염두에 두어야 할 사항이 몇 가지 있다. PER에서 'E'에 해당하는 모든 순이익의 가치가 동일한 건 아니다. 우리 포트폴리오 기업은 대체로 시장보다 현저하게 낮은 자본집약도capital intensity로 이익을 창출하며, 따라서 자본이익률이 더 높다. 순이익의 현금전환비율이 더 높다는 값진 특징도 있고, 순이익의 예측 가능성도 더 높다. 그래서 복리라는 주제로 돌아가게 된다.

나는 이런 특성을 가진 기업(특히 코카콜라와 콜게이트 파몰리브)에 지난 30년간(1979~2009년) 투자했을 경우 지불해야 했던 금액을 살펴봤다. 1979년에 두 기업의 밸류에이션은 시장 평균과 비슷한 PER 10배 수준이었다. 하지만 이후 30년 동안 시장과 동일한 실적을 거둔, 1979년 당시에 지불할 수 있었던 PER 기준 최대치는 얼마였을까? 답은 꽤 놀라운데, PER 40배다. 왜 그럴까? 두 기업의 총수익이 동기간 시장보다 연 5%p 빠르게 증가했기 때문이다. 앞서 연 복리 2.5%p가 만드는 차이를 다룬 예시와 같이, 그 연 5%p 차이 덕분에 두 기업의 주가 기준 최종 금액이 시장보다 네 배 빠르게 증가했기 때문이다.

물론 향후 30년은 다를 수 있다. 하지만 전망이 이 계산에 어떤 영향을 미칠지 굳이 예측해보면, 코카콜라나 콜게이트 같은 기업은 성장 측면에서 훨씬 더 선전하리라고 본다. 경기 순환주는 신용 버블이 촉발한 성장을 반복할 가능성이 작기 때문이다. 게다가 퀄리티 주식이 현시장의 다른 주식 유형보다 고평가되지는 않았지만, 이들 모두가 특히 금리 인상기가 되면 고평가됐던 것으로 밝혀지리라는 점도 언급해야 공평할 것이다. 하지만 누군가 1979년에 시장 PER의 두 배 수준에서 코카콜라나 콜게이트에 투자하라고 제안했다면 여러분이 어떤 반응을 보였을지 생각해 보길 바란다. 그 제안을 거절했다면 동기간 주가 지수에 투자했을 때보다 두 배를 벌 기회를 놓친 것이다.

24.
데자뷔가 다시 오고 있다

《파이낸셜 타임스》, 2013년 12월 6일

피터 '요기' 베라Peter 'Yogi' Berra는 야구 선수 시절에 뉴욕 양키스에서 활약했고, 감독으로는 양키스뿐 아니라 연고지 라이벌인 뉴욕 메츠도 이끌었다. 또한 계속 곱씹게 되는 재치 있는 어록인 이른바 '요기즘Yogi-ism'으로도 유명하다. 모순 어법을 많이 사용했는데, "이제 아무도 그곳에 가지 않는데, 너무 붐비기 때문이다" 같은 식이다. 내가 가장 좋아하는 문장인 "데자뷔가 다시 오고 있다It's déjà vu all over again"는 그가 아마도 투자 업계를 겨냥해 만든 것인지도 모르겠다.

누군가 새로운 투자 기법이나 상품을 만들어냈다는 이야기를 몇 번이고 듣게 된다. 사실 투자라는 인간 활동 영역에서는 새로운 상품이나 방법이 있다손 치더라도 정말 드물다고 보는 게 맞다. 이전에 한두 번 봤던 경우가 대부분이다.

예를 들어 우리는 연금을 20세기의 현상이라고 생각한다. 하지만 국가 연금이 처음으로 실시된 건 1909년 영국에서였다. 회사 종업원에게 연금을 지급하는 기업연금제도occupational pension scheme는 제2차 세계대전 이후 전성기를 맞이했다.

보통 은퇴가 가까워진 사람은 연금 소득을 제공하는 보험사업자에게 연금 자금을 주고 연금 보험annuity을 구매하게 된다. 적어도 이론상으로는 그렇다. 훗날 연기금은 인간 수명이 전반적으로 길어지는 문제에 맞닥뜨리게 됐다. 연금 수급자의 수명이 늘어나면서 연기금의 부채도 늘어나고 재정 압박을 받게 됐다.

17세기 우리 선조도 이 모든 걸 다 알고 있었을 것이다. 300년도 더 전에 같은 문제를 마주하고는 '톤틴tontine'이라는 상품을 개발해 문제 해결을 시도했다. 톤틴은 은행가인 로렌조 드 톤티Lorenzo de Tonti의 이름을 딴 투자 상품이다. 톤티는 1653년 프랑스에서 이 상품을 고안했다고 알려져 있다. 각 가입자는 보험금을 톤틴에 납부하고 나중에 연금annuity으로 받는다. 어디서 많이 들어본 이야기다. 한 가입자가 사망하면 그 몫은 다른 가입자에게 돌아가는 방식으로 각 연금의 잔존가치가 증가한다. 마지막 가입자가 사망하면 이 제도는 막을 내린다.

톤틴은 18~19세기에 비교적 성행했다. 프랑스는 1689년에 국가 단위 톤틴을 출범했고, 영국 정부는 1693년에 시작했다. 하지만 곧 문제가 발생했는데, 톤틴의 구조는 가입자가 서로를 살해할 강력한 유인을 만들어냈다. 살인 추리물에서 톤틴을 플롯 장치로 활용하는 데는 다 이유가 있다. 게다가 오늘날에도 그렇듯이 톤틴을 운영하는 정부는 국민의 수명을 과소평가하는 경향이 있다.

이 역사 수업의 목표는 무엇일까? 어떤 투자 상품을 제안받든 그 역사를 들여다보고 과거에 어땠는지 알아보라는 조언을 따르는 게 낫다. 과거에 다른 이름으로 불렸던 경우라도 말이다.

이른바 '절벽 채권precipice bonds'은 눈이 휘둥그레질 정도의 수익률을 제공하는 고수익 투자 상품으로, 수익률 10%는 예삿일이다. 물론 투자자가 간절히 바라는 무언가를 파는 건 쉽다. 저수익률 환경에서 고수익 채권을 판매하는 일이 대표적이다. 판매자는 이런 갈망을 이용해 투자자가 함정을 보지 못하도록 유도한다. 절벽 채권에 도사린 문제점은 투자자가 원금 전액을 돌려받지 못할 수도 있다는 데 있다. 보통 특정 시나리오, 이를테면 채권 잔존 기간에 주식 시장이 하락하리라는 시나리오에 기초해 풋옵션을 매도해서 받은 프리미엄으로부터 수익률이 나온다(옵션 매도자는 행사 가격에 매수할 의무가 생긴다).

왜 '절벽'이라는 말이 붙었을까? 높은 옵션 프리미엄은 역대 최고가로 거래되면서 변동성이 아주 큰 자산의 풋옵션을 매도한 대가로 얻을 수 있다. 절벽 채권이 처음 내 시선을 붙잡은 건 1999년 닷컴 버블이 최고조에 이르렀던 때였다. 당시 최고가를 기록하고 있던 기술주의 풋옵션을 매도한 고수익 절벽 채권 여러 개가 발행됐다.

투자자는 나중에 옵션이 행사되면서 투자 원금의 대부분을 잃었다. 옵션 매도자, 즉 절벽 채권 펀드는 옵션이 행사된 최고가에 기술주를 매수할 의무가 있는데, 그때쯤 이미 시장 가격은 최고가를 한참 밑도는 수준까지 하락했다. 투자자는 기술주 주가가 하락할 수 있다는 위험을 받아들인 순간 이미 재무 관점에서는 절벽 끝 너머를 바라보고 있던 것과 다름없다.

새삼 언급할 필요도 없겠지만 '절벽 채권'은 일상 대화에서나 쓰던 말이다. 실제로는 '주식 시장 인컴 채권stock market income bond'처럼 훨씬 따분한 이름으로 홍보됐다. 투자자가 겁먹지 않거나 그 진짜 위험에 대한 단서가 너무 많이 드러나지 않도록 말이다.

그런데 사람들이 여기서 확실히 교훈을 얻었을까? 나는 잘 모르겠다. 1월에 골드만삭스가 고정 수익률 10%에다가 애플Apple 보통주 실적에 연계된 추가 수익을 제공하는 '자동 조기상환형 조건부 쿠폰이자 버퍼 중기 주가 연계 채권Autocallable Contingent Coupon Buffered Equity-Linked Medium-Term Notes' 상품을 판매했다(단서: 도대체 무엇을 한다는 걸까? 이해할 수 없다면 투자하지 마라). 하지만 애플 주가가 하락하면 이 채권도 같은 폭으로 하락한다. 이 상품이 출시됐을 때 애플 주가는 500달러 이상이었는데, 올해 줄곧 400달러를 밑돌았다. 골드만삭스는 애플의 주가를 12% 급락시킨 실적 발표가 있기 하루 전에 이 상품을 출시했다. 2012년에 투자자는 애플에 연계된 구조화 채권structured note을 총 17억 5,000만 달러 치 사들였다.

옛말마따나 "새로운 농담은 없다. 전에 들어보지 못한 사람만 몇 명 있을 뿐이다."

25.

2013년 연례 투자자 서한

펀드스미스, 2014년 1월

펀드스미스 에쿼티 펀드 투자자에게 보내는 네 번째 연례 서한이다. 아래 표는 최근 역년 투자 수익률과 2010년 11월 1일 설정 후 누적 및 연 복리 수익률을 보여준다.

우리는 짧은 기간의 투자 실적을 평가하려는 시도에 여전히 비판적이다. 하지만 그런 단서 조항에도 불구하고 위 표에서 T클래스 배당재투자 펀드의 2013년 수익률이 25.3%였음을 알 수 있다. 이에 비해 파운드화 표시 배당재투자 기준 MSCI 선진국 지수 수익률은 24.3%였다. 우리 펀드는 2013년에 시장을 1%p 앞서는 성과를 달성했다.

우리도 그렇지만, 여러분에게 이 사실이 다소 놀라울지 모르겠다. 2013년은 주식 시장이 강세를 보인 한 해였는데, 우리 포트폴리오는 당연히 '방어형'으로 분류되기 때문이다. MSCI 선진국 지수 기준으로 시장은 1월 1일~5월 22일 19.1% 상승하며 잠깐 최고치를 기록했다. 하지만 벤 버냉키Ben Bernanke 미 연준 의장이 5월 22일 기자 회견에서

총수익률(%)	2013.1.1.~12.31.	설정일~2013.12.31.	
		누적	연 복리
펀드스미스 에쿼티 펀드[1]	+25.3	+62.2	+16.5
주식[2]	+24.3	+40.5	+11.3
영국 국채[3]	−4.3	+11.9	+3.6
현금[4]	+0.5	+2.3	+0.7

1. T클래스 배당재투자 펀드(보수 차감 후, 영국 기준 정오 가격). 출처: Bloomberg / 2. MSCI 선진국 지수(파운드화 표시 순 배당재투자 기준, 미국 장 마감 시간 가격). 출처: www.msci.com / 3. 블룸버그/EFFAS 영국 국채 5~10년. 출처: Bloomberg / 4. 3개월 리보 금리. 출처: Bloomberg

연준이 채권을 매입하는 양적 완화 정책을 이른바 '테이퍼링tapering' 하겠다는 뜻을 밝힌 후 시장은 9.4% 하락했다. 당시 양적 완화 정책 규모는 월 850억 달러 수준이었다.

7월부터 회복세로 돌아섰는데, 그 이유는 테이퍼링에 대한 언급만으로도 신흥국에 부정적인 결과를 낳을 수 있다는 사실이 분명해졌기 때문이다(신흥국은 2007~2008년 금융 위기 발발과 뒤이은 양적 완화 정책 시작 후 누적 4조 달러에 이르는 자본의 목적지였다). 12월 애초 예상보다 훨씬 작은 규모의 테이퍼링을 시작하면서 다른 정책 조치는 장기적으로 계속 시행해 나가겠다는 무마용 발언이 뒤따랐다. 그 조치는 바로 제로 금리 정책Zero Interest Rate Policy이다.

관계 당국은 부양책을 정상화하려는 계획이 미친 영향에 놀라 뒤로 물러섰다. 그 결과 시장은 강세장 분위기를 되찾았다. 5월의 급락은 시장이 GDP 수치에서 경기 회복을 감지한 시점과 일치했다(섞어노 미국과 영국에서는 그랬다). 그래서 2·3분기에 실제로 실적이 좋았던 섹터는 이런 환경에서 실적이 좋으리라고 예상 가능한 바로 그 섹터였다. 임의 소비재consumer discretionary와 산업재, 금융, IT, 에너지인데, 대다수는 우리가 절대 투자하지 않을 섹터다. 우리 투자 전략과 포트폴리오의 바탕을 이루는 필수 소비재는 동기간 가장 실적이 안 좋았다.

시장의 대량 매도가 경기 회복의 증거가 늘어나는 와중에 일어나니, 뭔가 이상하다는 생각이 들 것이다. 하지만 GDP 증가와 주식 시장 실적 사이의 상관관계가 입증된 적이 없다는 사실을 차치하고도, 시장의 가장 삐딱한 면모인 '좋은 뉴스가 곧 나쁜 뉴스'라는 시각이 확대되고 있다. 결국 모든 게 양적 완화로 귀결된다. 시장은 경기 회복 자체에서 희망을 품기보다 경기 회복이 부양책 철회로 이어질 수 있다는 점을 더 크게 우려했다.

이 주제에 관심이 있긴 하지만, 이런 시장 속임수는 우리가 투자하는 방식과 아무 관계가 없다. 우리가 경제와 시장의 전망에 대해 어떻게 생각하는지 묻는 사람이 있다. 대답할 때 늘 "우리는 모릅니다"라는 표현으로 말문을 여는 것 외에도, 전망이 어떻든 우리는 투자 방법론을 바꾸지 않는다고 강조한다. 이 이야기를 하는 이유는 질문자가 우리도 경기 회복의 기운을 포착한다면, 가장 이득을 보겠다고 생각하는(하지만 그렇지 않으면 파산할 수도 있는) 경기 순환주나 금융주, 레버리지 비율이 높은 기업으로 포트폴리오를 전환하리라고 가정했다고 느끼기 때문이다. 경제에 대한 우리 관점이 어떻든 펀드스미스는 재무 실적의 엄격한 기준을 충족하고 수십 년 동안 그렇게 해 온 고퀄리티 기업에 언제나 완전히 투자할 것이다.

경기 회복과 이른바 양적 완화 테이퍼링에 관한 논의에서 이해할 수 없는 주제가 하나 있다. 정말 경기 회복기에 접어들었다면, 왜 우리 포트폴리오 기업의 성장 속도는 느려지고 있을까? 경기 회복기에 자동차나 주택 같은 임의 소비재와 고가의 내구재 기업이 우리 포트폴리오 기업보다 실적이 좋으리란 건 이해하고 인정한다. 그런 제품을 공급하는 경기 민감 산업에 속한 기업도 우리 기업을 앞설 것이다. 하지만 현재 64개 종목으로 구성된 투자 유니버스의 모든 기업에 대해 기업 인수와 통화 효과, 일회성 항목exceptional items을 제외한 '근원underlying' 매출액 증가율을 추적하는데, 지난해 몇 %p 정도 둔화했다. 몇몇 CEO의 발언을 보면 소비자 시장이 유의미하게 개선되고 있지 않다는 점도 분명하다. 우리 투자 유니버스 기업의 실적이 회복기 때 경기 순환주에 뒤처지는 이유는 이해할 수 있지만, 실적 자체가 악화되는 이유는 도저히 모르겠다. 그래서 현재 일어난다는 경기 회복의 본성과 강도에 회의적인 시각을 갖고 있다.

당해 연도 우리 펀드 실적에 긍정적으로 기여한 상위 다섯 개 기업은 다음과 같다.

도미노피자	+3.02%
마이크로소프트	+2.05%
스트라이커	+1.98%
벡톤디킨슨	+1.96%
3M	+1.93%

부정적인 영향을 미친 하위 다섯 개 기업은 다음과 같다.

스웨디시 매치	-0.06%
세르코	+0.03%
임페리얼 토바코	+0.14%
쉰들러	+0.14%
필립 모리스	+0.21%

기여 순위에서 최하위에 있는 다섯 기업에 주목해보자. 음(-)의 기여율을 기록한 기업은 단 하나밖에 없다. 바로 스웨디시 매치Swedish Match인데, 주가 약세와 그로 인해 더 매력적으로 비춰졌던 밸류에이션을 보고 당해 연도에 매수하기 시작했다. 하위 다섯 개 기업 중 세 곳은 규격화 무광고 포장plain packaging 시행과 전자담배에 관한 우려로 고전을 면치 못한 담배 회사다. 걱정의 정도가 다소 지나치다고 생각하지만, 우리가 틀릴 경우 그 영향을 제한하기 위해 다른 섹터와 마찬가지로 담배 산업에 대한 익스포저를 스스로 제한하고 있다. 하위 다섯 개 기업 중 나머지 쉰들러Schindler와 세르코는 당해 연도에 매도했다.

당해 연도에 음(-)의 회전율 -17.6%를 기록하며 포트폴리오 회전율 최소화라는 우리 목표를 다시 한번 달성했다. 펀드 자금 유출입은 회전율 계산에서 제외되기 때문에(만약 계산에 포함한다면 신규 설정한 펀드는 자동으로 100% 이상의 회전율을 갖게 된다) 음(-)의 회전율 수치가 발생한다. 그런데 회전율만으로는 우리 활동성을 판단하기 쉽지 않다. 따라서 비자발적 거래인 펀드 자금 유입을 제외한 거래 수수료가 당해 연도에 총 35만 1,227파운드 또는 0.025%(2.5bp)였다는 사실이 더 와닿을지도 모르겠다.

이게 왜 중요할까? 비용을 최소화하는 데 도움이 되기 때문이고, 투자 비용의 최소화는 투자자가 만족스러운 성과를 얻는 데 핵심 역할을 하기 때문이다. 투자자나 평론가, 자문사는 연간 운용 보수·비용(AMC)이나 성과 보수 제외 총보수·비용(OCF)에 초점을 맞추는 경우가 너무 많다. OCF는 AMC 외에도 펀드에 부과되는 몇 가지 비용을 포함한다. T클래스 배당재투자 펀드의 2013년 OCF는 1.11%였다. 문제는 OCF가 중요한 비용 구성 요소, 즉 거래비용을 포함하지 않는다는 데 있다. 매니저가 펀드에서 주식을 거래할 때는 브로커에게 내는 수수료와 대상 증권의 매수-매도 호가 스프레드, (일부 경우) 인지세가 발생한다. 이들은 OCF에 포함되지 않지만, 펀드 비용을 상당히 늘릴 수 있다.

이 사실에 당황스러워하는 투자자가 많은데, 내가 보기에는 충분한 관심을 쏟지 않기 때문이다. 투자자가 돈을 버는 방법은 사실상 펀드가 보유한 기업 주식의 시세 차익과 배당금뿐이다. 거래비용은 투자 수익을 떨어뜨리므로 여러 펀드를 비교할 때 꼭 고려해야 한다.

펀드스미스는 거래비용을 포함하는 우리만의 총비용 기준을 '투자 총비용Total Cost of Investment, TCI'이라는 이름으로 공개했다. T클래스 배당 재투자 펀드의 2013년 TCI는 1.2%였는데, 자발적 거래뿐 아니라 모든 자금 유출입에 수반되는 거래비용을 포함한 수치다. 영국 투자운용협회가 완전 공시full disclosure 캠페인을 벌인 결과, 더 많은 펀드가 참여해 투자자가 잘 아는 상태에서 여러 펀드를 비교할 수 있으리라고 기대한다. 그때 펀드스미스 에쿼티 펀드는 제대로 된 평가를 받을 것이라고 확신한다.

2013년 펀드 회전율이 매우 낮았지만, 맥도날드와 쉰들러, 세르코, 씨그마 알드리치Sigma-Aldrich, 워터스 코퍼레이션Waters Corporation 이렇게 다섯 종목을 매도했다. 다섯 종목을 매도했는데도 회전율이 낮았다는 사실에 내재적 모순이 있는 것처럼 보인다. 일부 종목은 포트폴리오 비중이 이미 무의미한 수준이었다. 비중을 늘리려고 했지만 밸류에이션이 너무 높아져 가격 대비 가치가 높다고 보기 힘들었던 탓이다. 이런 결론에 이르자 보유 종목을 매도해서 가격 대비 가치가 더 높은 주식에 투자할 수 있는 길을 열어야 할지 고민했다. 새로운 투자처가 이미 포트폴리오에 편입한 종목이든, 우리가 리서치를 계속하는 투자 유니버스에 속한 기업이든 말이다.

아울러 이들 종목마다 매도할 이유가 다 있었다.

- 맥도날드는 저조한 판매 실적이 계속됐는데도 밸류에이션은 그럭저럭 유지됐기 때문에 보유 비중을 늘릴 수 없었다. 게다가 약 1달러에 한 끼 식사를 해결할 수 있는 선택지인데도 불구하고 판매 실적이 부진했다. 그래서 맥도날드가 오로지 저렴한 가격에만 의존해 제품을 판매하는 회사가 됐다는 확신이 들었는데, 이는 우리가 투자하고 싶지 않은 유형이다. 게다가 달러 메뉴dollar menu는 당연하게도 프리미엄 제품을 판매하려는 시도에 제약이 됐다. 피자 한 판에 6달러 가까운 가격대에도 판매 실적을 늘리는 데 아무 문제가 없는 도미노피자와 극명히 대조된다. 도미노피자 지분을 계속 보유함으로써 우리가 꽤 좋아하는 패스트푸드 프랜차이즈 산업에 대한 익스포저를 계속 가질 수 있다는 사실을 낙으로 삼기로 했다.
- 쉰들러는 우리가 보기에 너무 비싸다는 이유만으로 보유 비중을 늘릴 수 없었던 종목이다. 대신 코네를 통해 매력적인 엘리베이터·에스컬레이터 섹터 익스포저를 계속 가져갈 수 있다.
- 세르코는 우리가 투자하려는 기업 유형에 딱 들어맞는 듯 보였는데, 매일 반복되는 수많은 거래에 기반한 사업을 하기 때문이다. 여러분이 영국 런던의 공공 보리스Boris 자전거를 타거나 도크랜드 경전철Docklands Light Railway을 이용한다면, 런던에서 수리 중인 신호등을 보거나 샌프란시스코에서 주차권을 받았다면, 운수 사납게

도 죄수 호송 차량을 타고 영국의 어느 교도소에 수감되거나 법정으로 이동한다면, 미 항공교통관제소가 통제하는 영공을 통과하거나 호주 이민국과 마주하게 된다면 세르코와 거래하고 있는 것이다. 하지만 이런 매일의 거래가 보통 정부를 상대로 한 더 큰 규모의 계약에서 비롯한다는 사실이 고민거리였다. 대형 계약은 파기될 수 있고, 그렇게 되면 세르코와 정부 고객 간의 관계에 악영향을 미치는 위험이 발생하기 때문이다. 그런데 2013년 초 세르코가 인도 기반의 비즈니스 프로세싱 아웃소싱 기업을 거액에 인수하면서 현금흐름 창출과 자본집약도에 부정적 변화가 일어났기에 2월에 보유 지분을 매도했다. 몇 달 뒤에 범법자에게 부착하는 전자발찌와 관련한 문제가 터지면서 우리 우려가 사실로 드러났다.

- 씨그마 알드리치는 생명 과학과 첨단 기술 산업, R&D 섹터의 연구소와 제조사에 화학 제품과 장비를 공급하는 미국 중서부 기반 기업이다. 수많은 구매자에게 수많은 저가 상품을 공급하기 때문에 우리의 투자 스타일과 잘 맞다. 특히 자본이익률과 현금전환비율(쉬운 말로 하면 회계상 이익을 현금으로 바꾸는 것) 측면에서 훌륭한 실적을 기록했다. 하지만 매출액과 시가총액 등 모든 기준에서 훨씬 규모가 큰 라이프 테크놀로지스Life Technologies를 인수하려고 시도해서 우려스러웠다. 회전율이 낮은 펀드스미스는 포트폴리오 기업이 창출한 높은 비율의 이익에 대한 자본 배분 의사결정을 사실상 그 기업 경영진에 맡겨 놓은 셈이다. 예측 가능한 큰 이익을 내는 사업으로 규모가 크고 흥미진진하며 위험한 일을 하려는 기업이 있다면, 도망가고 싶은 강한 충동을 느낀다.
- 워터스 코퍼레이션은 액체 크로마토그래피와 질량 분석, 열분석

에 사용하는 장비를 생산하고 공급한다. 주요 고객은 제약·생명공학 산업 기업인데, 산업재와 식품, 환경 산업에도 고객이 존재하긴 한다. 매출 일부는 이들 분야에서 필수 검사 항목이 증가한 데서 발생한다. 워터스 코퍼레이션의 장비가 고가의 자본재이긴 하지만, 매출의 거의 절반이 소모품과 서비스, 예비품 부문에서 발생하므로 반복 구매라는 우리 기준을 충족한다. 하지만 인도의 제네릭generic 제약산업을 비롯한 아시아 매출 비중이 상당히 높은 상황에서 신흥국의 성장 둔화가 수익 모델의 근간인 장비 판매에 악영향을 미치지는 않을지 우려스럽다. 또한 워터스 코퍼레이션은 우리 보유 기업 중 유일한 무배당주다. 이런 주식을 계속 보유하려면 그 기업의 재투자 기회가 배당 미지급을 정당화할 만큼 아주 높은 수익률을 내야 한다. 워터스가 바로 그런 기업이라는 확신을 할 수 없어서 경계의 강도를 높이던 차였다.

매도 종목에 관한 이야기는 이쯤에서 마무리하자.

우리 펀드는 C. R. 바드C. R. Bard 주식을 매수했다. 의료기기, 특히 종양학과 비뇨기과학, 혈관 질환에 사용하는 카테터catheter를 생산하는 기업이다. 인구 고령화에 따른 의료 수요에 다소 영향받는 사업인데, 현재는 선진국 중심이지만 향후 신흥국에서 상당한 성장 기회가 있으리라고 본다. 워터스 코퍼레이션과 달리 C. R. 바드가 신흥국에서 가진 기회는 고객의 자본적 지출 사이클과 관련이 없기 때문이다. 이 사이클은 그 정의상 부침이 많고 순환하는 양상을 보이는데, C. R. 바드는 고가의 장비가 아니라 소모품을 주로 판매한다.

우리는 한 거래 서비스transaction service 기업 주식을 매수하기 시작했다. 하지만 매수를 완료했다고 생각할 만한 규모에 아직 도달하지 못했기 때문에 기업명을 지금 밝히고 싶지는 않다.

당해 연도에 투자자나 잠재 투자자가 가장 많이 했던 질문은 우리가 투자하려는 유형의 기업이 너무 비싸진 게 아닌가 하는 것이다.

저가와 반복 구매, 상대적으로 예측 가능한 일상적인 일에 기반한 제품과 서비스를 판매·공급해서 확실히 자리 잡은 대규모 기업에 투자하는 전략(우리가 추구하는 방향이다)이 분명히 유행하고 있다. 이는 우리 펀드가 보유한 주식의 시장가치가 시장보다 빠르게 증가했다는 의미이므로 지금까지는 환영할 만한 발전처럼 보인다. 하지만 보유 기업의 매출과 이익, 현금흐름 증가가 아니라 밸류에이션 확장에 기인한 투자 실적 비중이 커진다는 의미이기도 하다. 작년 연례 서한에서 경고했듯이 "점점 필사적으로 노력하고 있는 경제 부양책은 오히려 우리 포트폴리오의 밸류에이션을 높일 가능성이 훨씬 크다." 2013년에 비단 우리 포트폴리오뿐만 아니라 전체 시장에도 일어난 바로 그 현상은 마치 어린이가 또래 친구에게 보여줄 목적으로 그린 듯한 아래 그래프에 잘 드러난다.

이러한 밸류에이션 상승은 축하받을 만한 일 같지만, 우리처럼 장기적인(심지어 무기한의) 투자자가 되려는 사람에겐 꼭 그렇지도 않다. 밸류에이션 변동에는 확실히 한계가 있기 때문인데(심지어 일시적일 수도 있다), 양적 완화와 제로 금리 정책(ZIRP)의 연장으로 유동성이 대거 투입된 결과다. 우리가 장기 투자자가 되려 한다는 사실은 일단 제쳐두자. 하지만 시장에서 발을 뺄 요량으로 이들 요인이 철회될 시기를 맞혀 보려고 해도, 양적 완화가 지속되는 한 밸류에이션 확장이 지속하지 못하거나 확장 폭이 더 커질 수 없다고 확신할 수 없다는 게 중요하다. 이른바 '테이퍼링'은 형식적인 시늉에 불과하고(미국의 양적완화는 월 750억 달러, 연 9,000억 달러 규모로 계속된다) 대부분의 주요 중앙은행은 ZIRP 시행을 추가 연장하려는 목표를 가지고 있다. 지금 양적 완화의 종말을 논하는 이야기는 다소 과장된 게 사실이다. 다행스럽게도 밸류에이션의 단기적인 이례적 현상이나 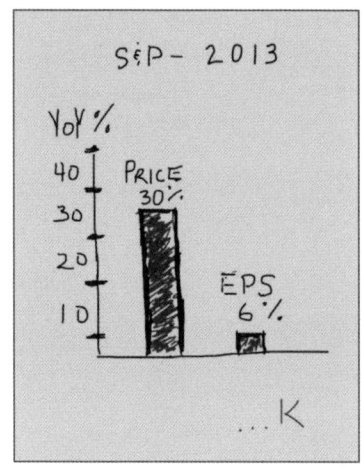 변화에서 이익을 취하는 건 우리 전략이 아니다. 하지만 이들 정책이 만들어냈던 상방 가능성을 고려하면, 정책이 철회될 경우 우리의 소신을 시험하는 시간을 적잖이 겪어야 할 게 분명하다.

밸류에이션을 보는 관점은 아주 다양한데, 몇 가지만 살펴보자.

1. 우리는 포트폴리오 기업의 잉여현금흐름을 시장가치로 나눈 잉여현금흐름 수익률이 동일 통화 장기 국채의 기대수익률 이상일 때 주식을 매수하고자 한다. 국채의 단순 수익률을 의미하는 게 아니라는 점에 주의해야 한다. 여러 정부가 자국 국채를 매입하면서 단순 수익률이 낮은 수준에 머문 경우가 대부분이었기 때문이다. 우리가 말하는 국채 기대수익률은 각국 정부의 국채 매입이 중단되고 모든 국채를 제삼의 투자자에게 팔아야 할 때 적용하는 수익률을 의미한다. 이때 요구수익률은 기대 인플레이션율보다 1%p 높을 것이라는 게 우리 추측의 출발점이다. 우리가

이보다 높은 잉여현금흐름 수익률을 낼 뿐 아니라 국채의 쿠폰 이자와 달리 그 잉여현금흐름 수익률이 계속 증가하는 기업 주식을 매수한다면 가치를 확보할 수 있다. 이런 맥락에서 가격 대비 가치가 높은 종목이 여전히 우리 포트폴리오에 존재한다. 물론 1~2년 전만큼 그 수가 많지도 않고, 가격도 저렴하진 않다.

2. 우리 포트폴리오의 가중평균 잉여현금흐름 수익률은 당해 연도 초에 5.7%로 시작해 기말에는 5.1%를 기록했다. 국채 기대수익률과 비교해보면, 우리가 그런대로 괜찮다고 생각하는 수준보다 여전히 높은 수치다. 우리 투자 기업의 당해 연도 주당 잉여현금흐름 증가율은 평균 6.6%였다. 영업현금흐름operating cash flow 증가율은 8.1%였지만, 자본적 지출이 21% 늘었다. 추가 자본 투입 없이 성장할 수 있는 산업을 아직 찾지 못했기 때문에 우리 기업이 자본적 지출을 상당히 늘렸다는 사실은 고무적이다.

3. 펀드스미스의 잉여현금흐름 수익률 5.1%와 비교해 S&P 500 지수 비금융 섹터의 중앙값은 약 4.6%, 평균값은 4.1%였다. 한편 FTSE 100 지수 비금융 섹터의 중앙값은 4.0%, 평균값은 3.7%였다. 우리 투자 주식은 시장과 비교해봐도 가격 대비 가치가 그리 낮아 보이지 않는다. 물론 둘 다 비쌀 것일 수 있고, 둘 다 계속 비싸거나 더 비싸질 수도 있다.

4. 특히 필수 소비재 기업 주식은 지금보다 과거에 훨씬 고평가됐있다. 이 사실을 언급하는 이유는 필수 소비재 주식이 그 어느 때보다도 비싸다는 논평을 많이 보고 듣기 때문이다. 그건 전혀 사실이 아니다. 예컨대 필수 소비재 주식은 1990년대에 훨씬 더 고평가됐었다. 게다가 평론가는 우리가 보유한 필수 소비재 주

식에 집중하는 듯한데, 이들은 우리 포트폴리오에서 비중이 절반에도 못 미친다. 아울러 우리가 보유 중인 일부 의료기기 주식의 밸류에이션은 역사적 저점에 훨씬 가깝다.

5. 우리는 지난 30년 동안(1979~2009년) 콜게이트 파몰리브와 코카콜라의 상대 실적을 검토했다. 왜 30년일까? 은퇴 후 배당소득으로 생활하려는 사람이 저축하며 투자하는 기간으로 시뮬레이션하기에 충분히 긴 시간이라고 생각하기 때문이다. 왜 1979년부터 2009년까지일까? 최근 시기를 살펴보고 싶었을 뿐 아니라 우연히도 1979년에 코카콜라와 시장의 PER이 10배로 똑같았고, 콜게이트는 시장보다 약간 낮은 7배였기 때문이다. 우리가 던진 질문은 이후 30년 동안 시장(S&P 500 지수를 사용했다)과 동일한 실적을 거둔, 1979년 당시 두 주식에 지불할 수 있었던 PER 수치는 얼마였을까 하는 것이다. 답은 꽤 놀라운데, 코카콜라의 PER은 36배였고 콜게이트는 34배였다. 당시에 시장의 PER은 10배였다. 다시 말해 코카콜라의 경우 시장 PER의 3.6배, 콜게이트의 경우 시장 PER의 4.9배를 지불하고 매수했어도 이후 30년 동안 시장과 동일한 실적을 낼 수 있었다. 그 이유는 30년간 이익 증가에 크게 힘입은 두 기업 주가의 복리 증가율 차이에서 찾을 수 있다. 시장보다 연 5%p 정도 높았는데, 이 차이가 최종 성과에 그토록 엄청난 영향을 미친다는 사실에 깜짝 놀랄지도 모르겠다. 이게 바로 복리의 마법이다.

6. 알베르트 아인슈타인Albert Einstein은 복리를 두고 세계 8대 불가사의라고 표현했다. 복리는 확실히 투자자의 이해도가 가장 떨어지는 개념이다. 복리 효과를 이해하는 가장 간단한 방법은 연

복리 수익률이 10%일 때 투자 원금이 두 배가 되는 데 얼마나 시간이 걸릴지 생각해보는 것이다. 중요한 건 우리가 이번 구간의 복리 이자가 원금에 더해지고 다음 구간마다 그 합계액에 복리 효과가 다시 적용되는 복리 수익을 이야기하고 있다는 사실이다. 위 질문의 정답은 직관에 반하는 7년이다. 한편 10년 후에 원금을 두 배로 늘리기 위해 필요한 건 겨우 연 복리 7%다.

7. 위 예시도 꽤 간단하지만, 하나 더 살펴보자. 원금이 동일할 경우 30년 동안 연 복리 10%로 투자했을 경우와 연 복리 12.5%의 경우 최종 원리금 합계와 원금의 차이는 얼마나 될까? 이런 질문을 던지는 이유는 투자 수명에서 기대할 수 있는 성과의 합리적 범위로 볼 수 있기 때문이다. 결과는 다소 놀라운데, 연 복리 수익률 2.5%p 차이는 최종 금액을 두 배로 만든다.

8. 앞서 논의한 바와 같이 1979~2009년의 30년 동안 코카콜라와 콜게이트의 총수익률은 시장보다 연 5%p 빠르게 증가했다. 이 5%p 차이 덕분에 두 기업의 주가가 시장보다 네 배나 더 증가했다. 물론 향후 30년은 다를 수도 있다. 하지만 전망이 이 계산에 어떤 영향을 미칠지 굳이 예측해보면, 코카콜라나 콜게이트 같은 기업은 성장 측면에서 훨씬 더 선전하리라고 본다. 경기 순환주는 신용 버블이 촉발한 성장을 반복하며 이득을 볼 가능성이 작기 때문이다. 하지만 내가 미래에 대해 뭘 알겠는가?

9. 퀄리티 주식이 현시장의 다른 주식 유형과 비교해 더 고평가되지는 않았지만, 이들 모두가 특히 금리 인상기가 되면 고평가됐던 것으로 밝혀지리라는 점도 언급해야 공평할 것이다. 하지만 누군가가 1979년에 시장 PER의 두 배 수준에서 코카콜라나 콜

게이트에 투자하라고 제안했다면 여러분이 어떤 반응을 보였을지 한번 생각해 보길 바란다. 그 제안을 거절했다면 동기간 주가 지수에 투자했을 때보다 두 배를 벌 기회를 놓쳤을 것이다. 이 기간은 금리가 아주 높았던 시기도 포함한다. 물론 이 기회를 잡기 위해서는 높은 금리와 저조한 실적 기간에 아무것도 하지 않을 수 있는 의연함이 필요했을 것이다(조언: 금리가 상승하면 이 사실을 다시 언급하겠다). 2013년 12월 31일 우리 포트폴리오는 시장 PER(S&P 500 지수 기준 17.4배)보다 살짝 높은 PER인 20.6배에 거래됐다. 하지만 우리 포트폴리오 기업의 과거 실적과 퀄리티를 고려하면 전혀 비싼 게 아니다.

10. 사실 우리는 PER을 거의 안 본다. 다른 시장 평론가가 PER을 사용하기 때문에 같은 기준으로 비교하기 위한 목적을 제외한다면 말이다. 우리 투자를 평가할 때는 PER보다 잉여현금흐름 수익률을 활용하는 방법을 선호하는데, 모든 이익('E')이 평등하지 않기 때문이다. 우리 포트폴리오 기업의 사업은 전체 시장보다 자본집약도가 현저하게 낮다. 더 작은 자본으로 이익을 내기 때문에 사용자본이익률(ROCE)이 시장 평균보다 훨씬 높은데, 이게 바로 우리가 기업 실적을 판단하는 주요 척도다. 우리 포트폴리오 기업의 평균 ROCE는 연 34% 수준이다. 이에 반해 S&P 500 지수와 FTSE 100 지수 비금융 섹터의 평균값은 모두 연 19% 정도다. 또한 우리 포트폴리오 기업의 현금전환비율은 전체 시장을 앞서는 90~100% 수준이다. 우리는 현금을 좋아한다. 비용을 지불하는 주된 방법이기도 하고, 현금 이익은 비현금 이익보다 퀄리티가 높다.

11. 우리는 펀더멘털 실적이 평균보다 우수하지만, 채권이나 다른 주식과 비교해 그 우월함이 밸류에이션에 온전히 반영되지 않은 주식을 보유하고 있다고 확신한다.
12. 우리가 보유한 일부 기업의 배당수익률과 그 기업 채권의 만기수익률redemption yield을 직접 비교하면 차이가 두드러진다. 네슬레를 예로 들어보자. 2013년 12월 말 기준 네슬레의 2018년 만기 회사채는 만기수익률이 0.21%이었는데, 네슬레 보통주의 배당수익률은 3.1%였다. 투자 지침상 채권에만 투자할 수 있는 펀드매니저가 아니고서야, 네슬레 주식이 아니라 채권에 투자하는 사람이 제정신인가? 답은 채권이 가져다주는 명백한 확실성에 기꺼이 돈을 더 지불하려는 일부 투자자가 있기 때문이다. 채권에는 확정 쿠폰이자와 만기일, 만기일에 투자자가 돌려받는 액면가가 있다. 주식에는 그런 게 하나도 없다(네슬레가 146년 동안 단 한 번의 적자만 기록한 사실을 고려하면 배당금 지급도 꽤 안전하다고 할 수 있지만, 기업 입장에서 쿠폰이자 같은 고정 재무비용fixed charge은 아니다). 게다가 주식을 처분해야 할 때 특정 가격에 거래할 수 있다는 보장도 없다. 다만 주식이 채권과 비교해 가격 대비 가치가 높다는 뜻으로 해석하는 것은 가능하다. 그렇다고 주식이나 채권 중 어느 하나가 저렴하다는 건 아니지만, 현 상황에서 더 나은 위험-보상 관계를 지닌 주식 대신 어디에 투자할지 질문하게 된다.
13. 2013년 12월 31일 기준 우리 펀드의 가중평균 현행 배당수익률은 2.3%였고 가중평균 예상 배당수익률은 2.5%, 배당금보상비율은 2.4배였다.

우리 포트폴리오 기업의 본사 소재지와 상장 시장이 모두 유럽과 북미이긴 하지만, 기초 매출의 약 32%는 신흥국에서 발생한다. 최근 몇 년간 경제 성장 측면에서 신흥국이 선진국을 앞서는 실적을 보였기 때문에 대체로 긍정적인 특성이다.

신흥국의 우월한 성장에 대한 익스포저를 좋아하면서 왜 신흥국에 직접 투자하지 않느냐는 질문을 많이 받는다. 복잡한 이유가 있지만, 주된 원인은 유동성 때문이다. 펀드스미스 에쿼티 펀드는 일일 유동성daily liquidity*을 가진 개방형 펀드다. 장기 투자가 최선의 성과를 낳는다고 믿기 때문에 우리 펀드를 고른 사람이 장기 투자자이기를 바라지만, 투자자는 어느 영업일에나 펀드를 환매할 수 있다. 이는 우리가 투자하려는 유형이더라도 신흥국에 본사를 두고 상장한 기업에 직접 투자하는 것과 양립할 수 없는 특성이다. 이들 중 일부는 소형주가 아니지만, 개방형 펀드에 편입하기에는 현지 시장에 충분한 유동성이 없다. 일일 환매daily dealing 지침이 있는 펀드의 경우 특히 그렇다.

이 문제를 해결하기 위해 우리는 2014년에 펀드스미스 이머징 에쿼티 트러스트Fundsmith Emerging Equities Trust, FEET라는 새로운 펀드를 출시하기로 했다. 우리 기존 펀드와 동일한 전략을 구사하지만, 주로 신흥국에 상장한 기업에 투자하는 투자신탁이 될 것이다. 소비재 주식에 초점을 맞출 생각인데, ① 우리 투자 전략의 중점 섹터이고 ② 신흥국에서 소비자 계층의 출현을 알리는 뚜렷한 흐름이 앞으로 수십 년간 이어질 가능성이 높아 보여 분명히 실적에 순풍을 실어 주리라고 기대하기 때문이다.

---

* 투자자가 보유한 펀드 지분(좌)을 하루에 한 번씩 청산해 현금화할 수 있는 특성.

우리는 FEET에 편입할 만한 150개 이상의 기업으로 구성된 투자 유니버스를 갖고 있다. 펀드스미스 에쿼티 펀드를 위해 우리가 이미 리서치한 기업의 자회사나 계열사, 가맹사인 경우가 많아서 꽤 익숙한 기업이다. 신흥국 투자에서 성가신 요소인 기업 지배 구조 문제 해결에도 도움이 된다.

곧 책자로 펴낼 'FEET 투자자 설명서FEET Owners' Manual'에서 자세하게 다룰 여러 이유 덕분에 우리 접근법이 신흥국의 성장을 활용하려는 다른 투자 상품이나 접근법과 비교해 투자자에게 분명 더 나은 성과를 창출하리라 믿는다.

투자신탁인 FEET는 기초 투자의 유동성이 제한적인 주식과 개방형 펀드를 결합할 때 생기는 문제를 해결할 것이다. 그래서 최초 고정 출자금 방식으로 공모할 예정인데, 나도 청약할 생각이다. 그 후에 투자신탁의 주식(좌)을 거래하는 방식으로 투자자 유동성을 확보함으로써 투자자가 요청하면 포트폴리오를 설정하거나 환매하는 비싼 방식을 고수할 필요가 사라진다.**

올해 후반에 FEET가 제공할 기회에 관해 더 많은 이야기를 전할 수 있길 바란다.

** 펀드스미스 에쿼티 펀드는 개방형 투자 회사Open-ended Investment Company로, 투자자 요청에 따라 운용사가 펀드를 설정하거나 환매할 수 있으므로, 순자산가치(NAV) 가격으로 하루에 한 번 거래가 가능하다. 이와 달리 영국의 투자신탁은 추가 설정이나 중도 환매가 불가능한 폐쇄형 구조이기 때문에 최초 설정 이후 투자신탁에 투자하려면 거래소에서 기존 투자자가 보유한 투자신탁 주식(좌)을 매수해야 한다. 이때 거래 가격은 수급에 따라 NAV와 차이가 날 수 있다.

26.
팩트만 말해요

《파이낸셜 타임스》, 2014년 1월 24일

1950년대에 TV 방영된 초창기 형사물 시리즈인 〈드라그넷Dragnet〉의 주인공은 조 프라이데이Joe Friday였다. 매회 시작 장면에서 조 프라이데이는 이렇게 말했다. "제 이름은 프라이데이, 경찰입니다." 짤막하게 던지는 농담도 유명했는데, 보통 횡설수설하는 운 나쁜 목격자로부터 증거를 찾아내려 할 때 하는 말이었다. "팩트만 말해요Just the facts."

투자에 관해서라면 우리는 모두 조의 목격자 인터뷰 기술을 기억하는 게 좋다. 그래서 아래 표에 나온 몇 가지 팩트에서 출발해보자. 이런 성과를 거둔 기업을 보유하고 싶지 않은가?

이 기업은 지난 6년 동안 매출이 66% 증가했는데, 연 복리 증가율이 8.8%에 달한다. 금융 위기와 심각한 경기 침체가 포함된 기간에 이 정도 성과를 거둔 건 대단한 위업이다. 이 기업은 2009년에 하락세를 겪었지만, 매출은 고작 3% 떨어지는 데 그쳤다. 따라서 경기 순환주일 가능성은 작다.

연도	매출액	영업현금흐름
2006	44.3	14.4
2007	51.1	17.8
2008	60.4	21.6
2009	58.5	19.0
2010	62.5	21.1
2011	70.0	27.0
2012	73.7	31.6

현금흐름 실적은 오히려 더 좋아졌다. 동기간 영업현금흐름이 119% 증가했는데, 연 복리 증가율은 14%였다. 게다가 영업현금흐름이 매출액의 43%에 이를만큼 이익률이 이례적으로 높다.

전반적으로 꽤 인상적인 사업 실적이다. 물론 위 사실에만 근거해 투자 결정을 내려서는 안 되고, 밸류에이션에 관한 자료를 몇 가지 살펴봐야 한다. 최근 기록으로 보건대 주가가 투자 불가능한 수준까지 고평가됐으리라고 예상하는 것도 무리가 아니다.

그런데 잉여현금흐름 수익률(기업이 창출하는 잉여현금흐름÷시가총액) 8% 수준에 지금 이 기업을 매수할 수 있다면 어떨까? 예상 PER이 12배라고 한다면? 배당금도 지급하는데, 배당수익률이 3.2%이고 배당금보상비율은 2.4배다. 무엇보다 재무상태표상 보유 현금이 시가총액의 4분의 1에 맞먹는다.

"어디 가서 그 주식을 사면 될까요?"라는 반응을 보이는 게 낭연하다. 나도 그랬으니 말이다. 위 표에 나온 수치에 달러 표시를 붙이고 단위를 '10억 달러'로 바꾸면 내가 묘사한 기업, 바로 마이크로소프트를 만날 수 있다.

이 지점에서 투자 기회를 발견할 가능성에 군침을 흘리던 투자자는 아마 깜짝 놀랐을 것이다. 마이크로소프트는 분명 기술 전쟁에서 패하지 않았던가? 마이크로소프트가 과연 '자신을 구할' 수 있을지 의문을 표하는 컴퓨터 분야 출판물과 경제 잡지, 신문, 애널리스트 보고서, 블로그가 어찌나 많은지 숫자를 세다가 도중에 놓쳤을 정도다.

무엇으로부터 자신을 구한다는 것인가? 약세론자는 마이크로소프트가 모바일 기기에서는 애플에, 온라인 검색과 모바일 운영체제 Operating System, OS에서는 구글Google에 밀렸다고 주장한다. 또한 대다수가 다 알고 있는 마이크로소프트 제품인 윈도우 OS를 사용하는 PC의 교체 주기가 늘어나는 현상도 간과할 수 없다.

마이크로소프트를 다룬 대부분의 기사가 분명 이런 관점을 가지고 있다. 하지만 저 성가신 팩트로 돌아가 보자. 마이크로소프트에서 가장 큰 매출과 이익을 내는 부서는 서버와 도구 부문이다. 서버를 위한 소프트웨어와 소프트웨어 개발자 도구를 개발해 제공하며, 고객은 IT 전문가와 소프트웨어 개발자다. 이에 관해 얼마나 알고 있는가?

대다수가 그러하듯 마이크로소프트 소프트웨어를 업무용으로 사용한다면, 마이크로소프트가 오래된 제품 지원을 중단하면서 윈도우XP에서 윈도우7로 업그레이드했거나 곧 해야 할 것이다. 전 세계 현금 인출기의 95%가 윈도우XP를 사용한다. 마치 계속 갖다 바치는 선물과 같다. 다시 말해 최신판 OS로 업데이트해야만 하는 사용자가 마이크로소프트에 지급하는 연금 소득과 같다.

내가 기술주 투자에 관해 뭔가 안다고 내세우는 게 아니다(하지만 적어도 내 한계를 인식하고 있으므로 기술주 투자를 잘 안다고 말하는 사람보다는 한 발짝 앞서 있다고 생각하긴 한다). 스티브 발머Steve Ballmer의 뒤를 이어 누가 CEO가 될지에 관한 통찰력도 당연히 없다. 하지만 재무 분석은 조금 안다. 마이크로소프트를 다루는 평론가가 그랬듯이 많은 사람이 무시하는 대목이긴 하지만 말이다.

더 심각한 건 마이크로소프트를 다루는 이른바 '리서치'와 논평이 정작 사업을 잘하고 있는지는 언급하지 않는다는 점이다. 대신 마이크로소프트가 힙하지 않고 유행의 첨단을 걷고 있지 않으며, 애플이 가진 디자인 감각이 없기에 성공할 자격이 없다고 생각하는 평론가의 편견으로 가득 차 있다.

팩트가 말하는 건 전혀 다르다. 팩트에만 집중하자.

27.
셰일: 기적인가, 혁명인가, 아니면 악대차인가?

《파이낸셜 타임스》, 2014년 2월 7일

여러분이 지난 몇 년간 겨울잠을 잔 게 아니라면 셰일 탄화수소 '혁명'이나 '기적'이 이미 일어나고 있다는 말을 들어봤을 것이다. 버락 오바마 미국 대통령은 2012년 연두교서에서 셰일 가스 개발 지원을 약속했다. 데이비드 캐머런David Cameron 영국 총리는 수압파쇄공법fracking 반대자에게 "동참하라"라고 촉구했다.

'수압파쇄공법'은 일상생활에서 사용하는 용어가 됐다. 지난 6월《옥스퍼드 영어 사전》에 등재되기까지 했다. 이는 물과 모래, 화학물질 혼합물을 고압 분사해 바위를 파쇄하여 셰일에서 석유와 가스를 분리하는 방법을 일컫는다. 환경보호론자는 오만 논리를 들어 수압파쇄공법을 격렬히 반대하고 있다. 게다가 셰일을 구세주로 바라보는 시각에도 저렴한 에너지나 투자 차원에서 또 다른 문제가 도사리고 있다.

우선 에너지 수지 비율Energy Return on Energy Investment, EROEI 문제가 있다. 이는 어떤 에너지원에서 얻는 에너지양과 그 에너지를 얻기 위해 사용한 에너지양의 비율을 의미한다. EROEI는 에너지를 얻는 데 얼마만큼의 자원이 필요한가라는 경제의 효율성과 에너지 개발·발전의 경제성을 결정하는 중요한 요인이지만 대체로 무시되는 척도다.

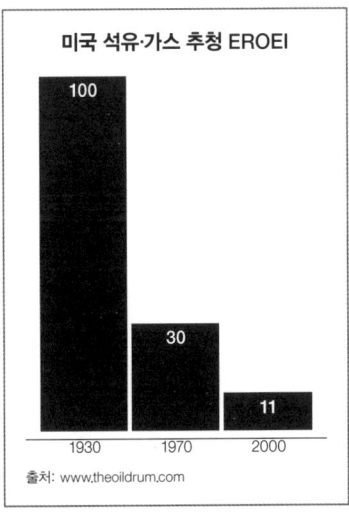

100년도 더 전에는 정치적으로 안정되고 핵심 소비자 시장과 인접한 국가의 내륙 지역에서 석유를 탐사했다. 하지만 옛말에도 있듯이 낮게 달린 열매를 먼저 따는 건 인간의 타고난 성향이다. 시간이 지날수록 석유와 가스 개발과 생산은 부득이하게 적합도가 낮은 원격지로 옮겨 갔다. 석유·가스 생산지와 소비 시장 사이에 물류 장벽이 발생하게 된 것이다.

셰일 가스·오일과 수압파쇄공법은 이러한 흐름의 연장선에 있다. 1930년대에 미국 석유 생산의 EROEI는 100 대 1이었다. 다시 말해 에너지 1단위를 사용해 100단위를 만들어냈다. 2000년경에는 엄청난 기술 진보에도 불구하고 EROEI가 11 대 1로 떨어졌다. 셰일유의 경우는 5 대 1 정도인데, 상당히 큰 격차다.

자원 고갈 문제도 빼놓을 수 없다. 100파운드를 투자해서 연 투자 수익 20파운드를 얻으면 좋은 투자인지 묻는 오래된 투자 분석 기법이 있다. 대부분의 사람은 준수한 투자 수익이라고 답한다. 하지만 그 정보만 가지고 투자를 판단하기에는 꼭 필요한 다른 정보, 바로 자산수명과 만기가액이 빠져 있다. 위 경우에서 자산 수명이 겨우 3년에 불과하고 이후에는 쓸모없어진다면, 그리 좋은 투자가 아니다. 100파운드를 투자했는데 총 60파운드만 회수할 수 있을 테니 말이다. 대신 자산 수명이 20년 정도 된다면 400파운드나 돌아오니 좋은 투자일 것이다.

모든 종류의 투자 평가에서 자산 수명은 대단히 중요하다. 석유·가스 개발 및 생산의 경우 자산 수명은 유정well, 油井이나 유전field, 油田이 더 이상 경제적으로 사업성이 없어서 폐기해야 할 때까지 기간이다.

셰일유 유정의 생산율이 가파르게 하락하는 현상은 실로 놀랍다. 대표적으로 노스다코타주의 박켄 암석층에 2012년 시추한 유정은 현재 초기 생산율의 30%를 밑도는 수치를 기록하고 있을 가능성이 크다. 더 최근에 미국 북동부와 캐나다에 시추한 유티카 셰일Utica Shale의 기대에 못 미치는 실적에서도 잘 드러난다.

셰일 가스에 베팅한 투자자의 투자 수익 추이는 크게 두 개의 주요 기간으로 나눌 수 있다. 대부분의 셰일 가스를 발견했던 2002~2007년 기간에 셰일 기업 주가가 급등했다. 이후 새로운 가스 발견이 계속되자 천연가스 가격이 하락했고, 투자 수익과 주가도 덩달아 하락했다. 영국에서 가장 규모가 큰 셰일 기업인 쿠아드릴라 리소시스Cuadrilla Resources는 2007년에 설립됐는데, AJ 루카스AJ Lucas와 리버스톤 홀딩스Riverstone Holdings, 칼라일Carlyle이 소유하고 있다. 지금도 랭커셔Lancashire에서 셰일 가스 매장지를 탐사하는 중이다. 호주 상장 기업인 AJ 루카스는 쿠아드릴라 리소시스의 지분 42%를 보유하고 있는데, 2009년과 비교해 지분의 시장가치는 4분의 1 토막이 됐다.

이런 실망스러운 실적이 소규모 기업에만 해당하는 건 아니다. BP는 2012년 7월에 셰일 부문에서 10억 달러를 감모상각했고, 캐나다 기업인 엔카나Encana는 최근 몇 년간 셰일 가스 자산에서 20억 달러에 육박하는 손실을 냈다. 쉘Shell은 텍사스주 이글포드Eagle Ford 셰일 퇴적층에 대한 지분을 매각 시도 중이고, 해당 지역에 위치한 자산에서 20억 달러 이상을 감모상각했다. 아울러 생산 목표치를 달성할 수 없는 유정이 200곳 이상이라고도 발표했다. 피터 보서Peter Voser 전 쉘 CEO는 미국의 셰일 혁명이 다른 나라로 수출됐다는 미사여구는 "대대적으로 과장hyped"됐다고 말했다. 아울러 전 세계는 "어닝 쇼크negative surprises"라는 결과를 낳을 초기 "탐사 단계"에 머무르고 있다는 말도 덧붙였다.

고故 지미 골드스미스Jimmy Goldsmith가 즐겨 한 말처럼 "선두에 선 악대차bandwagon˚가 보인다면 이미 늦은 것이다." 셰일 악대차는 이미 지나갔는지도 모른다.

- 다른 사람이 재화를 많이 소비해 수요가 늘어나는 유행에 편승해 소비를 늘리는 것을 악대차 혹은 밴드웨건 효과bandwagon effect라고 한다.

28.
최악의 적은 자기 자신이다

《텔레그래프》, 2014년 2월 14일

전 미국 육상선수 마이클 존슨Michael Johnson이 이런 말을 한 적이 있다. "나를 넘어설 수 있는 건 오직 나 자신뿐이다." 그저 겸손함의 부족을 드러내는 표현이라고 치부할 수 있지만, 더 미묘한 다른 의미도 있다. 바로 일을 아무리 잘한다고 해도 감정이 우리를 이기게 놔둔다면 나쁜 결과가 일어날 수 있다는 것이다. 우리는 경쟁자나 과업의 어려움이 아니라 자기 감정에 패배하는 경우가 많다.

투자 세계에서 대부분의 펀드 운용사가 투자자에게 형편없는 서비스를 제공한다고 비판하고, 바로 그 이유로 투자자가 그토록 형편없는 투자 수익을 낸다고 결론 내리기는 쉽다(사실 정확한 지적이기는 하다).

대다수 펀드매니저는 자기 커리어에서 가장 큰 위협을 투자자 돈을 잃거나 저조한 실적을 내는 게 아니라, 오히려 업계 동료와 달라지는 것으로 생각한다. 다시 말해 실패보다 더 좋지 않은 유일한 일이 바로 무리에서 튀는 것이다.

펀드매니저 집단은 투자자에게 대단히 나쁜 성과를 안겨주는 일에 대해선 신경 쓰지 않아도 된다고 여긴다. 모두가 엇비슷한 실적을 낸다면 예금자의 대량 인출 사태를 겪거나 직장에서 해고당할 가능성은 작다. 이는 '공매도'의 정교한 기술을 사용하지 않는 '롱온리long-only' 펀드매니저 대다수가 너무나도 많은 종목을 매수해서 그 어떤 실적 벤치마크든 해당 주가 지수를 엇비슷하게 복제하는 결과로 이어진다. 나는 '엇비슷하게'라고 표현했지만, 현실에서는 주가 지수를 밑도는 실적을 내는 경우가 더 많다.

펀드매니저가 지수를 대략적이나마 추종할 수 있을 만큼 충분히 많은 종목을 보유하고 있다면(무작위로 선택한 25개 종목만 있으면 대부분의 시장 지수를 추종할 수 있다), 펀드매니저 보수나 거래비용을 지불하고 나면 펀드 실적이 지수를 밑돌 것이다. 이는 형편없는 실적만큼이나 불 보듯 뻔하다.

투자 수익을 얼마 냈든 보수가 다 갉아먹은 탓에 장기저축상품이나 개인연금계좌를 해지해서 현금화한 금액이 수년이나 수십 년간 입금한 금액과 별반 차이가 없었다고 말하는 투자자가 얼마나 많은지 숫자를 세다가 놓쳤다. 내 지인은 불완전 판매에 대한 배상금이 예금 투자 수익보다 컸다고 주장할 정도다.

헤지펀드라고 해서 상황이 더 나아 보이지는 않는다. HSBC 펀드 실적 순위HSBC Investment Funds Performance Review에 따르면 헤지펀드의 평균 실적은 5년 연속 시장을 밑돌았다. 내 동료 한 명은 최근에 그런 헤지펀드 계좌를 해지하겠다는 신청서를 제출했는데, 해지 사유를 알려 달라는 요청을 받았다고 한다.

그가 저조한 실적 때문이라고 말하자, 담당 헤지펀드 매니저는 최근 몇 년간 거의 모든 헤지펀드가 시장 실적을 밑돌았다고 대답했다. 당연히 내 동료는 그 사실에 위안을 얻지 못했다. 또 한 번의 무리 본능 사례다. 펀드매니저는 모두가 함께 실패한다면 자기 투자 포지션을 정당화할 수 있다고 생각한다.

모든 펀드매니저가 약속이나 한 듯 존 템플턴 경Sir John Templeton의 격언을 무시하고 있다. "다른 사람이 하는 걸 그대로 하면, 다른 사람이 얻은 걸 그대로 얻는다."

이러한 집단 사고의 결과 평균적인 미국 펀드 투자자는 지난 20년간 시장보다 연 7%p 낮은 투자 수익률을 기록했다(출처: 달바 스태티스틱스Dalbar Statistics). 그 이유는 펀드의 저조한 실적과 보수, 펀드 투자자의 형편없는 타이밍으로 요약할 수 있다.

투자자 스스로 뭔가 하는 게 상황을 악화시킬 뿐이라면, 펀드 운용 산업의 형편없는 실적을 참아가며 헤쳐 나가봤자 소용이 없다. 반대로 펀드매니저가 잘하고 있을 때도 투자자가 뭔가를 함으로써 상황이 악화할 수 있다.

2000~2010년 미국에서 실적이 가장 좋았던 펀드는 CGM 포커스 펀드CGM Focus Fund로, 동기간 연 복리 수익률이 18%나 됐다. 대단히 인상적인 실적이다. 동기간 이 펀드의 평균적인 투자자는 연 11% 손실을 기록했다. 투자자는 밸류에이션이 고점에 이르렀을 때 펀드를 매수하고 저점에서 매도하는 바로 그 능력을 유감없이 발휘했다.

대다수 투자자는 시장 고점 근처에서 매도하고 저점 근처에서 매수하는 전략인 '마켓 타이밍' 실력이 형편없다. 투자자 흐름에 대한 모든 통계 자료를 보건대 마켓 타이밍이라는 위업을 달성할 수 있다고 믿는 건 희망이 경험보다 강력하기 때문이다. 최고의 실적을 낼 가능성이 큰 가장 현명한 투자자는 마켓 타이밍을 잘할 수 없다는 사실을 깨닫고 아예 시도도 안 하는 사람이다.

개인 투자자나 전문 펀드매니저나 대다수 투자자의 또 다른 중대한 결점은 지나치게 액티브하다는 데 있다. 다시 말해 거래를 너무 많이 한다.

대부분의 마켓 타이밍이 정확하지 않다면 그 의사결정을 최대한 안 하는 게 낫다는 사실은 차치하더라도, 모든 거래 행위는 비용을 수반한다는 사실이 중요하다(그리고 대부분 그 비용은 숨겨져 있다). 성공한 투자자가 되려면 시시각각 바뀌는 최신 정보와 즉각적인 거래 능력이 필요하다고 배웠지만, 사실 이만큼 진실과 거리가 먼 이야기도 없다.

대신 펀드매니저인 조너선 러퍼Jonathan Ruffer가 가장 좋아했던 고객을 모방해야 한다. 러퍼에 따르면 "그 고객은 분기별로a quarterly basis 실적을 분석했는데, 첫 25년이 지난 뒤에…."

정신이 번쩍 들게 하는 생각이다. 펀드 운용 산업이 투자자에게 별로 도움이 안 될 수도 있지만, 그보다 부wealth 형성에 더 해로운 한 가지가 있다. 바로 자기 자신이다.

29.

빅 블루 투자자가 쥔 건 승리 패가 아닐 수도 있다

《파이낸셜 타임스》, 2014년 2월 24일

전설적인 투자자 워런 버핏은 2011년 버크셔 해서웨이 역사상 최초의 대규모 기술주 투자를 발표하며 파문을 일으켰다. 기술 기업은 그가 잘 이해하지 못한다는 이유로 늘 투자를 꺼려 왔던 섹터다.

버핏이 오랫동안 견지해온 접근법은 투자자가 항상 '능력 범위circle of competence' 안에서 투자해야 한다는 그의 조언과 일맥상통한다. 분별 있는 대다수 투자자는 이 생각을 지지할 것이다. 어찌 됐든 자신이 이해하지 못하는 기업이나 자산에 투자하는 전략을 어느 누가 받아들이겠는가? 하지만 내 경험에 따르면 많은 투자자는 자기 능력 범위가 얼마나 좁은지 여전히 깨닫지 못한다.

버핏은 '빅 블루Big Blue'라고도 불리는 기술 기업 IBM 주식을 100억 달러 이상 매수했다. IBM은 버크셔 해서웨이 포트폴리오에서 코카콜라에 이어 두 번째로 비중이 높은 종목이 됐고, 버크셔 해서웨이는 IBM의 최대 주주가 됐다.

버핏의 매수 이후 IBM은 매출액이 감소했다고 공시했다. 2013년 4분기에 7분기 연속 전년 동기 대비 매출액이 감소하는 실적을 거뒀다. CEO와 여러 고위 임원은 실적이 저조해지자 자진해서 2013년 성과급 수령을 포기했다. 최근 《파이낸셜 타임스》의 〈렉스 칼럼Lex Column〉이 지적했듯이 "IBM의 분기 실적이 실제로 시사하는 바는 다음과 같다. 끔찍하리만치 낮은 매출 증가에 원가 관리와 자사주 매입, 배당금을 수반하자 이 기술 업계의 전설은 매출액 하락이 뜻하는 바보다는 조금 덜 나빠 보인다."

공교롭게도 워런 버핏이 지분을 늘리고 있던 그때 나도 IBM을 살펴보고 있었다. 하지만 나는 IBM에 투자하지 않기로 했다. 왜 그랬을까?

IBM의 두 가지 특성이 불안했다. 한 가지는 IBM이 2010년 11.50달러인 주당순이익(EPS)을 2015년까지 20달러로 끌어올리겠다는 '로드맵roadmap'을 발표했기 때문이다. 나는 자동차 운전과 관련된 이야기를 하는 맥락이 아닌 이상 '로드맵' 같은 용어를 사용하는 경영진을 좋아하지 않는다. '계획plan'도 충분히 좋은 단어다.

나는 EPS에 집중하는 태도도 싫어한다. 모든 이익은 평등하지 않다. 이익 창출에 필요한 자본이 많거나 적은 경우가 있고, 모든 이익이 현금 형태인 것도 아니다. 1979년 연례 주주 서한에서 자본이익률이 기업 실적을 가늠하는 주요 척도라고 언명한 버핏에게는 이 사실이 그리 놀랍지 않을 것이다. 대부분의 EPS 증가는 자본이익률을 희생한 대가로 연기에 가치를 파괴한다.

EPS 증가에 집중하는 태도가 다소 우려되는 정도라면, 그 목표치를 달성하기 위한 '로드맵'에서 밝힌 계획은 끔찍한 수준이었다. 기업 인수를 포함하는 매출 증가를 통해 EPS 증가 목표치의 40%를, 영업

레버리지operating leverage와 자사주 매입을 통해 각 30%를 이뤄낸다는 게 골자다.

매출 증가는 이익을 희생한 대가로 달성한 게 아니라면 자사주 매입이나 원가 관리(IBM은 이를 '영업 레버리지'라고 표현했다)보다 퀄리티가 높은 가치 창출의 원천이다. 나는 기업 인수를 통한 매출 증가를 경계한다. 대부분의 기업 인수는 가치를 창출하지 않기 때문이다. 하지만 매출 증가는 적어도 한계가 없는 반면, 비용 절감과 자사주 매입은 모두 유한한 성장 원천이다.

게다가 일부 예외는 있지만 대부분의 자사주 매입은 주주가치를 창출하지 않고, 대체로 밸류에이션과 관계없이 실행된다. 기업이 내재가치보다 높은 가격에 자사주를 매입한다면 잔여주주의 가치를 창출할 수 없다. 하지만 많은 기업과 투자자는 자사주 매입이 EPS를 증가시킨다는 친숙한 호언장담에 속는다. 제로 금리에 가까워서 현금을 활용할 다른 대안이 투자 소득을 거의 만들어 내지 못하는 현시대에서는 어떤 대안을 택하든 EPS 증가에 기여할 수 있다. 하지만 그렇다고 해서 반드시 가치를 창출한다고 볼 수는 없다.

대규모 자사주 매입을 위한 5개년 계획은 특히나 충격적이었다. 경영진은 자사 주식이 내재가치보다 충분히 낮은 가격에 거래되어 가치를 창출할 수 있는 자사주 매입 기회가 그렇게 큰 규모일지, 5년이나 앞선 현시점에 어떻게 알 수 있는 걸까?

IBM의 또 다른 특징을 마주한 건 2010년이었다. 펀드스미스 동료와 함께 IBM의 2009년 연차보고서를 읽고 있던 때였다. 우리는 현금흐름표에서 19억 달러가량의 오류를 발견하고는 IBM에 전화했다. 우리가 잘못 본 게 아니었고, IBM도 우리 생각이 옳다고 확인해 줬다.

그러고는 그 문제에 관해 질문한 사람이 우리뿐이었다는 말도 전했다.

어쩌면 다른 이들도 문제를 발견했지만 애써 전화까지 하는 수고스러움을 택하지 않았는지도 모른다. 하지만 연차보고서나 미국 증권거래위원회(SEC)에 제출하는 10-K 보고서Form 10-K를 실제로 읽는 투자자나 애널리스트가 극히 드문 게 현실이다. 2010년 연차보고서에서 우리가 지적한 실수는 정정됐지만, IBM에 대한 내 관점을 크게 바꾸지는 못했다. 하지만 IBM을 분석하는 사람에 대한 내 관점은 분명히 바뀌었다.

30.
증조할아버지, 전쟁 전에 어디에 투자했어요?

《파이낸셜 타임스》, 2014년 3월 8일

당대에는 '대전Great War'이라 불렸고 지금은 제1차 세계대전이라고 부르는 전쟁(숫자를 붙이는 게 필요해졌다)이 일어난 지 올해로 꼭 100년이다. 한 세기 동안 주식 시장을 구성하는 종목의 변화에서 우리는 무엇을 배울 수 있을까?

이 질문에 답할 때 마주하는 문제는, 현재 우리가 준거점으로 삼는 주요 주식 시장 지수가 대부분 1914년 대전이 일어나고 한참 후에 만들어졌다는 사실이다.

세계의 이목이 쏠리는 런던과 뉴욕 주식 시장을 살펴보자. 스탠더드 앤드 푸어스Standard & Poor's, S&P는 1923년에 현재 S&P 500이라고 불리는 지수를 처음 공개했는데, 지금과 같은 구성 방식을 확정한 건 1957년이다. FTSE 100 지수는 겨우 1984년에 만들어졌고, 이들보다 대표성이 훨씬 떨어지는 FT 30 지수Financial Times 30 Index*는 1935년에 만들어졌다.

운명을 가른 가브릴로 프린치프Gavrilo Princip**의 총성이 세계에 울려 퍼졌을 때도 존재했고 오늘날에도 여전히 존재하며 대서양 양쪽을 아우르는 유일한 지수는 1884년에 찰스 다우Charles Dow가 고안한 다우 존스 산업평균지수Dow Jones Industrial Average다. 1914년 다우 지수 구성 종목 수는 10개였는데, 현재는 30개다.

1914년 구성 종목을 살펴보면, 미국 경제의 전망 좋은 고지대를 중공업 기업이 점령했다는 사실을 알 수 있다. 대부분 다른 제조사가 사용하는 기초 소재를 생산하는 기업이었다.

1914년 다우 지수 구성 종목 중 지금도 여전히 남아 있는 유일한 기업은 제너럴 일렉트릭(GE)이다. 하지만 그런 GE의 사업도 한 세기 동안 빠르게 변모했다. 이제 매출의 거의 절반이 항공 엔진과 금융 서비스 부문에서 발생한다. 1914년에 두 사업 부문은 존재하지 않았다. 윌버Wilber Wright와 오빌 라이트Orville Wright 형제가 하늘을 처음 난 지 고작 10여 년밖에 지나지 않은 시점이었기 때문이다.

1914년 다우 지수 구성 종목 중 현재 존재하지 않는 기업은 어맬거메이티드 코퍼Amalgamated Copper와 센트럴 레더Central Leather, 단 두 곳이다. 2008년 이후 이익을 내지 못한 US 스틸US Steel을 제외한 나머지 기업은 존재감이 없어져서 더 이상 어떤 지수에도 편입되지 않는다.

현재 다우 지수는 아주 다른 유형의 기업이 지배하고 있다.

결제 프로세서payment processor인 비자를 포함하면 다섯 개 기업이 금융 서비스 섹다. 네 개 기업은 컴퓨터 하드웨어·소프트웨어·서비스

- 영국 《파이낸셜 타임스》에서 발표하는 주가 지수로, 1935년 7월 1일의 지수를 100으로 하여 산출한다. 현재는 1984년에 만들어진 FTSE 100 지수로 대체돼 거의 사용하지 않는다.
- ** 제1차 세계대전의 도화선이 된 사라예보 사건, 즉 오스트리아 황태자 프란츠 페르디난트 암살의 범인.

산업에 속하고 제약·헬스케어 산업에 속하는 기업이 네 개다. 또 소비재·패스트푸드 기업 네 곳과 정유사 두 곳, 유통기업 두 곳, 통신사 두 곳이 있다. 항공우주 산업에는 보잉Boeing이 있지만, 시코르스키Sikorsky 헬리콥터 및 프랫 앤드 휘트니Pratt & Whitney 엔진을 생산하는 유나이티드 테크놀로지스United Technologies와 GE도 이 섹터를 대표한다. 엔터테인먼트 기업도 한 군데 있고(월트 디즈니), 1914년 기업처럼 보이는 3M과 화학 그룹 듀퐁Du Pont도 있다.

이들 목록을 보고 나서 우리가 어떤 결론을 내릴 수 있을까?

한 세기라는 시간 지평을 가지고 투자한다는 생각은 지극히 비현실적이다. 주식 투자 세계에서 영원히 지속하는 건 별로 없다. 1914년 서부 전선으로 행군하기 전 후손을 위해 다우 지수 종목으로 구성된 신탁에 투자한 후 100년 동안 그대로 보유했다면, 여러분의 증손자는 지금 그 구성 종목을 보고 무척이나 어안이 벙벙했을 것이다.

하지만 시가총액 측면에서 다우 지수 최상위에 위치했던 기업에 투자했다면 더 나은 투자 실적을 냈을 것이다(비록 이들 기업의 시가총액이 커진 건 불충분한 투자 수익을 내던 상황에서 대량의 신주 발행을 단행한 덕택도 있지만 말이다).

시가총액 상위 기업의 변화는 1914년과 현재 경제에서 지배적인 섹터에 관한 단서를 제공한다. 그 단서를 통해 미국 경제는 어느 정도 영국 경제와 비슷하게 서비스와 소비재, 헬스케어 섹터에 대한 의존도를 높이면서 탈공업화를 이뤘음을 알 수 있다.

마지막으로 다우 지수의 진화를 통해 비행기를 사용하는 기업보다는 비행기(그리고 그 엔진)를 만드는 기업에 투자하는 게 낫다는 걸 알 수 있다. 현재 다우 지수에 편입된 항공사는 단 하나도 없다.

31.
MUGS가 있는데 BRICs를 왜 사나?

《파이낸셜 타임스》, 2014년 4월 11일

어쩌면 가장 위험한 투자 개념은 '너무 당연한 소리 no brainer'일지도 모른다. 신흥국 주식을 예로 들어보자. 신흥국 주식은 분명 선진국 주식보다 투자 수익이 훨씬 크다. 젊고 빠르게 성장하는 인구 구성 덕분에 인구통계학적으로 유리하고, GDP 성장률도 더 높다. 미국과 유럽을 휩쓴 금융 시스템 붕괴가 초래한 폭락을 겪지도 않았다.

이 테마를 어떻게 풀어가야 할까? 대다수 투자자는 신흥국 주식형 액티브펀드를 샀을 텐데, 여러분이 지난 몇 년간 그런 결정을 내렸다면 틀림없이 실망을 금치 못했을 것이다.

지난 5년간 IMA 글로벌 이머징 마켓 Global Emerging Markets 섹터에 속한 펀드의 평균 투자 수익률은 65.7%였다. 동기간 수익률이 69%였던 MSCI 신흥국 지수 MSCI Emerging Markets Index를 밑도는 실적이다.

색다른 내용은 없다고 느끼는 게 당연하다. 일반적인 액티브 매니저는 벤치마크 지수를 밑도는 실적을 낸다. 이들의 펀드는 너무나도 많은 종목을 보유해 '유사 인덱스 추종자closet index tracker'처럼 주가 지수 실적을 복제하긴 하지만, 보수와 거래비용이라는 장애물을 추가한다. 놀라운 일도 아닐뿐더러 지수를 밑도는 실적은 떼놓은 당상이다.

대신 인덱스펀드에 투자했다면 그런 일을 피할 수 있다. 실제로 MSCI 신흥국 지수를 추종하는 펀드를 샀다면 지난 몇 년 동안 투자 실적이 더 좋았을 것이다.

하지만 선진국 벤치마크를 추종하는 펀드를 매수했을 때보다는 실적이 훨씬 안 좋았다. 동기간 FTSE 100 지수는 102% 상승했고, S&P 500 지수는 124% 상승했다. 이런 경험을 한 투자자가 신흥국에 투자해서 훌륭한 투자 수익을 내겠다는 전제 자체가 확실히 잘못됐다는 결론을 내리고 싶어 하는 것도 무리는 아니다.

하지만 지난 10년간 신흥국 투자에서 가장 인기 있었던 테마를 믿고 브릭스BRICs 펀드에 투자했다면 실망감이 최고조에 달했을 것이다. '브릭스'는 2001년에 골드만삭스 이코노미스트로 일했던 짐 오닐Jim O'Neill이 만든 약자로, 브라질Brazil과 러시아Russia, 인도India, 중국China을 일컫는 말이다. 미래에 경제 강국으로 성장할 국가를 확인하려는 시도였는데, 이 약자에 기반해 만들어진 수많은 패시브·액티브펀드가 성황리에 판매됐다.

브릭스 펀드보다 실적이 나은 신흥국 투자 방법이 거의 없지 않았을까? 또 틀렸다. 지난 5년간 MSCI 브릭스 지수는 고작 44% 상승해서, 신흥국 전반과 미국이나 영국 같은 선진국 시장 모두를 밑돌았다. 두말할 필요도 없이 일반적인 브릭스 액티브펀드는 MSCI 브릭스 지수 실적에 미치지 못했다.

실망스러운 실적의 가장 큰 원인은 이들 지수를 구성하는 종목에서 찾을 수 있다. 신흥국 지수를 지배하는 시가총액 기준 최상위 종목은 아시아 가전제품 기업과 중국 은행·인터넷 기업·통신사, 러시아 에너지 기업이다. 나는 이들 기업 전부를 투자 부적격 대상이라고 생각한다. 특히 은행의 경우 리스크 익스포저risk exposure가 불분명하다. 나는 영국 은행에도 투자할 생각이 없는 사람인데, 도대체 무엇에 홀려야 중국 은행의 재무제표를 믿는단 말인가? 하지만 지금까지 신흥국 지수 구성에서 25%가 넘는 가장 큰 비중을 차지한 섹터가 바로 금융권이다.

내가 투자 최적격 대상이라고 생각하는 기업은 필수 소비재 섹터에 속하는데, 신흥국 지수 구성에서 그 비중은 고작 8%에 불과하다. 따라서 신흥국 지수나 이를 추종하는 펀드, 액티브펀드 중 지수를 비밀리에 추종하는 유사 인덱스 추종자 모두 실적이 나쁘다는 사실이 그리 놀랍지 않다.

브릭스 국가별 주가 지수에 투자하는 것 또한 맹신에 가깝다고 볼 이유가 충분하다. 미국 싱크탱크인 헤리티지 재단Heritage Foundation은 요인 모형factor model*을 활용해 경제적 자유 지수를 기준으로 국가별 순위를 매긴 보고서를 매년 발표한다.

해당 지수는 재산권과 부패, 정부 규모, 규제, 노동 유연성, 시장 개방성 등의 요인에 대한 데이터를 바탕으로 이들 국가의 기업 및 투자 매력도가 어느 정도인지 평가한다.

싱가포르와 스위스, 홍콩 같은 지역은 최상위권에 위치한다. 브릭스 국가 중에서 순위가 가장 높은 곳은 186개국 가운데 114위를 기록한

* 다수 데이터의 가변성을 설명하는 소수의 공통 요인이 존재함을 가정하고 요인들 간의 함수로 그 관계를 풀어내는 모형.

브라질이다. 이어 인도(120위)와 중국(137위), 러시아(140위) 순이다.

특정 국가의 정치·경제적 특성을 고려하지 않고 짧고 강렬한 약자에 근거해 투자한다면, 경제적 자유 측면에서 브릭스 국가보다 약간이라도 순위가 높은 여러 국가에 투자하는 펀드에 돈을 넣었어야 한다. 민트MINT*나 시베츠CIVETS**는 잊자. 몰도바Moldova(110위)와 우간다Uganda(91위), 그리스Greece(119위), 수리남Suriname(130위)은 어떤가? 나는 이들 국가에 머그스MUGS***라는 이름을 붙여줬는데, 이런 약자를 가지고 투자하는 사람에게 딱 들어맞는 이름이지 않은가?

• 멕시코Mexico, 인도네시아Indonesia, 나이지리아Nigeria, 터키Turkey.
•• 콜롬비아Columbia, 인도네시아Indonesia, 베트남Vietnam, 이집트Egypt, 터키Turkey, 남아프리카 공화국South Africa.
••• 머그mug에는 잘 속는다는 뜻이 있다.

32.
신흥국을 여행하는 히치하이커를 위한 안내서

《파이낸셜 타임스》, 2014년 8월 1일

나는 《파이낸셜 타임스》의 〈FT 머니 FT Money〉에 최근 기고한 글에서 왜 그 많은 투자자가 신흥국의 우월한 경제 성장을 좇았지만 그토록 쓸쓸한 경험을 하고 말았는지 그 이면을 들여다보고자 했다. 여기서 질문을 하나 더 하면, 개발도상국에 투자하는 더 좋은 방법은 없을까?

자본이익률을 희생한 대가로 얻은 성장은 그 어떤 주주가치도 창출하지 않는다. 성장에 목마른 투자자가 이 문제를 무시하는 경우가 있는데, 특히 뛰어난 성장률이 투자의 강력한 근거가 되는 신흥국 투자에서 그렇다.

자본이익률이 불충분한, 내가 정의하기로는 자본비용보다 낮은 수준의 기업은 가치를 파괴한다. 그런 기업의 주주는 증자나 자본을 더 사용하길 기대할 게 아니라 사업을 축소해서 확보한 현금을 주주에게 환원하기를 바라는 게 옳다.

그렇다면 꾸준히 높은 자본이익률을 달성하며 수익성 있는 성장을

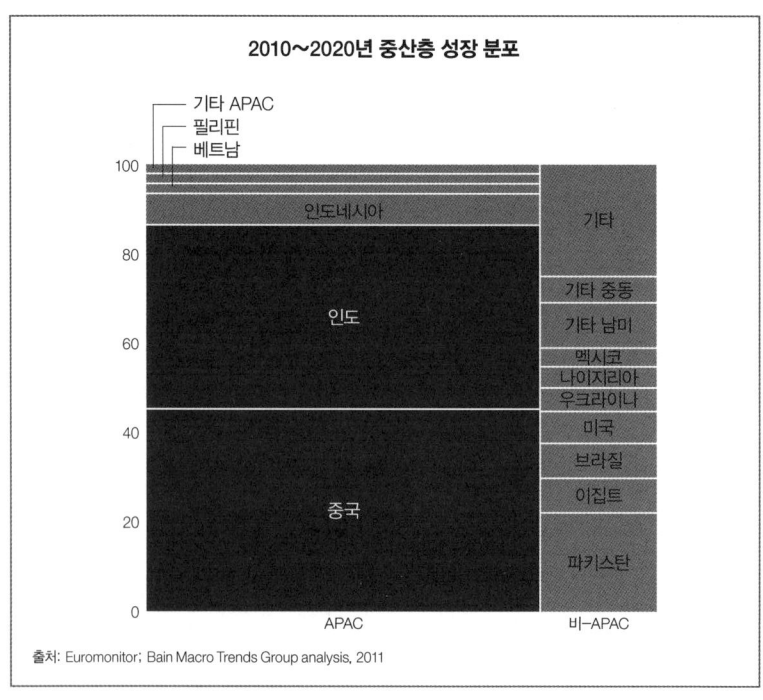

출처: Euromonitor; Bain Macro Trends Group analysis, 2011

구가할 수 있는 기업을 어디서 찾을 수 있을까?

제2차 세계대전 이후 가장 뚜렷한 추세 하나는 중산층 또는 소비자의 부상이다. 신흥국에는 이 계층을 구성하는 요소에 관해 다양한 정의가 존재한다. 하지만 널리 받아들여지는 중산층 정의의 분기점은 일평균 가처분소득 10달러다. 소득이 이보다 아래인 개인은 소비자가 될 만한 형편이 안 된다. 먹고 살기에도 빠듯한 삶이기 때문이다.

위 정의에 따르면 1950년 세계 총인구 25억 명 가운데 3억 명 정도를 소비자로 간주할 수 있다. 2010년경 세계 총인구 68억 명 가운데 소비자는 24억 명으로 늘어났다. 외삽법extrapolation*은 위험한 예측 기법이지만, 흐로닝언 대학교Groningen University, 브루킹스 연구소Brookings

Institute, 맥킨지에 따르면 2025년경 세계 총인구 79억 명 가운데 소비자는 42억 명으로 늘어나리라 예상된다.

더 중요한 건 신흥국 소비 증가율이 선진국의 세 배 이상에 달하리라는 것이다.

중산층 소비자 계층은 2010~2020년 10억 명 이상 늘어날 것으로 보인다. 위 그래프에서 영국(사실상 유럽 전체)이 '기타'라고 이름 붙은, 우측 최상단 작은 박스에 포함됐다는 사실은 경각심을 일깨운다.

《은하수를 여행하는 히치하이커를 위한 안내서The Hitchhiker's Guide to the Galaxy》에서 안내서에 실린 지구에 대한 설명은 '무해함Harmless'이라는 단어 하나뿐이다. 안내서의 저자이자 주인공 아서 덴트Arthur Dent의 친구인 포드 프리펙트Ford Prefect는 다음 개정판에 자신의 연구를 담은 수정된 내용이 실릴 것이라 말한다. "거의 무해함Mostly harmless."

아서 덴트는 자기 고향 행성이 우주 차원에서 보면 특별히 중요하지 않다는 사실을 어쩔 수 없이 받아들인다. 마찬가지로 투자자는 자기에게 가장 친숙한 국내 시장이 그리 중요하지 않다는 사실을 깨닫는 게 좋다.

이는 특히 소비자 지출 증가 측면에서 분명한 사실이다. 선진국의 소비자 지출 증가에 전적으로 의지하는 전략은 기껏해야 다른 데서도 잡을 수 있는 더 나은 기회를 포기하는 것일 뿐이다. 그런 이유로 소비재 섹터의 수많은 다국적 기업이 신흥국 사업의 성장에 주력한다.

이를 많은 소비재 기업이 지속할 수 있는 ⁂순히 높은 자본이익률과 결합하면 우수한 투자 수익을 낼 만한 잠재력이 있는 투자 전략이 만

- 원래의 관찰 범위를 넘어서 다른 변수와의 관계에 기초해 변수값을 추정하는 방법.

들어진다. 필수 소비재 기업은 브랜드와 가격 결정력, 유통망, 공급망 관리에 힘입어 경쟁을 피할 수 있기 때문에 더 큰 이익을 창출한다.

개발도상국에서 대다수 사업을 하는 필수 소비재 기업에 투자하는 전략은, 지난 글에서 살펴봤던 다른 신흥국 투자 전략과 비교해 지난 5~10년간 상당히 우수한 실적을 냈다. 물론 과거는 미래에 대한 불완전한 안내서다. 하지만 신흥국 투자를 고려하면서 아주 빠른 속도로 예측 가능한 성장을 구가하는 생활필수품과 사치품 소비를 무시하는 태도는 어리석다.

33.
테스코에서 울리는 경고 신호는 어떻게 무시됐나?

《파이낸셜 타임스》, 2014년 9월 6일

펀드스미스 출범 이후 가장 많은 문의와 매수 요청을 받은 종목이 바로 테스코다. 6주 동안 두 번이나 이익 경고profit warning[•]를 알린 바로 그 테스코가 맞다. 테스코는 중간 배당을 75%나 삭감했고 주가는 2003년 수준으로 하락했다.

언젠가 우리 펀드 연례 총회에서 테스코와 관련한 질문을 받은 적도 있다. 한 청중은 나중에 트위터를 통해 내가 이 주제에 관해 충분한 답변을 하지 않았다며 불신을 드러냈다.

사람들이 왜 그랬는지 이해하는 건 어렵지 않다. 테스코는 수년간 시장을 밑도는 저조한 실적을 낸 영국 최고의 유통기업으로, 바로 그런 상황이기에 주가가 하락한 주식은 다시 오를 수밖에 없다는 이론에 근거한 투자자가 (아이작 뉴턴 경이 그 정반대 사실을 입증한 이론을 대

• 특정 기간 이익이 기대치에 못 미치면 기업이 주주에게 이 사실을 공개적으로 알리는 것.

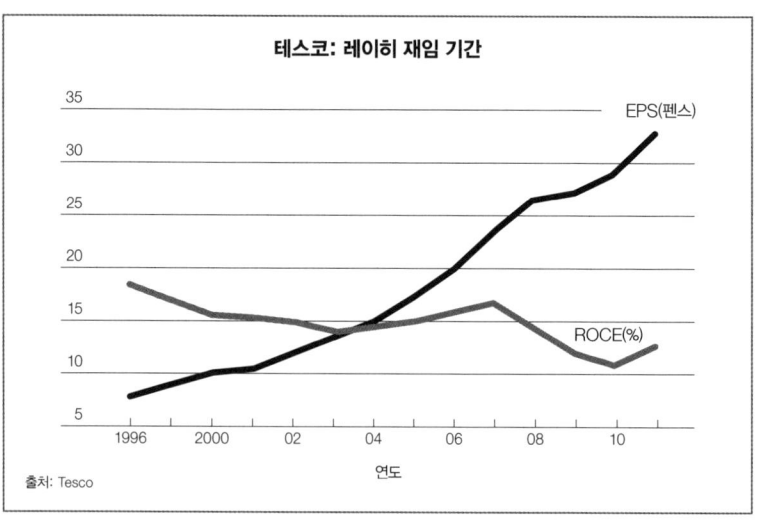

중화한 건 무시한 채) 매수 기회라고 생각하며 몰려든 것이다.

더구나 '오마하의 현인' 워런 버핏이 보유한 영국 주식이기도 하다. 그런 보증 수표를 마주하고도 이 '보석' 같은 주식을 갖지 않겠다고 거부할 수 있는 사람이 몇이나 될까?

내가 펀드스미스 에쿼티 펀드에 유통기업 주식을 편입할 생각이 전혀 없는 데는 수많은 이유가 있다. 하지만 테스코의 경우 오마하의 현인 본인이 직접 알려준 한 가지 교훈만으로도 내 흥미가 달아나기에 충분했다.

버핏은 1979년 연례 주주 서한에서 이렇게 말했다. "기업 경영 실적을 판단하는 주요 척도는 지나친 레버리지나 회계 속임수 같은 것을 사용하지 않고 사용자기자본 대비 큰 이익을 냈는가지, 주당순이익(EPS)이 꾸준히 증가하는가가 아니다."

이런 이야기를 했던 버핏과 테스코라는 지옥의 문까지 그를 따라온 추종자 무리 모두가 위 그래프를 무시했다는 사실이 더더욱 놀랍다.

대부분의 애널리스트나 '투자자'가 주목하는 EPS가 꾸준히 증가한다는 걸 보여주는 그래프를 담은 공시를 내놓는 기업이 아주 많다.

이들에게 EPS 증가는 《정글북》에 등장하는 뱀인 카$_{Kaa}$처럼 최면 효과가 있는 듯하다. 하지만 시간이 갈수록 작아지는 이익을 창출하기 위해 더 많은 자본을 사용하고 있다는 사실은 무시한다. 위 그래프에 나온 기간에 테스코가 사용자본이익률(ROCE)의 정의를 여덟 번이나 바꾸었다는 사실을 포함해 투자자에게 숨을 곳을 찾아 도망가라는 신호를 보내는 자료는 차고 넘친다. 심지어 나보다 유통기업에 대한 혐오감이 덜한 투자자인 경우에도 말이다.

그런데도 테스코에서 무엇이 잘못됐는지를 다룬 논평은 대부분 2011년 테리 레이히 경$_{Sir\ Terry\ Leahy}$에게서 CEO 자리를 이어받은 필립 클라크$_{Philip\ Clarke}$에 초점을 맞춘다. 마치 모든 일이 그때까지는 순조롭게 흘러갔다는 식이다. 위 그래프의 ROCE 선을 따라가 보면 사실은 그렇지 않았다는 걸 분명히 알 수 있다.

게다가 꼭 명심해야 할 한 가지가 더 있다. 레이히 재임 시절에 테스코의 ROCE는 아주 훌륭한 19%에서 그저 그런 수준인 10% 정도까지 떨어졌는데, ROCE는 몇 년 전에 투자한 자본과 더 최근에 투자한 자본을 포함하는 평균값의 개념이다.

ROCE가 그렇게 극적으로 하락했다는 건 당시 신규 투자의 자본이익률이 신통치 않았을 뿐 아니라 음수(-)인 경우도 있었음을 의미한다. 실패할 듯했던 미국 시장 진출에서 입증됐듯이 말이다.*

* 〈50. 지난 5년간 펀드스미스에서 배운 것들〉 중 '사이렌 소리를 무시하라' 각주 참고.

나나 (적어도 1979년의) 현인만큼 ROCE를 중요하게 여기지 않더라도, 다음 내용은 한번 생각해 보길 바란다. 테스코는 (영업현금흐름에서 총 자본적 지출을 차감한 값으로 정의한 잉여현금과 더불어) 잉여현금흐름에서 배당금을 차감한 수치가 (테리 레이히 경이 CEO로 취임했던 1997년을 시작점으로 하는) 18년 중 14번이나 음(-)의 값을 기록했다.

쉽게 말해서 테스코는 투자에 사용하고 배당금도 지급할 수 있을 만큼 충분한 현금을 창출하지 못했다. 그 14년 중 절반은 고정자산 처분이익 덕분에 잉여현금 흑자로 돌아설 수 있었지만, 솔직히 말해서 지속가능한 자금 조달 원천으로 볼 수는 없다.

그 대신 테스코가 무슨 일을 했는지 한번 알아맞혀 보시라. 그렇다. 돈을 빌렸다. 테리 레이히 경이 취임했을 때 8억 9,400만 파운드였던 테스코의 총부채는 정점이었던 2009년 거의 159억 파운드에 육박했다. 테스코는 잉여현금 대부분을 고정자산에 투자했고, 부채를 조달해 배당금 지급액 일부를 충당했다. 테스코 투자자가 이제는 깨달았겠지만, 정상적이지 않고 지속가능하지도 않은 방법이다.

이런 기조가 지속가능하지 않다는 사실을 깨닫는 데 그리 많은 생각을 할 필요는 없다. ROCE와 EPS 증가율을 비교하는 그래프를 그리는 일도 마찬가지다. 하지만 (최근에 테스코 지분을 줄여온) 오마하의 현인을 비롯한 많은 투자자는 그 그래프를 그려보지 않았거나, 만약 했더라도 그 결과를 무시했다. 이런 상황을 보고 나니 그들이 이밖에 또 무엇을 무시하고 있을지 생각하게 된다.

34.
유레카! 펀드 이름 짓는 법을 알아냈다!

《파이낸셜 타임스》, 2014년 10월 3일

지난달 세계 최대 연기금인 캘리포니아 공무원연금기금California Public Employees' Retirement Scheme, CalPERS 캘퍼스가 헤지펀드에 투자했던 40억 달러를 회수하겠다고 발표했다. 이에 따라 여러 의문이 대두되는데, 중요한 의문 중 하나는 애초에 왜 캘퍼스가 헤지펀드에 투자했느냐다.

최근 회계연도 종료일(2014년 6월 30일) 기준으로 캘퍼스는 헤지펀드 포트폴리오에서 고작 7.1% 수익률을 기록했는데, 전체 펀드 수익률 18.4%와 대조적이다. 그런데 2013~2014년이 헤지펀드가 유난히 고전했던 시기였던 것도 아니고 캘퍼스가 이들에게서 저조한 실적을 거둔 이례적인 한 해도 아니다. 2013년 평균적인 헤지펀드 수익률은 7.4%였는데, 이는 S&P 500 지수보다 23%p 낮았고 5년 연속 시상 실석을 밑돌았다.

어차피 지수 벤치마크를 무시하고 가입자의 퇴직 연금을 지급할 책임이 있는 캘퍼스 같은 펀드에게 헤지펀드가 벤치마크를 밑도는 실적을 거둔 건 그리 큰 문제가 아닐 수 있다. 하지만 헤지펀드의 실적이 캘퍼스가 다른 데 투자해서 얻을 수 있거나 실제로 거두었던 실적보다 저조한 건 큰 문제다. 캘퍼스가 2013~2014년 이들 헤지펀드에 지급한 보수가 1억 3,500만 달러에 달하기 때문이다.

사이먼 랙Simon Lack은 2012년에 출간한 《헤지펀드 신기루The Hedge Fund Mirage》에서 헤지펀드의 1998~2010년 총수익 가운데 매니저 보수 명목 수익이 86~98%를 차지한다는 증거를 제시했다. '헤지펀드'라는 용어는 특정 투자 방법론이 아니라 헤지펀드 매니저에게 이득이 되는 보수 체계를 묘사하는 수단이 되어 버렸다.

이따금 헤지펀드를 두둔하는 목소리가 들리는데, 저조한 실적은 헤지펀드를 버리고 떠날 만한 합당한 이유가 될 수 없다는 식이다. 헤지펀드의 전략은 시장의 일반적인 흐름과 상관계수가 낮은 데다가, 시장의 흐름이 바뀌면 그 가치를 입증하리라는 이유로 말이다. 2008~2009년 금융 위기 당시 헤지펀드가 거둔 한탄스러운 실적만 아니었다면 제법 믿을 만한 이야기일지도 모른다. 당시 너무나도 많은 헤지펀드가 이름에 걸맞게 어떤 방식으로든 위험을 헤지하는 게 아니라, 레버리지 롱온리 펀드에 불과하다는 사실이 드러났다.

하지만 캘퍼스의 헤지펀드 포트폴리오에서 초반에 문제를 포착하는 다른 방법이 있었을지도 모른다. 캘퍼스의 자금을 운용하는 24개 헤지펀드 가운데 무려 11개가 펀드 이름에 '유레카Eureka'라는 단어를 사용했다. '유레카!'는 '찾았다!'라는 의미의 고대 그리스어를 음역한 말이다. 아르키메데스가 물이 얼마나 넘치는지를 보고 형태가 고르지 못한 물체의 부피를 재는 방법을 생각해냈을 때 외쳤던 말로 알려져 있다. 좀 더 최근에는 특히 1840~1850년대 캘리포니아 골드러시처럼 금의 발견과 관련된 용어로도 사용됐다.

유명한 과학적 발견이나 부를 찾아 떠나는 역사적 사건에서 펀드 이름을 따는 행위는 헤지펀드에는 실패를, 그 투자자에게는 실망을 안기는 함정에 빠지는 것과 같다. 하지만 캘퍼스에 펀드를 홍보하려고 할 때는 분명히 엄청난 이득을 볼 수 있었다.

그리하여 펀드 이름이라는 주제에 다다랐다. 여러분은 위대한 투자자 워런 버핏과 그의 동업자인 찰리 멍거Charlie Munger가 종종 인용하는 '능력 범위'라는 개념을 들어봤을 것이다. 핵심은 이해할 수 있는 것에만 투자하는 투자자가 성공 가능성이 높다는 것이다. 직관적으로 당연한 이야기 같지만, 이를 무시하는 투자자가 많다.

펀드 이름은 펀드가 뭘 한다는 건지 이해하지 못할 수도 있고, 심지어 애초에 이해시킬 생각이 없었다는 사실을 알려주는 단서다. 열거할 사례가 너무 많아서 무엇을 고를지 어려울 정도다. 힘겹게 하나를 골라 보면, '소시에테 제네랄 UK 스텝다운 디펜시브 킥아웃 플랜SocGen UK Step Down Defensive Kick-out Plan'에 투자한 사람은 자신이 무엇에 투자한다고 생각했을지 궁금하다.

많은 펀드 이름이 '스미스 법'을 위반했다는 경고 신호가 울린다. 스미스 법은 어떤 표현의 반의어가 사용하면 말이 안 돼서 절대 사용하지 않는다면 그 표현을 사용해서는 안 된다는 것을 골자로 한다. 예를 들어 '미래 계획'이라는 표현을 사용하는 사람을 만났다고 해보자. 과거 계획을 세우는 사람이 있기는 한가? '미래 계획'은 기껏해야 동어반복일 뿐이다. '엄선된 인수' 전략으로 성장하겠다는 기업은 또 얼마나 많은가? 무분별한 인수 정책을 가졌다고 말할 기업은 아무도 없을 것이다(대다수 기업이 실제로 그러한데도 말이다).

산람Sanlam의 글로벌 베스트 아이디어 펀드Global Best Ideas Fund를 만들려면 어떡해야 할까? 워스트worst 아이디어 펀드 상품을 내놓을 사람이 있을까? 내가 산람 그룹의 투자자였다면 회사의 다른 펀드에서 어떤 낭패를 당할지 불안했을 것이다. 핌코Pimco의 펀더멘털 어드밴티지 펀드Fundamental Advantage Fund는 또 어떤가? 투자자를 펀더멘털 디스어드밴티지Disadvantage 펀드로 끌어들이기 위해 좀 더 낮은 보수를 책정했으려나?

35.
내가 은행주에 투자하지 않는 이유

《파이낸셜 타임스》, 2014년 11월 1일

이번 주는 내가 은행주에 투자하지 않는 이유를 설명하기 적절한 때로 보인다. 유럽 중앙은행(ECB)이 최근 실시한 '스트레스 테스트$_{\text{stress test}}$'*에 따르면, 금융 위기 발발 후 7년이 지났는데도 유럽의 24~25개 은행은 여전히 자본이 충분하지 않다.

한때 더 시티$_{\text{the City}}$** 최고의 금융 애널리스트였던 내가 왜 은행주에 투자하지 않는지 질문을 많이 받는다. 그 누구든 은행을 제대로 이해하고 나면 은행주 투자를 더 조심하게 되리라는 게 내 답변이다.

내 기본 투자 신조 한 가지는 충분한 자기자본이익률(ROE)을 달성하기 위해 레버리지나 차입이 필요한 기업에는 절대 투자하지 않는다는 것이다. 펀드스미스가 투자하는 기업에도 어느 정도 차입금이 있

---

* 예외적이지만 일어날 가능성이 있는 여러 시나리오를 상정하고 각 위기 상황마다 금융기관의 재무 건전성을 판단하는 방법.
** 증권거래소와 영국 중앙은행이 위치한 영국의 역사적인 금융 지구.

다. 하지만 생존을 위해 차입이 필요한 건 아니다. 총자산이익률Return on Assets, ROA이 낮고 자산 대부분을 부채로 취득하는 게 아니라, 부채 조달 전에도 ROA가 괜찮았다.

은행은 다른 어떤 종류의 사업보다 레버리지에 크게 의존한다. 자기자본비율이 5%인 은행의 부채비율은 1,900%나 된다. 이렇게 높은 레버리지 비율에 희소식이 있다면, 일이 잘못 돌아가는 경우 빠르게 파산할 수 있다는 것뿐이다. 2013년 말 로이드뱅킹그룹Lloyds Banking Group의 은행 부문 재무상태표를 단순화한 아래 표를 살펴보자.

	자본 및 부채		자산	
	가액 (단위: 10억 파운드)	비중(%)	가액 (단위: 10억 파운드)	비중(%)
자기자본	40	5	현금	50	6
예금 및 기타 부채	807	95	대출 및 기타 자산	797	94
총합	847	100	총합	847	100

이 정도면 이례적인 게 아니라 정상적인 은행 모델이라고 할 수 있다. 은행은 이익률이 아주 낮아서 ROA가 1~2% 정도밖에 안 된다. 하지만 자산의 95%를 예금자나 채권 보유자로부터 조달했기 때문에 ROE는 훨씬 높다. 자산 100파운드에서 얻은 이익이 1파운드라면(ROA 1%) 5파운드의 자기자본 대비 이익률, 즉 ROE는 20%다.

일이 잘못되기 전까지는 다 괜찮다. 그러다가 자산가치가 5%만 하락해도 주주자본이 사라진다.

더 치명적인 위협은 대량 예금 인출 사태, 즉 뱅크런이다. 투자자는 2007년 전까지 신용 사이클을, 그리고 신용이 회수될 때는 고객뿐 아니라 은행의 신용도 회수될 수 있다는 걸 잊었다.

내가 애널리스트로 일하던 1980년대에는 재무제표와 건전성 감독 보고서regulatory return*를 세밀하게 조사하는 방법으로 은행을 분석해서 악성 부채나 신용 위험, 금리, 통화 익스포저를 측정할 수 있었다. 그런데 1980년대 금리 스와프를 필두로 장외파생상품이 등장하면서 같은 방식의 측정은 이제 불가능하다.

은행 자금 관리 부서 담당자가 전화나 마우스 클릭 한 번으로 이 모든 익스포저를 바꿔버릴 수 있기 때문인데, 투자자가 이를 알아낼 방법은 없다. 금융 위기 때 일어난 사건으로 판단하건대 분명 꽤 많은 은행 경영진도 지금 이 사실을 모르고 있을 것이다.

종합해보면, 만약 은행주에 투자할 생각이라면 그저 예금을 받고 자사 고객에게 돈을 빌려주며 지급결제 서비스를 제공하는 소매 은행이어야만 한다는 게 내 결론이다.

은행주에 투자한다면 내가 주목할 만한 유형의 은행은 분명히 존재한다. 하지만 그런 기관조차 이른바 시스템 리스크systemic risk에서 발생할 수 있는 위협에 면역 형성이 안 되어 있다. 은행은 자기 오판이 아니라 시스템 내 다른 은행의 실수 때문에 발생하는 대량 예금 인출 사태로 파산할 수 있다.

홍콩 식민지 중국 반환에 대한 공동선언 조인 후 긴장감이 고조되던 1980년대 홍콩 이야기에서도 은행의 취약성이 잘 드러난다. 당시 부동산 가격이 폭락해서 은행은 악성 부채를 잔뜩 짊어졌다.

그 과열 기간에 줄을 서서 버스를 기다리는 이들의 행렬이 있었다.

- 영국 중앙은행 산하 건전성감독청Prudential Regulatory Authority, PRA이 금융 및 보험 산업 기업의 건전성을 관리·감독할 목적으로 제출을 의무화한 보고서.

갑자기 비가 쏟아지기 시작하자 이들은 보도를 가로질러 한 건물의 캐노피 아래서 비를 피했다. 그런데 공교롭게도 그 건물에는 가족 경영 지역 은행의 지점이 들어와 있었다. 행인은 늘어선 인파를 보고는 은행에 문제가 있는 게 분명하다는 결론을 내렸다. 대량 예금 인출 사태에 관한 소문이 삽시간에 확산했고, 다음날 은행은 예금 인출을 요구하는 예금자 무리에 포위됐다.

36.
제2의 테스코?

《텔레그래프》, 2014년 11월 29일

나는 워런 버핏의 버크셔 해서웨이 연례 주주 서한을 30년 넘게 읽어 왔는데, 버핏은 최근에 순탄치 않은 시기를 보내고 있다.

가장 눈에 띄는 일은 아마도 테스코 주식을 매수한 건 "커다란 실수"였다고 스스로 인정한 게 아닐까 싶다. 테스코에서 참사가 잇따른 후 버핏은 버크셔 해서웨이가 유의미한 비중을 실어 투자한 유일한 영국 기업의 지분 일부를 손실을 보고 매도했다.

하지만 테스코와 마찬가지로 상황이 안 좋게 흘러가는 버핏의 또 다른 종목이 지금 내 관심을 끌고 있다. 버크셔 해서웨이는 2011년 IBM 주식을 대량 매수한 결과 현재 회사 지분 7%를 보유한 최대 주주가 됐다.

최근 IBM은 2015년까지 주당순이익(EPS)을 20달러로 끌어올리겠다는 목표 달성을 포기했다. 올해 3분기까지 누적 10.76달러밖에 달성하지 못했기 때문이다. 그 결과 주가는 현재 162달러까지 떨어졌는데,

연중 최고가는 200달러에 육박했고 버크셔 해서웨이의 평균 매수가는 170달러다.

공교롭게도 버크셔 해서웨이가 IBM 지분을 늘리고 있던 그때, 우리도 펀드스미스 에쿼티 펀드 편입 후보로 IBM을 살펴보고 있었다. 하지만 우리는 IBM에 투자하지 않기로 했다. 왜 그랬을까?

이 거대 컴퓨터 서비스 기업은 2010년 5월에 파워포인트PowerPoint, PPT를 이용해 만든 'IBM 2015년 로드맵'을 발표한 바 있다. 자동차에 탄 것도 아닌데 누군가 '로드맵'이라는 말을 사용하자 내 방어 본능을 자극했다. '계획'이라는 허세가 훨씬 덜한 완벽한 단어가 있다.

IBM은 그 '로드맵'에서 2010년 11.52달러인 EPS를 2015년까지 20달러로 끌어올릴 방법을 보여주고자 했다. IBM이 설령 목표치를 달성한다손 치더라도 다른 모든 투자자가 도대체 왜 그 목표에 감명받아야 하는지 이해가 안 된다.

무엇보다 1979년 연례 주주 서한에서 다음과 같이 썼던 버핏마저도 깊은 인상을 받았던 것 같기에 특히 의아하다. "기업 경영 실적을 판단하는 주요 척도는 지나친 레버리지나 회계 속임수 같은 것을 사용하지 않고 사용자기자본 대비 큰 이익을 냈는지, **EPS가 꾸준히 증가하는가가 아니다**(강조는 필자)."

버핏은 테스코에서 그랬던 것처럼 IBM에서도 자기가 했던 조언을 간과한 듯하다.

우리를 더 불안하게 만든 건 IBM '로드맵'이 EPS 증가로 가는 여러 '다리bridge'를 설명했다는 점이다. 다리란 물리적 장애물을 가로질러 건널 수 있게 해주는 건축 구조물 아니었던가?

'로드맵'이 제시한 성장으로 가는 '다리'(토목 공학자가 아니라면 '원천

source'이라고 하는 게 맞다)의 내용은 다음과 같다. 기업 인수를 포함하는 것이긴 하지만 매출 증가가 40%, '영업 레버리지'(일반적인 언어로는 비용 절감이나 생산성 향상)가 30%, 보유 현금으로 자사주를 매수해서 발행 주식 수를 줄이는 자사주 매입이 30%.

기업 인수와 비용 절감, 자사주 매입은 그리 퀄리티가 높은 성장원이 아니다. 비용 절감과 자사주 매입은 둘 다 유한한 성장 원천이다. 비용을 절감하고 사업 규모를 축소해서 이룰 수 있는 성장은 EPS 증가를 제외하고는 없다. 버핏은 EPS가 가치 창출이나 실적의 유의미한 측정 지표가 아니라고 올바르게 단언했었다.

그리고 기업을 인수하리라는 걸 어떻게 미리 알 수 있는가? 기업 인수에서는 가격이 중요한 잣대이지 않던가?

자사주 매입 '다리'는 특히 우려스럽다. PPT 자료에 따르면 자사주 매입 계획 규모가 500억 달러에 이른다. 그 막대한 규모는 차치하더라도 경영진은 향후 몇 년간 자사주 매입을 하리라고 어떻게 확신할 수 있을까? 어찌 됐든 주가 향방이 중요한 문제 아니었던가? 주식이 내재 가치보다 높은 가격에 거래될 때 실행하는 자사주 매입은 매도 기회를 포착해 투자금을 회수하는 주주를 제외한 잔여주주의 가치를 파괴한다.

하지만 버핏은 버크셔 해서웨이의 IBM 매수 사실을 공개하면서 이렇게 말했다. "IBM만큼 회사가 하려는 일과 그 방법에 관해 명확한 계획을 세운 대형 기업을 본 석이 없다." 버핏은 '로드맵'에 감명받았던 게 분명하다.

IBM이 EPS '로드맵' 목표 달성을 포기한 뒤, 자사주 매입 프로그램을 시행할 향후 몇 년 동안의 주가 실적에 대한 버핏의 낙관적인 견해를 다룬 기사와 블로그가 쏟아졌다.

버핏은 2011년 연례 주주 서한에 이렇게 썼다. "[자사주 매입 프로그램이 시행될] 5년 동안 IBM 주가 실적이 부진하기를 바라야 한다. 논리는 단순한데, 자기 돈을 직접 투자하든 자사주를 매입하는 기업 지분을 보유해서 간접 투자하든 향후 주식 순매수자가 될 투자자는 주가 상승 시 손실을 본다. 반대로 주가가 하락하면 이득을 본다."

이 말로 인해 버핏은 여러 평론가에게서 IBM 주가 하락을 응원하고 있는 게 분명하다는 말을 들어야 했다. 그런데 버핏이 IBM 주가나 자사주 매입에 대한 견해에 덧붙였어야 할 단서 조항이 있다. 바로, '하지만 주가가 하락하는 이유에 따라 결과는 당연히 달라질 수 있다'는 말이다.

기업 전망이 악화하여 내재가치도 하락해서 주가가 하락한다면 자사주 매입 강행은 그저 (버크셔 해서웨이와 다른 잔여주주의) 돈을 낭비하는 일에 그칠지도 모른다.

지금 바로 그런 일이 일어난 듯하다는 사실을 고려하면, 오마하에서 들려오는 소리는 일부 평론가의 생각처럼 응원이라기보다 에드바르 뭉크Edvard Munch의 대표작을 연상케 한다.

37.
우리 모두 다 같이 기업 호키코키를

《파이낸셜 타임스》, 2014년 12월 5일

최근에 기업들 사이에서 호키코키hokey-cokey• 참여 무용곡이 울려 퍼지는 듯하다. 여러분도 잘 알다시피, 오른손을 넣었다가 빼면서 몸을 흔드는 그 춤 말이다.

요즘 기업을 규모가 더 작은 회사로 분할하는 경향이 아주 두드러진다. 대부분 미국에서 일어나지만, 우리 포트폴리오의 정곡을 찌르는 게 문제다. 펀드스미스가 투자를 고려하는 섹터와 기업 수가 꽤 한정되어 있는데도 이들 역시 기업 분할 움직임으로 분주하다. 이번 주만 해도 유니레버가 식료품 사업을 인적 분할spin-off•• 한다고 발표했다. 그뿐 아니다.

• 사람들이 둥글게 둘러서서 노래를 부르며 추는 춤이나 춤곡.

•• 인적 분할은 주주 구성이 같은 새로운 회사를 설립하는 것이고, 물적 분할split-off은 기존 회사의 자회사를 설립하는 것이다.

- 인적자원 관리 솔루션 회사 오토매틱 데이터 프로세싱Automatic Data Processing, ADP은 자동차 딜러 관리 소프트웨어 사업 부문인 CDK를 인적 분할한다.
- 이베이eBay는 마켓플레이스Marketplace와 페이팔PayPal 부문을 분리한다고 발표했다.
- 휴지·기저귀 제조사 킴벌리 클라크는 헬스케어 사업 부문을 인적 분할할 계획이다.
- P&G는 듀라셀Duracell 건전지 사업을 인적 분할한 다음 워런 버핏의 버크셔 해서웨이에 매각할 계획이라고 발표했다.
- 레킷벤키저는 제약 사업 부문을 인디비어Indivior라는 회사로 물적 분할 후 상장하기로 했다.

다른 기업이 부르는 노래의 운율을 맞추려는 건지, 코카콜라 역시 일전에 팔았던 병입 회사bottler들의 지분을 다시 사들이면서, 이들을 소유하는 게 나을지에 관해 180도 다른 행동 사이를 방황하고 있다. 병입 사업은 자본집약도가 높고 이익률이 낮아서 소유하지 않는 게 나아 보일 때도 있다. 하지만 유통에서 주도권을 쥐려면 병입 회사를 확보하는 게 필수 조건 같기도 하다. 코카콜라는 이 문제에 관해 조울증을 앓고 있어 혼자서도 기업 M&A 호키코키를 출 수 있을 정도다.

전혀 다른 두 개 이상의 사업을 하는 기업이 그 어떤 시너지도 창출하지 못해 서로 분리하면 더 나은 미래와 높은 밸류에이션을 가질 수 있다는 결론에 근거해 기업 분할을 요구하는 사례도 있는 듯하다. 애초에 다른 기업을 인수할 당시에는 왜 아무도 이런 생각을 하지 않았는지 의문이 들 것이다. 이른바 주주 행동주의shareholder activism가 일부

해답이 될 수 있다.

행동주의는 다양한 형태를 띠고 의미가 서로 다르지만, 기업 지분을 매수하고는 미디어나 기업 지배구조 경로를 통해 변화를 부르짖는 주주가 참여하는 경우가 많다.

그 변화란 기업을 소규모 구성 부문으로 분할하기보다 기업 자체를 매물로 내놓는 목표와 관련될 때도 있다. 우리는 이를 2011년 미국의 베테랑 행동주의자 칼 아이칸이 가정용 청소용품 기업인 크로락스가 스스로 회사를 매각하게끔 설득할 목적으로 매수 제안을 했던 사례에서 경험한 바 있다. 더 최근에는 한 행동주의자*가 인터컨티넨탈 호텔 이사회를 향해 회사를 매각 대상으로 내놔야 한다며 여론에 호소하기도 했다.

행동주의는 분명 주주 이해관계를 증진시키는 역할을 한다. 하지만 행동주의자가 애널리스트 집단의 관심을 불러일으킬 만한 거래를 하도록 기업을 한껏 부추기고는 이익을 보면서 지분을 팔고 빠져나가려는 시도가 너무 많다. 흥미진진한 일이긴 하지만, 잘게 쪼개져버린 기업의 지분을 가진 우리 같은 장기 주주에게는 별로 도움이 안 된다. 경영진 교체와 재무제표 왜곡을 수반하는 경우도 많다. 게다가 투자은행가와 변호사, 회계사 등에게 지불하는 분할 보수 separation fee라는 막대한 마찰 비용 frictional cost도 있고, 수많은 조정을 거쳐서 이해 불가의 영역에 근접한 재무제표도 뒤따른다.

이 광기에 가깝고 말도 안 되는 M&A 활동을 기업 경영진 스스로 생각해 내는 경우도 있는데, 대표적인 사례가 몬덜리즈다. 2010년 크

- 당시 인터컨티넨탈 호텔 지분 3.8%를 보유했던 행동주의 헤지펀드 마르카토 캐피털 매니지먼트 Marcato Capital Management의 믹 맥과이어 Mick McGuire다.

래프트Kraft가 논란 속에 캐드버리Cadbury를 인수하면서 탄생한 회사가 몬델리즈인데, 불과 2년 뒤에 크래프트와 (캐드버리에 크래프트의 기존 과자 사업 부문을 합쳤던) 몬델리즈를 다시 분할했다. 그 어느 애널리스트도 고작 2년 전에 합병한 두 기업을 다시 분할하는 게 과연 좋은 생각인지 의문을 제기하지 않았다. 이 모든 일의 논리를 파악할 수 있는 사람은 나보다 한 수 위다.

크래프트의 과잉 활동이 낳은 결과는 첫 합병 후인 2013년 몬델리즈가 공시한 19개의 조정 및 차액 조정reconciliation 명세서다. 이 교묘한 속임수는 11개의 조정을 거쳐 영업이익 증가율을 1.1%에서 15.8%로 마법처럼 변모시킨 2014년 1분기까지 멈추지 않았다. 《성장을 부르는 회계》를 개정한다면 한 꼭지를 장식할 만한 수법이다.

늘 그렇듯이 구조조정과 인수 후 통합 프로그램도 물론 추진된다. 올해에도 몬델리즈는 커피 사업을 인적 분할해 D. E. 마스터 블렌더D. E. Master Blenders와 함께 야콥스 다우에 에그버트Jacobs Douwe Egberts라는 이름의 조인트 벤처joint venture를 설립한다고 발표했다. 기업 호키코키 활동은 전혀 수그러들 기미가 보이지 않는다.

적어도 투자은행가에게는 이 모든 일이 자기 성과급에 대해 낙관할 수 있는 희망의 증거이겠지만 말이다.

38.
2014년 연례 투자자 서한

펀드스미스, 2015년 1월

펀드스미스 에퀴티 펀드 투자자에게 보내는 다섯 번째 연례 서한이다. 아래 표는 최근 역년 투자 수익률과 2010년 11월 1일 설정 후 누적 및 연 복리 수익률 수치를 여러 벤치마크와 비교해 보여준다.

총수익률(%)	2014.1.1.~12.31.	설정일~2014.12.31.	
		누적	연 복리
펀드스미스 에퀴티 펀드[1]	+23.3	+100.0	+18.1
주식[2]	+11.5	+56.6	+11.4
영국 국채[3]	+10.0	+23.1	+5.1
현금[4]	+0.5	+2.9	+0.7

1. T클래스 배당재투자 펀드(보수 차감 후, 영국 기준 정오 가격). 출처: Bloomberg / 2. MSCI 선진국 지수(파운드화 표시 순 배당재투자 기준, 미국 장 마감 시간 가격). 출처: www.msci.com / 3. 블룸버그/EFFAS 영국 국채 5~10년. 출처: Bloomberg / 4. 3개월 리보 금리. 출처: Bloomberg

우리는 1년이라는 짧은 기간의 투자 실적을 평가하려는 시도에 여전혀 비판적이라는 점을 반복해서 말하는 데 싫증 나지 않는다. 하지만 그런 단서 조항에도 불구하고 위 표에서 T클래스 배당재투자 펀드의 2014년 수익률이 23.3%였음을 알 수 있다. 이에 비해 파운드화 표시 배당재투자 기준 MSCI 선진국 지수 수익률은 11.5%였다. 따라서 우리 펀드는 2014년에 시장을 11.8%p 앞서는 성과를 달성했다. 하지만 설정 이후 2014년 말까지 투자자 자본을 거짓말같이 정확히 두 배로 만들면서 2014년을 마무리한 덕분에 우리 펀드 실적에 관한 더 장기적인 관점을 형성할 수 있었다.

2014년은 주식 시장이 다시 강세를 보인 한 해였다. 작년 서한에서 이른바 '긴축 발작taper tantrum'을 다뤘다. 이는 연준이 국채를 사들여서 돈을 '찍어내는'(아니면 마우스를 클릭해 돈을 만들어내는) 양적 완화 프로그램 축소를 시작할 계획이라고 처음 언급했던 2013년 5월에 주식 시장이 하락한 현상을 말한다. 미국의 양적 완화는 이제 끝났는데도 주식 시장은 어느 정도 강세를 보였고(적어도 파운드화 표시 MSCI 선진국 지수나 미국 시장 지수는 그랬지만, FTSE 100 지수와 신흥국 실적은 저조했다), 미국과 영국 경제는 성장하고 있다. 그래서 2013년 5월의 시장 동요는 강세장이 타올라 넘어야 할 이른바 '걱정의 벽wall of worry'의 또 다른 예시일 뿐이라고 결론 내리고 싶은 충동이 들 것이다.

물론 그럴 수도 있지만, 지금 경제 회복의 양상이 동일한 것도 아니고 보조가 맞지도 않는다. 유로존eurozone의 핵심 국가인 이탈리아와 프랑스, 심지어 독일마저 고전하고 있다. 원자재 수출로 경제가 돌아가는 상당수 개발도상국도 마찬가지다. 비슷한 시기에 도저히 채울 수 없을 만큼 넘쳐 나서 산업화의 연료 역할을 했던 중국의 원자재 수요도 현격히 줄었다. 그런 허약한 성장마저도 상당한 경기 부양책 없이는 달성할 수 없다. 일본은 엄청난 규모의 양적 완화 실험을 하며 간단한 산수도 못 하는 평론가들이 경제 성장이 없다며 '잃어버린 10년 lost decade'이라고 이름 붙인 불황에서 벗어나려고 부양책을 시도하고 있다. 사실 일본의 불황은 거의 지난 20년간 지속해왔다. 미국과 영국의 성장 배경에는 역대 최저 금리와 정부의 계속되는 적자 지출이 있다. 정부 적자 지출이 불가피하다는 건 이례적인 상황이고, 현재까지 놓고 보면 과연 경기 회복으로 이어질지도 우려스럽다.

양적 완화 이면의 논리나 효과, 예상 결과를 두고 벌이는 논쟁에 내가 끼어든다고 해서 크게 기여할 부분은 없다. 다만 양적 완화를 지지하는 많은 사람이 자산가치 상승을 번영의 길로 전제하는 듯하다는 말만 보태겠다. 내가 보기에 이들의 가정은 실제 일어날 일과 정반대일뿐더러 좋은 징조일 가능성도 작다.

세계 경제를 어떻게 전망하는지, 그런 상황에서 이득을 보거나 대처하기 위해 우리 펀드는 어떤 포지션을 취하는지 질문을 많이 받는다. 우리 투자 접근법은 다행스럽게도 세계 경제의 전망에 관한 우리 시각에 기반하지 않는다. 내가 '다행스럽게도'라는 표현을 쓴 이유는, 우리가 이 영역에 대단한 전문성이 있다고 내세우지도 않을뿐더러 그 전망을 그리 낙관하지 않기 때문이다. 금융업계의 많은 사람이 전문성을 내세울 만한 합당한 근거가 없는데도 마치 그런 것처럼 주장하는 모습과 대조적이다. 우리는 앞으로 무슨 일이 일어날지 모른다는 길 인정한다는 면에서 그들보다 적어도 한 발짝은 앞서 있다.

명백한 결함이 있더라도 예측에 기대고자 하는 인간의 욕망은 노벨 경제학상 수상자이자 은퇴한 스탠퍼드 대학교 경제학자인 케네스 애로우 Kenneth Arrow의 다음 일화에서 여실히 드러난다. 애로우는 제2차 세계대전 당시 미 육군 항공대 기상 예보관으로 복무했다. 한 달 앞서 날씨를 예측하는 수학 모형을 검토하라는 지시를 받은 그는 곧 모형이 쓸모없다는 사실을 알아냈다. 이를 전해 들은 상관은 다시 지시했다. "사령관도 기상 예보가 쓸모없다는 사실을 잘 알고 계신다. 하지만 작전 계획을 수립하시려면 그 예보가 꼭 필요하다."

우리 투자 전략의 근간은 무엇보다도 훌륭한 기업 주식을 매수하는 것이다. 약속할 수 있는 건 별로 없지만, 한 가지 분명한 사실이 있다. 바로 훌륭한 기업 주식을 보유하려는 목표를 대부분 달성했다는 것이다.

여러분은 우리 전략의 이 부분이 너무나도 자명해서 모든 펀드매니저가 당연히 훌륭한 기업 주식에 투자하려 하지 않느냐고 반문할지도 모르겠다. 하지만 꼭 그렇지는 않다. 펀드매니저는 형편없는 기업 주식도 매수한다. 형편없는 기업이란 주주가치를 꾸준히 창출하지 못하거나, 심지어 잠시 또는 항상 가치를 파괴하는 기업을 의미한다. 펀드매니저가 그런 투자를 하는 이유가 있다면, 보통은 기업 실적이 최소한 일시적으로라도 좋아지리라고 기대하기 때문이다. 즉 경기 사이클이 개선되어 이들 기업이 충분한 이익을 내거나, 경영진이 바뀌면서 실적이 개선되거나, 공개매수 제안을 받아 주가가 오르리라고 예상하기 때문이다. 아니면 주가가 너무 싸다고 생각하기 때문일지도 모른다.

이러한 투자 접근법의 문제는 혁신적 개선transformational improvement을 거치는 기업은 거의 없을뿐더러(표범과 얼룩무늬가 들어간 표현이 떠오른다)* 그런 사건을 예측하기도 어렵다는 데 있다. 하지만 우리가 이 투자 전략을 잘 구사하리라고 기대하지 않는다는 것을 제외하고 가장

* '표범은 자기 얼룩무늬를 바꿀 수 없다A leopard cannot change his spots'.

큰 문제점은 펀드매니저가 기업 개구리에 입을 맞춰 왕자로 변신시켜 줄 누군가를 기다리는 동안 가치는 꾸준히 스러진다는 사실이다. 우리 포트폴리오 기업은 분명 경기 사이클의 주기적인 하락과 경영진의 실수에 면역이 형성되어 있지는 않다. 나아가 이들 기업의 주가는 주식 시장에 영향을 미치는 통상적인 요인에서 자유롭지 않다. 하지만 시간이 지날수록 내재가치가 증가한다고 꽤 확신한다.

이를 입증하기 위해 우리가 투자한 포트폴리오 기업에 관해 알려줄 수 있는 새로운 방법을 생각해냈다. 아래 표는 펀드스미스 에쿼티 펀드가 뮤추얼펀드가 아니라 포트폴리오에 보유한 종목별 지분으로 이뤄진 하나의 '회사'라고 가정하고 그 회사를 시장(FTSE 100과 S&P 500 지수를 사용했다)과 비교한 여러 척도의 성과를 보여준다.

	펀드스미스 에쿼티 펀드*	FTSE 100 지수+	S&P 500 지수+
사용자본이익률(ROCE)	29%	18%	18%
매출총이익률	60%	39%	44%
영업이익률	25%	16%	16%
현금전환비율	102%	79%	81%
레버리지 비율	28%	40%	38%
이자보상비율	15배	9배	9배

참고: ROCE, 매출총이익률, 영업이익률, 현금전환비율은 펀드스미스 에쿼티 펀드가 투자한 기업의 가중평균값 그리고 FTSE 100 지수와 S&P 500 지수의 평균값이다. FTSE 100 지수와 S&P 500 지수 수치에서 금융회사는 제외했다. 레버리지 비율과 이자보상비율은 모두 중앙값이다. 모든 비율은 최근 회계연도에 공시한 회계 계정에 기초하고, 블룸버그의 정의를 따랐다. 현금전환비율은 주당 잉여현금흐름과 주당순이익을 비교한다. *출처: Fundsmith Research / +출처: Bloomberg

이 표가 말하는 바는 무엇일까? 척도를 하나씩 살펴보자.

- 사용자본이익률(ROCE): 전설적인 투자자 워런 버핏은 1979년 버

크셔 해서웨이 연례 주주 서한에서 ROCE를 "기업 경영 실적을 판단하는 주요 잣대"라고 표현했다. 우리 '회사'의 ROCE는 29%이고 시장 평균값은 18%다. 즉, 보유 자본 1파운드당 우리 회사는 29펜스 이익을 창출하는 데 반해 시장은 18펜스에 그친다.

- 매출총이익률: 우리 '회사'의 매출액과 매출원가의 차이인 매출총이익률은 60%인데 반해 시장은 약 40%다. 우리 '회사'는 제품을 4파운드에 만들어 10파운드에 판다. 시장은 6파운드에 만들어서 10파운드에 판다.
- 영업이익률: 우리 '회사'의 영업이익률은 25%인데 반해 시장 평균값은 16%다.
- 현금전환비율: 우리 '회사'는 순이익 1파운드를 100펜스 살짝 넘는 현금으로 전환한다. 반면에 시장은 가까스로 80펜스 정도 전환하는데, 이들의 사업이 제대로 돌아가기 위해서는 자본적 지출과 운전 자본이 더 많이 필요하기 때문이다.
- 레버리지 비율: 우리 '회사'의 순부채(보유 현금 차감 기준)는 주주자본의 25%를 살짝 넘는 수준인 데 반해 시장은 약 40% 내외다.
- 이자보상비율 interest cover: 우리 '회사'의 이익은 이자비용의 15배 수준인데, 극적인 시장 침체가 발생하더라도 부채를 상환하는 데 아무 문제가 없다는 뜻이다. 시장 역시 꽤 안정되어 보이긴 하지만, 이자보상비율이 10배 이하다.

요약하면 우리 '회사'는 전반적인 시장보다 재무 실적이 훨씬 뛰어나고 자금을 보수적으로 조달했다.

따라서 퀄리티 면에서 우리가 훌륭한 기업을 골랐다고 확신한다. 하지만 투자자와 대화할 때 가장 많이 받는 질문은 밸류에이션에 관한 것이다. 우리가 투자하는 기업이 고퀄리티 기업이라고 하더라도 주가가 너무 비싸지지 않았나 하는 내용이다. 포트폴리오 기업의 밸류에이션이 지난 4년간 상승했다는 데는 의심의 여지가 없다. 나아가 밸류에이션 지표로 포트폴리오 실적을 투자자에게 보고하는 건 우리가 선호하는 방식이 아니라는 것도 사실이다. 주가 멀티플의 증가에는 한계가 있고 원상태로 되돌아갈 수 있기 때문이다.

하지만 밸류에이션 확장이 조만간 원상태로 되돌아간다거나 그 상태를 지속하지 못한다고 확신할 수는 없다. 현재 밸류에이션에 관한 우려를 이야기하거나 몇 년간 그렇게 해 온 이들은 우리에게 아무런 인상을 남기지 못한다. 물론 그들의 생각이 옳았다는 걸 입증할 때가 올 수도 있지만, 이들의 조언을 따랐다면 그 시점까지 매우 비싼 대가를 치러야 했을 것이다. 우리는 그 어떤 '마켓 타이밍' 판단도 하지 않는다. 원하는 유형의 기업에 펀드 자금을 온전히 투자하는 것이 목표다. 따라서 매수나 매도에 적절한 순간(또는 심지어 적절한 연도)을 맞히는 일에 전문성이 없다는 사실을 흔쾌히 인정한다. 그래서 자기가 마켓 타이밍을 할 수 있다고 생각하는 투자자에 비해 우위가 있다. 내 머릿속에 떠오르는 한 투자자가 적절한 예일 듯하다. 그는 펀드스미스가 출범할 때 타이밍이 좋지 않다는 이유로 우리에게 투자하지 않았다. 그러고는 지금 와서 우리가 낸 성과의 근거를 타이밍을 잘한 데서 찾고 있다. 그에게 전할 소식이 있는데, 우리는 출범 당시나 지금이나 그런 타이밍을 전혀 고려하지 않는다.

많은 이야기를 했는데, 밸류에이션의 어디까지 다뤘을까? 우리 포트폴리오의 가중평균 잉여현금흐름 수익률(기업이 창출한 잉여현금흐름

÷시장가치)은 당해 연도 초에 5.1%로 시작해 기말에는 4.5%를 기록했다. 그래서 밸류에이션 확장의 순풍을 다시 한번 탔지만, 국채 기대수익률과 비교해보면 여전히 우리가 괜찮다고 생각하는 수준 이상이다. 우리 포트폴리오 기업의 당해 연도 주당 잉여현금흐름 증가율은 평균 7.0%였는데, 자본적 지출도 7.8% 늘었다. 추가 자본 투입 없이 성장할 수 있는 산업을 아직 찾지 못했기 때문에 우리 기업이 자본적 지출을 상당히 늘렸다는 사실은 고무적이다.

펀드스미스의 잉여현금흐름 수익률 4.5%와 비교해 S&P 500 지수 비금융 섹터의 중앙값은 4.2%, 평균값은 3.4%였다. 한편 FTSE 100 지수 비금융 섹터의 중앙값은 4.4%, 평균값은 3.8%였다. 우리 투자 주식은 시장과 비교해봐도 가격 대비 가치가 그리 낮아 보이지 않는다. 특히 우리가 투자한 기업의 퀄리티가 높다는 점을 고려하면 더욱 그렇다. 물론 둘 다 비싼 것일 수도 있고, 둘 다 계속 비싸거나 더 비싸질 수도 있다.

2014년 펀드 실적에 긍정적으로 기여한 상위 다섯 개 기업은 다음과 같다.

닥터 페퍼 스내플	+3.3%
마이크로소프트	+2.3%
도미노피자	+2.0%
스트라이커	+2.0%
벡톤디킨슨	+1.7%

기여율 상위 다섯 개 기업 중 네 개(벡톤디킨슨, 도미노피자, 마이크로소프트, 스트라이커)가 작년과 마찬가지로 이 위치를 지켰다는 점에 주목할 만하다. 차익을 실현하면 돈을 잃을 일은 없다는 이론에 관해서는 이쯤 해두자.

부정적인 영향을 미친 하위 다섯 개 기업은 다음과 같다.

디아지오	−0.08%
스웨디시 매치	−0.05%
로레알	+0.01%
아마데우스	+0.22%
콜게이트 파몰리브	+0.24%

*참고: 여기서 기여율은 스테이트 스트리트 투자 분석과 같은 방식으로 계산된 각 종목의 펀드 수익률에 대한 총기여율이다. 좀 더 의미 있는 수치를 위해 목록에서 한 달 미만으로 보유한 종목은 제외했다.

음(-)의 기여율을 기록한 건 하위 다섯 개 기업 가운데 두 개(디아지오, 스웨디시 매치)에 불과했다. 스웨디시 매치는 2013년에도 기여율이 가장 낮은 기업이었기 때문에 당해 연도에 매도했다. 전자담배 개발이 담배 회사에 무조건 악재인 건 아니지만, 스웨디시 매치의 스누스Snus* 무연담배에 악영향을 미칠 수 있는 잠재적인 파괴적 변화라고 보았다. 우리는 파괴적 변화가 초래하는 가치의 영구 손실 가능성에 예민해서 대체로 그런 변화에 영향받을 가능성이 있는 기업에 투자하는 건 피하려 한다. 스웨디시 매치에 영향을 줄 수 있다고 걱정한 또 다른 파괴적 변화가 있는데, 바로 미국과 쿠바 관계의 해빙 분위기다. 스웨디

• 담뱃잎을 갈아 물을 섞고 소금을 넣은 후 맛을 더하고 촉촉함을 유지하기 위해 습윤제를 첨가해 제조한 무연담배의 일종.

시 매치가 미국에 비非하바나산 시가를 유통하기 때문에, 미국이 쿠바 통상 금지령을 해제한다면(그럴 가능성이 크다고 생각했다) 시가 사업이 잘되리라고 보기 힘들었다. 대다수 사람은 이 냉전 시대를 연상케 하는 조치를 옹호하는 근거를 대려고 애쓰겠지만, 그 논리의 일관성이 부족해서 오히려 풍자의 대상이 되어버린 듯하다. 관련해서 우리가 좋아하는 말이 있다. "열등한 시가를 피우게 함으로써 정권 교체를 이루려는 역사상 최초의 시도다." 스웨디시 매치 주식을 매도한 후 우리가 예견한 일이 실제로 일어나기 시작했다. 2014년 우리 포트폴리오에서 편출한 다른 종목은 그 해에 ADP에서 인적 분할한 자동차 딜러 관리 소프트웨어 회사 CDK 지분과 레킷벤키저가 물적 분할하면서 받은 제약사 인디비어 소액 지분뿐이었다.

당해 연도에 세 개 종목을 신규 보유하게 됐는데, 이 중 두 개는 기술 섹터에 속한다. 아마 파괴적 변화에 영향받을 가능성이 있는 기업은 피하려고 한다는 발언과 앞뒤가 안 맞다고 생각하는 중일 것이다(기술 섹터야말로 파괴적 변화의 온상 아닌가?). 하지만 우리의 새로운 투자 기업은 둘 다 최첨단 기술 분야 사업을 하지 않는다.

여러분은 이베이의 두 주요 사업 가운데 하나 또는 둘 모두를 잘 알고 있을 것이다. 하나는 신제품이나 중고품을 사고파는 마켓플레이스 사업 부문이고, 나머지 하나는 온라인 지급결제 서비스 선두 주자인 페이팔이다. 이른바 행동주의 투자는 기업 경영진이 주주 이해관계에 마땅한 관심을 기울이는 변화를 일으키는 데 그 존재 이유가 있다. 하지만 우리는 이런 활동의 가장 흔한 형태를 열렬히 지지하지는 않는다. 그 전형적인 방식은 다음과 같다.

- 행동주의자가 기업 지분을 확보한다.
- 행동주의자는 요란하고 공개적인 캠페인을 벌여 변화를 촉구한다. 그 변화란 기업 스스로 다른 기업에 매각하는 걸 시도하거나, 기존 사업 부문을 물적 분할 후 상장하는 방식으로 여러 기업으로 쪼개거나, 더 많은 부채를 조달하거나, 자사주를 매입하거나, 이들을 조합하는 식이다.
- 이런 활동에 애널리스트 집단이 흥분하면서 주가가 상승한다.
- 행동주의자는 이익을 보며 지분을 매도한다.
- 장기 투자자에게는 잘게 쪼개져버린 기업과 새로운 경영진, 레버리지 비율 증가, 분할 및 통합 비용, 수많은 조정을 거쳐서 이해 불가의 영역에 근접한 재무제표를 이해해야 하는 숙제가 남겨진다.

하지만 이베이 경우 행동주의자가 지분을 인수하고는 마켓플레이스와 페이팔 분할 방안에 대해 회사의 동의를 이끌어냈다. 우리도 페이팔이 다른 온라인 기업에도 지급결제 서비스를 제공하려면 두 사업을 분할하는 게 낫다는 의견에 동의한다. 이 발표가 있기 전에 이미 이베이 주식을 매수하고 있었으므로, 기업 분할이 우리 투자 의사결정의 주요 근거는 아니었다고 덧붙이고 싶다.

우리는 영국에서 가장 규모가 큰 소프트웨어 기업 세이지Sage 지분 매수를 시작했다. 세이지는 수백만 개의 중소 기업이 사용하는 소프트웨어라는 설치 기반을 갖고 있고, 미국을 제외한 회계 소프트웨어 시장의 지배적인 공급사다. 많은 소프트웨어 사업이 그러하듯 세이지도 고객이 상자 안에 담긴 디스크 형태의 소프트웨어를 선불로 구매하는 방식에서 온라인 구독 모델로 변화하고 있다. 그래서 궁극적으로 훨씬 더 좋은 사업이 되리라고 생각한다.

당해 연도 종료일 직전에 국제적인 시험·검사 기업 주식을 매수했다. 여기서 이름을 밝히지는 않을 텐데, 아직 원하는 규모만큼 매수하지 못했기 때문이다.

이로써 2014년 편입·편출 종목을 모두 다뤘다. 그중 일부, 즉 ADP 주주로서 받은 CDK 지분과 레킷벤키저 주주로서 받은 인디비어 지분 매도는 비자발적 거래였다. 그건 그것대로 괜찮은데, 당해 연도에 -8.4%라는 음(-)의 회전율을 기록하며 포트폴리오 회전율 최소화라는 목표를 다시 한번 달성했기 때문이다. 펀드 자금 유출입은 회전율 계산에서 제외되기 때문에(만약 계산에 포함했다면 신규 설정한 펀드는 자동으로 100% 이상의 회전율을 갖게 된다) 음(-)의 회전율 수치가 발생한다. 하지만 이 회전율 수치는 우리 투자 활동을 판단하는 데 그리 도움이 안 된다. 따라서 우리가 자발적 거래의 수수료로 총 9만 8,081파운드 또는 0.005%(0.5bp)를 지출했다는 사실이 더 와닿을지도 모르겠다.

이게 왜 중요할까? 비용을 최소화하는 데 도움이 되기 때문이고, 투자 비용의 최소화는 투자자가 만족스러운 성과를 얻는 데 핵심 역할을 하기 때문이다. 투자자나 평론가, 자문사는 연간 운용 보수·비용(AMC)이나 성과 보수 제외 총보수·비용 비율(OCF)에 초점을 맞추는 경우가 너무 많다. OCF는 AMC 외에도 펀드에 부과되는 몇 가지 비용을 포함한다. T클래스 배당재투자 펀드의 2014년 OCF는 1.09%였다. 문제는 OCF가 중요한 비용 구성 요소, 즉 거래비용을 포함하지 않는다는 데 있다. 매니저가 펀드에서 주식을 거래할 때는 브로커에게 내는 수수료와 대상 증권의 매수-매도 호가 스프레드, (일부 경우) 인지세가 발생한다. 이들은 OCF에 포함되지 않지만, 펀드 비용을 상당히 늘릴 수 있다.

내가 이 사실을 설명하려고 몇 번을 시도하든 관계없이, 어쩌면 설명하려는 내 시도 때문에 당황하는 투자자가 여전히 많다. 투자자가 돈을 버는 방법은 사실상 펀드가 보유한 기업 주식의 시세 차익과 배당금뿐이다. 거래비용은 투자 수익을 떨어뜨리므로 여러 펀드를 비교할 때 꼭 고려해야 한다.

펀드스미스는 거래비용을 포함하는 우리만의 총비용 기준을 투자총비용(TCI)이라는 이름으로 공개해왔다. T클래스 배당재투자 펀드의 2014년 TCI는 1.18%였는데, 자발적 거래뿐 아니라 모든 자금 유출입에 수반되는 거래비용을 포함한 수치다.

거래비용을 최소화하는 동시에, 훌륭한 기업 지분을 매도하며 우리가 저지르고 있을지도 모르는 실수를 피하고자 우리는 이런 주문을 외운다. "아무것도 하지 말고, 그냥 깔고 앉아 있자."

39.
'주주가치'란 정확히 무엇인가?

《파이낸셜 타임스》, 2015년 1월 9일

투자자라면 '주주'라는 말이 동일하게 들어간 두 용어를 들어본 적이 있을 것이다. 바로 '주주가치'와 '행동주의 주주'다.

2014년이 끝나갈 때쯤 우리는 한 행동주의 투자자한테서 연락을 받았다. 우리 포트폴리오 기업 한 곳의 지분을 보유한 사람인데, 몇 가지 제안이 있으니 논의해보자고 했다. 이들 제안은 해당 기업 스스로 경쟁사 한 곳에 매각해 '추가 주주가치를 창출해야 한다'라는 요구와 다름없었다.

이를 계기로 주주가치와 더 중요하게는 행동주의의 본질을 다시 생각하게 되었다. 이 글에 이어지는 다음 글에서 이 두 용어의 진정한 의미와 투자 업계에서 사용되는 방식에 대한 생각을 풀어보려 한다.

기업 경영자와 펀드매니저, 행동주의 투자자는 주주가치를 창출하거나 증대하는 데 헌신하겠다고들 말하면서도 그게 정확히 무슨 의미인지는 상세히 설명하지 않는다. 내 생각에는 기업이 최종 소유주의 부를 추가로 창출하고 있는지, 경영자가 그 목표 달성을 위해 적절하게 행동하는지에 관한 결정일 뿐이다. 하지만 이 정의에 모두가 동의하는지는 잘 모르겠다. 최근에는 이 개념이 금융 분야의 수많은 다른 개념처럼 잘못된 방식으로 사용되는 건 아닌지 의구심을 품게 됐다.

간단히 말해 내가 정의하는 가치 창출은 이익을 창출하려고 투입한 자본비용보다 큰 이익을 창출하는 것이다. 기업의 본질은 투자자와 같다. 연 10% 금리로 돈을 빌려 연 5% 투자 수익을 내는 곳에 투자한 사람은 갈수록 가난해진다. 대신 연 20% 투자 수익을 낼 수 있는 곳에 투자하면 갈수록 부자가 된다.

마찬가지로 기업도 자본비용보다 큰 이익을 꾸준히 달성하면 가치가 증가하고, 그 반대도 마찬가지다. 자본비용보다 높은 자본이익률을 지속할 수 있는 기업은 주주가치를 창출한다. 나아가 이익 전부를 배당금이나 자사주 매입에 사용하기보다 이익의 최소 일부라도 유보해서 그 높은 수익률로 재투자하려는 기업일 가능성이 크다.

여기서는 수익률을 '사용자본이익률(ROCE)'로 정의한다. ROCE는 기업 재무제표에서 꽤 쉽게 얻을 수 있는 수치로 계산할 수 있는데, 기본적으로 영업현금흐름을 주주자본과 순부채의 합으로 나눈 값이다.

기업 자본비용이 얼마인지 판단하는 게 훨씬 어렵다. 위 사례처럼 투자하기 위해 연 10% 금리로 돈을 빌리는 경우 자본비용은 꽤 명확하다. 기업의 부채비용 역시 재무제표 주석란에 나와 있거나 계산할 수 있기에 명확하다. 하지만 자기자본비용은 어떠한가?

자기자본비용을 추정하는 널리 알려진 방법은 이른바 자본자산 가격결정 모형Capital Asset Pricing Model을 활용하는 것이다. 그 머리글자를 따서 짧고 강력한 'CAPM'이라는 약자로 불린다. CAPM은 자기자본비용을 기업의 표시 통화와 동일한 국가의 국채 수익률로 간주하는 무위험 수익률에 위험 프리미엄risk premium을 더한 값으로 정의한다. 이 프리미엄은 무위험 수익률로 정의하는 국채 수익률과 비교해 주식에 투자해서 얻는 초과 수익률이라고 할 수 있다.

위 설명에도 불구하고 여러분의 관심이 아직 떠나지 않았다면 놀라운 일이다. 위에서 한 가지 문제가 드러나는데, 기업의 자본비용은 정의하기가 쉽지 않을뿐더러 그렇게 얻은 값도 잘해야 추정치에 불과하다. 게다가 금융 위기로 인해 최근 들어 문제가 한층 심각해졌다. 그 결과 일부 투자자는 국채가 정말 무위험 자산인지 의문을 품게 됐다. 동시에 초저기준금리와 양적 완화, 인플레이션 부재로 인해 채권 수익률은 사상 최저치를 넘어 음(-)의 영역에까지 진입했다.

자본비용을 정의하거나 계산하기가 간단하지 않은 탓에 가장 널리 받아들여지는 가치 창출 측정 방법이 바로 주당순이익(EPS)의 증가다. EPS는 세후 순이익을 발행 주식 수로 나눈 값이다. 이보다 간단한 계산이 있으려나? 그게 바로 이 지나치게 단순화한 실적 척도와 연관된 밸류에이션 지표, 즉 PER이 그토록 엄청나게 중요해진 이유일 것이다. 그 어느 애널리스트의 리서치 보고서를 보더라도 EPS와 PER을 언급한 부분을 수십 군데 발견할 수 있다(심지어 보고서 첫 장에 나오는 경우도 많다).

EPS와 PER은 간명한 지표이지만 몇 가지 심각한 결함이 있다. 가장 중요한 건 사용자본이나 이를 활용해 창출한 이익을 전혀 고려하지 않는다는 점이다. 테스코 사례에서 알 수 있듯이 기업의 EPS가 증가하면서도 더 많은 자본을 투자 수익률이 떨어지고 있거나 불충분한 곳에 투입하는 일이 얼마든지 벌어질 수 있다. 다시 말해 기업 이익이 증가하는 순간에도 주주가치는 파괴될 수 있다.

그래서 나는 가치 창출 척도로 ROCE를 선호한다. 물론 ROCE나 EPS 모두 그 증가가 곧바로 주가 상승을 부르지는 않는다. 내가 보기에 더 널리 사용되는 주주가치 창출의 정의는 주가 상승인 듯하다. 특히 행동주의 투자자 사이에서 그 경향이 두드러지는데, 다음 글에서 더 자세하게 다뤄보겠다.

40.
주주가치는 목표가 아니라 결과다

《파이낸셜 타임스》, 2015년 2월 6일

2부작 연재 중 첫 번째 글에서 '주주가치'에 대한 내 정의를 소개했다. 즉, 기업이 자본비용보다 높은 사용자본이익률(ROCE)을 지속할 수 있는가다. 이번에는 이 정의와 주주 행동주의를 연결지어 보려고 한다.

행동주의 주주가 기업에 관여하는 전형적인 방식은 다음과 같다.

1. 보통 장내 매수 방식으로 기업 지분을 확보한다.
2. 요란한 캠페인을 벌여 변화를 촉구한다. 그 변화란 기업 스스로 다른 기업에 매각하는 걸 시도하거나, 기존 사업 부문을 물적 분할 후 상장하는 방식으로 여러 기업으로 쪼개거나, 더 많은 부채를 조달하거나, 자사주를 매입하거나, 이들을 조합하는 식이다.
3. '주주가치를 창출'하고 모든 투자자에게 이득이 된다고 주장하는 이런 활동에 대한 흥분 속에 주가가 상승한다.
4. 이익을 보며 지분을 매도한다.

여기에 무슨 문제가 있느냐고 반문할지도 모르겠다. 물론 행동주의자 관점에서 보면 당연히 아무 문제가 없다. 하지만 우리 같은 장기 투자자와 시간이 지나면서 가치를 복리 성장할 수 있는 능력을 갖춘 기업 주식에서 이득을 보려는 투자자에게는 문제가 될 만한 요소가 많다. 우리에게는 잘게 쪼개져버린 기업과 새로운 경영진, 레버리지 비율 증가, 분할 및 통합 비용, 수많은 조정을 거쳐서 이해 불가의 영역에 근접한 재무제표를 이해해야 하는 숙제가 남겨진다.

이 행동주의 특유의 문제는 주주가치 창출과 주가 상승을 혼동하는 데서 비롯한다. 하나가 다른 하나로 이어지긴 하겠지만, 많은 행동주의자가 그러하듯 단기적인 주가 변동을 주 목표로 삼으면 기업과 장기 주주가 미래에 겪을 문제를 낳는 부작용이 반드시 일어난다.

여기까지 읽었으면 내가 비판하는 주요 대상이 단기 주가 차익을 거둘 수 있는 활동을 기업에 요구하는 행동주의자라고 생각할 수도 있다. 하지만 주주가치를 주창하는 이들도 수많은 결함이 있으며, 이는 주주가치 창출을 측정하는 방법에서 내 관점을 받아들인 사람도 예외는 아니다.

주주가치 창출 측정 지표가 경영 목표가 되어버리는 경우가 너무 많다. ROCE는 어쨌거나 하나의 재무 비율일 뿐이다. 이를 향상하기 위해 경영진은 분자값을 늘리거나 분모값을 줄이거나, 그 둘을 다 하는 데 집중한다.

분자는 보통 영업이익인데, 가격을 올리거나(시장점유율을 잃거나 경쟁사가 도약할 수 있는 발판을 제공한다) 비용을 떨어뜨리거나(성장원이 될 가능성은 작다) R&D나 마케팅 지출을 줄이는 방식(기업 가치에 장기적인 손상을 초래한다)으로 값을 늘릴 수 있다.

분모의 경우 경영진은 부채를 조달해 자사주를 매입하는 것과 같이 '자기자본비율을 떨어뜨리는de-equitising' 방법으로 사용자본을 줄이려고 한다.

하지만 높은 ROCE의 방식으로 주주가치를 향상하려는 노력이 여러 문제를 낳을 수 있다고 하더라도, 주당순이익(EPS) 증가를 목표로 삼을 때 일어나는 문제와 비교하면 아무것도 아니다. EPS에 대한 집착은 자사주 매입을 향한 열광이 계속 커지는 요인 중 하나다. 제로 금리 시대에는 보유 현금을 줄이거나 부채를 늘리는 자사주 매입도 'EPS를 증가시킨다'고 주장하는 사람이 있다. 안타깝게도 자사주 매입은 축소된 주주 기반에 가치를 불어넣지 못한다.

전설적인 헤지펀드 매니저인 스탠리 드러켄밀러Stanley Druckenmiller는 주주가치 지표를 끌어올리려는 잘못된 판단에서 나온 행동을 언급하며 IBM을 '포스터 어린이poster child'라고 칭했다.

지난해 IBM은 2015년까지 EPS를 20달러로 끌어올리겠다는 목표 달성을 포기했다. 2014년 3분기까지 누적 10.76달러밖에 달성하지 못했기 때문이다. 이 컴퓨터 서비스 기업은 2010년 5월에 'IBM 2015년 로드맵'을 발표하면서 2010년 11.52달러였던 EPS를 2015년까지 20달러로 끌어올릴 방법을 제시했다.

IBM이 설령 목표치를 달성한다손 치더라도 다른 모든 투자자가 도대체 왜 그 목표에 감명받아야 하는지 이해가 안 된다. 사람들에게 반복해서 말하는 데 싫증 나지 않는 내가 여러 번 말했듯이, EPS는 사용자본이나 이를 활용해 창출한 이익을 전혀 고려하지 않는다.

- 어떤 일의 전형으로 여겨지는 인물을 뜻한다.

IBM '로드맵'은 EPS 증가로 가는 여러 '다리'를 설명했다. 기업 인수를 포함한 매출 증가를 통해 약 40%를, '영업 레버리지'(우리 언어로는 비용 절감)로 약 30%를, '자사주 매입'으로 30%를 이뤄내겠다고 했다.

기업 인수와 비용 절감, 자사주 매입은 그리 퀄리티가 높은 성장원이 아니다. 비용 절감과 자사주 매입은 분명 한계가 있다. 사업 규모를 축소해서 성장할 수 있는 기업은 없다.

IBM이 맞이한 그리 좋지 않은 결말은 사실 그렇게 될 수밖에 없었다. 투자자와 경영진은 주주가치 창출은 결과로 얻는 것이지, 목표가 아니라는 사실을 깨달아야 한다.

41.
천국에 이르는 세 계단

피델리티, 2015년 2월 27일

〈천국에 이르는 세 계단Three Steps to Heavens〉은 에디 코크런Eddie Cochran 사후에 발표해 최고의 인기를 누린 곡으로, 쇼와디와디Showaddywaddy가 리메이크하기도 했다. 우리에겐 펀드스미스 에쿼티 펀드의 투자 과정에서 바탕을 이루는 원칙을 가리키는 말이다.

1. 훌륭한 기업에 투자하라.
2. 비싸게 사지 마라.
3. 아무것도 하지 마라.

1. 훌륭한 기업에 투자하라

훌륭한 기업은 전체 경기 사이클에 걸쳐 자본비용보다 꽤 높은 자본이익률을 달성하여 주주가치를 창출한다. 여기서 자본이익률은 보통 기업의 영업이익을 사용자본으로 나눈 값을 백분율로 표시한 수치다.

그렇다면 자본비용은 무엇인가? 부채비용을 파악하기는 쉽다. 재무제표에서 회사채 비용에 관한 정보를 확인할 수 있는데, 은행 차입금이 있다면 이자비용을 기초와 기말 부채 잔액의 평균값으로 나눠서 부채비용을 구할 수 있다. 하지만 자기자본비용은 알아내기 더 까다롭다. 보통은 기업의 표시 통화와 같은 국가의 국채 수익률로 간주하는 무위험 수익률에다가 주식의 고유 위험에 대한 보상인 위험 프리미엄을 더해서 구한다. 이 약간은 복잡한 공식을 보면, 자기자본비용을 계산해보려는 투자자가 왜 거의 없는지 부분적으로나마 이해할 수 있다.

자본비용이 왜 중요한가? 기업은 어떤 면에서 보면 투자자와 똑같다. 연 10% 금리로 돈을 빌려 연 20% 투자 수익을 내는 곳에 투자한 사람은 갈수록 부자가 된다. 반면 연 5% 투자 수익을 낼 수 있는 곳에 투자하면 할수록 가난해진다. 마찬가지로 기업도 자본비용보다 큰 이익을 내면 가치가 증가하고 주주가치를 창출하며, 그 반대도 마찬가지다.

하지만 모든 기업이 주주가치를 창출하지 않나? 안타깝게도 그렇지 않다. 고질적으로 자본비용보다 작은 이익을 낼 수밖에 없는 산업이 일부 존재한다. 산업이 형성된 이후 주주가치를 창출한 적이 거의 없었던 항공산업이 대표적이다.

그런데 그 업계 전반이 가치를 계속 파괴하는 게 분명한데도 불구하고 거기에 투자하려는 사람은 무슨 생각일까? 불충분한 이익 때문에 가치를 파괴하는 기업에 투자하는 펀드매니저는 그 기업의 변화를 희망한다. 경영진 교체나 경기 사이클 변동, 기업 인수 제안, 산업 내 통합consolidation 같은 일이 형편없는 펀더멘털 특성을 바꿔놓으리라고 기대하는 것이다. 펀드매니저가 형편없는 기업에 투자하고는 일이 잘 풀릴 때까지 기다리는 동안 가치는 꾸준히 스러진다. 이는 주주인 여러분에게 돈을 빌려 불충분한 투자 수익률을 내는 곳에 투자하는 것과 마찬가지다.

훌륭한 기업 주식을 보유하면 시간이 갈수록 가치가 증가하리라고 확신해도 된다.

2. 비싸게 사지 마라

성공적인 투자의 비결은 싸게 사서 비싸게 파는 것인지도 모른다. 하지만 훌륭한 기업 주식을 산다면 두 번째 구절은 잊어도 무방하다. 큰 이익이 시간이 갈수록 복리 성장하는 훌륭한 기업으로 구성된 포트폴리오를 가졌다면, '더 큰 바보 이론'에 참여할 수가 없다. '더 큰 바보 이론'이란 비싸게 산다는 걸 알면서도 더 큰 바보에게 터무니없는 밸류에이션에 되팔 수 있으리라고 기대하는 것인데, 훌륭한 기업의 주식은 계속 보유하려고 할 것이기 때문이다. 그리하여 천국으로 가는 세 번째 계단으로 이어진다.

3. 아무것도 하지 마라

우리 전략에서 여러모로 가장 힘든 지점이다. 펀드매니저는 운용의 활동성을 근거로 투자자에게 보수를 받는 듯 행동하지만, 사실 보수의 근거는 운용 실적이다. 이는 보통 대가大家와 같은 비활동성을 통해 향상할 수 있다. 거래 활동은 수수료와 매수-매도 호가 스프레드, 영국 주식의 경우 인지세를 수반하기 때문이다.

42.
소고기는 어디 있어?
맥도날드의 불확실한 회복

《파이낸셜 타임스》, 2015년 5월 22일

"소고기는 어디 있어?Where's the beef?"는 미국에서 유명한 캐치프레이즈다. 원래 패스트푸드 체인점인 웬디스Wendy's가 1984년 TV 광고에 사용했던 문구인데, 이후 어떤 생각이나 사건, 제품의 본질에 의문을 제기할 때 사용하는 만능 표현이 됐다. 현재 맥도날드가 처한 곤경을 아주 적절하게 표현한 말이라는 느낌이 든다.

세계 최대 패스트푸드 기업인 맥도날드가 심각한 문제를 겪고 있다. 글로벌 동일점포 매출same-store sales*은 네 분기 연속 감소하며 최근 아홉 분기 중 여섯 분기에서 감소했다.

미국 동일점포 매출은 여섯 분기 연속 감소했다. 유럽 역시 네 분기 연속 감소하며 최근 열 분기 중 일곱 분기에서 감소했다. 비위가 약하다면 맥도날드의 일본 매출에 무슨 일이 일어났는지는 안 듣는 게 나

* 일정 기간 이상 운영한 점포의 월 매출을 전년도 동월 매출과 비교한 증가율.

을 것이다.

어쩌면 미국 맥도날드 방문 고객 수가 2013년 전년 대비 1.6% 감소한 데 이어 2014년에도 4.1% 감소했다는 사실이 더 안 좋은 상황일 수도 있다. 유럽 방문 고객 수는 2013년 전년 대비 1.5% 감소했고 2014년에 2.2% 감소했다.

개발도상국에서의 사정도 그리 나아 보이지 않는다. 아시아·태평양과 중동, 아프리카의 동일점포 매출은 최근 열 분기 중 여덟 분기에서 감소했고, 방문 고객 수도 2013년 전년 대비 3.8%, 2014년에 4.7% 감소했다.

다시 말해 맥도날드를 찾는 사람이 점점 줄어드는 데다 그 감소 속도가 빨라지고 있다.

일부 평론가는 '정크 푸드junk food'라는 경멸적 용어를 사용하면서 섹터 전체에 문제가 있다고 믿게 했다. 하지만 도미노피자는 2015년 3월 말에 종료된 1분기 미국 동일점포 매출이 전년 동기 대비 14.5% 증가했다고 공시했는데, 좋은 실적을 낸 기업이 도미노피자만 있는 것도 아니었다.

아울러 경제를 탓할 수도 없다. 맥도날드는 2009년에 동일점포 매출이 전년 동기 대비 3.8% 증가했고, 2008년에는 6.9% 증가했다. 아울러 2008~2009년에는 월간 동일점포 매출이 모두 증가하는 기록을 달성했다.

패스트푸드 섹터 전체가 아니라 맥도날드의 펀더멘털에 문제가 있다는 게 팩트다. 이 문제는 맥도날드의 모든 사업 지역에 영향을 미치며 더 악화되고 있다.

그래도 맥도날드는 회사에 문제가 있다는 사실을 파악했다. 그 결과 영국 사업부를 이끌며 비교적 성공을 거둔 스티브 이스터브룩Steve Easterbrook을 신규 CEO로 선임하고, 으레 등장하기 마련인 '턴어라운드 계획turnround plan'을 IR 콘퍼런스에서 발표했다.

콘퍼런스에 앞서 배포된 보도자료를 보자마자 이 계획이 불안하다는 생각이 들기 시작했다. 새 CEO가 세 개 층위로 이뤄진 맥도날드의 우선순위를 알아냈다는 내용이었다. "운영 효율을 개선하고 브랜드에 즐거움을 되찾으며 재무적 가치를 증대한다." 다음 내용도 이어졌다. "성장주도형 운영 개선 전략에서 아주 중요한 첫걸음은 효과성과 효율성을 강화하면서 더 신속한 고객 지향형 의사결정을 하는 것이다." 내가 이 말뜻을 제대로 이해한 건지 확신할 수 없지만, 그는 무슨 수로 이 목표를 달성할 수 있을까?

그리고 턴어라운드 계획이 늘 그렇듯 맥도날드도 사업을 네 개 부문으로 구조조정하겠다고 한다. '미국'에 더해 '국제적 선도 시장'과 '고성장 시장', '기초 시장' 부문이 신설된다. 보고 부문을 재조정하는 게 무슨 도움이 된다는 건지 이해할 수 없다. 문득 '타이태닉Titanic호 갑판 의자 재배치 증후군'*이라는 용어가 떠오른다.

'음식'은 보도자료에 전혀 등장하지 않았고, '햄버거'는 단 한 번 언급됐다는 점에 주목하자. 그것도 '햄버거 회사burger company'라는 표현에서였다.

경영 컨설팅 용어사전에서 발췌한 듯한 어휘 사용은 CEO 발표 자리에서도 계속됐다. "우리는 핵심 시장에서 턴어라운드를 시도하면서 규모와 경쟁력을 레버리지하고 일상생활에 파괴적 변화를 일으키며

* 문제 해결과 전혀 상관없는 무의미한 행동.

더 명확한 브랜드를 구축하는 전략을 수립할 것입니다. 또한 지역 사회와의 깊은 관계를 맺기 위해 우리의 사회적 목적에 부합하도록 중요한 문제에 관해 더 진보적인 관점을 취할 것입니다." 아직도 '음식'을 언급하지 않았다는 점을 기억하자.

내가 보기에 맥도날드가 가장 먼저 고민해야 할 문제는 목표 고객이 맥도날드가 파는 음식을 좋아하는지, 아니라면 이유는 무엇인지, 그 문제를 해결하려면 무엇을 해야 할지 파악하는 것이다. 도미노피자는 2009년에 그렇게 했다. "종이박스가 피자보다 맛있다" 같이 회사의 약점을 드러내는 고객 설문조사 결과를 발표하면서 피자 퀄리티가 형편없다는 사실을 아주 공개적으로 인정했다. 진정 변화하려는 의지가 있는 기업만이 그렇게 할 수 있다. 그 후로 도미노피자는 좋은 결실을 거뒀다.

하지만 다른 모든 것보다 중요한 단 하나의 문제, 바로 음식에 초점을 맞추지 않는 태도를 맥도날드 경영진 탓으로만 돌릴 수는 없다. 애널리스트·투자자 집단도 책임을 면할 수 없다. 그 이유를 설명하기 위해 맥도날드 CEO의 발표가 끝난 뒤에 이어진 질의응답 시간에 애널리스트가 질문한 세 가지를 순서대로 옮겨보겠다.

1. 첫 번째 질문자는 계획대로 증가하고 있는 프랜차이즈 점포 비중이 주당순이익을 끌어올릴지 떨어뜨릴지 질문했다.
2. 두 번째 질문자는 높아진 프랜차이즈 점포 비중을 활용해 맥도날드가 더 높은 부채 수준을 감당할 수 있어야 한다고 제안했다.
3. 세 번째 질문자는 운영 회사 OpCo와 부동산 회사 PropCo 구조 도입을 고려하는지 물었다. 이는 '부동산 회사'가 기업의 부동산을 소유하면서 '운영 회

사'에 임대하고는 기업 소유 부동산의 '가치를 증대'하기 위해 '부동산 회사'를 매각하는 방식을 의미한다.

다시 말해 이들 애널리스트는 모두 금융공학에 관심이 있는 듯했다. 고객이 원하는 것을 팔지 않으면 아무리 많은 금융 묘기를 부린다고 한들 영구적 가치를 창출할 수 없다는 사실을 깨달은 것 같지는 않다. 애널리스트의 금융 꼼수에 대한 집착과 마주하면, 동일한 시각을 일부 공유할 뿐인 경영진을 전적으로 비난하기는 힘들 것이다.

맥도날드나 잠재적 '턴어라운드' 상황에 놓인 다른 기업에 투자를 고려하고 있는가? 기업의 제품이나 서비스를 개선할 필요성에 관해 기본을 갖춘 방식으로 말하는 CEO를 만나기 전까지는 한걸음 뒤로 물러나기를 권한다. 바로 "소고기는 어디 있어?" 질문에 답할 수 있는 사람 말이다.

43.
경마 베팅에서 500번 승리한 알렉스 버드의 교훈

《텔레그래프》, 2015년 6월 12일

"그들은 모든 것이 끝났다고 생각합니다…They think it's all over…." 축구 해설자 케네스 볼첸홈Kenneth Wolstenholm이 1966년 월드컵 결승전 종료 직전에 했던 이 말은 대중문화 일부가 되어 널리 사용하는 표현으로 자리 잡았다. 하지만 스포츠 세계에서 배우려는 투자자가 얼마나 드문지 알고는 깜짝 놀랐다. 스포츠가 우리에게 가르쳐주는 게 너무나 많은데 말이다.

펀드스미스 에쿼티 펀드를 운용하면서 우리는 필수 소비재와 의료 장비, 프랜차이즈처럼 몇 안 되는 섹터에서 오랫동안 성공을 구가해 온 기업에 투자하려고 한다.

그러면 사람들은 보통 이렇게 말한다. "아, 승자를 고르려고 하는군요." 사실 우리는 누가 승리할지 예측하기보다, 이미 승리한 기업에 베팅한다.

우리가 하려는 걸 설명하기 위해 경마 세계로 눈을 돌려 보자. 전문 도박사인 알렉스 버드Alex Bird는 사진 판정에 베팅해 부자가 됐다. 그의 자서전인 《알렉스 버드: 전문 도박사의 삶과 비밀Alex Bird: The Life and Secrets of a Professional Punter》에서 더 자세한 이야기를 알 수 있다.

버드가 활동했던 시절에는 사진 판정이 디지털 방식으로 이뤄지지 않았기 때문에 필름을 현상하고 결과를 확인하는 데 몇 분이 걸렸다. 그 사이 마권업자는 쉬지 않고 사진 판정 결과를 두고도 베팅했다.

버드는 마권업자가 이미 일어난 일에 베팅해서는 안 된다는 업계 기본 원칙을 어기고 있다는 사실을 깨달았다. 결과를 아는 누군가가 여러분을 빈털터리로 만들 수 있기 때문이다.

전하는 바에 따르면, 성 제임스 궁전 인근의 마권업자는 베팅을 좋아했던 엘리자베스 왕대비가 살아있을 때 왕실 아기 이름을 놓고도 베팅했다가 역경을 겪으면서 이 사실을 깨우쳤다.

버드는 경주마들이 함께 결승선을 통과할 때면 멀리 있는 말이 승리한 것처럼 보이는 경우가 많다는 사실을 알아냈다. 버드가 발견한 것은 '시차parallax, 視差', 즉 서로 다른 두 시선으로 바라볼 때 사물의 겉보기 위치에 발생하는 차이였다.

그는 시차를 이용하는 간단한 기법도 생각해냈다. 결승점에 최대한 가까이 서서 한쪽 눈을 감고는 경주로를 가로질러 결승선 위에 가상의 선을 그리는 방법을 통해 실제로 승리한 경주마를 정확히 알 수 있었다. 이후 20년 동안 이 간단한 시스템을 이용해 부자가 됐고, 알려지기로는 경마 베팅에서 500번 연속 승리했다.

금융 세계에서도 이런 일이 일어날 수 있다. 워런 버핏이 오직 미국 주식에만 투자하던 행보를 끝내고 영국 주식을 처음으로 매수했다고 발표했을 때, 도박사는 그 종목이 무엇인지를 두고 베팅했다. 버크셔 해서웨이의 브로커처럼 수많은 중개자가 그게 무슨 기업 주식인지 이미 알고 있었다는 걸 고려하면 아주 위험천만한 베팅이었다.

이 모든 게 투자와 무슨 관련이 있을까? 펀드스미스는 경주마의 최근 성적을 공부하고 출전 경주마를 관찰한 다음 베팅하는 대다수 경마 도박사의 방식처럼 승자 주식을 고르려는 게 아니다.

그보다는 알렉스 버드를 모방하려 한다. 우리는 승자가 누구인지 알기 전까지 기다리고, 마권업자가 자신에게 승산이 없는 베팅을 할 때까지 또 기다린다. 물론 우리에게 마권업자는 경마장에 있는 사람이 아니라 주가를 잘못 책정하는 시장이다.

특정 제품 부문에서 성공을 거두고 지배력을 확보했다는 의미에서 승리했는지 추측할 필요가 없는 기업도 일부 존재한다. 세계 최대 식음료 기업인 네슬레는 지난 148년간 사업을 하면서 단 한 번의 적자만 기록했다. 콜게이트 파몰리브의 세계 치약 시장 점유율은 45%이고 칫솔 시장 점유율은 35%다. 또한 액체 비누 시장 점유율 1위, 반려동물 사료 시장 점유율 3위를 기록 중이다. 시장이 이런 기업 주식의 가격을 잘못 책정할 때까지 그저 기다리기만 하면 승자에게 베팅하는 기회를 잡을 수 있다.

그런 상황이 발생하는 원인은 다양한데, 예컨대 2008~2009년 전체 시장이 경험했던 패닉이 일어나는 경우다. 아울러 경기 회복을 감지한 투자자가 잘 알려진 승자를 내다 버리고 회복 장세에서 주가가 크게 오를 듯한 종목(경기 순환주나 금융주, 경기 회복 수혜주, 부채비율이 높은 기업)으로 갈아탈 때 기회가 만들어지기도 한다.

제품 고유의 문제에 대한 우려일 수도 있다. 예컨대 콜라를 둘러싼 문제나 치약에 든 미세플라스틱, 분유 안전 공포 등이다. 최근 스위스 프랑의 가치 상승과 같은 통화가치 변동도 한몫한다. 그 결과 네슬레 주가는 10% 이상 하락했는데, 네슬레 사업의 98%는 스위스가 아닌 지역에서 이뤄진다.*

이 모든 상황의 결과 승자의 지속가능한 이익을 반영하지 않는 수준까지 밸류에이션이 하락한다면, 확실한 승자에 투자할 기회가 만들어진다.

* 스위스 중앙은행이 2015년 초에 3년여간 유지해온 유로-스위스 프랑 환율 페그제(자국 통화의 환율 고정 제도)를 포기하면서 유로-스위스 프랑 환율은 급락하며 스위스 프랑의 가치는 급등했다. 수출 기업이라는 이미지가 강한 네슬레는 수출 실적이 약화하리라는 우려에 주가가 하락했다.

44.
알렉스 퍼거슨 경의 성공이 주는 교훈

《텔레그래프》, 2015년 6월 19일

투자자는 스포츠 세계에서 배울 수 있는 게 아주 많다. 지난주에 전문 도박사 알렉스 버드가 경기가 끝난 뒤 경마에 베팅해 부자가 된 방법을 살펴봤다.

그 이야기의 교훈은 어느 경주마가 승리할지 예측하지 말고 이미 승리한 경주마에 베팅할 방법을 찾아내라는 것이다. 스포츠나 투자나 성공의 중요한 원칙은 성공에서 운의 영역을 줄이는 것이다.

축구에도 좋은 예시가 있다. 미국 스포츠 아카데미United States Sports Academy가 조사한 축구 경기 데이터를 보면, 페널티 구역 내 득점이 전체의 90% 이상이었다. 이런 통계 자료를 접한 합리적인 선수는 더 이상 페널티 구역 밖에서 슛하지 않을 것이다.

이를 투자 세계에 어떻게 적용할 수 있을까? 많은 투자자는 어떤 섹터에서 최고 승자가 될 만한 기업을 예측하는 데 시간을 쓴다. 특히 기술 섹터에서 그 경향이 강한데, 이 섹터의 발전을 예측하기란 무척 어려운데도 말이다.

아래 표는 겨우 30여 년 전 상위 10개 소프트웨어 기업을 보여 준다. 한 기업을 제외하고는 거의 사라졌다. 소프트웨어 섹터에서 장기 승자를 예측하는 건 극도로 어렵다. 당대에 이미 선두 주자인 기업을 고르더라도 예측대로 들어맞기 어려운데, 스타트업과 창업 초기 기업에 투자하고 있다면 그 확률은 어떻겠는가?

1984년 상위 10개 소프트웨어 회사

1. 마이크로소프트	6. 애쉬튼-테이트 Ashton-Tate
2. 비지코프 VisiCorp	7. 피치트리 Peachtree
3. DRI	8. SPC
4. 마이크로프로 Micropro	9. CAR/소심 Sorcim
5. 로터스 Lotus	10. 퍼펙트 Perfect

생명공학이나 제약 섹터의 임상시험 결과를 보면 위 질문의 답을 얻을 수 있다.

신약과 관련한 임상시험은 보통 제0상부터 제3상까지 네 단계로 분류한다. 이 네 단계를 모두 통과해야만 일반 대중의 신약 사용을 허가하는 국가 규제 당국의 승인을 받을 수 있다.

KMR 그룹이 2012년에 발표한 연구는 세계 최대 제약사 13개 기업의 2007~2011년 신약 개발 성패에 관한 데이터를 이용했다. 연구는 사전 임상시험 단계의 신약 중 97%가 통과하지 못하고, 이를 통과한 소수의 신약도 다음 제1상 단계에서 95%가 통과하지 못한다는 사실을 발견했다. 제1상을 통과한 극소수도 제2상에서 88%가 통과하지 못하지만, 제3상의 확률은 훨씬 좋아져서 마지막 단계까지 오는 데 성공한 신약의 최종 승인율은 54% 정도였다.

어떤 신약이 사전 임상시험 단계에서 모든 단계를 통과할 확률은 1만분의 1이다(수학에 관심 있는 사람을 위해 계산 과정을 적어 보면, $(1-0.97) \times (1-0.95) \times (1-0.88) \times (1-0.46) = 0.0001$이다). 생명공학 기업에 투자하며 임상시험 초기 단계에서 승자를 고르려는 건 신체 접촉이 많은 풀콘택트full-contact 스포츠와 다름없다.

또한 경영진 교체를 보고 기업의 전망을 어느 정도 파악할 수 있다. 스포츠팀이 감독을 교체하는 것과 마찬가지다.

알렉스 퍼거슨 경Sir Alex Ferguson이 27년간 프리미어리그 13회 우승과 FA컵 5회, 리그컵 4회, 커뮤니티 실드 10회, UEFA 챔피언스리그 2회, UEFA 슈퍼컵·인터콘티넨털 컵·FIFA 클럽 월드컵 1회 우승이라는 성적을 거둔 후 맨체스터 유나이티드Manchester United 감독직에서 은퇴했을 때 어떤 미래를 예상했는가?

데이비스 모예스David Moyes와 같이 이른바 '호스피털 패스hospital pass'를 받아 오래 못 가는 후계자가 나오는 것도 당연하다. 1년이 채 안 되는 모예스 재임 기간에 맨체스터 유나이티드는 커뮤니티 실드에서만 우승했을 뿐이다.

테리 레이히 경이 테스코 CEO에서 은퇴했을 때도 비슷했다. 테리 경이 온갖 찬사를 받으며 14년 만에 물러난 자리를 필립 클라크가 이어받았는데, 그는 겨우 3년 후에 물러났다. 그 3년도 이익 경고와 식품 오염 공포, 회계 스캔들로 얼룩졌다.

이 모든 일이 클라크 때문이라고 말하려는 건 아니다. 내가 보기에

• 럭비 등에서 상대편 선수의 태클로 인해 다칠 수도 있는 장거리 패스.

문제의 근원은 레이히 재임 시절에서 찾을 수 있는데, 카리스마 넘치는 리더가 떠나자 곧 실체가 드러났을 뿐이다.

마찬가지로 짐 스키너Jim Skinner CEO가 맥도날드의 영광을 회복시킨 공로를 인정받으며 '올해의 CEO'로 선정된 2012년에 8년 임기를 마치고 사임한 이후 일어날 일을 예측하는 건 그리 어렵지 않았다. 후임자인 돈 톰슨Don Thompson은 의무 기한 3년을 채우고는 자기 실패를 인정했다.

이 글의 요점은 맥도날드나 맨체스터 유나이티드, 테스코가 내리막길로 들어선 책임이 누구에게 있는지 따지려는 게 아니다. 오랫동안 재임하며 눈부신 성공을 거둔 CEO가 기업을 떠날 때 투자자는 축구팬과 마찬가지로 조심해야 한다.

옛말마따나 거대한 참나무 아래에서는 도토리가 잘 자라지 않는 법이다.

45.
채권형 주식: 가지지 않고 배길 수 있을까?

《파이낸셜 타임스》, 2015년 6월 26일

워런 버핏이 언젠가 "아주 좋은 가격에 적당한 기업을 사는 것보다 아주 좋은 기업을 적당한 가격에 사는 것이 훨씬 낫다"라고 말했다. 나는 훌륭한 기업에 관한 버핏의 표현에 동의한다. 버핏이 1979년 연례 주주 서한에 쓴 문구를 인용하자면, "기업 경영 실적을 판단하는 주요 척도는 지나친 레버리지나 회계 속임수 같은 것을 사용하지 않고 사용자기자본 대비 큰 이익을 냈는가지, 주당순이익(EPS)이 꾸준히 증가하는가가 아니다."

버핏이 말하는 건 자기자본이익률(ROE)이다. 전 세계에서 가장 성공한 투자자가 무려 35년도 더 전에 가르침을 줬는데도 대다수 투자자는 그의 조언을 계속 무시해왔다. 버핏이 주장한 길을 따라 투자하려는 투자자(나를 포함해서)는 그런 특성을 가진 기업 주식은 너무 비싸다는 비판을 마주한다. 이에 관한 우려는 최근 극에 달해, 미국 금리가 상승하면 이른바 '채권형 주식'에 일어날 일에 관한 경고가 쏟아지고 있다. '채권형 주식'은 안정적이고 예측 가능한 이익을 내는데도 대부분의 채권 시장보다 배당수익률이 높은, 결정적으로 시간이 갈수록 배당수익률이 증가하는 필수 소비재와 유틸리티utilities 기업을 지칭하는 별명이다.

금융 위기 발발 후 정부가 양적 완화 정책을 펴면서 채권 시장은 급등세를 겪었다. 그동안 각국 중앙은행은 자국 국채를 사들이는 데 돈을 쏟아부었고, 디스인플레이션disinflation* 환경이 지배적이었던 결과 그 자매 격인 제로 금리 정책으로 이어졌다. 채권 수익률이 갈수록 하락하는 듯한 상황을 마주하자 투자자는 주식 자산, 특히 '채권형 주식'으로 몰려들었다. 금리가 상승하면 무슨 일이 생길지, 그게 언제일지가 문제다. 금리가 상승하면 채권 수익률이 상승하고 채권형 주식으로 분류된 주식의 실적은 좋지 않을 것이다. 나는 좀 덜 단순화한 접근법을 제시하려 한다.

금리가 상승한다는 전제에서부터 출발해보자. 결국 금리는 오를 수밖에 없지만, 언제, 얼마나 오를지 예측하는 건 쉬운 일이 아니다. 여기서 '언제'가 문제인데, 이런저런 사건을 타이밍 하려다가 실적이 박살난 훌륭한 펀드매니저가 많다. '얼마나'도 문제다. 내가 보기에 우리는 여전히 미약한 경제 회복을 동반한 디스인플레이션 환경에 처해 있다. 따라서 금리가 상승하더라도 그 상승 폭은 과거 경기 회복기를 경험한 우리가 예상하는 정도에 못 미칠 수 있다. 물론 단기 금리는 0 이하로 하락하거나 상승할 수 있다. 하지만 단기 금리는 채권과 주식의 가치 평가에서 장기 금리만큼 중요하진 않다. 나아가 변동 폭이 그

* 물가가 오르는데도 물가상승률이 둔화하는 현상이나 인플레이션을 억제하기 위해 통화량과 물가를 현재 수준에서 안정시키려는 통화 정책.

리 크지 않은 30년 만기 미국 국채 수익률은 이미 3% 이상이다.

이 시나리오에서 채권형 주식이 우려스럽다면, 이를 매도한 대금을 어디에 투자할지 자문해 보는 것도 좋다. 현금으로 보유할까? 여러분의 타이밍 능력에 행운이 깃들길 빈다. 채권에 투자할까? 나라면 그러지 않겠다. 아니면 다른 주식을 살까? 좋은 선택일 수도 있지만, 현재 S&P 500 지수의 PER이 19배인 걸 볼 때 주가가 그리 싸다고 할 수는 없다. 게다가 대다수 주가 지수는 채권형 주식보다 경기 변동에 더 민감하게 반응하는데, 금리 상승 환경에서 안전한 도피처라고 하기엔 아주 흥미로운 선택이 될 것이다. 한 가지 확신할 수 있는 건 지수 구성 종목의 퀄리티는 채권형 주식과 같지 않다는 점이다.

버핏의 사업 파트너 찰리 멍거가 이 주제로 했던 말을 인용해 보자.

> 장기적으로 볼 때 주식에 투자해서 그 기초 사업의 실적을 훨씬 앞서는 투자 수익을 내기는 힘들다. 40년간 6% 자본이익률을 내는 기업 주식을 40년간 보유한다면 투자 수익률은 6%와 크게 다르지 않을 것이다. 처음에 아주 저렴한 가격에 매수했더라도 마찬가지다. 반대로 20~30년간 18% 자본이익률을 내는 기업 주식을 보유한다면 비싸 보이는 가격에 매수했더라도 정말 굉장한 성과를 달성할 수 있을 것이다.

나는 멍거가 언급한 두 사례 모두에 동의한다. 직장에 취업한 20대 시절부터 은퇴할 때까지 40년간 투자 후 보유할 수 있는 두 가지 잠재 투자안을 한번 보자. A 기업(채권형 주식)의 동기간 사용자본이익률(ROCE)은 연 20%다. 성장 기회가 풍부하고 ROCE와 동일한 수익률로 이익 전부를 재투자할 수 있다. 그럼에도 불구하고 단점이 있는데,

주가가 싸지 않아서 A 기업 주식을 매수하려면 장부가치의 네 배를 지불해야 한다. 이게 다가 아니다. 40년 기간 끝에 매도할 시점에는 밸류에이션이 반토막 나서 장부가치의 두 배 가격에 팔 수밖에 없다.

B 기업(시장)의 동기간 ROCE는 10%고, A 기업과 마찬가지로 이익 전부를 ROCE와 동일한 수익률로 재투자한다. 게다가 B 기업을 선택한 투자자는 타이밍 관점에서 운이 훨씬 좋다. 주식을 장부가치의 두 배에 매수할 수 있을뿐더러 40년 기간 끝에 매도 시 장부가치의 네 배 가격에 팔 수 있기 때문이다(즉 밸류에이션이 두 배가 됐다).

여러분은 투자 커리어를 채울 선택지로 두 기업 중 어느 쪽을 선택하겠는가?

A 기업의 동기간 연 복리 수익률은 18%이고, B 기업은 12%다. 주식을 장기간 보유한다면 ROCE와 재투자 수익률이 매매 시점의 밸류에이션보다 훨씬 중요하다.

이게 바로 장기 투자자가 고퀄리티 채권형 주식을 보유하면서 금리 상승이 문제를 일으킬 것이라는 사이렌 소리에 귀를 닫아야 하는 이유다. 여러분이 장기 투자자가 아니라면, 주식 시장에서 대체 뭘 하는 건지 궁금하다. 언젠가 여러분도 스스로 궁금해질 것이다.

46.

배당 소득에 젖는 건 촌스러운 짓이다
배당 소득을 위한 투자, 그 첫 번째

《파이낸셜 타임스》, 2015년 7월 17일

"향수에 젖는 건 촌스러운 짓이다Nostalgia is not what it used to be"라는 오래된 농담이 있다. 배당 소득을 바라보며 주식에 투자하는 것도 마찬가지인 듯하다.

좋은 펀드 이름이 없을까 하고 펀드 마케팅 업계에서 일하는 사람에게 자문하면, '인컴income'이란 단어를 꼭 넣으라는 이야기를 듣게 될 것이다.

대다수 선진국의 기조가 된 제로 금리 환경이 고수익을 찾아 헤매는 투자자에게 뚜렷한 장벽을 만들면서 배당 소득에 대한 열망은 더 절실해졌다. 10년 만기 이탈리아 국채 수익률이 연 1.5% 이하로 떨어진 지금, 수익률 추구 경향이 극심해졌다.

하지만 영국 투자협회Investment Association의 UK 인컴 펀드 섹터 분류에서 퇴출당하는 '인컴' 펀드 수가 늘어나고 있다. 펀드 배당수익률이 FTSE 종합All-Share 주가 지수 3개년 배당수익률의 110%를 넘어야 한다는 기준을 충족하지 못했기 때문이다. 인베스코 퍼페추얼 하이 인컴Invesco Perpetual High Income 펀드와 인베스코 퍼페추얼 인컴 펀드 모두 UK 올컴퍼니즈UK All Companies 섹터 분류로 옮겨졌다. 세인트 제임스 플레이스 UK 하이 인컴St. James's Place UK High Income 펀드도 마찬가지고, 최근에는 슈로더 인컴 펀드Schroders Income Fund도 뒤따랐다.

더 이상 인컴 펀드 섹터에 걸맞은 자격 요건을 충족하지 못하는데도 이 펀드들 이름에 '인컴'이 유지될지는 두고 봐야 한다. 당연히 그 단어를 사용할 수 없다고 생각했다면, 여러분이 틀렸다.

펀드가 배당수익률 벤치마크를 달성하지 못하면 인컴 펀드 섹터에서 편출되기 전까지(이때도 인컴 펀드라는 이름을 계속 쓸 수 있다) 이름에 '인컴'을 넣은 펀드를 출시해 3년간 자산을 모을 수 있다는 사실이 더 놀랍다. 그 이름이 투자자를 현혹할 수 있기 때문이다.

나는 어찌 됐든 배당수익률에 부여된 중요성 전반에 의문을 제기한다. 투자자가 혼동하게 만드는 여러 요인이 있는데, 인컴 펀드 섹터에 편입되지도 않았는데 이름에 '인컴'을 사용하는 펀드로 인해 이들 투자자에게는 면죄부를 줘야 할지도 모르겠다.

투자자는 주식 투자의 장기 실적에서 배당금이 기여하는 바가 크다는 사실을 깨달았다. 하지만 금융 분야의 많은 개념과 마찬가지로 이 개념을 제대로 이해해야 하는데, 그런 투자자가 많지는 않아 보인다.

투자자는 배당금의 중요성을 뒷받침하는 근거로 인덱스펀드의 아버지이자 내 투자 영웅인 잭 보글을 인용하는 경우가 많다. 그의 생각을 한번 보자.

1926년 S&P 500 지수가 만들어졌을 때 1만 달러를 투자한 후 배당금을 모두 재투자했다면 2007년 9월 말 약 3,310만 달러가 됐을 것이다(연 복리 수익률 10.4%). 만약 배당금을 재투자하지 않았다면 2007년 9월 말 120만 달러가 약간 넘는 금액을 얻는 데 그쳤을 것이다(연 복리 수익률 6.1%). 차이는 자그마치 3,200만 달러다.

2007년 기준으로 지난 81년 동안 S&P 500 기업에 투자해서 얻은 장기 복리 수익의 약 95%가 배당 소득 재투자에서 비롯했다.

바로 이거다. 배당금은 시세 차익보다 중요하다. 그렇잖은가? 안타깝게도 그리 간단한 문제가 아니다. 보글이 '재투자'라는 단어를 세 번이나 사용했다는 점에 주목하자. 주식의 장기 총수익 대부분을 차지하는 건 재투자와 재투자 수익이다.

주식에 투자해서 받은 배당금을 인출해 써버린다면 보글이 말한 성과를 거둘 수 없다. 보글의 발견에서 중요한 건 배당금을 주식에 재투자해서 얻는 성과다. 이는 최종 성과에 엄청난 차이를 만들지만, 인컴 펀드나 고배당 주식이 초과 투자 수익을 낼 가능성이 크다는 논거가 될 수는 없다.

배당금을 주가 지수가 아니라 그보다 투자 수익률이 높은 기업에 투자했거나, 기업이 배당금을 지급하는 대신 모든 이익을 유보하고는 늘어난 현금을 충분한 수익률에 재투자했다면 보글이 제시한 사례보다 더 뛰어난 성과를 얻었을 것이다.

워런 버핏의 버크셔 해서웨이 실적을 보면 된다. 버핏이 경영을 맡은 후 지난 50년간 배당금을 지급한 적이 한 번도 없다. 버핏은 버크셔 해서웨이가 가진 자금을 재투자해서 얻을 수 있는 수익률이 S&P

500 지수 수익률을 앞선다면, 이익을 전부 유보해 재투자함으로써 투자자에게 더 나은 실적을 안겨줄 수 있다고 정확히 판단했다.

버크셔 해서웨이가 배당금을 지급하고 투자자가 이를 재투자하면 같은 결과를 얻을 수 있지 않으냐고 반문할 수 있다. 하지만 투자 소득에 소득세를 내야 한다면 그렇지 않다. 세후 배당 소득만큼만 재투자할 수 있기 때문이다.

따라서 중요한 건 배당금이나 배당금을 재투자하는 그 자체가 아니다. 정확히 말하면 배당금 재투자 수익률이 투자 수익을 만든다.

47.

목표에서 눈을 떼지 말자: 중요한 건 총수익이다
배당 소득을 위한 투자, 그 두 번째

《파이낸셜 타임스》, 2015년 7월 24일

배당 소득을 위한 투자라는 주제를 이해하는 데는 온라인에서 구할 수 있는 수많은 리서치 보고서가 별로 도움이 안 될 수 있다. 이들은 기본적으로 "배당주가 무배당주보다 좋은 실적을 낸다"고 주장한다. 이 말을 검색창에 입력해보면 무수히 많은 링크를 마주한다.

이 주장은 인과관계를 입증하지 않은 채 상관관계를 규명하려는 전형적인 통계 분석 오류의 사례다.

나는 황새 개체수와 출생률 간에 상관관계를 찾을 수 있다는 이야기를 들었는데, 하나가 다른 하나로 반드시 이어진다는 의미는 아니다. 마찬가지로 배당주가 무배당주보다 좋은 실적을 낸다는 관찰은 이를 일으킨 요인에 관해서는 알려주지 않는다. 근본적인 오류를 피하려면 그 원인을 이해하는 게 아주 중요하다.

무배당주는 아래와 같은 두 가지 유형의 기업으로 구분할 수 있다.

1. 배당금을 지급할 만한 이익 그리고/또는 현금흐름이 없어 그렇게 할 수 없는 기업
2. 배당금을 지급할 능력은 되지만 그렇게 하지 않기로 선택하고 이익과 현금흐름을 전부 재투자하여 사업을 확장해 나가는 기업

이 두 유형 사이에는 현격한 퀄리티 차이가 있다. 하지만 리서치 보고서는 이 둘을 '무배당주'로 한데 묶어 버린다. 그런 식이면 워런 버핏의 버크셔 해서웨이도 '무배당주'다.

배당주의 실적을 배당금 지급 능력이 있지만 그러지 않기로 한 무배당주의 실적과 비교하면 결과가 어떨지 궁금하다.

결국 경영진이 이성적으로 행동하고 초과 투자 수익을 낼 능력이 있어서 모든 이익을 유보하는 기업(버핏의 경우다)이 같은 상황에서 배당금을 지급하는 기업보다 좋은 실적을 낼 것이다. 버크셔 해서웨이가 유일한 사례이지도 않다.

또한 배당금을 지급하긴 하지만 이익의 상당 비중을 유보해서 재투자하는 중간 유형의 기업도 있다. 그 말인즉슨, 이들 유형은 고배당 종목 조건을 충족해서 인컴 펀드에 편입될 가능성이 작다는 뜻이다.

하지만 이러한 자본 배분 정책이 사업 내에서 큰 이익을 낼 수 있는 재투자 기회를 반영하는 것이라면 훌륭한 투자 성과를 낳는 투자처가 될 가능성이 크다.

아래 그래프를 보면 잘 드러난다. 그래프는 다음과 같은 세 기업에 투자했을 경우 투자자가 낼 수 있는 투자 수익을 보여 준다.

- A 기업의 자본이익률은 20%다. 배당금은 지급하지 않고 이익

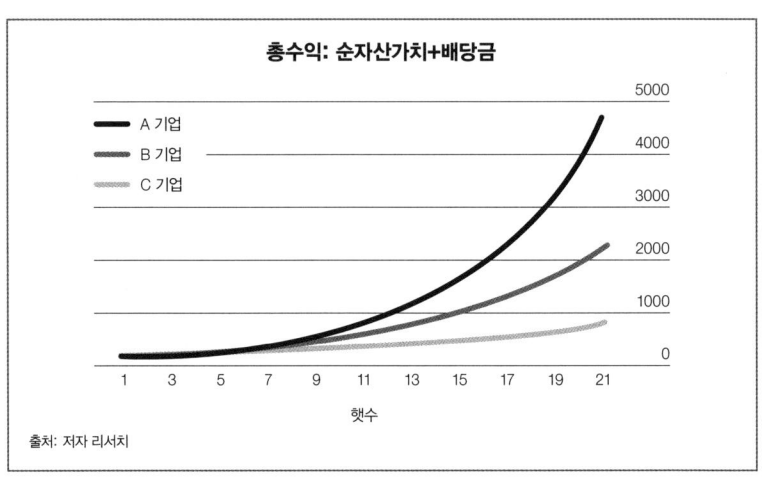

출처: 저자 리서치

100%를 재투자한다.
- B 기업의 자본이익률 역시 20%다. 이익의 70%를 재투자하고 나머지 30%를 배당금으로 지급한다. 투자자는 배당 소득을 전부 지출하거나 적어도 재투자하지 않는다.
- C 기업은 이익 100%를 재투자하지만, 자본이익률이 10%에 불과하다.

세로축은 위 내용에 따른 기업별 순자산가치(NAV)와 배당금이 있다면 배당금의 합계액을 보여준다.

위 그래프에서 A 기업과 B 기업이 C 기업보다 실적이 뛰어난 것에서 드러나듯이, 가장 큰 차이를 만드는 건 이익이나 배당금의 재투자 수익률이다. 또한 배당금을 다 써버리거나 재투자하지 않으면 좋은 실적을 내기 어렵다는 점도 알 수 있다.

NAV는 투자자의 성과 측정에 가장 적합한 지표가 아니라고 반문할 수도 있다. 그렇다면 주가는 적합한가? NAV가 최선의 지표가 아니라는 점에 나도 동의하지만, A 기업과 B 기업은 C 기업보다 높은 '주가 순자산가치' 비율을 가지리라는 생각도 가능하다. 시장은 더 큰 투자수익에 가치를 부여하기 때문이다. 나아가 A 기업은 B 기업보다 밸류에이션이 높을 텐데, 높은 수익률로 이익의 대부분을 재투자했기 때문이다. 따라서 A 기업과 B 기업이 재투자한 1파운드는 주식 시장이 보기에 C 기업이 재투자한 1파운드보다 훨씬 더 가치 있다.

여러분 혹은 여러분의 펀드매니저가 이들 주식을 매수하는 상대적 밸류에이션이 성과에 영향을 미치지 않느냐고 반문할 수 있다. 그건 사실이지만, 장기 투자자의 경우 기업의 재투자 수익률보다는 영향력이 작다. 이에 관해서는 앞서 〈45. 채권형 주식: 가지지 않고 배길 수 있을까?〉에서 다뤘다.

개인 투자자의 행동으로 관심을 돌려보자. 포트폴리오의 배당 소득은 안심하고 지출해도 된다는 대다수 투자자의 관점이 절실한 수익률 추구 행동과 인컴 펀드의 인기를 낳은 듯하다. 특히 배당 소득이 유일한 소득원인 은퇴자 사이에 널리 퍼진 생각이다.

이런 사고방식이야말로 투자자를 인컴 펀드와 고배당 주식으로 끌어들이는 요인이다. 신중한 태도로 칭찬받을 만해 보이지만, 잘못된 생각이고 고수익 투자와 관련된 위험을 떠안게 될 수 있다.

투자자는 총수익을 극대화하는 방법을 모색해야 한다. 장기 총수익을 극대화하기 위해서는 자본이익률이 높고 이익의 일부나 전부를 유보해서 그 수익률로 재투자할 수 있는 기업에 투자해야 한다. 그런 기업이 '진짜' 인컴 펀드에 대거 편입되어 있을 가능성은 작다. 결과적으로 배당수익률이 너무 낮아서 투자자의 지출 요구를 감당할 수 없는 경우, 해결책은 투자금 일부를 현금화하는 것밖에 없다.

내가 방금 한 말이 여러 투자자에게 신성모독처럼 들릴 수도 있다. 하지만 그들은 애초에 투자금이 충분한 수준이었다면, 적어도 자본이 인플레이션과 보조를 맞출 정도로만 수익의 일부를 유보해 재투자하는 것도 충분히 현명한 방법이라는 사실을 알아차리지 못한다.

아울러 세금 효율성 면에서도 장점이 있다. 개인종합자산관리계좌(ISA)나 자기투자개인연금(SIPP) 외에는 소득세를 줄일 마땅한 방법이 없는 데다 주식 양도소득세 공제 한도를 계속해서 초과하는 사람은 얼마 안 된다. 어느 경우든 소득세 최고세율보다는 상당히 낮은 세율을 적용받을 수 있다.•

• 영국의 2021~2022년 기준 주식 양도소득세 기본공제 한도액은 1만 2,300파운드이고, 주식 양도세율은 납세자의 과세 구간에 따라 18%와 28%다.

48.
아무도 재무제표를 안 읽는데, 뭣 하러 분식회계를 하나?

《파이낸셜 타임스》, 2015년 9월 24일

《성장을 부르는 회계》는 1992년 8월에 출간됐다. 나는 이 책을 통해 공시 실적을 더 좋아 보이게 만드는 회계 속임수를 폭로했다. 요즘에는 머디 워터스Muddy Waters나 아이스버그Iceberg처럼 회계 부정 폭로에 특화된 브로커가 있지만, 1992년에는 이에 관한 리서치가 흔치 않았다. 그래서 내 책은 큰 논란을 일으켰다.

당시 내 고용주가 출판을 막으려 했던 시도 때문에 책을 보고 싶어 하는 독자가 더 늘어난 결과, 논픽션 부문 베스트셀러에까지 이름을 올렸다. 나는 해고당했고(이후 내 커리어는 더 기업가적인 방향성을 갖게 됐다) 책에 거론한 일부 회사는 심각한 어려움을 겪거나 파산했다.

1996년에 제2판이 나온 이후, 개정판을 내달라는 요청을 종종 받았다. 내가 지금까지 그 요청을 받아들이지 않은 첫 번째 이유는 책을 냈던 시점과 데이비드 트위디 경Sir David Tweedie이 이끄는 회계기준위원회Accounting Standards Board가 기업 회계를 악용하는 관행을 근절하는 캠페인을 시작한 시기가 대략 비슷하기 때문이다.

또 다른 이유는 이제 기업 재무제표를 공부하는 투자자나 애널리스트가 그리 많지 않다는 의구심이 들기 때문이다. 대신 '조정adjusted'이나 '핵심core', '근원underlying' 이익 같은 지표를 사용하는 경영진 발표에 의존하는 듯하다.

펀드스미스 에쿼티 펀드가 어떤 종목도 보유하지 않은 섹터가 바로 제약산업이다. 이 사실이 일부 평론가에겐 아주 놀라운 듯한데, 제약사야말로 우리가 추구하는 믿음직스러운 이익을 창출하는 기업 유형으로 보이기 때문일 것이다. 어찌 됐든 제약주는 특히 선진국 고령 인구 사이에서 거침없이 증가하는 의료 수요와 특허권이라는 경쟁 억제 장치로 보호되는 이익으로 이득을 보니 말이다.

우리가 제약주를 보유하지 않은 한 가지 이유는 제약산업이 '근원' 이익을 근거로 한 밸류에이션을 사용하는 섹터가 됐기 때문이다. 2010년쯤부터는 주요 제약사가 '핵심' 이익이라고 이름 붙인 지표를 공시하는 방향으로 선회했다. 들리는 바에 따르면 이 전환 덕분에 공시 실적에서 일회성 항목의 영향을 완화할 수 있으므로 그 전환 추세가 더 강해졌다.

그렇다면 일반기업회계기준(GAAP) 순이익에서 '핵심' 이익을 얻기 위해 제외하는 비용에는 어떤 게 있을까?

1. 많은 기업의 재무제표에서 반복되는 듯한 비용 항목인 구조조정 비용이다. 글락소스미스클라인GlaxoSmithKline, GSK의 2008년 이후 모든 분기별 재무제표에 등장했듯이 말이다.

2. '일회성' 법률 비용이다. 하지만 특허와 특허 분쟁, 규제, 제조물 책임product

liability을 수반하는 제약산업의 특성을 고려하면, 대규모 법률 비용은 제약사 손익계산서에서 반복되는 특징일 수밖에 없다. 이런 속성에도 불구하고 어떻게 일회성 항목으로 분류할 수 있는지 이해가 안 된다.

3. 무형자산 상각amortization과 손상impairment이다. 제약사는 다른 제약사의 의약품을 매입하거나 아예 다른 제약사를 인수하는 경우가 아주 많다. 이때 피인수 기업의 유형·경질자산과 인수가의 차이만큼을 인수 기업의 무형자산으로 계상하는데, 전체 인수 비용의 대부분이나 전부를 차지하는 게 일반적이다. GAAP는 이 무형자산을 의약품 특허권 잔존기간에 걸쳐 손익계산서상 비용 항목으로 상각하는 동시에 임상시험에 실패할 경우 해당 무형자산을 손상 처리하도록 한다. 이런 일은 비교적 빈번히 일어난다.

이런 무형 비용intangible charges이 '비현금성' 계정이므로 제외하는 게 옳다고 주장하는 사람도 있다. 하지만 그렇게 하면 손익계산서를 발생주의 회계accrual accounting*와 현금흐름의 혼종으로 만들어 버린다. 기업의 현금흐름에 관심 있는 투자자라면(그래야만 한다) 판단의 근거 자료는 현금흐름표여야 하지, 일부 비현금성 항목을 제외해서 변조된 손익계산서가 아니다. 예를 들어 아스트라제네카AstraZeneca는 재무상태표상 160억 파운드 이상의 무형자산에서 발생하는 연간 비용이 16억 파운드에 이르지만, '핵심' 이익 계산에는 제외한다.

게다가 이러한 무형 비용 항목을 제외하면 신약이나 생명공학 기업을 인수하는 데 소요되는 비용이 '핵심' 이익 어디에서도 드러나지 않게 된다. 이런 측면에서 보건대, 제약 섹터가 2014년 한 해에만 800억

* 수익과 비용을 인식할 때 현금 유출입 시점과 관계없이 재무 상태를 변동시키는 거래나 사건이 발생한 시점에 인식하는 방식.

	GAAP PER	핵심 PER
아스트라제네카	69.5	15.9
글락소스미스클라인	22.5	13.5
노바티스	22.9	18.6
사노피	26.8	17.2
브리스톨 마이어스 스퀴브	52.6	34.2
일라이 릴리	39.6	31.7
화이자	24.6	15.5

달러를 쏟아부어 생명공학 기업을 무더기 인수했다는 사실이 아직도 놀라운가?

모든 조정에는 한 가지 공통점이 있는데, 바로 조정을 거치고 나면 '핵심' 이익 수치가 더 커진다는 것이다. 이익을 더 좋아 보이게 만들 기회를 마주했을 때 개인적 이득을 취할 수 있도록 경영진 성과급 지급 기준을 개조한 것도 그리 놀랍지 않다. 제약 섹터에서 경영진 보수의 일부나 전부는 '핵심' 이익 실적에 연동된다.

아니나 다를까 2010년 이후 제약 섹터의 '핵심' 주당순이익(EPS) 대비 GAAP EPS 비율이 대폭 감소했다. 아스트라제네카는 2010년 84%였던 이 비율이 2014년경에는 23%로 떨어졌다. 다시 말해 '핵심' 이익이 경영진 보수를 결정하게 되면서, 점점 경영진에게 도움이 안 되는 더 많은 비용 항목을 그 계산에서 제외했다.

예를 들어 아스트라제네카는 2010년 5.60달러의 GAAP EPS를 공시했는데, '핵심' EPS는 6.17달러였다. 2014년에는 GAAP EPS가 겨우 0.98달러였는 데 반해 '핵심' EPS는 4.28달러나 됐다.

이 모든 결과로 많은 제약주는 GAAP 실적에서 드러나는 현실을 거의 반영하지 못하는 밸류에이션을 갖게 됐다.

여러분이 제약주 투자자라면 위 표를 보고 걱정해야만 한다. 더 알고 싶다면 최근 바돈 힐Badon Hill의 '빅 파마Big Pharma'*에 관한 비판적인 보고서를 참고하길 바란다. 내가 보기엔 훌륭한 보고서다. 모순적이지만, 무슨 일이 벌어지는지 알기 위해 유능한 금융 애널리스트가 될 필요는 없다. 그저 재무제표에서 GAAP EPS 수치만 확인하면 된다.

따라서 기업이 각종 회계 속임수 관행에 참여해봤자 아무 의미가 없다는 게 내 생각이다. 그 마술쇼의 관객, 즉 전체 시장은 어차피 재무제표가 아닌 다른 데를 쳐다보기 때문이다.

• 매출액이나 시가총액 기준 상위에 있는 거대 제약사.

49.
훌륭한 제품과 서비스가 핵심이다

《데일리 메일》, 2015년 11월 9일

훌륭한 수익을 내기 위해 가장 중요한 건 퀄리티다.

펀드스미스 에쿼티 펀드가 이번 주에 창립 5주년을 맞았다. 출범 당시 우리 목표는 가장 뛰어난 위험 조정 투자 수익을 달성해 여러분이 선택할 수 있는 최고의 펀드가 된다는 것이었다.

이 목표를 이루기 위해 훌륭한 기업에만 투자할 필요가 있었다. 훌륭한 기업이란 훌륭한 제품과 서비스를 제공하고 강력한 시장 지배력을 바탕으로 오랫동안 높은 수익성을 구가하는 기업을 의미한다.

무엇이든 퀄리티가 높은 것만 원한다는 말은 너무나도 당연한 이야기 같지만, 투자 업계에서는 그렇지 않다. 저명한 투자자인 존 템플턴 경의 말처럼, "군중보다 뛰어난 실적을 얻고 싶다면 군중과 다르게 행동해야 한다."

투자에 관심이 있다면서 자산 배분이나 지역 배분, 섹터 비중, 경제 예측, 채권과 주식 사이의 선택, 금리, 통화, 위험 관리 등에 관해 이야기하느라 자기 시간의 대부분이나 전부를 쓰면서도 훌륭한 기업에 투자할 필요성은 전혀 언급하지 않는 사람이 놀라우리만치 많다.

순진하게도 나는 투자자가 금융 위기를 겪으면서 형편없는 자산에서 훌륭한 투자 수익을 내는 건 불가능하다는 교훈을 배웠으리라고 생각했다.

CDO나 CLO, 기타 구조화 금융의 알파벳 수프를 이용한 구조화 수준이 얼마나 높든 간에 서브프라임 론subprime loan*을 투자 적격 자산으로 바꿀 수는 없다. 일이 틀어지기 시작하자 이 서브프라임 론 구조화 상품의 AAA 등급 트랜치tranche**도 실상 ZZZ 등급이었다는 사실이 밝혀졌다. 돼지 귀로 비단 지갑을 만들 수는 없다.

마찬가지로 저퀄리티나 평균적인 기업에 투자해서는 훌륭한 투자 수익을 내기 어렵다. 고퀄리티 기업에 투자하는 게 돈을 버는 유일한 방법이라고 주장하는 건 아니다. 하지만 저퀄리티 기업에 투자하는 건 두 가지 면에서 불리하다.

먼저 타이밍 문제와 저퀄리티 기업의 가치 파괴라는 역풍에 끊임없이 직면하게 된다. 그런 저퀄리티 기업에 투자하는 논리라는 게 존재한다면, 보통 포트폴리오 다각화를 이유로 든다. 아울러 저퀄리티 기업의 부와 주가가 하락했다가 막 좋아지기 시작할 시점에 매수하고, 하락세가 시작하는 근처나 직전 시점에 매도할 수 있다는 믿음 때문인 경우도 많다.

다각화를 먼저 살펴보자. 고퀄리티 기업에 집중투자하는 것보다 서

- 주택담보대출 심사를 통과하지 못하거나 신용등급이 낮은 주택구매자 대출로. 이를 담보로 발행한 구조화 채권인 모기지 저당증권Mortgage-backed Securities, MBS은 2007~2008년 금융 위기의 진원지로 꼽힌다.
- ** 프랑스어로 조각slice을 의미하는데, 구조화 금융에서 서로 다른 지급 우선순위를 갖는 구조화 증권으로 분할 발행한 증권을 의미한다

퀄리티 기업에 분산투자하는 게 낫다고 전제하는 투자자가 얼마나 많은지 놀라울 정도다.

저퀄리티 기업 주식을 매매하는 타이밍 문제도 있다. 관련 거래비용으로 인해 실적이 떨어지는 건 차치하더라도, 대다수 액티브 매니저의 실적을 보면 투자와 경기 사이클 타이밍을 잘한다고 생각하는, 그래서 초과 성과를 달성할 수 있다고 말하는 매니저가 실제 그런 성과를 거두는 매니저보다 훨씬 많다는 사실을 알 수 있다.

나는 세상에는 두 부류의 투자자, 즉 마켓 타이밍을 할 수 없는 사람과 자신이 할 수 없다는 사실조차 모르는 사람이 존재한다는 말을 즐겨 인용한다.

우리 실적은 어떠한가? 영국 투자협회의 글로벌 섹터에 속한 펀드는 총 270개인데, 펀드스미스 에쿼티 펀드는 5개년 실적 기준으로 3위를 기록했다. 우리 펀드의 동기간 연 복리 수익률은 17.2%였는데 반해 MSCI 선진국 지수는 9.9%에 불과했다.

우리보다 순위가 높은 두 펀드는 모두 헬스케어 특화 펀드라는 점을 짚어두어야겠다. 두 펀드는 특히 생명공학 기업의 M&A 활동이 활발했던 시기에 좋은 실적을 냈다. 하지만 그들처럼 단일 섹터에 집중 투자하는 건 우리가 감수하고 싶지 않은 위험이다.

우리는 5년 전 출범 당시와 동일한 투자 전략을 여전히 고수하고 있다. 바로 훌륭한 기업의 주식에만 투자하고 비싸게 사지 않으며 아무것도 하지 않는 전략이다.

순조로운 출발이었지만, 우리 투자의 시간 지평은 무한대다.

단순명료한 우리 투자 전략에 흔들림 없이 장기 초과 성과를 달성하기 위해 최선을 다하겠다.

50.
지난 5년간 펀드스미스에서 배운 것들

《파이낸셜 타임스》, 2015년 11월 21일

내가 설립한 펀드 운용사인 펀드스미스가 지난달 5주년을 맞았다. 지난 5년간 펀드를 운용하면서 내가 배운 교훈은 무엇일까?

시장 평론가나 투자자, 자문사는 거시경제와 금리, 양적 완화, 자산 배분, 지역·지리적 배분, 통화, 선진국과 신흥국 사이의 선택 등에 지나치게 집착한다는 것을 알게 됐다. 동시에 훌륭한 기업에 투자하는 것에 관해서는 거의 이야기하지 않는다는 사실도 알게 됐다.

그들이 집착하는 주제 대부분은 누구도 답을 확실하게 예측할 수 없는 종류의 질문을 제기하는 듯하다. 설령 예측할 수 있다고 해도 자산 가격과의 연관성은 미약할 뿐이다. 예를 들어 GDP 증가만큼 평론가를 사로잡을 만한 주제도 없지만, GDP 증가와 주식 시장 실적 간 양(+)의 상관관계를 입증한 사람은 아무도 없다.

훌륭한 기업에 투자하라

지난 5년 내내 나를 놀라게 한 건 우리가 알 수 없거나 무관한, 혹은 둘 다인 요인에 대한 무의미한 집착만이 아니다. 펀드매니저나 투자자가 훌륭함에 투자하는 것에 관해서는 거의 이야기하지 않는다는 사실도 아주 놀랍다. 바로 훌륭한 제품과 서비스를 제공하고, 시장점유율이 높으며, 뛰어난 수익성과 현금흐름을 구가하고, 제품개발에 힘쓰는 훌륭한 기업 말이다.

나는 신용 위기를 통해 그들이 저퀄리티 자산에서 훌륭한 투자 수익을 내는 건 힘든 투쟁이 되리라는 교훈을 얻었으리라고 예상했다. 고퀄리티 기업에 투자하는 게 돈을 버는 유일한 방법이라고 주장하는 건 아니다. 하지만 저퀄리티나 평균적인 기업에 투자하는 데는 여러 문제가 따른다. 그중 하나는 이들 기업이 시간이 갈수록 주주가치를 창출하기보다는 파괴하는 경향이 있다는 것이다. 따라서 이런 기업에는 매수 후 장기 보유 전략이 통하지 않는다.

더 액티브한 트레이딩 전략 역시 결점이 있다. 거래비용으로 인해 실적이 떨어지는 건 차치하더라도, 대다수 액티브 매니저의 실적을 보면 저퀄리티 기업의 실적과 주가가 하락할 때 매수하고 사이클 고점에 가까워졌을 때 매도할 수 있을 만큼 능력이 뛰어난 매니저는 거의 없다.

나를 놀라게 한 건 '저렴한' 주식에 대한 또 다른 집착이다. 기업이 훌륭한 사업을 하는지 내게 묻는 사람보다 어떤 주식이 저렴한지 묻는 사람이 몇 배나 더 많다.

이런 집착은 우리 전략을 비판하는 사람의 입에서 나타난다. "당신이 말하는 기업의 퀄리티가 높다고 하더라도 주가가 너무 고평가됐다." 물론 거의 진실에 가까운 말인데, 주가는 이따금 하락하기 마련이다. 하지만 요점을 놓치고 있다. 장기 투자자의 투자 실적을 결정하는 건 훌륭한 기업 주식을 보유했는지이지, 주식을 싸게 매수했는지가 아니다.

사이렌 소리를 무시하라

너무 뻔한 말 같지만, 소신을 지키고 여론을 무시해야 한다는 교훈을 새삼 깨달았다. 우리가 왜 테스코에 투자하지 않았는지 묻는 말이나 내가 테스코 주식을 보유해야만 한다는 충고를 얼마나 많이 들었는지 모르겠다. 우리 분석에 따르면 테스코가 자본이익률을 희생한 대가로 주당순이익(EPS) 증가를 이뤄냈다는 사실이 분명했는데도 말이다. 사실 테스코의 자본이익률은 중국과 캘리포니아같이 신규 투자한 지역에서 드러난 심각한 문제와 동일한 방식으로 악화됐다.•

마찬가지로 당신이 보유한 종목에 관해 이런저런 견해를 늘어놓는 사람의 사이렌 소리를 무시하는 게 중요하다. 더구나 그 기업 제품에 관한 편견에 기반한 관점이라면 더욱 그러하다. 나도 마이크로소프트가 '애플이 아니다'라는 이유로 그 운명이 이미 끝났다는 논평을 얼마나 많이 읽었는지 모르겠다. 한 투자자는 그리 좋지 않았던 마이크로소프트 분기 실적 수치를 우리가 미처 못 보고 투자한 건 아닌지 전화하기도 했다("네, 우리 펀드에서 비중이 가장 큰 종목의 분기 실적을 당연히 안 봤습니다"라고 답하고 싶었는데, 결국 이 사실을 밝히게 해준 그 투자자에게 감사의 말을 전한다).

그는 우리가 연례 총회 때까지 마이크로소프트를 계속 보유한다면

• 테스코는 지난 2007년 말에 프레시 앤드 이지Fresh & Easy라는 지역 밀착형 슈퍼마켓을 오픈하며 캘리포니아주를 필두로 야심 차게 미국에 진출했다. 5년 동안 매장을 180여 개로 확장하고 5,000여 명에 달하는 직원을 고용했다. 하지만 2012년 회계연도 기준 미국 매출은 27.3% 증가했지만 순손실 2억 4,000만 달러로 5년 연속 적자를 기록했다.

투자자의 질문 세례를 받게 되리라고 우려했다. 실적이 좋지 않았던 건 당연히 그 한 분기뿐이었고, 이후 주가는 거의 두 배가 됐다. 애석하게도 연례 총회에서 질문한 사람은 아무도 없었다.

팩트에 집중하라

종목에 대해서 그릇된 느낌이 드는 건 사람들이 아주 간단한 팩트조차 확인하지 않기 때문이라는 관찰 내용도 있다. 때론 팩트를 엉뚱한 기업과 연결하는 경우도 있다.

우리는 가공식품과 반려동물 사료 사업을 하는 델몬트 지분을 늘렸다. 한 신문사가 갤버스턴 부두 노동자가 파업에 돌입해서 델몬트 선박의 하역 작업이 멈췄다고 보도한 결과 주가가 하락한 때에 맞춰서 말이다. 기사가 실제로 언급한 기업은 바나나와 파인애플 같은 열대 과일을 수입하는 회사인 델몬트 프레쉬 푸즈Del Monte Fresh Foods로, 우리가 투자한 기업이 아니다. 아니면 우리에게 연락해 CEO와 CFO가 사임한 도미노피자의 지분을 대량 보유하고 있는 사실에 관한 우려를 드러낸 고객은 어떠한가? 두 사람은 영국 지사에 소속된 사람들이었고, 우리가 보유하고 있는 건 미국의 마스터 프랜차이저master franchiser* 지분이다.

나에게 투자에서 이해도가 가장 떨어지는 주제를 대보라면, 선택지가 너무 많아서 꽤 애를 먹을 듯하다. 통화는 내 답의 선두에 충분히 낄 법한 주제다. 지난 5년 동안 통화의 영향에 관해 이야기하거나 질문하는 사람을 많이 봤는데, 내용을 전혀 이해하지 못한 대화였다. 우

---

* 해외에 직접 진출하지 않고 현지 기업과 계약을 맺어 사업 운영권을 판매하는 방식으로 사업하는 프랜차이즈 사업자.

리 펀드에 관해 가장 많이 하는 질문이나 가정은 미국 달러의 영향력인데, 펀드 설정 후 투자한 대다수 기업이 미국에 본사를 두고 상장했기 때문이다.

얼토당토않은 말이다. 기업의 통화 익스포저는 본사 소재지나 상장 국가, 재무제표 표시 통화에 따라 결정되지 않는다. 하지만 그렇다고 해서 통화 익스포저를 초래하는 요인에 관한 생각이나 우리 투자 기업의 상장 국가에 근거해서 우리 펀드의 미국 달러 익스포저에 대한 논평을 막지는 못하는 듯하다.

미국에 본사가 있고 상장한 우리 투자 기업 한 곳은, 미국에서 발생하는 매출이 전혀 없다. 따라서 통화 익스포저에 대한 잘못된 가정은 이 기업에 적용할 수 없다. 마찬가지로 영국에 상장했지만 가장 큰 시장이 미국인 우리 투자 기업 한 곳에도 적용할 수 없다(이 기업의 재무제표 표시 통화는 당연히 미국 달러다).

스위스 프랑의 가치 상승으로 우리 네슬레 지분의 평가가치가 증가하리라는 평론가의 논거도 이해할 수 없다. 네슬레 총매출의 98%는 스위스가 아닌 지역에서 발생하기 때문이다. 네슬레가 스위스에 본사를 두고 상장했으며 스위스 프랑을 표시 통화로 사용하는데도 불구하고 기업의 통화 익스포저는 실제 사업을 하는 지역이 결정한다는 게 팩트다. 네슬레의 경우 스위스 프랑보다 인도 루피에 대한 익스포저가 더 크다.

재무제표를 읽는 사람이 있긴 한가?

이제 기업 재무제표를 읽는 사람이 거의 없다는 점도 알게 됐다. 대신 '근원'이나 '핵심', '조정' 수치 같은 지표를 사용하는 경영진 발표에 의존하는 듯하다. '핵심'이니 '근원'이니 하는 수치를 얻기 위한 조정 과정에서 항상 불리한 내용의 비용 항목이 제외되는 건 우연이 아니다. 재무제표 원본을 읽으면 이런 회계 속임수를 피할 수 있다.

우리는 아무도 알아차리지 못한 재무제표상의 실수를 발견하기도 했다. 앞서 IBM의 현금 흐름표에서 19억 달러가량의 실수를 알아냈듯이 말이다. 물론 우리가 오직 그 이유로 IBM에 투자하지 않은 건 아니지만, 재무제표를 꼼꼼히 읽는 사람이 거의 없다는 결론을 도출하는 데는 제 역할을 했다.

훌륭한 기업 주식은 매도하지 마라

훌륭한 기업의 지분을 매도하는 건 거의 항상 실수에 가깝다는 점도 깨달았다. 세인트루이스 기반의 미국 화학 기업인 씨그마 알드리치를 살펴보자. 회사가 공급하는 화학 제품을 이용해 전 세계 과학자는 시험과 실험을 한다. 재무 실적은 우리 기준을 충족했고, 업의 속성도 마찬가지였다(100만 명이 넘는 고객에게 17만 개의 제품을 평균 400달러 가격에 제공한다). 매일 반복되는 수많은 거래에서 돈을 버는 것과 함께 기업이 제공하는 서비스를 믿는 충성 과학자 기반을 가졌다는 점에서 우리 '주문'에 부합한다.

씨그마 알드리치는 우리가 추구하는 유형의 바로 그 예측 가능한 기업이었다. 훨씬 규모가 큰 실험실 장비 제조사 라이프 테크놀로지스를 인수 시도 중이라는 걸 알기 전까지 말이다. 우리는 실행 위험 execution risk*을 고려해 지분을 매도했다. 공교롭게도 씨그마 알드리치는

---

* 기업 M&A에서 인수 제안 기업의 전략과 계획이 제대로 작동하지 않는 데 따르는 위험.

인수 제안가를 낮게 써내는 바람에 라이프 테크놀로지스를 인수하지 못했다. 하지만 다른 기업과 합칠 의사를 밝혔기 때문에 독립성을 주장할 만한 근거를 잃었고, 결국 우리 매도가보다 40% 높은 인수가를 제안한 머크Merck에 인수됐다.

훌륭한 기업 주식을 매도하는 게 좋은 선택인 경우는 거의 없다. 희소식은 우리가 그런 일을 그리 자주 하지는 않는다는 것이다.

최고의 종목

우리 포트폴리오에서 최고의 종목은 펀드 설정 당일에 매수했던 최초 지분과 비교해 5년간 600%가 넘는 투자 수익률을 기록한 도미노피자다. 여기에서 얻을 수 있는 교훈은 무엇인가?

- 사람들은 심오하고 모호하며 이해하기 힘들 뿐 아니라 다른 투자자가 아직 알아채지 못한 투자가 높은 수익을 낸다고 생각한다. 실은 정반대다. 누가 봐도 확실한 투자가 최고의 투자인 경우가 많다.
- 승자 종목은 계속 달리게 두라. '차익 실현'에 지나치게 집착하는 투자자가 많다. 평가이익을 기록 중이라는 건 계속 보유할 만한 가치가 있는 기업 주식을 갖고 있다는 의미일 수도 있다. 하지만 투자자는 정반대로, 즉 자신이 매수했던 가격 수준으로 회복하기를 기대하면서 패자 종목을 계속 달리게 두는 경향이 있다. 정원사는 꽃을 가꾸고 잡초를 뽑지, 그 반대로 하지 않는다.
- 도미노피자는 프랜차이저다. 훌륭한 기업의 증표가 높은 자본이익률이라면, 프랜차이즈 가맹 사업을 운영하는 기업보다 더 훌륭

한 곳은 없다. 가맹점이 자본 대부분을 부담하기 때문이다. 프랜차이저는 다른 사람의 자본으로 창출한 매출에서 로열티를 가져간다.

- 도미노피자는 자기 섹터에서 가장 중요한 성공 요인, 바로 음식에 집중해왔다. 고전하고 있는 맥도날드를 비롯해 다른 패스트푸드 기업과 상당히 대조적이다.
- 도미노피자는 사실상 배달 사업체다. 즉 임차료가 저렴한 2차 입지secondary location에서도 운영할 수 있으므로, 번화가 지역에 있어야만 하는 패스트푸드 기업에 비해 요구 자본 수준이 낮다.
- 도미노피자는 과거에 베인 캐피털Bain Capital 소유였다. 많은 사모펀드 운용사가 그렇듯 베인 캐피털은 IPO 전에 자기가 가져갈 배당금을 확보하려고 부채를 조달해 쌓아 올렸다. 그래서 레버리지 비율이 높은 채 상장했는데, 자기자본이익률(ROE) 증가에 도움이 되는 요소다. 부채 상환 능력을 갖춘 기업은 부채를 상환하면서 자기자본의 위험이 줄어들기 때문에 주주로의 가치 이전이 발생한다. 하지만 그렇다고 해서 레버리지가 언제나 투자 수익을 키우지는 않는다는 걸 명심하자.

51.
2015년 연례 투자자 서한

펀드스미스, 2016년 1월

펀드스미스 에쿼티 펀드 투자자에게 보내는 여섯 번째 연례 서한이다. 아래 표는 최근 역년 투자 수익률과 2010년 11월 1일 설정 후 누적 및 연 복리 수익률을 여러 벤치마크와 비교해 보여준다.

총수익률(%)	2015.1.1.~12.31.	설정일~2015.12.31.	
		누적	연 복리
펀드스미스 에쿼티 펀드[1]	+15.7	+131.4	+17.6
주식[2]	+4.9	+64.3	+10.1
영국 국채[3]	+1.0	+24.3	+4.3
현금[4]	+0.0	+3.5	+0.7

1. T클래스 배당재투자 펀드(보수 차감 후, 영국 기준 정오 가격). 출처: Bloomberg / 2. MSCI 선진국 지수(파운드화 표시 순 배당재투자 기준, 미국 장 마감 시간 가격). 출처: www.msci.com / 3. 블룸버그/EFFAS 영국 국채 5~10년. 출처: Bloomberg / 4. 3개월 리보 금리. 출처: Bloomberg

위 표에서 T클래스 배당재투자 펀드의 2015년 수익률이 15.7%였음을 알 수 있다. 이에 비해 파운드화 표시 배당재투자 기준 MSCI 선진국 지수 수익률은 4.9%였다. 따라서 우리 펀드는 2015년에 시장을 10.8%p 앞서는 성과를 달성했다. 5년 연속 초과 성과를 기록했는데, 모든 보고 기간에서 시장을 앞서는 실적을 달성하는 게 우리 목표가 아니라는 걸 생각해보면 모순적이다.

 하지만 많은, 실은 대부분의 펀드스미스 투자자가 MSCI 선진국 지수를 벤치마크로 삼는 걸 당연시하지 않는다는 점을 깨달았다.

 영국에 살면서 실적 측정 척도로 FTSE 100 지수를 사용하는 사람이나 FTSE 100 지수를 추종하는 펀드(또는 그 유사 인덱스펀드)에 투자한 사람이라면 MSCI 선진국 지수를 훨씬 밑도는 실적을 거뒀을 것이다. FTSE 100 지수는 2015년에 4.9%나 하락했고, 배당재투자 기준 총수익률도 -1.0%로 여전히 음(-)의 값이었다.

 마찬가지로 미국 달러로 투자하는 사람도 S&P 500 지수가 0.7% 하락하고 배당재투자 기준 총수익률이 1.4%밖에 안 되는 기록으로 당해 연도를 마쳤다. 2015년은 우리 펀드 출범 5주년이기도 하므로 잠시 멈춰서 장기 실적을 되돌아보기에 좋은 시점이다. 먼저 우리 5개년 연 복리 수익률은 17.6%로, 동기간 10.1%를 기록한 MSCI 선진국 지수를 앞섰다. 그뿐 아니라 영국 투자협회의 글로벌 섹터에 속한 203개 펀드에서 세 번째로 높은 수익률을 기록했다. 왜 3위밖에 못 했는지 궁금할 것이다. 우리보다 순위가 높은 두 펀드는 모두 헬스케어 특화 펀드인데, 최근 몇 년간 생명공학 섹터의 M&A 활동이 이례적으로 활발했던 데서 이득을 봤다. 하지만 그런 흐름이 영원히 지속할 리 없다. 그런 기업과 펀드에 투자해서 이득을 본 투자자는 어느 시점이 되면 다음 번 인기 있는 섹터를 찾아야만 한다(그게 그의 투자 전략이라면 말이다). 고백하건대 우리는 그런 게임을 잘 못하고, 그래서 참여하고 싶은 생각이 없다. 사실 다른 모든 투자자도 우리와 별반 차이가 없어 보이는데, 이 사실이 그 게임 참여를 막지는 못하는 듯하다.

2015년은 주식 시장이 특히 강세를 보인 한 해가 아니었다. 중국의 성장 둔화와 난관에 봉착한 여러 신흥국, 미국의 양적 완화 종료부터 거의 10년 만에 이뤄진 연준의 금리 인상에 이르는 행보 때문에 제동이 걸렸다. 결국 S&P 500 지수는 당해 연도에 0.7% 하락했다.

금리 인상이 미칠 영향에 관한 그럴듯한 이야기를 담는 데 수조 개의 픽셀이 사용됐다. 나는 이 논쟁에 말을 보탤 생각이 없는데, 그래도 한 가지 측면은 언급할 필요가 있다. 적어도 지난 3년 동안 우리 펀드 투자자가 겪는 한 가지 문제를 지적하는 논평을 꽤 접했다. 바로 우리가 보유한 주식이 고평가됐고, 최근 몇 년 새 더 비싸졌다는 내용이다. 이 논리는 우리가 '채권형 주식'을 많이 보유하고 있다는 사실에 근거하는 듯하다. 다른 주식군과 비교해 더 확실한 이익과 배당금이 기대되는 채권형 주식은 채권(이제 많은 투자자가 기피하고 있다)의 대체 투자처로 주목받았는데, 금리가 상승하면 채권과 마찬가지로 채권형 주식의 실적이 좋지 않으리라는 것이다.

위 주장에 대응해 몇 가지 살펴보자. 이들 평론가가 경보를 울리는 동안 채권형 주식과 우리 펀드는 시장을 상당히 앞서는 실적을 지속적으로 달성했다. 따라서 '고장 난 시계도 하루에 두 번은 맞다'라는 속담처럼 평론가가 그리는 시나리오가 결국 현실이 된다면, 평론가가 처음 그 말을 했던 당시에 조언을 따랐다면 여러분이 놓쳤을 게 무엇일지 기억하는 게 좋다. 평론가가 자신의 탁월한 예지력과 예측의 정확성을 자랑하는 동안 그가 놓친 성과를 언급할 리 만무하다.

평론가가 자기 예측에 기반해 제시한 해결책의 효능을 의심해야 하는 몇 가지 이유도 있다.

첫째, 미국의 모든 금리를 연준이 결정한다는 건 극도로 단순화한 가정이다. 연방기금 목표 금리target federal funds rate는 단기 금리인 데다가 2015년 12월 17일에 0~0.25%에서 0.25~0.50%로 상승했다. 장기 금리는 미국 국채 시장과 은행과 기업, 모기지 채무자와 투자자의 고정 금리와 변동 금리 간 교환이 이뤄지는 스와프 시장이 결정한다. 현재 30년 만기 미국 국채 수익률은 3%에 조금 못 미치는데, 그렇게 낮은 수준으로 보이지는 않는다.

연준의 금리 인상에서 가장 놀라운 대목은 후속 인상 범위가 제한적이고 장기 금리에 미치는 영향이 거의 없다는 점이다(나는 현재 유행 중인 금리 '하이크'라는 표현을 거부한다. 그 사전적 의미에 따르면 급등이나 예상 밖의 인상이라는 느낌을 풍기는데, 이는 연준의 이번 결정과 분명히 다른 내용이기 때문이다). 어느 경우가 됐든 채권형 주식에 미칠 영향에 관한 우려는 과장된 면이 있음이 드러날 것이다.

둘째, 이들 평론가는 채권형 주식에 미칠 악영향에 대비해 무엇을 해야 한다고 주장했을까? 아마도 예견된 재앙을 고려해서 채권형 주식을 매도해 다른 곳에 투자하라고 추천했을 것이다. "향후 시장 실적에 면역이 잘 형성된"(너무나도 겸손한 목표 같은데, 그냥 '영원히 실적이 증가하는'이라는 표현은 어떤가?) 펀드에 투자하는 게 답이라고 주장한 사람을 제외하면, 경기 순환주로 교체하라는 조언이 가장 일반적일 듯하다. 밸류에이션이 낮기도 하고, 이익 변동성이 워낙 심해서 채권형 주식으로 분류될 리 없기 때문이다. 그 조언을 받아들여, 금리 인상을 예상하면서 경기 순환주로 갈아탔을 때 어떤 문제에 부딪힐까?

펀드스미스나 다른 투자 전략의 잠재적 문제를 알아내는 것 역시 어렵지 않다. 나는 사업을 해온 그 모든 세월을 거쳐 문제 파악은 그 해결에 비해 쉽다는 사실을 깨달았다. 마찬가지로 금리 상승이 초래하는 문제에 면역이 형성되어 있어 갈아타야 할 주식이 무엇인지 답을 제시하는 건 어렵다.

하지만 '고장 난 시계' 평론가가 옳았음이 조만간 입증되고 우리 펀드 실적이 부진한 시기를 겪을 가능성이 커 보인다. 어떡해야 할까? 마켓 타이밍을 하면서 실제 그런 일이 일어나기 전에 펀드 투자금을 환매한 후, 다시 초과 성과를 내기 시작할 적기라고 판단할 때 다시 투자하는 방법을 고려할 수 있다. 그러고 싶은 투자자가 있다면, 적어도 나보다는 운과 실력이 좋아야 할 것이다. 나는 내가 마켓 타이밍을 잘할 수 없다는 사실을 알고 있다.

실적이 부진한 기간 내내 펀드에 계속 투자할 요량이라면(나는 그럴 것이다) 우리 투자 전략이 무엇보다도 훌륭한 기업 주식을 매수하는 데 기반한다는 사실에 안도해도 된다(나도 그러고 있다). 우리 펀드에 관해서 여러분에게 약속할 수 있는 건 별로 없지만, 한 가지는 분명하다. 바로 훌륭한 기업 주식을 보유하려는 목표를 대부분 달성했다는 것이다.

이를 보여주기 위해 우리가 작년에 소개했던 접근법을 여기서 다시 활용해보자. 아래 표는 펀드스미스가 뮤추얼펀드가 아니라 '포괄적$_{\text{look}}$ $_{\text{through}}$'* 기준에서 포트폴리오에 보유한 종목별 지분으로 이뤄진 회사

* 투자 자산의 이익을 모기업의 순이익에 합산한 후 연결 기준 내재가치를 한 번에 계산하는 방법이다. GAAP에 근거한 연결재무제표에서는 투자자산의 이익 중 모기업에 지급하는 배당금만큼만 손익계산서에 반영되는데, 이를 종합적으로 반영하기 위한 노력이다. 워런 버핏이 버크셔 해서웨이의 기업 가치를 계산할 때 사용하는 방법('포괄이익$_{\text{look-through earnings}}$')으로 알려져 있다.

라고 가정했을 때 시장(FTSE 100과 S&P 500 지수를 사용했다)과 비교한 성과를 보여준다.

	펀드스미스 에쿼티 펀드*	FTSE 100 지수+	S&P 500 지수+
ROCE	26.0%	14.8%	17.5%
매출총이익률	61.1%	40.2%	43.7%
영업이익률	25.0%	14.3%	15.3%
현금전환비율	98.4%	69.8%	70.9%
레버리지 비율	29.3%	38.5%	52.5%
이자보상비율	16.1배	8.2배	8.7배

참고: ROCE, 매출총이익률, 영업이익률, 현금전환비율은 펀드스미스 에쿼티 펀드가 투자한 기업의 가중평균값, FTSE 100 지수와 S&P 500 지수는 평균값이다. FTSE 100 지수와 S&P 500 지수 수치에서 금융회사는 제외했다. 레버리지 비율과 이자보상비율은 모두 중앙값이다. *출처: Fundsmith LLP / +출처: Bloomberg

이 표가 말하는 바는 무엇일까? 요약하면 우리 '회사'는 전반적인 시장보다 재무 실적이 훨씬 뛰어나고 자금을 보수적으로 조달했다.

우리 포트폴리오 기업은 분명 경기 사이클의 주기적인 하락과 경영진의 실수에 면역이 형성되어 있지 않다. 나아가 이들 기업의 주가는 주식 시장에 영향을 미치는 통상적인 요인에서 자유롭지 않지만, 시간이 지날수록 훌륭한 수익률로 재투자함으로써 내재가치가 증가한다고 꽤 확신한다.

투자자와 평론가의 행동 방식을 포함한 투자에 관한 모든 주제를 나열한 완전한 목록을 여러분에게 발송한다면, 이 연례 서한의 분량은 상당히 많아질 것이다(나도 꽤 애먹을 것이고). 그래서 주가에 대한 집착이라는 주제만 하나 골랐다. 물론 궁극적으로 주가 움직임에 집중하는 건 옳은 일이다. 훌륭한 기업의 주식을 보유하더라도 그 사업의 강점이 결국 주가에 반영되지 않으면 별 소용이 없다. 하지만 기업 심층 펀더멘털의 경제성은 배제하고 주가 움직임에만 계속 집중하는 태도는 건전하지도 않고 쓸모도 없다. 장기적으로 보면 하나가 다른 하나를 따를 텐데, 펀더멘털이 주가에 후행하지는 않는다.

밸류에이션 주제로 돌아가서, 평론가의 견해가 아니라 팩트는 무엇일까? 우리 포트폴리오의 가중평균 잉여현금흐름 수익률(기업이 창출한 잉여현금흐름÷시장가치)은 당해 연도 초에 4.5%*로 시작해 기말에는 4.3%*를 기록했다. 따라서 2015년 전체 포트폴리오의 밸류에이션은 거의 상승하지 않았다. 전체 실적에 더 크게 기여한 건 주당 잉여현금흐름 증가로, 당해 연도 증가율 평균값은 9.7%*였다.

펀드스미스의 잉여현금흐름 수익률 4.3%와 비교해 S&P 500 지수 비금융 섹터의 중앙값은 4.4%⁺, 평균값은 2.7%⁺였다. 한편 FTSE 100 지수 비금융 섹터의 중앙값은 3.8%⁺, 평균값은 3.9%⁺였다. 우리 투자 주식은 시장과 비교해봐도 가격 대비 가치가 그리 낮아 보이지 않는다. 특히 우리 기업의 퀄리티가 비교적 높다는 점을 고려하면 더욱 그렇다. 물론 둘 다 비싼 것일 수도 있고, 둘 다 계속 비싸거나 더 비싸질 수도 있다.

당해 연도에 우리 펀드 실적에 긍정적으로 기여한 상위 다섯 개 기업은 다음과 같다.

닥터 페퍼 스내플	+1.94%
임페리얼 토바코	+1.79%
마이크로소프트	+1.69%
세이지	+1.36%
레킷벤키저	+1.05%

실적에 부정적인 영향을 미친 하위 다섯 개 기업은 다음과 같다.

P&G	−0.22%
페이팔	−0.15%
3M	−0.02%
코네	+0.02%
콜게이트 파몰리브	+0.05%

하위 다섯 개 기업 중 우리가 걱정할 만한 일이 있었던 유일한 기업은 P&G인데, 수년간 내부 출신 CEO를 두 번이나 교체했다.

우리는 당해 연도에 도미노피자 지분을 매도했다. 현재의 가파른 성장세를 지속해야만(과연 그럴 수 있을지 확신할 수 없었다) 적정하다고 볼 수 있는 밸류에이션 수준에 이르렀기 때문이다. 하지만 약간의 후회와 두려움 속에 매도했는데, 후회했던 이유는 도미노피자가 의심의 여지없는 고퀄리티 기업이고, 우리 펀드 출범 이래 가장 뛰어난 실적을 낸 종목이기 때문이다. 두려웠던 이유는 훌륭한 기업 주식을 매도하는 건 우리가 당연히 꺼리는 일이기 때문이다. 우리는 여전히 '오랜 친구와 함께 돈 벌기'를 믿는다. 즉, 적어도 합리적이라고 생각하는 밸류에이션 수준에서 기회가 온다면 도미노피자를 다시 보유할 수 있길 간절히 바란다.

2015년에 초이스 호텔 지분도 매도했다. 스카이터치SkyTouch라는 이름의 제3자 예약 시스템 개발에 투자했는데, 그 잠재 위험-보상 관계가 마음에 들지 않았다. 보유 종목 간 비중 조절 거래를 거의 안 하는 우리는 투자 기업 현금흐름의 일부를 재투자하는 의사결정을 그 경영진에게 맡겨 놓은 셈이다. 경영진이 핵심 역량 분야를 벗어나 다른 흥미진진한 일을 하려 하면 걱정된다. 그래서 초이스 호텔을 매도했다.

한편 이베이가 동명의 온라인 마켓플레이스 사업 부문과 온라인 결제 프로세서인 페이팔을 분할했을 때 받은 이베이 지분도 매도했다(페이팔은 보유 중이다).

당해 연도에 우리는 질량 분석과 액체 크로마토그래피, 열분석 장비 제조사인 워터스 코퍼레이션 주식을 재매수했다. 이익의 상당 비중은 장비를 설치한 기업에 소모품과 서비스, 예비품, 소프트웨어를 판매하는 데서 발생한다. 제품 시험·인증에 대한 수요가 거침없이 상승하고 있기에 확실한 성장원을 가졌다.

워터스 코퍼레이션과 비슷한 성장원을 가진 다른 시험 기업과 신규 필수 소비재 기업 지분을 취득했다. 아직 매수를 완료하지 못했기 때문에 적절한 시점에 이름을 밝히겠다.

당해 연도에 2%*의 회전율을 기록하며 포트폴리오 회전율 최소화라는 우리의 여전한 목표를 다시 한번 달성했다. 자발적 거래의 수수료로 총 49만 6,507파운드 또는 0.014%(1.4bp)를 지출했다는 사실이 더 와닿을지도 모르겠다. 이는 펀드 설정과 환매에 관련된 비자발적 거래비용은 포함하지 않는다.

이게 왜 중요할까? 비용 최소화에 도움이 되기 때문이고, 비용 최소화는 투자자가 만족스러운 성과를 얻는 데 핵심 역할을 하기 때문이다. 투자자나 평론가, 자문사는 연간 운용 보수·비용(AMC)이나 성과보수 제외 총보수·비용 비율(OCF)에 초점을 맞추는 경우가 너무 많다. OCF는 AMC 외에도 펀드에 부과되는 몇 가지 비용을 포함한다. T 클래스 배당재투자 펀드의 2015년 OCF는 1.07%*였다. 문제는 OCF

가 중요한 비용 구성 요소, 즉 거래비용을 포함하지 않는 데 있다. 매니저가 펀드에서 주식을 거래할 때는 브로커에게 내는 수수료와 대상 증권의 매수-매도 호가 스프레드, (일부 경우) 인지세가 발생한다. 이들은 OCF에 포함되지 않지만, 펀드 비용을 상당히 늘릴 수 있다.

펀드스미스는 거래비용을 포함하는 우리만의 총비용 기준을 투자총비용(TCI)이라는 이름으로 공개해왔다. T클래스 배당재투자 펀드의 2015년 TCI는 1.13%*였는데, 자발적 거래뿐 아니라 모든 자금 유출입에 수반되는 거래비용을 포함한 수치다. 다른 펀드도 TCI와 비슷한 기준의 수치를 공개한다면 우리 TCI가 낮은 수준이라는 점이 입증되겠지만, 그때까지 잠자코 기다리지는 않을 것이다. 하지만 기업의 펀더멘털 실적은 배제하고 주가에만 집착하는 태도가 건전하지 않듯이, 펀드 비용 수치에 사로잡힌 나머지 실적에 집중하지 못하는 태도도 경계해야 한다. 이 연례 서한의 앞부분에 나온 펀드 실적은 모든 보수 차감 후 기준 수치라는 점을 기억하자. 좀 더 고상한 누군가의 말을 빌리면, 결국 "돈 낸 만큼 받는 법이다 You get what you pay for." 여러분이 지금은 아니더라도 앞으로 이 관점을 목표하는 게 나을 것이다.

* 출처: 펀드스미스 LLP / + 출처: 블룸버그

52.
2016년에 가진 돈으로 딱 한 가지를 한다면

《파이낸셜 타임스》, 2016년 1월 15일

2016년에 여러분 돈으로 딱 한 가지를 해야 한다면, 잊고 지낼 수 있는 데 투자해야 한다.

"구두 수선공의 아이들은 맨발로 다닌다"라는 옛말은 일에만 몰두하고 정작 자기 욕구는 방치하는 전문가의 성향을 여실히 보여 준다(심지어 자기 전문 분야인데도 말이다). 투자 전문가도 예외가 아니다. 하지만 매일이나 매주, 매달 투자금을 운용할 시간이나 의지가 없다면 가장 좋은 선택은 방치한 듯 보여도 좋은 성과를 내는 투자 전략을 선택하는 것이다.

내가 방치한 듯 보인다는 표현을 쓴 이유는 그런 비활동성이 올바른 투자 전략과 결합하면 투자 실적의 방해물인 거래비용을 줄이므로 오히려 미덕이 되기 때문이다.

내가 보기에 끊임없는 경계나 거래 활동 없이 초과 성과를 달성할 수 있는 두 가지 길이 존재한다.

하나는 인덱스펀드를 사는 것이다. 일반적인 액티브펀드 매니저가 지수 벤치마크를 밑도는 실적을 내면서도 인덱스펀드보다 비용도 많이 청구하고 거래도 더 많이 한다는 점을 고려하면, 사실 당연한 결론이다. 그런데 내가 말하는 건 ETF가 아니라 인덱스펀드다. 여러분의 관심 부족 덕분에 인덱스펀드 투자가 성과를 낸다는 점을 고려하면, '거래소에서 거래되는 exchange-traded'이라는 이름이 시사하듯 ETF의 특성인 당일 매매intraday dealing*가 허용되는 펀드가 왜 필요한가?

다른 하나는 시간이 갈수록 가치가 복리 성장하는 훌륭한 기업 주식으로 구성한 포트폴리오에 투자하는 것이다. 이런 기업은 수십 년이 넘는 역사를 이어왔고, 경기 사이클의 저점에서도 재무 실적이 훌륭하다(높은 자본이익률과 이익률, 높은 현금전환비율, 적당한 부채비율).

아울러 그 큰 이익이 경쟁을 초래할 수 있는데도 불구하고 눈에 보이는 경쟁우위를 바탕으로 높은 이익률을 유지할 수 있는 기업이기도 하다.

두 가지 길 가운데 어느 쪽을 선택하든, 매수하고는 잊고 성과를 즐기시라.

• 영업일 하루 간 매매를 한 후 장 종료 시점에 계좌 내 아무런 포지션을 남기지 않는 매매 전략.

53.
채권형 주식을 무시하면 안 된다

《파이낸셜 타임스》, 2016년 9월 8일

내가 운용하는 펀드스미스 에쿼티 펀드는 투자자의 초과 투자 수익 달성을 위해 단순한 세 단계 전략을 쓰고 있다.

1. 훌륭한 기업에 투자하라.
2. 비싸게 사지 마라.
3. 아무것도 하지 마라.

세 단계를 위의 순서로 배치한 건 우연이 아니다. 이 전략은 보유하고 싶을 만큼의 퀄리티 기준을 충족하는 기업 주식인지에 관한 판단에서부터 시작한다. 이는 밸류에이션보다 훨씬 중요하다.

내 말을 믿지 않아도 좋다. 다음은 버크셔 해서웨이 부회장이자 워런 버핏의 사업 파트너인 찰리 멍거가 '투자 운용과 기업이라는 세상을 보는 기본적인 지혜A Lesson on Elementary, Worldly Wisdom as it Relates to

Investment Management and Business'라는 제목의 연설에서 이에 대해 했던 말이다.

장기적으로 볼 때 주식에 투자해서 그 기초 사업의 실적을 훨씬 앞서는 투자 수익을 내기는 힘들다. 40년간 6% 자본이익률을 내는 기업 주식을 40년간 보유한다면 투자 수익률은 6%와 크게 다르지 않을 것이다. 처음에 아주 저렴한 가격에 매수했더라도 마찬가지다. 반대로 20~30년간 18% 자본이익률을 내는 기업 주식을 보유한다면 비싸 보이는 가격에 매수했더라도 정말 굉장한 성과를 달성할 수 있을 것이다.

멍거는 추측하거나 어떤 이론을 제안한 게 아니다. 그저 사실을 명시했을 뿐이다. 장기 투자자의 성과를 결정하는 건 투자 기업의 자본이익률과 높은 수익률로 재투자할 수 있는 역량이지, 주식을 매매할 때의 밸류에이션이 아니다. 아니면 그의 파트너인 워런 버핏의 더 간결한 표현이 기억하기 쉬울 것이다. "아주 좋은 가격에 적당한 기업을 사는 것보다 아주 좋은 기업을 적당한 가격에 사는 것이 훨씬 낫다."

하지만 대다수 사람은 장기 투자자답게 행동하지 않는다. 이는 행동경제학적 이유 때문일 수도 있고, 얼마나 활동하느냐로 자기 존재 이유와 보수의 근거를 찾는 자문사의 조언을 받기 때문일 수도 있다.

셈법은 변하지 않는다. 높은 자본이익률은 외견상 높은 밸류에이션을 정당화할 수 있지만, 자본이익률이 낮은 기업은 그 저평가 정도와 관계없이 장기 투자자에게 별 가치가 없다. 자본이익률이 고질적으로 낮은 기업에 투자를 결정하는 대다수 투자자의 전략은 주식을 사업 실적이나 사건에 긍정적인 반등이 있을 거라고 생각하는 시점 이전에 매수하는 것과 밸류에이션이 확장되길 기다리며 주가 상승을 기대하는 것의 조합인 경우가 많다.

그것을 성공적으로 실행할 수 있는 투자자가 거의 없다는 사실을 차치하더라도 이 전략에는 문제가 있다. 타이밍을 잘했더라도 보유하던 주식을 매도하고 그 전략의 기준을 충족하는 신규 투자처를 또다시 찾아야 한다. 이러한 특성을 갖는 주식은 절대 장기 보유하면 안 된다. 그랬다간 주가 실적이 기초 사업의 낮은 자본이익률을 향해 가라앉기 시작한다.

"내가 먹는 음식이 나를 만든다You are what you eat"라는 격언의 기업판 사례를 살펴보자. 식욕이 왕성한 수많은 복합 기업은 기초 식량이나 건자재, 엔지니어링 섹터에 속한 기업을 인수하면서 퀄리티가 아니라 밸류에이션에 기반하는 접근법의 결점을 보여주었다. 이들 기업은 인수한 기업의 수익성을 개선해서 단기 차익을 창출하는 방향으로 경영했는데, 그마저도 일부는 펀더멘털이 아니라 기업 인수 회계의 마술을 통해서였다. 하지만 이후에 피인수 기업은 인수 기업의 실적마저 자기 수준으로 끌어내리는 이익과 성장률을 보이기 시작했다.

그 때문에 BTR, 핸슨Hanson, 톰킨스Tomkins가 망했다. 이 추세를 거스른 거의 유일한 영국 기반의 연쇄 인수자serial acquirer가 바로 멜로즈Melrose다. 멜로즈는 단기 차익이 나자마자 인수 기업을 매각하는 방식을 취했는데, 많은 포트폴리오 펀드매니저의 방식과 아주 비슷하다.

하지만 자타공인 최고의 투자자 두 명의 지당한 충고에도 불구하고, 내게 어떤 기업이 그 주식을 보유할 만큼 훌륭한지보다 어떤 주식의 가격이 저렴한지 묻는 사람이 훨씬 더 많다. 이런 추세는 최근에 이른바 채권형 주식이 뛰어난 투자 실적을 내면서 최고조에 이르렀다. 위

낙 안정적인 이익을 내기 때문에 투자자가 떼를 지어 모여드는 것으로 알려진 바로 그 종목들 말이다.

저금리와 제로 금리를 넘어 마이너스 금리까지 다다른 시대에 투자자의 필사적인 수익률 추구 행동으로 이들 채권형 주식이 우수한 투자 실적을 냈지만, 이 투자 전략이 성공하기에는 밸류에이션이 극단에 치달았다는 견해도 있다.

이런 주장은 보나 마나 채권형 주식의 실적을 누릴 기회를 완전히 놓쳤고 상당히 오랫동안 사이렌 소리를 울려온 투자자가 제기했을 게 분명하다.

지금까지 그들의 조언을 따랐다면 재앙과 같았을 것이다. 내 기억에 채권형 주식의 과도한 밸류에이션에 대한 경고는 3년 전에도 울려퍼지고 있었고, 이 시기에 채권형 주식에 투자하는 전략은 거의 100%에 이르는 총수익률을 달성했다. 하지만 어떤 이론이 한동안 계속 틀렸다고 해서 궁극적으로 틀린 이론으로 판명 나는 것은 아니다. 옛말마따나 고장 난 시계도 하루에 두 번은 맞다.

그래서 나는 이 주제를 조금 더 깊이 탐구해보기로 했다. 다음 주에 게재할 글은 니프티 피프티Nifty Fifty로 시선을 돌린다. 1960~1970년대에 견고한 매수 후 보유buy-and-hold 전략의 대상으로 여겨졌던 뉴욕 증권거래소 상장 50개 성장주 종목 말이다.

채권형 주식의 부상을 니프티 피프티 시대와 비교하는 사람이 많다. 그래서 당시 사건을 되돌아보고 우리가 무엇을 배울 수 있을지 살펴보는 게 현명하다.

54.
니프티 피프티의 교훈

《파이낸셜 타임스》, 2016년 9월 14일

지난주 나는 미국에서 니프티 피프티 시대에 일어난 사건과 그 여파를 공부하면 채권형 주식의 전망에 관해 배울 게 있다고 제안했다.

그래서, 무슨 일이 있었는가? '니프티 피프티'는 1960~1970년대에 견고한 매수 후 보유 전략의 대상으로 여겨졌던 뉴욕 증권거래소 상장 50개 성장주가 높이 치솟은 밸류에이션에 이르렀던 시기를 말한다. 이들은 '원 디시전one-decision' 주식으로 불렸다. 오랜 시간이 흘러도 극도로 안정적인 주식이라 매도할 필요가 전혀 없으므로 주식을 매수하는 단 한 번의 결정만 필요하다는 뜻이다.

니프티 피프티 종목의 가장 흔한 특징은 견고한 이익 증가였고, 결과적으로 말도 안 되게 높은 PER 값이 형성됐다. 퀄리티 투자 전략을 비판하는 사람은 밸류에이션을 무시하는 투자자가 마주할 수 있는 참사의 예시로 니프티 피프티를 인용한다. 당시 급락 이후 대부분의 니프티 피프티 종목이 시장을 밑도는 실적을 냈던 것을 지적하고는, 오늘날 채권형 주식도 같은 맥락에서 주의해야 한다고 말한다. 하지만 주식 시장의 여러 다른 사건과 마찬가지로, 그러한 설명은 분석에 근거한 게 아니라 괴담에 가깝다는 게 내 결론이다.

그럼 데이터를 검토해보자. 첫 번째 문제는 니프티 피프티가 공식적으로 존재하지는 않는다는 점이다. 모건 개런티Morgan Guaranty와 키더 피바디Kidder Peabody가 선정한 다양한 종목 목록이 대용으로 사용됐다. 당시 《포브스Forbes》의 발행인 말콤 포브스 주니어Malcolm Forbes Jr는 1977년 《포브스》에 실은 〈월스트리트가 사랑에 빠진다면When Wall Street Becomes Enamored〉이라는 글에서 모건 개런티 목록을 처음 인용했다. 키더 피바디 목록은 회사가 매달 뉴욕증권거래소에서 PER이 가장 높은 종목을 나열했던 목록이 기원이다. 이후 한 리서치 보고서에서 두 목록에 동시에 오른 종목을 추려서 '테리픽 24Terrific 24'라고 명명했다.

하지만 어느 목록을 선택하든 니프티 피프티 종목의 평균 PER은 시장 전체 PER의 두세 배에 불과했다.

1972년 말 PER	
종목	평균 멀티플
모건 개런티 니프티 피프티	45.2
키더 피바디 니프티 피프티	57.9
'테리픽 24'	59.8
S&P 500	19.2

출처: Fundsmith Research

이 집단이 어떻게 그렇게 높은 밸류에이션을 갖게 됐는지는 분명치 않다. 1920년대 대량 생산에 대한 흥분이나 닷컴 버블 시대 기술 전망에 대한 맹목적 열기처럼 시장의 전형적인 열광이 이유는 아니었다. 니프티 피프티 목록에 훗날 손해가 막심한 재앙으로 판명 난 새로운 기술주가 간간이 섞여 있긴 했지만 말이다(이스트먼 코닥Eastman Kodak과 폴라로이드Polaroid, 제록스Xerox가 대표적이다).

당시 사회 전체를 투영한 투자자 행동이 일어났던 듯하다. 투자자가 보수적인 구식 배당주를 버리고 이른바 성장주로 갈아타는 '우드스톡 페스티벌의 순간Woodstock moment**'이 있었다. 이는 성장주의 성과가 지속되는 동안에는 자기실현적 성격의 투자 전략으로 기능했다. 한 평론가는 "월스트리트 시대 정신Zeitgeist의 변화"라고 결론 내렸다.

버블 붕괴를 더 간단히 설명할 수 있다. 1972년 3.2%였던 인플레이션율이 1975년 초 11.8%까지 급증하면서 1973년 1월 5일 최고치를 기록한 S&P 지수는 이후 22개월 동안 48% 하락했다. 욤 키푸르 전쟁Yom Kippur War**이 발발하여 유가가 네 배 수준으로 급등하면서 1973~1975년 경기 침체가 시작됐고, 미국은 워터게이트 사건에 사로잡혔다.

데이터를 구하기가 만만찮지만, 니프티 피프티 종목은 시장보다 좀 더 오래 버텼다. 결국 이들도 피할 수 없는 흐름에 굴복하긴 했지만. 코카콜라 주가는 시장과 마찬가지로 1973년 1월 최고치를 기록했다가 이후 22개월 동안 66% 하락했다. 존슨 앤드 존슨Johnson & Johnson도 1973년 1월 최고치를 기록했는데, 1974년 10월까지 주가 하락을 42% 수준으로 방어했다. 가장 높은 밸류에이션을 기록한 종목 중 하나인

• 미국 뉴욕주에서 1969년 8월 15일부터 4일간 진행되었던, 록 페스티벌의 시초로 꼽히는 행사.
•• 1973년 10월 6일 유대교 전통의 속죄일인 욤 키푸르에 시작됐던 이집트, 시리아 등 아랍 연합군과 이스라엘 사이의 전쟁.

디즈니 역시 1973년 1월 최고치를 기록했다가 1974년 10월까지 주가가 82% 하락했다. 1982년까지 이어진 1970년대 긴 약세장의 결과 니프티 피프티 종목의 밸류에이션은 나머지 시장과 마찬가지로 저점 수준으로 하락했다. 그 결과 전체 시장 평균을 밑도는 실적을 냈다. 이는 채권형 주식의 파멸을 예고하는 예측이 사실임을 입증하는 듯하다.

오늘날 니프티 피프티가 존재한다면, 과연 어떤 종목이 이름을 올릴까? 원조 니프티 피프티의 방법론을 그대로 적용해보면, 현재 S&P 500 지수에서 밸류에이션이 50번째로 높은 종목은 헬스케어 부동산 사업자인 웰타워Welltower로, PER이 40.7배다. 이 밸류에이션 값은 1972년 키더 피바디 목록에서 50위를 차지했던 소비재 기업인 크로락스의 당시 PER인 41.4배와 비슷하다.

게다가 오늘날 S&P 500 지수의 전체 PER인 20.5배도 1972년 당시 시장 전체 PER과 비슷한 수준이다. 이에 반해 오늘날 채권형 주식에서 비중이 가장 높은 S&P 500 필수 소비재 섹터의 PER은 고작 22.8배에 불과하다. 지금이 1972년과 평행 세계라는 건 꽤 분명하지만, '채권형 주식'에 곧바로 적용하기는 힘들다.

사실 내가 최신판으로 갱신한 니프티 피프티에서 유일한 필수 소비재 종목은 에너지 음료 기업인 몬스터 베버리지Monster Beverage다. 나머지는 어떤 종목으로 구성되어 있을까? 이해에 도움이 될 만한 선정 기업을 나열해보겠다. 액티비전과 어도비, 아마존, 브로드컴, 디지털 리얼티, 익스피디아, 페이스북, 일루미나, 마이크론, 넷플릭스, 프로로지스, 레드햇, 트립어드바이저, 야후, 알렉시온 파마, 엘러간, 리제네론. 현재의 니프티 피프티 가운데 29개 기업만 배당금을 지급한다. 대체로 좋은 신호는 아니지만, 그렇다고 채권형 주식에 겨눌 수 있는 비난의 화

살 인 것도 아니다. 현재의 니프티 피프티 중에 내가 운용하는 펀드스미스 에쿼티 펀드에 편입된 기업은 없을뿐더러 보유하겠다고 마음먹을 만한 투자 유니버스에 속하는 기업도 없다.

  금리 상승으로 인한 가치 손상이나 밸류에이션 관점에서 걱정거리를 찾고 있다면, 내가 보기에는 채권형 주식보다 훨씬 우려스러운 극단적 밸류에이션을 가진 다른 종목이 많이 있다.

55.
'안다는 걸 아는 것'에 집중하자

《텔레그래프》, 2016년 10월 29일

도널드 럼즈펠드Donald Rumsfeld 전 미국 국방부 장관은 이렇게 말한 바 있다. "안다는 걸 아는 것known knowns이 있고, 모른다는 걸 아는 것known unknowns이 있다. 하지만 모른다는 것도 모르는 것unknown unknowns도 있다."

사람들이 '모른다는 걸 아는 것'에 해당하는 사안을 추측하겠답시고 얼마나 많은 시간과 노력을 허비하는지 깜짝 놀란다. 브렉시트, 중국, 원자재, 금리, 유가, 양적 완화, 미국 대통령 선거는 모두 '모른다는 걸 아는 것'들이다.

브렉시트를 보자. 모든 여론 조사 결과가 잘못됐던 사건의 결과에 근거해 투자 결정을 내리면서 확신할 수 있는 사람이 있기는 할까? 일부 펀드매니저는 그렇게 했다. '브렉시트가 모든 것을 바꾼다'라고 주장한 절대 수익absolute return 펀드의 매니저는 올 초부터 현재까지 20%가 넘는 손실을 보고 있다(이 얼마나 부적절한 이름인가?).

오히려 내가 보기에는 지금까지는 바뀐 게 별로 없다. 사실 브렉시트는 아직 일어나지도 않았다.

또한 국민투표 시행 후에 투자 수익률이 20% 올라서 칭송받았던 극소수의 펀드매니저에 공감할 수 없기는 마찬가지다. 이들은 투자자의 돈으로 동전 던지기에 베팅할 준비가 되어 있었다.

문제는 이런 일의 결과를 예측하기가 어렵거나 심지어 불가능하다는 것만이 아니다. 시장은 '2차적 시스템'으로 분류된다. 그런 시스템에서 성공적인 투자를 하려면 사건의 결과를 정확히 예측해야 할 뿐 아니라 시장이 무엇을 기대하는지, 어떻게 반응할지도 알아야 한다. 행운을 빈다.

그 이후에는 '모른다는 것도 모르는 것'의 문제에 부닥친다. 시장에서 주요한 변동을 일으키는 사건은 누구도 감지하지 못한 것일 수 있다. 존재 여부조차 모르는 일의 결과를 예측하는 건 매우 어렵다.

이런 불확실성을 해결할 수 있다고 주장하는 방법 하나가 이른바 절대 수익 펀드다. 이 펀드들의 총운용자산 규모는 2008년 6월 20억 파운드였는데, 최근에 엄청난 자금을 끌어들이며 2016년 6월에는 630억 파운드로 늘어났다. 그간 실적은 어땠을까?

평균적인 절대 수익 펀드의 작년 투자 수익률은 0.7%, 2015년 2.9%, 2014년 4.3%다. 이에 비해 펀드스미스 에쿼티 펀드의 투자 수익률은 작년에 42%, 2015년 15.2%, 2014년 15.3%다. 또한 절대 수익 펀드는 지난 5년 중 4년이나 MSCI 선진국 지수를 밑도는 실적을 기록했다.

총수익률(%)	2016	2015	2014	2013	2012
종료일: 각 연도 9월 30일					
IA 절대 수익 타깃 섹터	+0.7	+2.9	+4.3	+4.9	+2.5
MSCI 선진국 지수	+29.9	+1.6	+12.1	+19.9	+17.3

절대 수익 펀드가 여러분이나 내가 이해할 수 없는 복잡한 헤징 전략hedging strategy을 구사한다는 사실은 제쳐두자. 하지만 이 펀드들의 헤징은 투자자가 돈을 잃지는 않더라도, 펀드 이름에 붙은 '수익'이라는 말이 무색할 정도로 돈을 벌지도 못하게 만든다는 사실이 꽤 확실하다.

그렇다면 무엇에 초점을 맞추어야 할까? 딱 세 가지를 제안한다.

다른 무엇보다도, 훌륭한 기업 주식에 투자해야 한다. 그런 기업을 알아보는 건 그리 어렵지 않다. 오랫동안 사업을 해왔고, 고객이 원하는 제품과 서비스를 제공해서 훌륭한 재무 실적을 내는 기업일 가능성이 크다.

내가 운용하는 펀드스미스 에쿼티 펀드의 평균적인 포트폴리오 기업의 설립 연도는 1912년이다. 두 번의 세계대전과 대공황, 금융 위기에서도 살아남았기 때문에 우리 앞에 그 어떤 '모른다는 걸 아는 것'과 '모른다는 것도 모르는 것'이 놓여있든 다시 살아남을 것이다.

둘째, 여러분이 이해할 수 있는 것에만 투자해야 한다. 이게 성공의 핵심 요소라는 데 동의하지 않는 사람을 이제껏 보지 못했다. 하지만 투자자는 자신이 제대로 이해하는 게 무엇인지 인식하는 데 아주 서툴다. 현대 금융 산업을 정말 이해하고 있는가? 아니라면, 은행주를 왜 보유하는가? 절대 수익 펀드는 파생상품을 어떻게 활용하는가? 전혀 모르겠다면, 왜 절대 수익 펀드에 투자했는가? ETF는 어떻게 작동하는가? 모르겠다면, 인덱스 추종 펀드를 사라(ETF와 인덱스 추종 펀드를 같다고 생각한다면, 이 주제를 제대로 이해한 게 아니다).

셋째, 밸류에이션을 지나치게 걱정하지 않아도 된다. 훌륭한 기업 주식은 밸류에이션이 너무 높다고 말하는 얼치기 전문가나 평론가를 만나게 될 텐데, 그들이 옳았다는 게 일시적으로나마 입증되긴 할 것이다. 하지만 그때까지 기다리면서 포기하는 이득은 얼마나 될까? 장기 투자자에게는 밸류에이션 문제보다는 훌륭한 기업 주식을 매수하는 게 더 중요하다. 장기 투자자가 아니라면, 주식 시장에서 대체 뭘 하는 건가?

56.

2016년 연례 투자자 서한

펀드스미스, 2017년 1월

펀드스미스 에쿼티 펀드 투자자에게 보내는 일곱 번째 연례 서한이다. 아래 표는 최근 역년 투자 수익률과 2010년 11월 1일 설정 후 누적 및 연 복리 수익률을 여러 벤치마크와 비교해 보여 준다.

총수익률(%)	2016.1.1.~12.31.	설정일~2016.12.31.	
		누적	연 복리
펀드스미스 에쿼티 펀드[1]	+28.2	+196.6	+19.3
주식[2]	+28.2	+110.6	+12.8
영국 국채[3]	+6.5	+32.4	+4.7
현금[4]	+0.6	+4.0	+0.6

1. T클래스 배당재투자 펀드(보수 차감 후, 영국 기준 정오 가격). 출처: Bloomberg / 2. MSCI 선진국 지수(파운드화 표시 순 배당재투자 기준, 미국 장 마감 시간 가격). 출처: www.msci.com / 3. 블룸버그/EFFAS 영국 국채 5~10년. 출처: Bloomberg / 4. 3개월 리보 금리. 출처: Bloomberg

위 표에서 가장 많은 사람이 보유하고 내 개인 돈도 투자하고 있는

T클래스 배당재투자 펀드의 2016년 수익률이 28.2%였음을 알 수 있다. 파운드화 표시 배당재투자 기준 MSCI 선진국 지수 수익률 역시 28.2%였다. 따라서 우리 펀드는 2016년에 시장과 같은 성과를 달성했고, 영국 투자협회 글로벌 섹터에서 설정 이후 가장 높은 수익률을 기록한 펀드 자리를 지켜냈다. 누적 수익률이 2위 펀드보다 15%p 높고, 평균값보다는 127%p나 높다.

하지만 많은, 실은 대부분의 펀드스미스 투자자가 MSCI 선진국 지수를 벤치마크로 삼는 걸 당연시하지 않는다는 점을 깨달았다.

영국에 살면서 실적 측정 척도로 FTSE 100 지수를 사용하는 사람이나 FTSE 100 지수를 추종하는 펀드(또는 그 유사 인덱스펀드)에 투자한 사람이라면 MSCI 선진국 지수를 훨씬 밑도는 실적을 거뒀을 것이다. FTSE 100 지수는 2016년에 14.4%나 상승했고, 배당재투자 기준 총수익률도 19.2%를 기록했다. 우리 펀드는 FTSE 100 지수보다 수익률이 9%p나 높다.

축구 해설자는 축구가 전반전과 후반전이 있는 경기라고들 말하는데, 2016년 우리 상대 실적에 정확히 들어맞는 이야기다. 상반기가 끝난 6월 30일 우리 T클래스 배당재투자 펀드는 연초 대비 16.4% 상승했는데, MSCI 선진국 지수는 11.0% 상승했다. 6월 23일에 시행한 브렉시트 국민투표 결과가 발표된 후 파운드화 가치가 급락했는데, 우리 포트폴리오 종목 대다수는 미국 시장 상장 기업이기 때문이다. 이것이 기업이 어디서 매출과 이익을 창출하는지에 따라 결정되는 통화 익스포저를 제대로 반영한 결과는 아니지만, 미국 달러가 우리의 가장 큰 익스포저인 건 맞다.

그럼 2016년 하반기에는 무슨 일이 있었던가? 주식 시장 평론가가 섹터 '순환rotation'이라고 일컫는 현상, 즉 투자자들이 우리가 투자한 섹터를 외면하면서 해당 기업의 주가도 하락한 반면에 우리가 보유하지 않는 섹터(특히 은행)의 실적이 좋아지는 일을 경험했다.

이 같은 '순환'은 경제 성장 회복에 대한 기대 속에 경기 순환주의 실적 회복 잠재력에 초점을 맞춘 결과로 보인다. 11월 초 도널드 트럼프가 미국 대통령 선거에서 승리한 후 그 양상이 더 심해졌다(이 선거야말로 '놀랍다'는 표현을 쓸 자격이 있다. 브렉시트는 그에 비하면 '일부에게만 놀랍다' 정도가 적합하다). 트럼프의 경제 정책이 미국의 고속 경제 성장을 촉진하리라는 예측 때문이었을 것이다.

나는 이 '순환'이 지속할지 알 길이 없다. 그런데 이 문제에 관해 의견을 내는 애널리스트나 평론가도 잘 모르기는 매한가지다.

현 상황을 판단하려면 몇 가지 사항을 염두에 두는 것이 좋다.

지난 4년 동안 시장은 우리가 투자하는 유형의 주식과 투자 전략 그리고 우리 펀드가 시장을 밑도는 실적을 내리라고 평가했다. 그 4년 간 우리 펀드의 가치는 거의 100% 증가했다. 평론가의 조언을 따랐다면 놓쳤을 이 성과를 그 평가를 했던 사람들이 스스로 언급할 리 만무하다.

대다수 논평은 지나치게 단순한 접근 방식을 취한다. 이를테면 필수 소비재 부문에서 "파티는 끝났다"는 말을 했던 도이체방크Deutsche Bank의 최근 논평에서처럼, 우리가 투자하는 유형의 주식을 쉽게 알 수 있는 일군의 종목이라면서 필수 소비재에 집중한다. 설령 그게 사실이더라도 우리 포트폴리오에서 필수 소비재 종목 비중은 겨우 3분의 1 수준이다.

시장을 밑도는 실적을 내놓으리라는 예측은 비교적 예측 가능한 이익을 내는 기업 주식인 이른바 '채권형 주식'에도 초점을 맞춘다. 투자자는 채권 수익률이 0으로(심지어 0 이하로까지) 떨어지자 채권형 주식을 대체 투자처로 보고 갈아탔다. 금리가 상승하면 채권형 주식 실적이 안 좋아질 텐데, 곧 금리가 상승할 것이라는 이야기를 많이 듣는다. 이 글을 쓰는 현재 미 연준은 연중 최저치에 맴돌던 기록적인 연방기금금리를 0.5% 인상했다(처음 0.25%를 인상한 게 2015년 12월 17일이었는데, 세월이 어찌나 빠른지!). 지난해 내가 지적했듯이 이 빙하가 이동하는 속도만큼 느린 속도의 금리 인상을 보면 흔히 사용하는 금리 '하이크'라는 표현은 적절하지 않다. 그 사전적 의미에 따르면 급등이나 예상 밖의 인상을 의미하는데, 연준의 결정과 분명히 다른 내용이다. 물론 나는 연준이나 다른 중앙은행이 향후 금리를 언제, 얼마나 인상할지 전혀 모른다. 지금까지의 기록으로 보건대 어느 평론가나 애널리스트도 마찬가진데, 이 사실이 예측을 그만두게 하거나 예측에 근거해 투자 결정을 내려야 한다는 주장을 막지는 못하는 듯하다.

방어적인 채권형 주식 지분을 매도하거나 펀드 투자금을 환매하겠다고 선택할 경우, 그 대체 투자처가 무엇일지 하는 문제도 있다. 한 가지 확실한, 게다가 2016년 하반기에 좋은 실적을 냈을 대안은 은행주와 같은 경기 순환주로 갈아타는 방법이다. 금리가 상승하리라고 기대하면서 경기 순환주를 매수할 때 발생하는 문제는 꽤 분명하다. 금리가 올라 경기가 둔화하면 방어형 주식보다 더 안 좋은 실적을 내지 않을까? 경기 순환주에 속하는 기업은 자본비용보다 높은 자본이익률을 내고 더 많은 자본을 같은 수익률로 재투자하는 방식으로 주주가치를 창출하지 못한다(우리가 추구하는 유형의 기업은 이를 달성한다). 그런데도 여러분이 이런 주식에 투자하고자 결정했다면, 내가 보기에는 그 주식을 영원히 보유해서 가치가 복리 성장하도록 내버려 두는 게 아니라 매수한 주식을 더 높은 가격에 되팔 수 있는 거래 기회라고 생각했기 때문일 것이다. 만약 그렇다면, 이 '더 큰 바보 이론' 게임에서 대다수 사람보다 나은 타이밍 능력을 갖췄길 바란다(이 게임은 여러분보다 이 기회를 포착하는 능력이 떨어지는 사람에게서 주식을 매수해 때가 되면 역시나 상황 파악이 잘 안되는 사람에게 주식을 매도해야 한다). 우리는 그 능력을 갖췄다고 생각하지 않기 때문에 아예 시도조차 하지 않을 것이다.

나를 여전히 놀란다(여기서 이 문단을 마칠 수도 있다). 투자 의사결정의 근거로 사용하려고 거시경제 사건 예측에 집착하는 평론가와 애널리스트, 펀드매니저, 투자자가 얼마나 많은지를 보면. 미래 사건을 예측하는 게 불가능하다는 사실조차 이들의 시도를 막지 못하는 듯하다. 2016년 한 해만 해도 주요 여론 조사 기관과 주류 언론이 영국의 EU 국민투표와 미국 대통령 선거 결과를 예측하는 데 실패하는 광경을 목격했다. 그런데도 바로 그들 중 상당수가 트럼프 대통령의 경제 정책이 경제 전반과 우리 투자에 미칠 영향이 무엇일지 떠들어대느라 아주 바빠 보인다.

나는 거시경제 동향을 걱정하는 데 시간을 거의 쓰지 않는다. 우리 포트폴리오를 운용하기 위해 직접 예측하는 데는 더더욱 시간을 쓰지 않는다. 가까운 미래에 기업과 시장에 영향을 미칠 수 있는 거시경제 요인을 나열한 목록을 한번 보자.

- 브렉시트
- 중국

- 인도 '화폐 개혁demonetisation'
- 프랑스의 대통령 선거
- 독일 선거
- 금리
- 한반도
- 트럼프 대통령
- 유럽중앙은행(ECB)의 양적 완화
- 시리아
- 유가

  이런 사안이 전개될 방향과 그 시점을 정확히 예측하더라도 투자 의사결정의 근거로 활용할 수는 없다. 시장은 이른바 2차적 시스템으로서, 유용한 예측은 정확해야 할 뿐 아니라 시장이 어떻게 반응할지 알기 위해 시장이 무엇을 기대했는지도 알아야 한다. 행운을 빈다.

  우리가 아주 존경하는 일부 기업의 경영진과 마찬가지로 나는 내가 통제할 수 없거나 예측할 수 없는 요인에 무슨 일이 일어날지 추측하는 데 시간을 쓰지 않는다. 대신 내가 통제할 수 있는 것에 내 시간과 노력의 대부분을 쏟는다. 내가 통제하는 두 가지 사안은 훌륭한 기업 주식 보유 여부와 지불 의사가 있는 밸류에이션 수준에 관한 것이다.

  언제나처럼 우리는 첫 번째 요인, 즉 훌륭한 기업 주식 보유 여부에 대한 통찰을 공유하려고 한다. 아래 표는 펀드스미스가 뮤추얼펀드가 아니라 '포괄적' 기준에서 포트폴리오에 보유한 종목별 지분으로 이뤄진 회사라고 가정했을 때 시장(FTSE 100과 S&P 500 지수를 사용했다)과 비교한 성과를 보여준다.

기준일: 2016.12.31.	펀드스미스 에쿼티 펀드*	FTSE 100 지수⁺	S&P 500 지수⁺
ROCE	26.7%	13.5%	14.7%
매출총이익률	61.9%	40.0%	43.2%
영업이익률	25.5%	12.9%	13.9%
현금전환비율	99.4%	81.4%	83.6%
레버리지 비율	37.7%	48.9%	52.1%
이자보상비율	17.0배	7.9배	7.9배

참고: ROCE, 매출총이익률, 영업이익률, 현금전환비율은 펀드스미스 에쿼티 펀드가 투자한 기업은 가중평균값. FTSE 100 지수와 S&P 500 지수는 평균값이다. FTSE 100 지수와 S&P 500 지수 수치에서 금융회사는 제외했다. 레버리지 비율과 이자보상비율은 모두 중앙값이다. *출처: Fundsmith LLP ⁺출처: Bloomberg

우리 포트폴리오 기업은 주가 지수에 편입된 평균적인 기업보다 자본이익률과 매출총이익률이 훨씬 높다. 아울러 훨씬 낮은 부채 수준으로 더 높은 현금전환비율을 기록했다. 게다가 오랫동안 시장을 앞서는 결과를 내왔던 만큼 일회성에 그치지도 않는다. 당해 연도 말 우리 포트폴리오 기업의 평균 설립 연도는 1912년이다.

투자할 만한 기업을 탐색할 때 꾸준히 높은 자본이익률은 우리가 원하는 한 가지 신호다. 또 다른 신호는 성장원인데, 큰 이익을 내더라도 그와 같은 비율로 기업이 성장하지 못하거나 사용자본에서 수익률을 기록하지 못한다면 아무 소용이 없다. 이 관점에서 우리 기업의 2016년 실적은 어땠을까? 가중평균 잉여현금흐름(배당금을 제외한 모든 비용을 지불한 뒤 기업에 남은 현금이자 우리가 선호하는 척도다)은 2016년에 11%* 약간 넘게 증가했다. 전 세계가 활기 없는 성장을 겪으면서 작년에 FTSE 100 지수와 S&P 500 지수 구성 기업의 실적이 하락한 상황을 고려하면 꽤 괜찮은 성과라고 생각한다.

이는 밸류에이션 문제로 이어진다. 포트폴리오의 가중평균 잉여현금흐름 수익률(기업이 창출한 잉여현금흐름÷시가총액)은 당해 연도 초에 4.3%*로 시작해 기말에는 4.4%*를 기록했다. 2016년 전체 포트폴리오의 밸류에이션은 거의 상승하지 않았다. FTSE 100 지수의 평균값은 4.7%⁺, 중앙값은 4.6%⁺였다. S&P 500의 평균값은 4.3%⁺, 중앙값은 4.8%⁺였다. 이 모든 값을 비교해 결론을 내려보면, 우리 포트폴리오는 지수 구성 기업보다 펀더멘털이 훨씬 좋고 FTSE 100 기업보다는 약간 더 높은 밸류에이션을, S&P 500 기업과는 거의 똑같은 밸류에이션을 가졌으며 작년에 성장률이 더 높았던 기업으로 구성되어 있다. 그래서 내가 보기에 지금은 우리 포트폴리오에 부정적인 상황이 아니다.

당해 연도에 우리 펀드 실적에 긍정적으로 기여한 상위 다섯 개 기업은 다음과 같다.

아이덱스	+3.10%
스트라이커	+2.54%
C. R. 바드	+2.06%
인터컨티넨탈 호텔	+1.71%
존슨 앤드 존슨	+1.68%

실적에 부정적인 영향을 미친 하위 다섯 개 기업은 다음과 같다.

에스티 로더	-0.06%
P&G	-0.02%
노보 노디스크	+0.07%
콜게이트 파몰리브	+0.23%

임페리얼 브랜즈	+0.37%

기여율이 가장 높았던 기업은 세계 최대 반려동물 진단 장비 제조사인 아이덱스IDEXX로, 2015년에 매수하기 시작했다. 한편 우리는 스트라이커와 인터컨티넨탈 호텔, 존슨 앤드 존슨 주식을 펀드 설정 이래 계속 보유 중이다.

기여율 하위 다섯 개 기업 중 P&G 지분을 2016년 1월에 매도했다. 지난해 기여율 하위 다섯 개 기업 중 네 곳이 소비재 회사고, 최소한 세 곳은 '채권형 주식'으로 자주 언급된다는 사실에 주목할지도 모르겠다. 이들 주식이 시장을 밑도는 성과를 냈는데도 채권형 주식이 인기를 끌면서 우리가 이득을 봤다고 비판받는 건 참 이상한 일이다.

최근에 미국 화장품 기업인 에스티 로더Estée Lauder 주식을 매수하기 시작했고, 세계 최대 인슐린 제조사인 덴마크의 노보 노디스크Novo Nordisk를 매수한 건 더 최근이다.

우리 전략의 세 번째 다리, 즉 '아무것도 하지 말자'는 간결한 표현으로 돌아가보자. 당해 연도에 -15.6%*의 회전율을 기록하며 포트폴리오 회전율 최소화라는 우리의 여전한 목표를 다시 한번 달성했다. 설정 이후 우리가 계속 보유해 온 종목은 14개고, 자발적 거래의 수수료로 총 18만 1,025파운드 또는 0.003%(1bp의 0.3)를 지출했다는 사실이 더 와닿을지도 모르겠다. 이는 펀드 설정과 환매에 관련된 비자발적 거래비용은 포함하지 않는다.

이게 왜 중요할까? 비용을 최소화하는 데 도움이 되기 때문이고, 투자 비용의 최소화는 투자자가 만족스러운 성과를 얻는 데 중요한 역할을 하기 때문이다. 투자자나 평론가, 자문사는 연간 운용 보수·비용(AMC)이나 성과 보수 제외 총보수·비용 비율(OCF)에 초점을 맞추는 경우가 너무 많다. OCF는 AMC 외에도 펀드에 부과되는 몇 가지 비용을 포함한다. T클래스 배당재투자 펀드의 2016년 OCF는 1.06%*였다. 문제는 OCF가 중요한 비용 구성 요소, 즉 거래비용을 포함하지 않는다는 데 있다. 매니저가 펀드에서 주식을 거래할 때는 브로커에게 내는 수수료와 대상 증권의 매수-매도 호가 스프레드, 그리고 일부의 경우 인지세가 발생한다. 이들은 OCF에 포함되지 않지만, 펀드 비용을 상당히 늘릴 수 있다.

펀드스미스는 거래비용을 포함하는 우리만의 총비용 기준을 투자 총비용(TCI)이라는 이름으로 공개해 왔다. T클래스 배당재투자 펀드의 2016년 TCI는 1.11%*였는데, 자발적 거래뿐 아니라 모든 자금 유출입에 수반되는 거래비용을 포함한 수치다. 다른 펀드도 TCI와 비슷한 기준의 수치를 공개한다면 우리 TCI가 낮은 수준이라는 점이 입증될 것이다. 하지만 펀드 비용 수치에 사로잡힌 나머지 실적에 집중하지 못하는 태도도 경계해야 한다. 이 연례 서한의 앞부분에 나온 펀드 실적은 모든 보수 차감 후 기준 수치라는 점을 기억하자.

아무것도 하지 않는 전략의 장점이 무엇인지 교훈을 담은 일화로 우리가 2015년에 도미노피자 주식을 매도했던 일을 떠올릴지도 모른다. 매도의 이유는 현재의 가파른 성장세를 지속해야만 적정하다고 볼 수 있는 밸류에이션 수준에 이르렀기 때문이었다. 그럴 수 있을지 확신이 없었다. 작년 연례 서한에 나는 이렇게 썼다. "하지만 약간의 후회와 두려움 속에 매도했는데, 후회했던 이유는 도미노피자가 의심의 여지없는 고퀄리티 기업이고, 우리 펀드 출범 이래 가장 뛰어나 실적을 낸 종목이기 때문이다. 두려웠던 이유는 훌륭한 기업 주식을 매도하는 건 우리가 당연히 꺼리는 일이기 때문이다." 도미노피자는 2016년에 주가가 45%[+] 상승하면서 가장 고통스러운 방식으로 내 우려가 기우가 아니었음을 입증했다. 내가 어떠하다는 점이 입증됐다고 판단하기 전에, 그 서술어로 '실수할 수 있다'를 사용하기로 동의해주셨으면 한다. 도미노피자 이야기를 통해 여러분이나 내가 훌륭한 기업으로 구성된 포트폴리오를 매도('주가가 하락할 것이다')하고 갖가지 쓰레기를 모아놓은 포트폴리오를 매수('주가가 상승할 것이다')한 후 나중에 차익을 실현하면서 또 반대로 거래하면 된다고 주장하는 평론가에 동의하기 힘든 이유를 이해할 수 있길 바란다.

* 출처: 펀드스미스 LLP / [+] 출처: 블룸버그

57.
신흥국 ETF와 죽음의 아가리

《파이낸셜 타임스》, 2017년 2월 17일

 액티브펀드 매니저가 취할 적합한 태도가 아닐 수 있지만, 나는 패시브펀드나 인덱스펀드 투자를 선호한다.
 인덱스펀드 투자의 장점은 분명하다. 운용 보수와 거래비용이 작아서 투자자가 최소한의 비용으로 광범위하게 분산된 포트폴리오에 투자할 수 있다.
 인덱스펀드와 ETF의 단점 또한 분명한데, 투자자가 훌륭한 기업에만 투자하거나 가격 대비 가치가 적당하거나 높은 주식에 집중투자할 기회를 앗아간다. 하지만 대다수 액티브펀드 매니저는 훌륭한 기업에만 투자하려는 시도조차 하지 않고, 설령 시도하더라도 훌륭한 기업을 알아보는 안목이 그리 뛰어나지 않은 듯하다. 가격 대비 가치의 적정 수준을 산정하는 일에서도 마찬가지다. 매니저가 포트폴리오에 하도 많은 종목을 편입한 탓에 그 실적은 지수를 추종할 수밖에 없다. 게다가 액티브 운용 보수와 거래비용 때문에 결국 지수를 밑도는 실적을 낸다. 따라서 대다수 투자자는 인덱스펀드를 통해 나은 실적을 낼 수 있다는 게 내 견해다.

하지만 인덱스펀드와 ETF의 부상에는 상당한 부작용이 따른다. 인덱스펀드나 ETF의 종목 비중은 주가 지수를 구성하는 기준에 따라 결정하는 경우가 많은데, 보통 시가총액을 사용한다. 인덱스펀드나 ETF를 통해 투자하는 자금 규모가 커질수록 이 펀드들에서 오직 시가총액 기준으로 관련 지수 구성 기업으로 보내지는 자금 규모가 자동으로 커진다.

이는 몇 가지 심각한 왜곡을 낳을 수 있는데, 이 중 하나가 최근 신흥국에서 일어나는 게 확실하다. 지난 2~3년간 경기 회복을 기회로 삼으려는 투자자가 늘면서 신흥국으로 유입되는 자금도 상당히 증가했다. 이러한 자금이 전부 신흥국 ETF로 유입되는 동안 신흥국 액티브펀드에서는 아래 그림처럼 투자금이 인출됐다.

이 그래프는 '죽음의 아가리Jaws of Death'처럼 보인다. 이 표현은 상어의 습격을 다룬 영화나 '경기병 여단의 돌격Charge of the Light Brigade' 같은 군사 교전에서 사용된다.

이러한 자금 유입을 통해 더 많은 자금이 신흥국 주가 지수에 편입된 대형주로 쏠리고 있는데, 이들은 훌륭한 기업이 아니다. 지난해 MSCI 신흥국 지수 구성 종목 중 시가총액 상위 10개 기업의 사용자본이익률(ROCE) 평균값은 12%에 불과하다.

이건 단 한 해의 수치일 뿐이고, 신흥국 전체를 대표할 만한지 의문이 들 수 있다. 그래서 신흥국 지수 구성 종목 중 시가총액 규모가 가장 큰 기업들의 지난 10여 년간 ROCE를 살펴봤더니, 대부분 지속해서 하락했다. 특히 부채의 자본비용이 0에 가깝다는 생각으로 투자

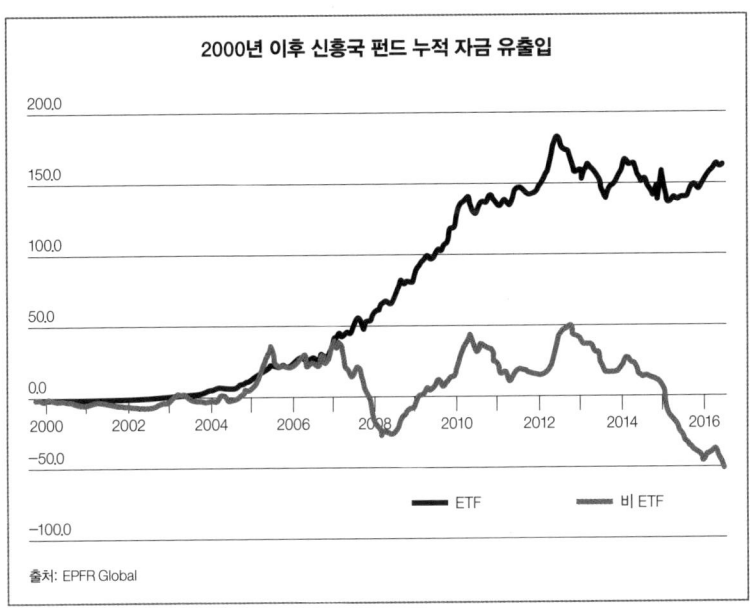

하는 듯한 중국 기업들에서 그 경향이 두드러진다. 이는 닷컴 시대와 1980년대 후반 일본에서 확인한 것처럼 언제나 위험천만한 가정이다.

그게 아니라 지수를 지배하는 종목의 밸류에이션이 그 낮은 이익 수준보다 더 낮기 때문일 수도 있으려나? 신흥국 지수 구성 종목 중 시가총액 상위 10개 기업의 PER이 평균 28배라는 점을 고려하면, 이것도 아닌 듯하다. MSCI 신흥국 지수는 23배에 불과하다. 이익이 곧 가파른 회복세를 보인다면 이야기는 달라지는데, 인터넷과 이커머스, 전자제품 제조사, 중국 은행, 이동통신사로 뒤섞인 이들 기업이 그럴 가능성은 작아 보인다.

여러 액티브펀드 매니저는 인덱스펀드와 ETF의 부상 때문에 자기 일이 더 힘들어졌다며 한탄한다. 단기적으로 보면 분명 사실이다. 자금이 ETF를 통해 시장에 쏟아져 들어오면, 퀄리티나 가치와 관계없이, 심지어 부족하더라도, 지수 구성 종목 중 시가총액 규모가 가장 큰 기업이 좋은 주가 실적을 낸다. 퀄리티와 가치를 추구하는 액티브 매니저가 이들 주식에 투자할 의향이 없더라도 말이다. 자금 유입 규모에 따른 가중치 부여 때문에 인덱스펀드가 위의 생각을 가진 액티브 매니저의 실적을 앞서리라는 명제는 자기실현적 성격을 갖는다.

이 이야기에 좌절할 수도 있지만, 액티브펀드 매니저는 이를 기회로 활용해야 한다. 즉, 지수 평균보다 뛰어난 종목을 보유하면서 매니저와 투자자가 필요한 만큼 충분히 기다릴 수 있는 인내심이 있다면, 결국 현재 상황은 초과 투자 수익을 누릴 기회다. 액티브 운용은 신흥국 ETF의 부상과 같은 시장 비효율성에서 이득을 취할 수단이기도 하지만, 바로 그 사건이 매니저와 투자자에게 액티브 투자의 길을 고수하기 힘들게 하는 일이기도 하다는 점에서 모순적이다.

58.
주식 투자만의 독특한 장점

《파이낸셜 타임스》, 2017년 4월 20일

주식과 지분 투자는 다른 자산군과 비교해 독특한 장점이 있지만, 내 경험상 이를 제대로 이해하는 사람은 드물거니와 논의 자체가 된 적이 거의 없다.

주식의 가치는 채권이나 부동산 등 다른 자산군과는 다르게 복리 성장할 수 있다. 그 이유는 아주 단순한데, 기업은 사업에 재투자하기 위해서 창출한 이익 일부를 유보하기 때문이다.

예컨대 S&P 500이나 FTSE 100 같은 주요 주가 지수를 구성하는 기업은 평균적으로 이익의 절반을 배당금으로 지급하고, 나머지 절반은 사업에 투자한다.

이는 다른 자산군에서 얻을 수 없는 이점이다. 채권에 투자하면 쿠폰이자를 받지만, 자동으로 채권에 재투자되지는 않는다. 유일한 예외는 레버리지 비율이 높은 기업이 발행하는 이른바 '현물 지급payment in kind' 채권이다. 발행 기업이 쿠폰이자를 현금으로 지불할 수 없는 상황일 때 채권을 더 발행할 수 있는 선택권을 갖는다. 따라서 현물 지급 채권의 경우 투자자가 쿠폰이자를 이 쓰레기에 더 투자하는 게 마지막 선택지일 때 채권을 더 받을 수 있다.

마찬가지로 부동산을 보유하면 임대 소득을 받지만, 그게 부동산에 재투자되지는 않는다.

이 재투자는 주식 투자의 독특한 특징일 뿐 아니라 투자금의 가치가 복리 성장할 수 있는 귀중한 원천이 될 수 있다. 예를 들어 평균적인 S&P 500 구성 기업을 보유했다면 작년에 13%의 사용자본이익률(ROCE)을 기록했을 것이다. 투자자에게 배당 가능한 이익의 절반을 유보하고 사업이 성장하면서 현재의 ROCE와 같은 수익률로 투자할 수 있다면, 남은 이익 절반에서 얻을 수 있는 수익률도 13%다. 더 멋진 대목은 평균적인 S&P 500 구성 기업이 장부가치의 세 배 수준에서 거래된다는 것이다. 그래서 유보이익 1달러마다 3달러의 시장가치를 창출한다(물론 이 숫자, 즉 밸류에이션은 변화한다).

이는 수취 배당금의 재투자가 주식 투자 수익의 대부분을 만든다는, 많이들 외우는 주문과는 다르다. 재투자한 배당금으로 주식을 매수하려면 시장가치, 즉 현재 S&P의 경우 장부가치의 세 배 가격을 지불할 수밖에 없다. 반면 유보이익은 장부가치로 재투자할 수 있다. 따라서 배당금이 아니라 유보이익의 재투자가 지분가치 증가의 대부분을 만든다.

물론 그저 지수 구성 기업을 보유해 유보이익을 평균적인 수익률로 재투자하는 방법이 아니라, 높은 자본이익률을 구가해서 유보이익을 장부가치보다 더 높은 멀티플의 시장가치로 전환할 수 있는 기업에 투자하는 게 더 우수한 성과를 낼 것이다.

이 추론을 따라가 보면, 유보이익을 높은 수익률로 투자할 수 있는 기업에 투자했다면 이익의 활용 방안 중 배당금 지급이 최후 순위가 된다는 결론도 가능하다. 이를 잘 보여주는 건 아마도 워런 버핏의 버크셔 해서웨이일 텐데, 지난 50여 년간 배당금을 지급하지 않았다.

물론 이런 논리를 적용할 때 신중할 필요가 있다. '평균 회귀'라는 이름의 상당히 타당한 경제 이론을 보자. 큰 이익을 창출하는 기업은 경쟁자를 불러들여 결국 이익이 평균 이하 수준으로 떨어진다. 이 같은 경제 중력 법칙의 영향권에서 벗어난 극소수 기업은 경쟁을 막아내는 일종의 방어 수단을 갖추고 있다. 그게 바로 버핏 덕분에 유명해져 사람들이 자주 인용하는 '해자$_{moat}$'다.

이 글에서 나는 재무적인 관점에서 주식 투자의 편익을 다뤘다. 하지만 기업은 유보이익을 재투자할 수 있는 성장원을 갖고 있어야 한다. 나아가 성장을 통해 높은 수익률로 재투자할 수 있어야 한다. 높은 수익률로 출발했지만 유보이익을 그보다 훨씬 낮은 수익률로 투자한 결과 주주가치를 파괴하는 기업의 사례는 수두룩하다. 더 자세한 내용을 알고 싶다면 테스코에서 무엇이 잘못됐는지 다룬 글(《33. 테스코에서 울리는 경고는 어떻게 무시됐나?》)을 참고하기 바란다

59.
아스트라제네카가 테스코처럼 보이기 시작한다

《파이낸셜 타임스》, 2017년 8월 4일

지난주 아스트라제네카의 주가 하락을 오직 폐암 치료제 '미스틱Mystic'의 임상시험 결과라는 한 개별적인 사건의 문제로 해석하고 싶은 유혹이 들지도 모른다. 하지만 아스트라제네카의 문제는 하나의 약품에서 발생한 차질보다 더 깊이 자리 잡고 있다.

1951년에 큰 인기를 끈 페리 코모Perry Como의 크리스마스 노래 제목*을 살짝 바꿔 표현하면, 아스트라제네카가 이제 테스코처럼 보이기 시작한다.

나는 거의 2년 전 〈FT 머니〉 섹션에 아스트라제네카의 회계를 다룬 글을 실었다(《48. 아무도 재무제표를 안 읽는데, 뭣 하러 분식회계를 하나?》). 이 글에서 아스트라제네카가 2007년에 '핵심' 이익을 공시하는 방향으로 옮겨가면서 공시 실적과 대다수 투자자 집단이 재무제표상

* 〈크리스마스처럼 보이기 시작한다It's beginning to look a lot like Christmas〉.

순이익에서 아래 세 가지 주요 비용을 제외했다고 강조했다.

- 구조조정 비용
- '일회성' 법률 비용
- 무형자산 상각

다시 말해 이들 비용은 '핵심' 이익 계산에서 제외됐다. 이러한 회계 접근법 때문에 나는 테스코가 떠올랐다.

테스코는 테리 레이히가 CEO로 재임했던 1998~2011년 사용자본이익률(ROCE)의 정의를 여덟 번이나 바꿨다(관련해서 2014년 9월 〈FT 머니〉 섹션에 게재했던 글을 〈33. 테스코에서 울리는 경고 신호는 어떻게 무시됐나?〉에 실었다).

아스트라제네카는 2007년에 '핵심' 이익 지표를 공시하는 방향으로 선회했다. 2012년에는 특정 무형자산 상각비가 아니라 모든 상각비와 손상차손을 '핵심' 이익 계산에서 제외했다. 제약사의 거의 모든 자산은 무형자산, 즉 의약품 특허다. 이런 변화 덕분에 2012년 '핵심' 이익이 증가했다고 공시했다. 퍽이나 놀랍다. 이러한 회계 처리는 순이익보다 현금흐름에 집중하는 제대로 된 애널리스트를 속일 수는 없지만, 확실히 일부 사람을 속이는 데 성공한 건 분명해 보인다.

아스트라제네카가 테스코처럼 보이기 시작한 또 다른 이유는 이익을 희생하면서 엄청나게 늘린 사용자본 규모다. 알다시피 나는 자본이익률을 기업 재무 실적을 가늠하는 최고의 척도라고 생각한다(워런 버핏도 무엇이 중요한지에 관해서는 나와 생각이 같다).

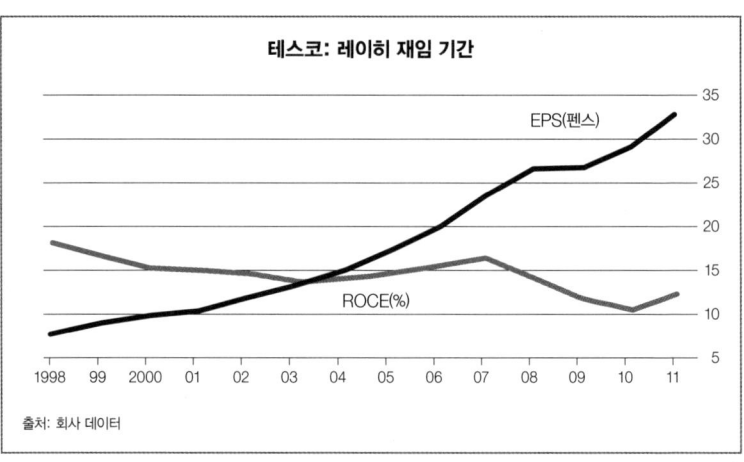

2014년 9월 글에서 테스코가 하락세에 있다는 주장의 근거 한 가지는 위의 그래프였다. 테스코의 주당순이익(EPS)은 꾸준히 우상향하는 추세를 보이며 투자자의 마음을 사로잡았다. 하지만 ROCE는 대체로 지속 하락하는 추세를 보인다.

테스코 그래프와 함께 2001~2016년 아스트라제네카의 ROCE를 보여주는 그래프를 보자. 동기간 ROCE는 2001년 아주 좋은 28.4%에서 2006년 훌륭한 40.9%까지 상승했다가 받아들이기 힘든 11.9%로 하락했다(얼마 전에는 겨우 5.1%를 기록하기도 했다).

ROCE 계산에서 분모에 해당하는 사용자본이 ROCE가 최고점을 기록했던 2006년 이후에 114%나 증가했다는 사실을 고려하면, 그리 놀라운 결과도 아니다. 동기간 '핵심' EPS조차 겨우 10% 증가하는 데 그쳤는데, 그마저도 '핵심'에 맞게 조정을 거치고 나서야 이룬 결과다.

그 모든 추가 자본을 잘 투자한 것처럼 보이지는 않는다. 2007년 미국 생명공학 기업인 메드이뮨MedImmune을 156억 달러에 인수한 게 좋

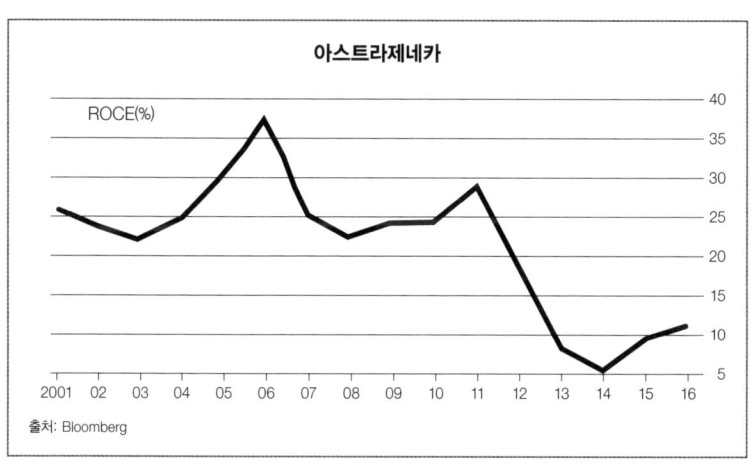

출처: Bloomberg

은 예다.

메드이뮨의 매출액은 겨우 13억 달러에 불과했고, 당시 주요 제품(코에 뿌리는 독감 백신인 플루미스트FluMist)은 기대에 미치지 못했다. 하지만 아스트라제네카는 메드이뮨이 자사를 매물로 내놓기도 전에 당시 주가에 53% 프리미엄을 얹은 인수 대금을 지불했다. 한 애널리스트(CIBC 월드 마켓CIBC World Markets의 브라이언 리안Brian Lian)는 "이례적"이고 "이해하기 어려운" 가격이라고 비판했다.

내 생각에는 인수 결과 발생한 구조조정 비용과 인수한 무형자산의 상각비를 '핵심' 이익 계산에서 제외한다면 그리 이해하기 어려운 가격은 아니다. 아스트라제네카가 메드이뮨을 인수한 직전 연도에 ROCE가 최고치를 기록했고, 인수 연도에 '핵심' 이익 지표를 공시하기로 선회한 건 우연이 아니다.

아스트라제네카의 기업 인수와 회계 악용은 차치하더라도 임상시험에서 문제가 발생한 건 지난주 미스틱이 처음이 아니다. 과거에 심장

병과 뇌졸중, 폐암, 당뇨병, 혈전 치료의 미래 블록버스터blockbuster라고 포장된 여러 의약품의 임상시험도 여러 번 실패했다.

어떤 화합물이 임상시험의 모든 단계를 통과해서 시판될 확률이 약 1만분의 1에 불과하다는 사실을 고려하면 그리 놀랍지 않은 결과다. 게다가 의약품이 성공했다고 하더라도 특허권의 존속 기간은 한계가 있다. 제약사는 성장을 위해 더 많은 대규모 신약·제품 개발을 해야 하는 쳇바퀴를 돌고 있는 셈이다.

그래서 투자자가 제약사에서 발견한 매력이 무엇인지 의아하다. 배당수익률이라고 답하는 사람이 있겠지만(아스트라제네카의 배당수익률은 현재 5% 수준이다), 배당금 보상 비율이 1.1배에 불과한 상황에서 아스트라제네카의 배당금도 머지않아 테스코가 떠오를 법한 운명을 맞게 될 가능성이 농후해 보인다.

지금쯤이면 아스트라제네카 주주는 3년 전 화이자Pfizer가 회사를 주당 55파운드에 인수하겠다는 제안을 거절하는 데 힘을 보탰던 걸 후회하고 있을 것이다.

이러한 회계상 문제를 가진 기업을 대하는 투자자의 접근법을 보면 또 다른 노래의 후렴구가 떠오른다. 피터, 폴 앤드 메리Peter, Paul and Mary의 1962년 곡인 〈그 많던 꽃들은 다 어디로 갔나?Where Have All the Flowers Gone?〉 말이다.

60.

2017년 연례 투자자 서한

펀드스미스, 2018년 1월

펀드스미스 에쿼티 펀드 투자자에게 보내는 여덟 번째 연례 서한이다. 아래 표는 최근 역년 투자 수익률과 2010년 11월 1일 설정 후 누적 및 연 복리 수익률을 여러 벤치마크와 비교해 보여준다.

총수익률(%)	2017.1.1.~12.31.	설정일~2017.12.31.	
		누적	연 복리
펀드스미스 에쿼티 펀드[1]	+22.0	+261.7	+19.7
주식[2]	+11.8	+135.5	+12.7
영국 국채[3]	+1.4	+34.2	+4.2
현금[4]	+0.4	+4.4	+0.6

1. T클래스 배당재투자 펀드(보수 차감 후, 영국 기준 정오 가격), 출처: Bloomberg / 2. MSCI 선진국 지수(파운드화 표시 순 배당재투자 기준, 미국 장 마감 시간 가격), 2. 출처: www.msci.com / 3. 블룸버그/EFFAS 영국 국채 5~10년, 출처: Bloomberg / 4. 3개월 리보 금리, 출처: Bloomberg

위 표에서 가장 많은 사람이 보유하고 내 개인 돈도 투자하고 있는

T클래스 배당재투자 펀드의 2017년 수익률이 22.0%였음을 알 수 있다. 이에 비해 파운드화 표시 배당재투자 기준 MSCI 선진국 지수 수익률은 11.8%였다. 따라서 우리 펀드는 2017년에 시장을 앞서는 성과를 달성했고, 영국 투자협회 글로벌 섹터에서 설정 이후 가장 높은 수익률을 기록한 펀드 자리를 지켜냈다. 누적 수익률이 2위 펀드보다 40%p 높고, 평균값인 101.2%보다는 160%p나 높다.

하지만 많은, 실은 대부분의 펀드스미스 투자자가 MSCI 선진국 지수를 벤치마크로 삼는 걸 당연시하지 않는다는 점을 깨달았다. 영국에 살면서 실적 측정 척도로 FTSE 100 지수를 사용하는 사람이나 FTSE 100 지수를 추종하는 펀드(또는 그 유사 인덱스펀드)에 투자한 사람도 있다. 우리 펀드는 2017년 총수익률이 12.0%였던 FTSE 100 지수를 10.0%p 앞섰다. FTSE 100 지수는 뒤에서 다시 다루겠다.

지난해 우리 펀드의 당해 연도 실적을 설명하기 위해 축구가 전반전과 후반전이 있는 경기라고 했던 해설자의 말을 인용했다. 우리 펀드가 2016년 상반기에 훌륭한 실적을 냈지만 하반기에는 다소 부진한 결과를 얻었던 것과 딱 들어맞았기 때문이다. 2017년에는 주식 시장 평론가가 섹터 '순환'이라고 일컫는 현상, 즉 투자자들이 우리가 투자한 섹터를 외면하면서 해당 기업의 주가도 하락한 반면 우리가 보유하지 않는 섹터(특히 은행)의 실적이 좋아지는 일을 경험했다.

이 같은 '순환'은 경제 성장 회복에 대한 기대 속에 경기 순환주의 실적 회복 잠재력에 초점을 맞춘 결과로 보인다. 11월 초 도널드 트럼프가 미국 대통령 선거에서 승리한 후 그 양상이 더 심해졌다. 트럼프의 경제 정책이 미국의 고속 경제 성장을 촉진하리라는 예측 때문이었을 것이다.

올해 실적을 논하면서 인용하고 싶은 논평은 미국 야구선수이자 감독, 코치였던 요기 베라의 격언이다. 그는 현혹될 정도로 단순하거나 언뜻 모순처럼 보이는 수많은 명언을 남겼다. 그 가운데 내가 즐겨 쓰는 말은 "보기만 해도 많은 걸 알아낼 수 있다You can observe a lot by watching"인데, 몇몇 사람이 곱씹어 봐야 할 말이다. 하지만 우리 펀드나 시장의 2017년 실적을 더 잘 나타내는 말은 "데자뷔가 다시 오고 있다"다. 지난 12월 기술주 주가가 하락했고 미 연준의 금리 인상에 대한 기대로 은행주 주가가 상승했다(언어를 정확하게 사용하려고 적어도 노력은 하는 나는 연준의 조치를 표현할 때 흔히 사용하는 금리 '하이크'라는 표현을 거부한다. 그 사전적 의미에 따르면 급등이라는 느낌을 풍기는데, 이번 연준의 결정과 분명히 다른 내용이라고 확신한다. 언어의 정확한 사용에 관한 내 관심이 모두에게 환영받지 못할 수도 있지만, 현대 여러 평론가보다 신중한 언어를 사용해야 한다는 게 내 생각이다. 어찌 됐든 언어란 우리가 의사소통하는 주요 수단이기 때문이다).

이런 사건을 검토하면서 우리가 예전에 이 영화를 본 적 있는 듯한 사실로부터 그 결말이 어떻게 될지 결론을 도출할 수 있다.

이제 적어도 지난 5년간 우리가 투자할 만한 유형의 주식이나 우리 투자 전략, 펀드가 부진한 실적을 내리라고 경고했던 시장 논평을 다 기억하고 있다. 이 시기에 우리 펀드의 가치는 175% 이상 상승했다. 우리 전략이 경기 순환주와 금융주, 각종 쓰레기를 매수하는 '가치' 투자 전략보다 부진한 실적을 내리라는 예측이 잠깐이라도 맞아떨어지는 시기에 평론가들이 본인의 조언을 따랐다면 여러분이 놓쳤던 게 무엇일지 먼저 언급할 리는 만무하다.

여러분이나 평론가가 우리의 과거 초과 성과가 훌륭한 것은 사실이지만 현시점에서 펀드를 계속 보유할지 결정하는 데 도움이 되진 않는다고 반문할지도 모르겠다. 펀드의 미래 성과를 두고 내려야 하는 결정이고, 어려운 말로 표현하면 '과거 실적이 반드시 미래 실적에 대한 지침인 것은 아니다.' 내 생각에 이 문장에서 가장 중요한 단어는 '반드시'다.

이와 관련해 두어 가지 문제를 살펴보자.

먼저, 여러분이 기대고 있는 그 평론가는 당연히 틀릴 수 있다. 다음과 같이 예측한 애널리스트나 평론가, 전문가가 얼마나 많은지 숫자를 세다가 놓쳤다.

- 영국은 브렉시트 국민투표에서 '잔류'를 택할 것이다.
- 브렉시트 국민투표 결과 '탈퇴'로 결론 나면 영국에서 즉시 경기침체가 시작할 것이다.
- 도널드 트럼프는 미국 대통령이 되지 못할 것이다.
- 나렌드라 모디는 인도 총리가 되지 못할 것이다.
- 나렌드라 모디의 경제 개혁은 실패할 것이다.
- 테레사 메이Theresa May는 2017년 총선에서 노동당이 와해될 정도의 압승을 거둘 것이다.
- 앙겔라 메르켈Angela Merkel은 독일 총선에서 낙승할 것이다.
- 트럼프의 세제 개혁안은 미 입법부를 통과하지 못할 것이다.

이 모든 예측을 한꺼번에 하면서 '풀 하우스full house' 패를 쥐고 있었던 사람도 있다. 예측이 완전히 빗나갔다는 게 입증됐다는 사실도 저들이 우리에게 무슨 이득을 주는지 불분명한 또 다른 예측을 하지 못하도록 막지는 못한다. 이런 맥락에서 나는 저들을 보며 투자 전략가이자 헤지펀드 매니저였던 바턴 빅스Barton Biggs의 책 《투자 전쟁Hedgehogging》에 등장한, 항상 틀린 예측을 하는 브로커가 떠오른다. 빅스는 그가 무슨 일이 일어난다거나 무엇을 해야 할지 자기 생각을 늘 어놓으면 정확히 그 반대가 실제로 일어나리라는 걸 깨달은 이후로는 그와 대화하는 걸 즐겼다. 그저 내 생각에 불과하지만, 이 브로커를 모방하는 듯한 평론가의 병폐은 '역할 혼란'으로 보인다. 자기가 맡은 일은 일어난 사건을 정확하게 보고하는 것임을 망각하고 자신이 바라는 결과를 얻기 위해 영향력을 행사해야겠다고 마음먹은 듯하다. 또한 자기 의견을 반향실echo chamber에서 외친다고 해서 그 생각을 시험할 만한 도전적인 논쟁으로 이어지지 않는다는 요점도 놓친 듯하다.

다행스럽게도 나는 우리 포트폴리오를 운용하면서 거시경제 사건을 직접 예측하는 데 시간을 거의 쓰지 않는다. 하지만 그렇다고 해서 아무 생각도 하지 않는 건 아니다. 금융 위기 후 10년 내내 주장해 왔듯이, 투자자가 현 사건을 이해하고 미래에 어떤 일이 벌어질지 도움을 얻고자 대공황 시절로 돌아가 유추하는 건 실수일 확률이 높다.

그보다는 1873~1896년의 '장기 불황Long Depression'이 더 유사한 사례로 보인다. 당시 구세계Old World보다 저렴하게 제품을 생산할 수 있었던 새로운 산업 강국이 등장하면서 디플레이션 물결을 초래했다. 새로운 강자는 남북전쟁을 끝낸 미국을 말한다. 장기 불황 이전에 금융 시스템의 일부가 붕괴하는 일도 있었다. 어디서 많이 들어본 이야기 아닌가?

그간 우리는 디플레이션을 초래하는 다양한 요인을 경험했다. 세계 최대 산업 강국으로 부상한 중국이나 저렴한 제조업 국가(가령 한국과 태국, 베트남, 인도, 말레이시아), 북미자유무역협정(NAFTA)에 가입한 멕시코처럼 자유무역협정을 맺은 저렴한 제조업 국가로의 오프쇼어링offshoring 등이다(그래서 트럼프 대통령이 NAFTA를 내쫓으려고 애쓰고 있을 것이다). 현재 상황은 장기 불황 당시보다 더 안 좋아 보이는데, 당시에는 사실상 서비스 부문에서 국제적인 경쟁이 없었던 반면 초연결 사회인 현재 소프트웨어(인도)와 콜 센터(필리핀) 부문에도 치열한 경쟁이 있다. 그뿐 아니라 이른바 긱 이코노미gig economy가 부상하여 인터넷과 임시 고용, 자산 공유 덕분에 가격 비교가 더 쉬워진 결과 유통(아마존)이나 운송(우버Uber), 숙박(에어비앤비Airbnb) 부문에서도 가격과 이익이 하락했다.

금융 위기 이후 우리가 겪어 온 사건과 가장 유사한 사례가 장기 불황이라면, 단순히 그 경과 시간만 놓고 봤을 때 이제 겨우 절반쯤 왔다고 유추할 수 있다. 따라서 지난 10여 년간 부진한 경제 성장과 저금리가 앞으로 꽤 오랫동안 지속할지도 모른다. 내가 그렇게 생각하는 이유는 아주 단순한데, 금융 위기를 초래한 여러 문제를 시정하기 위한 조치가 거의 이뤄지지 않았기 때문이다. 금융 위기에 불을 붙인 신용 팽창은 지속할 수 없거니와 아직 해결되지도 않았다. 사실 2007년보다 더 많은 부채가 현재 존재한다. 물론 부채의 일부는 다른 이의 수중에 있다. 중국의 부채가 급증했고 선진국 부채의 상당수가 '사회화'되어 정부 몫이 됐다. 하지만 정부는 개인이 모인 집단일 뿐이지, 현대 통화 이론Modern Money Theory, MMT과 같은 '마법의 돈나무magic money tree, MMT' 신봉자의 과열된 상상 속 세계와 전혀 다르다. 지난 10년은 부채 문제에서 벗어날 방법을 아주 오랫동안 실험한 세월로도 정의할 수 있다. 물론 효과가 있을 수도 있지만(물론 나는 효과가 없다는 입장이다), '정상적인' 경기 회복이나 금리의 급등(혹은 '하이크')이 일어날 것처럼 보이는 그런 상황은 확실히 아니다.

여담이지만 나는 금융 위기 이전에 대다수 서방 국가의 성급한 신용 팽창이 디플레이션의 영향을 상쇄하려는 시도였다고 생각한다. 우리는 개발도상국에 제조업과 서비스업 일자리를 빼앗기는 상황에서 제대로 경쟁하기 위해 낮은 임금과 생활 수준을 감수해야 한다는 사실을 인정하는 대신 큰 정부를 택하고 비생산적 일자리를 급격히 늘리고 소비 행태를 유지하기 위해 대출을 늘렸다.

두 번째, 우리 펀드의 전략이 굉장히 훌륭한 실적을 냈는데도 불구하고, 우리가 선호하는 주식의 밸류에이션(나중에 다시 다루겠다)이 높아서 단기 주가 실적에 제동을 걸 가능성이 크다는 관점을 취한다면, 여러분이나 우리가 대체 투자처로 삼을 만한 곳은 어디인가 하는 문제가 뒤따른다.

이 문제 역시 다른 몇 가지 문제를 초래하는데, 먼저 우리 펀드 주식의 밸류에이션이 시장보다 그리 높지 않다(특히 상대적인 퀄리티 수준을 비교하면 더 그렇다). 물론 모든 주식이 비싸다거나 적어도 고평가됐던 걸로 드러날 수도 있고, 많은 전문가와 펀드매니저의 예측처럼 모든 게 급락하는 끔찍한 결말을 맞이할 버블의 한복판에 있는 걸 수도 있다. 하지만 지금까지는 예측과 그에 기반한 실행의 어려움을 증명하는 데 그쳤을 뿐이다. 설령 결국 그들 생각이 옳았던 것으로 판명 나더라도, 현 상황에서 경기 순환주와 금융주 바스켓이 매일 사용하는 소비재와 필수품처럼 퀄리티가 높고 방어적인 기업 집단보다 더 좋은 실적을 내리라고 어떻게 확신하는가? 2007~2009년에 일어난 사건을 보면 오히려 그 반대가 진실에 가깝다.

또한 경기 순환주나 금융주, 이른바 '가치'주에 투자하는 대안은 시간이 지나면서 자본비용보다 높은 자본이익률을 내고 더 많은 자본을 같은 수익률로 재투자해서 성장하는 방식으로 주주가치를 창출하지 못하는 기업도 포함한다. 우리는 주주가치를 창출하는 기업에 투자하고 싶다.

지난 50여 년간 최고의 투자자라고 할 수 있는 '오마하의 현인' 워런 버핏을 인용하는 건 내가 보기에 다소 유행이 지나간 듯하다. 버핏이 실제로 하는 일을 대충 훑어보는(훑어보기라도 하면 다행이다) 신봉자나 모방자가 버핏을 인용하는 경우가 많기 때문이다. 그래서 버핏의 사업 파트너이자 버크셔 해서웨이 부회장인 찰리 멍거를 인용할까 한다.

> 장기적으로 볼 때 주식에 투자해서 그 기초 사업의 실적을 훨씬 앞서는 투자 수익을 내기는 힘들다. 40년간 6% 자본이익률을 내는 기업 주식을 40년간 보유한다면 투자 수익률은 6%와 크게 다르지 않을 것이다. **처음에 아주 저렴한 가격에 매수했더라도 마찬가지다.** 반대로 20~30년간 18% 자본이익률을 내는 기업 주식을 보유한다면 **비싸 보이는 가격에 매수했더라도 정말 굉장한 성과를 달성할 수 있을 것이다**(강조는 필자).

찰리 멍거가 왜 저 자본이익률 수치를 골랐는지는 모르겠지만, 그가 견해를 밝힌 게 아니라는 사실은 알고 있다. 멍거가 설명한 건 수학적 확실성이다. 높은 자본이익률을 바탕으로 창출하는 현금흐름의 상당 비중을 그와 비슷한 수익률로 투자하는 기업에 장기 투자한다면 시간이 지날수록 성과에 미치는 영향이 주식 매수가보다 훨씬 크다.

하지만 이익률이 어떤지 훌륭한 기업인지 내게 묻는 사람보다 어떤 종목이나 전략, 펀드가 저렴한지 비싼지 묻는 사람이 훨씬 많다.

멍거의 말이 사실일지라도 이익률이 높은 기업에 투자해서 그 복리 성장을 누리려면 장기 투자 관점이 필요하다. 그런 기업을 찾는 것도 쉽지 않은데, 특히 기업이 성장하고 경쟁을 막을 수 있는 능력에 관한 판단이 필요하기 때문이다. 하지만 위에 인용한 멍거의 말에 따라 투자 전략을 적용할 때 가장 어려운, 그래서 적용하려면 열심히 노력해야 하는 부분은 바로 우리 자신과 관련 있다. 우리 최대의 적은 진정 장기적인 관점을 유지하지 못하는 것이다. 특히 우리 투자 전략과 기업이 덜 훌륭한 기업(지금쯤 따뜻한 햇살을 즐기고 있을 것이다)보다 실적이 좋지 않은 시기를 보내고 있을 때 말이다.

이쯤에서 스포츠에 비유해 이 주제를 이해해보자. 인생이 단거리 경주가 아니라 마라톤이라는 이야기를 꽤 많이 들어봤을 것이다. 투자 역시 마찬가지다. 대다수 사람은 인생 대부분을 투자자로 살아간다. 30대에 투자를 시작하면 현재 평균 기대 수명을 고려할 때 대다수는 반세기 이상 투자하게 된다. 멍거의 40년짜리 예시가 오히려 짧게 느껴진다. 그래서 매 분기나 매해처럼 더 짧은 기간에 무슨 일이 벌어질지 생각해야만 할 이유를 납득하기 어렵다.

그런데 일부 투자자는 이 마라톤 경주에서 승리하는 가장 확실한 방법이 400미터 달리기 선수 105명에게서 도움을 받는 것인 양 행동한다(26마일 385야드, 즉 42.195킬로미터를 0.4킬로미터로 나누면 105.5가 된다). 이 400미터 달리기 선수 무리는 당연히 마라톤 선수 한 명보다 빠르게 달릴 수 있다. 이를 투자에 적용해보면, 시장 상황에 대한 여러분의 기대에 맞춰 펀드매니저나 포트폴리오 종목을 굉장히 자주 바꾸는 전략이라고 할 수 있다. 문제는 400미터 달리기 선수 105명이 대기 중인 길을 택한 경우, 마라톤 선수를 상대로 한 경주를 현실에 가깝게 만들려면 다음 주자에게 건네줄 바통을 들고 달려야 한다. 이는 고퀄리티 주식을 매도하고 다소 저렴한(실제로 저렴한 게 아닐 수도 있지만) 경기 순환주나 가치주로 갈아타는 결정과 같다. 그런데 바통을 자주 떨어뜨리거나 바통 주고받기가 허용된 구역 밖에서 이뤄져 팀이 실격당하는 상황이 발생할 수 있다. 이를 투자에 적용해보면, 종목을 갈아타는 타이밍을 잘하지 못하거나 매도 후 계속 현금 보유하는 것과 다름없다.

이 단거리 경주 전략을 실제 투자 세계에 적용할 때 문제가 더 심각해진다. 계주 경주에서는 구간별 주자를 미리 뽑아둔다. 반면 이 방식을 투자에 접목하면 매번 바통 전달 구역에 들어설 때마다 바통을 받을 다음 사람을 골라야만 한다. 고퀄리티 필수 소비재 주식에서 금융이나 원자재, 산업재, 신흥국 주식이나 채권, 아니면 이들의 조합 중 어떤 걸로 갈아타고 싶을지 어떻게 미리 알 수 있겠는가? 바통을 놓치는 실수에 해당하는 일의 범위는 끝이 없다. 게다가 그 전략에서 성공하려면 여러 차례 바통을 주고받아야 한다.

우리 펀드의 전략 측면에서 2017년 실적을 검토하는 단계로 넘어가자. 지금쯤이면 여러분도 다 알고 있으리라 기대하는 우리 전략의 세 단계는 단순하다.

1. 훌륭한 기업에 투자하라.
2. 비싸게 사지 마라.
3. 아무것도 하지 마라.

우리 실적이 어땠는지 위 기준에 따라 순서대로 살펴보자.

언제나처럼 첫 번째 요인, 즉 훌륭한 기업 주식 보유 여부에 대한 통찰을 공유하려고 한다. 아래 표는 펀드스미스가 뮤추얼펀드가 아니라 '포괄적' 기준에서 포트폴리오에 보유한 종목별 지분으로 이뤄진 회사라고 가정했을 때 시장(FTSE 100과 S&P 500 지수를 사용했다)과 비교한 성과를 보여준다.

이번에는 주요 주가 지수와 비교뿐 아니라 시간 경과에 따른 추이도 보여준다.

	펀드스미스 에쿼티 펀드 포트폴리오								S&P 500	FTSE 100
연도	2010	2011	2012	2013	2014	2015	2016	2017	2017	2017
ROCE	29%	28%	29%	31%	29%	26%	27%	28%	15%	14%
매출총이익률	54%	58%	58%	63%	60%	61%	62%	63%	44%	41%
영업이익률	20%	22%	23%	24%	25%	25%	26%	26%	13%	13%
현금전환비율	117%	103%	101%	108%	102%	98%	99%	102%	97%	96%
레버리지 비율	63%	15%	44%	40%	28%	29%	38%	37%	52%	46%
이자보상비율	15배	27배	18배	16배	15배	16배	17배	17배	7배	8배

참고: ROCE, 매출총이익률, 영업이익률, 현금전환비율은 펀드스미스 에쿼티 펀드가 투자한 기업은 가중평균값, FTSE 100 지수와 S&P 500 지수는 평균값이다. FTSE 100 지수와 S&P 500 지수 수치에서 금융회사는 제외했다. 레버리지 비율과 이자보상비율은 모두 중앙값이다. 출처: Fundsmith LLP / Bloomberg

우리 포트폴리오 기업은 주가 지수에 편입된 평균적인 기업보다 훨씬 높은 자본이익률과 매출총이익률을 꾸준히 기록했다. 아울러 평균적인 기업보다 훨씬 더 낮은 부채 수준으로 더 높은 현금전환비율을 기록했다. 게다가 평균 부채비율이 우리가 처음 펀드를 설정했을 때보다 상당히 낮아졌다. 다른 기업은 전반적으로 부채를 큰 폭으로 줄이지 못했지만 우리 포트폴리오 기업은 다르다. 게다가 일회성에 그치지 않고 수년간 초과 성과를 달성했다. 당해 연도 말 우리 포트폴리오 기업의 평균 설립 연도는 1916년이다.

투자할 만한 기업을 탐색할 때, 우리가 원하는 신호 중 하나는 꾸준히 높은 자본이익률이다. 또 다른 신호는 성장원인데, 큰 이익을 내더라도 그와 같은 비율로 기업이 성장하지 못하거나 사용자본에서 수익률을 기록하지 못하면 아무 소용이 없다. 이 관점에서 우리가 투자한 기업의 2017년 실적은 어땠을까? 가중평균 잉여현금흐름(배당금을 제외한 모든 비용을 지불한 뒤 기업에 남은 현금이자 우리가 선호하는 척도다)은 2017년에 13% 증가했다. 전 세계가 활기 없는 성장을 겪고 있는 상황을 고려하면 꽤 괜찮은 성과라고 생각한다.

이는 밸류에이션 문제로 이어진다. 포트폴리오의 가중평균 잉여현금흐름 수익률(기업이 창출한 잉여현금흐름÷시가총액)은 당해 연도 초에 4.4%로 시작해 기말에는 3.7%를 기록했다. 따라서 2017년 전체 포트폴리오의 밸류에이션은 상승했다. 하지만 당해 연도 우리 포트폴리오가 가만히 있었던 게 아니기 때문에 동일 조건으로 비교하는 게 아니라는 점을 기억하자. 당해 연도에 편출한 두 종목(임페리얼 브랜즈 Imperial Brands와 J. M. 스머커 J. M. Smucker)는 매도 시점까지 포트폴리오 내에서 잉여현금흐름 수익률이 가장 높았고, 당해 연도 편입한 신규 종목(인튜이트 Intuit)보다는 훨씬 높았다. 이런 변화가 없었더라면 포트폴리오의 잉여현금흐름 수익률은 4.0%에 머물렀을 것이다(하지만 편출 종목 모두 2017년 잉여현금흐름이 하락했기 때문에 잉여현금흐름 증가율은 상당히 감소했을 것이다). 따라서 잉여현금흐름 수익률의 하락은 시장 밸류에이션의 확대보다는 우리 거래 활동에 따른 결과다.

S&P 500 지수의 당해 연도 말 잉여현금흐름 수익률 평균값은 3.9%, 중앙값은 4.1%였다. FTSE 100 지수의 평균값은 5.6%, 중앙값은 4.9%였다. 우리 포트폴리오 종목은 FTSE 100 지수보다는 S&P 500 지수에 편입된 경우가 더 많다. 이 모든 값을 비교해 결론을 내려보면, 우리 포트폴리오는 지수 구성 기업보다 펀더멘털이 훨씬 좋고 평균적인 FTSE 100 기업보다는 훨씬 높은 밸류에이션을, S&P 500 기업보다는 약간 높은 밸류에이션을 기록했다.

FTSE 100 기업의 밸류에이션이 낮았던 이유는 앵글로 아메리칸Anglo American이나 센트리카Centrica처럼 내가 투자 부적격으로 분류하는 기업이 지수 밸류에이션에 큰 영향을 미치기 때문이다. 두 기업의 2017년 12월 31일 기준 잉여현금흐름 수익률은 약 15% 수준이다. 두 기업이 저평가됐을 수도 있지만, 그 형편없는 퀄리티를 고려할 때 반드시 저렴하다는 의미로 해석할 수는 없다. 과거 실적은 완벽한 지침이 아닐 수도 있지만, 두 기업은 2011년 이후 평균 자본이익률이 각 3%와 6%에 불과했다. 2010년 11월 1일~2017년 12월 31일 총주주수익률total shareholder return*이 각 -35.3%와 -40.7%였다. 동기간 우리 T클래스 배당재투자 펀드의 투자 수익률은 261.7%였다. 어쩌면 이 모든 게 달라지려는 순간인지도 모른다. 두 기업이나 FTSE 100 지수에 투자할 생각이라면 그러길 바라야 할 것이다.

FTSE 100 지수의 특성을 보고 깜짝 놀라는데(내가 종종 그러듯이, 여기서 문장을 마칠 수도 있다), 이를 '영국이라는 국가에 투자하는' 상품이나 지침으로 활용하는 사람들 때문이다. 먼저 왜 투자 범위를 영

* 일정 기간의 배당 소득과 시세 차익을 합산한 총수익률.

국으로 제한하는지 묻고 싶다. 대다수 펀드스미스 투자자처럼 영국에 살고 있기 때문이더라도, 아서 데일리Arthur Daley의 말을 인용하면 "세상은 너의 랍스터다."˙ 영국을 벗어나서 투자하는 게 가능할 뿐 아니라 좋은 투자 성과를 낼 다수의 훌륭한 기업 모두가 전 세계 GDP의 겨우 3%를 차지하는 국가에 본사를 두거나 상장했을 가능성은 작다.

게다가 FTSE 100 지수가 영국 경제를 얼마나 대표하는지도 생각해 봐야 한다. 2017년 12월 31일 기준 FTSE 100 지수에서 시가총액 규모 상위 10개 기업(비금융 섹터) 중 재무제표 표시 통화로 파운드화를 사용하는 건 오직 세 곳에 불과하다. 최근 재무제표에서 영국 사업 실적을 공시한 기업은 시가총액 규모 6위와 8위, 9위, 10위 기업 네 곳뿐이다.

- 6위 리오 틴토Rio Tinto의 영국 판매액은 전체의 1%다. 오스트레일리아 비중이 더 높다.
- 8위 GSK의 영국 판매액은 전체의 3%다. 미국 비중이 더 높다.
- 9위 아스트라제네카의 영국 판매액은 전체의 8%다. 일본 비중이 더 높다.
- 10위 보다폰Vodafone의 영국 판매액은 전체의 14.5%다. 독일 비중이 더 높다.

이 모든 단서에 비춰 볼 때 FTSE 100 지수에 투자한다고 해서 영국에 투자하는 게 아니다. 따라서 이런 의미로 FTSE 100에 투자하고 있

- 영국 TV 드라마 〈마인더Minder〉의 명대사로, 세상은 너의 마음먹기에 달렸다는 뜻의 "세상은 너의 굴이다The world is your oyster"라는 오래된 속담에서 일부러 랍스터라는 단어로 바꾼 말장난이다.

다면, 여러분은 이미 무심코 국제적으로 투자하겠다는 의사결정을 내린 셈이다. 그렇다면 제대로 하는 게 나으므로 해외에 상장한 기업을 살펴보는 게 좋다.

마지막으로, 어떤 유형의 기업이 FTSE 100 지수를 구성하고 있을까? 2017년 12월 31일 기준 FTSE 100의 겨우 1.8%가 IT 섹터라는 사실에서 통찰을 얻을 수 있다. 이에 반해 S&P 500 지수의 IT 비중은 23.9%인데, 기술주 중심의 나스닥NASDAQ을 말하는 게 아니다. 나는 미래 성장을 포착할 수 있는 유일한 섹터가 IT라고 말하는 게 아닐뿐더러 IT 역시 고평가되거나 시간이 지나면서 형편없는 투자 수익을 내는 것으로부터 면역이 형성되어 있지도 않다. 하지만 IT 비중이 1.8%에 불과한 곳과 23.9%에 이르는 곳 중 어느 주식 집단이 미래 성장의 이득을 포착할 가능성이 큰지 묻는다면, 그 답은 꽤 자명해 보인다.

따라서 이 모든 이유로 나는 FTSE 100 지수가 우리 펀드의 진정한 벤치마크라고 생각하지도 않고, 이 지수와의 상대적인 밸류에이션 수준에 신경 쓰지도 않는다.

그렇다고 해서 우리 포트폴리오 종목이 어느 때보다 높은 밸류에이션을 갖는 상황에서 아무 문제가 없다고 생각하는 건 아니다. 주가 멀티플의 증가에는 한계가 있고 원상태로 되돌아갈 수 있는 특징이 있다. 하지만 포트폴리오 기업의 잉여현금흐름이 증가하면서 실적에서 차지하는 비중이 더 높아지고 있는데, 우리가 선호하는 방식이기도 하고 멍거가 예측했던 바로 그 내용이기도 하다.

우리 실적의 한 측면을 두고 과거에 많은 질문을 받았다. 보유한 주식 대부분이 미국 상장 기업이라는 사실로부터 우리가 미국 달러 강세로 얼마나 이득을 봤는지 묻는 내용이다. 통화 익스포저는 기업 본사 소재지나 상장 국가가 아니라 매출을 창출하는 지역에 따라 결정되기 때문에 꽤 복잡한 주제다. 그런데 당해 연도에는 이에 관한 질문이 눈에 띄게 줄었다. 아마도 미국 달러의 약세가 펀드에 5.9% 손실을 입혔다고 사람들이 생각하기 때문이라는 게 적어도 2017년에 관한 우리 추정이다. 이러한 역풍에도 우리는 2017년 상당한 실적을 냈다.

당해 연도에 우리 펀드 실적에 긍정적으로 기여한 상위 다섯 개 기업은 다음과 같다.

페이팔	+2.9%
아마데우스	+2.3%
C. R. 바드	+1.8%
노보 노디스크	+1.5%
워터스 코퍼레이션	+1.4%

C. R. 바드는 2년 연속 이름을 올렸다. 아마도 또 다른 우리 포트폴리오 기업인 벡톤디킨슨이 인수 제안을 했던 게 부분적이나마 긍정적 기여를 하지 않았나 싶다.

실적에 부정적인 영향을 미친 하위 다섯 개 기업은 다음과 같다.

J. M. 스머커	−0.3%
임페리얼 브랜즈	−0.2%
닥터 페퍼 스내플	0.0%
콜게이트 파몰리브	+0.1%
레킷벤키저	+0.1%

당해 연도에 J. M. 스머커와 임페리얼 브랜즈 지분을 매도했다.

J. M. 스머커는 참 실망스러웠다. 사업의 절반은 상온 보존 포장 식품 부문에서 성장하려고 안간힘을 쓰고 있는데, 폴저스Folgers 커피와 지프Jif 땅콩버터, 스머커 잼(미국에서는 젤리를 판매한다) 같은 제품이 있다. 그런데 우리 관심을 끈 건 J. M. 스머커가 반려동물 사료 회사인 빅 하트 펫 브랜즈Big Heart Pet Brands를 사모펀드로부터 인수했을 때였다. 우리는 아이덱스처럼 간접적으로라도 반려동물 주인에게 제품을 판매하는 사업에 관심이 많다. 게다가 빅 하트 펫 브랜즈가 사모펀드에 인수되기 전 델몬트 소유일 때 아주 훌륭한 그 이익을 누렸다. 하지만 J. M. 스머커가 인수한 후 내놓은 이익률이나 투자 수익은 실망스러웠다. 무엇보다도 부진한 실적에 경영진이 어떻게 대응할지가 걱정되었는데, J. M. 스머커는 가족 기업이기 때문이다.

임페리얼 브랜즈는 우리 펀드 설정 시점부터 계속 보유해 온 기업인 임페리얼 토바코의 신규 사명이다. 개발도상국과 궐련형 전자담배heat-not-burn devices 같은 차세대 저위험 제품 부문에서 인지도가 낮아 감당하기 어려울 정도로 판매량이 감소하고 있다는 점에서 회사의 경쟁 포지셔닝에 대한 우려가 계속 커졌다. 더욱 우려스러웠던 건 무슨 말을 하는 건지 이해가 안 되는 경영진의 대처였다.

콜게이트 파몰리브는 기여율 하위 다섯 개 기업 목록에 2년 연속 이름을 올렸다. 비록 포트폴리오 비중이 가장 낮은 종목이긴 하지만, 브라질이 최대 시장인 탓에 힘든 시기를 보내고 있다.

우리 전략의 세 번째 다리, 즉 '아무것도 하지 마라'라는 간결한 표현으로 돌아가서, 당해 연도에 5.4%의 회전율을 기록하며 포트폴리오 회전율 최소화라는 우리의 여전한 목표를 다시 한번 달성했다. 설정 이후 우리가 줄곧 보유해 온 종목은 13개고, 자발적 거래의 수수료로 총 130만 파운드 또는 당해 연도 펀드 평균 가치의 0.011%(1.1bp)를 지출했다는 사실이 더 와닿을지도 모르겠다(여기에는 펀드 설정과 환매에 관련된 비자발적 거래비용은 포함하지 않는다).

이게 왜 중요할까? 비용을 최소화하는 데 도움이 되기 때문이고, 투자 비용의 최소화는 투자자가 만족스러운 성과를 얻는 데 핵심 역할을 하기 때문이다. 투자자나 평론가, 자문사는 연간 운용 보수·비용(AMC)이나 성과 보수 제외 총보수·비용 비율(OCF)에 초점을 맞추는 경우가 너무 많다. OCF는 AMC 외에도 펀드에 부과되는 몇 가지 비용을 포함한다. T클래스 배당재투자 펀드의 2017년 OCF는 1.05%였다. 문제는 OCF가 중요한 비용 구성 요소, 즉 거래비용을 포함하지 않는다는 데 있다. 매니저가 펀드에서 주식을 거래할 때는 브로커에게 내는 수수료와 대상 증권의 매수-매도 호가 스프레드, 증권거래세(예를 들어 영국의 인지세)가 발생한다. 이들은 OCF에 포함되지 않지만, 펀드 비용을 상당히 늘릴 수 있다.

펀드스미스는 거래비용을 포함하는 우리만의 총비용 기준을 투자총비용(TCI)이라는 이름으로 공개해왔다. T클래스 배당재투자 펀드의 2017년 TCI는 1.08%였는데, 자발적 거래뿐 아니라 모든 자금 유출입에 수반되는 거래비용을 포함한 수치다. 다른 펀드도 TCI와 비슷한 기준의 수치를 공개한다면 우리 TCI가 낮은 수준이라는 점이 입증되리라 생각한다. 하지만 펀드 비용 수치에 사로잡힌 나머지 실적에 집중하지 못하는 태도도 경계해야 한다. 이 연례 서한의 앞부분에 나온 펀드 실적은 모든 보수 차감 후 기준 수치라는 점을 기억하고, 그 실적에 집중하자.

올해 나는 이 연례 서한이 마련하는 기회를 활용해 이른바 행동주의와 기업 인수에 관해 이야기하려 한다. 지난해 이 두 부문에서 일어난 많은 사건을 목격했는데, 우리가 보유하거나 추적하는 기업에 영향을 주기 때문이다.

투자 세계에서는 단어가 혼동을 일으키는 방식으로 사용된다. '액티브$_{active}$'와 '행동주의$_{Activism}$'라는 단어를 예로 들어보자. 액티브 투자자는 그저 주가 지수 실적을 복제하려는 패시브 투자자와 정반대다. 펀드스미스에서 우리는 액티브 투자자다. 우리 펀드는 최대 30개 종목만 보유할 수 있고(2017년 12월 31일 기준 27개 종목을 보유하고 있다) 우리가 추구하는 특성을 갖춘 일부 섹터로 한정한다. 주요 섹터는 필수 소비재와 일부 임의 소비재 제품, 헬스케어, 기술 부문이다. 따라서 우리는 패시브 투자자와 거리가 멀다. 하지만 포트폴리오 포지션을 거의 바꾸지 않으므로 사실 비활동적 액티브 투자자$_{inactive\ active\ investor}$에 가깝다는 생각이 든다. 사람들이 혼란스러워 할만도 하다.

행동주의 투자자는 전혀 다른 존재다. 이들은 투자한 기업에 변화를 일으켜 이득을 보려 한다. 행동주의자는 보통 액티브 투자자지만, 일부는 필요하다고 느끼는 영역에서 변화를 요구하여 자기 인덱스펀드의 투자 수익률을 증가시키고자 한다는 점에서 패시브 투자자다(내가 만들어낸 이야기가 아니다). 따라서 이들을 패시브 행동주의 투자자라고 부를 수도 있을 것이다. 잘 따라오고 있는가?

우리는 대체로 행동주의를 지지하지 않는다. 행동주의는 다음과 같은 단계로 이뤄진 각본을 따르는 경우가 너무나도 많다.

1. 행동주의자가 기업 지분을 '매수'한다.' 내가 '매수'를 작은따옴표로 묶은 이

유는 행동주의자가 지분의 대부분이나 전부를 파생상품으로 보유하는 경우가 많기 때문이다. 즉, 행동주의자는 겉보기에 대량 지분을 보유한 것처럼 공표하면서 사실 현금은 거의 투입하지 않기 때문에 위험 감수를 최소화할 수 있다. 이러한 방법론이 왜 행동주의자의 시간 지평이 우리와 다를 수 있는지 설명하는 단서다. 파생상품에는 만기일이 있지만, 주식은 그렇지 않다.
2. 목표 기업에 관한 공개적인 논쟁에 참여해 이사회 자리나 일부 사업의 인적 분할, 경쟁사와의 합병이나 매각, 자사주 매입 실행을 위한 부채 조달(행동주의자는 원활한 진행을 위해 공개매수 제안을 하기도 한다) 등을 요구한다.
3. 기업이 원하는 바를 들어주면, 행동주의자는 지분을 매도한다.
4. 우리와 다른 장기 투자자에게 남는 건 보수를 내야하고 사업을 운영하는 게 아니라 행동주의자에 대응하여 변화하는 데 시간을 보낸 기업이다. 이제 기업은 잘게 쪼개져버렸고 레버리지 비율이 높아졌으며 새로운 경영진을 찾아야만 한다.
5. 손 털고 나간 후 다음 희생양을 찾아 반복한다.

우리가 이런 과정에 반대할 만한 이유는 꽤 많다. 경험상 누군가의 행동을 바꾸려는 대화는 그래도 다른 사람이 없는 데서 시작하는 게 가장 좋다. 처음부터 공개적인 입씨름을 벌이려는 행동은 우리가 보기에 기업 변화에 영향을 미치려는 의도보다는 대중적 인지도를 끌어올리려는 욕망과 더 밀접한 관련이 있다.

행동주의자의 제안은 한두 가지 오해에서 출발하는 경우가 많다. 두 개의 사업 부문으로 이뤄진 기업에서 한 부문은 성장이 느리고 다른 부문은 빠르게 성장하는 경우, 예를 들어 청량음료와 제과 부문으로 이뤄진 펩시코PepsiCo를 보자. 넬슨 펠츠Nelson Peltz가 펩시코에 제안한 내용처럼 두 부문을 분리하면 그것만으로도 빠르게 성장하는 사업부의 밸류에이션이 확장하는 결과를 얻는다는 이야기를 많이 들었다. 실제로 그럴 수도 있지만, 느리게 성장하는 사업부의 밸류에이션이 낮다면 상쇄된다고 해석하는 게 정확하지 않은가? 물론 가능한 빠르게 지분을 팔아치우려는 행동주의자에게는 해당 사항이 없는 이야기일 것이다. 우리가 보기에 다행스럽게도 펠츠는 실패했고 펩시코는 음료와 제과 부문으로 이뤄진 형태를 그대로 유지하고 있다. 하지만 펩시코의 경영진이 한 일은 모두 옳고, 펠츠는 항상 그르다고 말하려는 건 아니다. 이에 관해 나중에 더 자세하게 다루겠다.

레버리지 비율을 높여 자사주를 매입하는 건 행동주의자의 빈번한 요구 사항이다. 이를 언제나 '주주 대상 현금 환원'으로 포장하는데, 행동주의자가 제안하는 경우로 국한되지는 않는다. 이런 행위는 '팔고 떠나는 주주 대상 현금 환원'이라고 표현해야 정확할 것이다. 우리를 포함한 잔여주주는 현금을 한 푼도 받지 못하기 때문인데, 이게 우리가 문제시하는 대목을 가장 잘 포착한다. 기업 지분을 보유하면서 계속 주주로 남고자 하는 투자자는 팔고 떠나려는 주주에게 현금을 지불하기 위해 조달한 부채를 마주하게 된다. 자사주 매입 가격이 누가 봐도 저렴한 경우가 아니라면 도대체 왜 그런 일이 일어나기를 바라야 하는지 이해할 수 없다.

하지만 행동주의자의 동기나 방법과 함께 기업이 이들에 대응하는 방식에 문제 제기를 계속하는 우리라고 해서 행동주의자의 견해에 항상 반대하는 건 아니다. 가령 과거 이베이를 구성했던 두 사업 부문(마켓플레이스 부문 이베이와 지급결제 서비스 부문 페이팔)을 분할하면 페이팔이 날개를 달고 더 빠르게 성장할 것이라는 칼 아이칸의 주장에 동의했다. 페이팔은 지난해 우리 펀드 실적 기여율이 가장 높았던 종목이다.

꽤 여러 사건이 일어나 우리 포트폴리오 기업에 영향을 미쳤고, 지난해 일부 기업 인수 활동을 목격했다. 행동주의자는 C. R. 바드에 대한 인수 제안과 유니레버에 대한 크래프트 하인즈Kraft Heinz의 인수 시도 외에도 우리가 보유 중인 ADP와 네슬레, 이미 매도했지만 특정 상황에서 투자를 고려할 만한 투자 유니버스에는 속해 있는 P&G에 관여했다. 우리가 각 종목에 일어난 일에 어떻게 대처했는지 순서대로 살펴보면 투자자에게 유용할 것이다. 포트폴리오 포지션에 변화를 주는 면에서는 그리 액티브하지 않을지 몰라도, 이러한 상황을 검토할 때는 깊이 관여하는 경우가 많기 때문이다.

오토매틱 데이터 프로세싱(ADP) / 퍼싱 스퀘어

빌 애크먼Bill Ackman이 이끄는 행동주의 펀드 퍼싱 스퀘어Pershing Square가 인적 자원 관리 솔루션 회사인 ADP에 접근했다. 애크먼은 ADP 지분 8.3%를 '매수'했다. 작은따옴표를 사용한 건 이 지분율을 확보하는 데 필요한 3,680만 주 중에서 2,800만 주는 사실상 콜옵션 call option이기 때문인데, 실제 지분이 아니다. 퍼싱 스퀘어는 콜옵션으로 매수한 수량에 대해 의결권을 갖지 않고, 현금을 지출해 지분을 매수하지 않았기 때문에 진정한 지분을 확보했다고 할 수 없다는 게 우리 생각이다.

퍼싱 스퀘어는 ADP에 접근하면서 공개적인 논쟁과 위임장 경쟁 proxy contest을 벌였다. 168쪽에 달하는 발표 자료를 게재하면서 운영

효율성을 높일 몇 가지 방법("신속한 비용 절감"으로 요약할 수 있다)을 주장하고 이사회 의석 세 자리를 요구했다.

ADP 경영진의 대응은 흥미로웠다. 수많은 경영진이 행동주의자와 마주했을 때 으레 택하는 선택지, 즉 이익과 이익률 예측치를 끌어올린 신규 가이던스를 발표하거나 배당금을 늘리거나 자사주를 매입하는 방식을 선택하지 않았다. 대신 퍼싱 스퀘어의 제안이 근거하고 있는 분석 내용과 가정에 이의를 제기했다. 그게 직설적이고 참신할 정도로 정직하다고 느꼈다.

ADP는 퍼싱 스퀘어가 관여하기 전에도 지난 5년간 S&P 500 지수를 훌쩍 앞서는 실적을 달성했다. 애크먼의 주장이 옳다면 더 좋은 실적을 냈을지 모르지만, 같은 기간에 경영진은 종이 기반 사업을 다양한 전자매체 방식으로 전환하는 과정도 관장해야 했다. 게다가 퍼싱 스퀘어의 제안이 위험을 감수할 필요가 없는 내용도 아니다. 따라서 우리는 다소 구식 대응이지만 ADP 경영진의 말을 일단 믿기로 했다. 그래서 ADP 경영진에 찬성하고 퍼싱 스퀘어 제안에 반대하는 표를 던졌다. 우리는 애크먼이 ADP보다 공격할 만한 가치가 훨씬 큰 기업이 있다고 생각한다. 심지어 우리 포트폴리오 안에도.

네슬레 / 서드 포인트

댄 롭Dan Loeb이 운용하는 헤지펀드 서드 포인트Third Point가 네슬레 지분 35억 달러 치를 매수했다. 그는 6월 투자자 서한에서 네슬레의 "핵심 사업에서 아직 실현하지 못한 영업이익률 개선과 혁신의 잠재성, 최적화하지 않은 재무상태표, 수많은 비핵심 자산"을 지적했다.

서드 포인트가 네슬레에 접근하는 방식은 내가 앞서 설명한 행동주의자 각본과 아주 유사하다는 인상을 받았다. "생산성 향상"과 "주주 대상 자본 환원", "포트폴리오 재구성", "로레알 지분의 현금화monetizing"를 요구한다는 점에서 그러하다.

생산성과 관련해 롭은 네슬레가 "공식적 목표 영업이익률을 채택해야" 한다고 말했다. 그러고는 자기 생각에 네슬레는 공식적으로 2020년까지 "18~20%"를 목표해야 한다고 구체적인 영업이익률 수준을 밝혔다. 수익성 개선과 관련해서는 목표 이익률을 설정하는 것 외에도 달성해야 할 일이 많다. 이런 접근 방식을 보니 참여국이 GDP를 2% 높인다는 목표치를 설정했던 2014년 G20 정상회의가 떠오른다. 그게 그렇게 간단한 일이라면, 왜 3%나 4% 목표를 세우지 않았나? GDP 증가나 매출총이익률이 목표를 약속하기만 하면 뚝딱 이뤄질 수 있는 성격의 것으로 생각하는 사람이 있는 듯하다. 안타깝지만 그보다는 더 많은 일이 필요하다.

자본 환원의 경우 롭은 "공식적 목표 레버리지 비율이 존재하는 상태에서 자본 환원 역시 타당하다"라고 했다. 그는 늘어난 레버리지가 자사주를 매입할 수 있는 여력을 늘린다는 말도 덧붙였다. 네슬레의 높은 밸류에이션을 고려하면 기업 인수보다는 자사주 매입이 보유 현금을 활용할 더 좋은 방법이라며 말이다(이 말을 기억하라).

롭은 "포트폴리오 재구성"을 언급하면서 네슬레가 보유한 2,000개 이상의 브랜드 중 일부는 자기가 보기에 "잠재 인수자가 누릴 시너지 효과"를 고려해 "시장 멀티플을 웃도는" 가격에 팔 수 있다는 사실을 들먹였다. 또한 네슬레가 "빠르게 성장하고 우위를 점한 부문에서 주당순이익(EPS) 증가에 도움이 되는 볼트온bolt-on* 전략" 추진을 진지하게 고려해야 한다고 밝혔다(위에서 기억하라고 했던 말처럼 "네슬레가 속한 섹터에서 멀티플이 높은" 상황에도 불구하고 말이다).

"로레알 지분의 현금화" 제안은 이 지분이 "전략적이지 않고, 주주가 투자하고 싶은 대상이 순수 네슬레인지, 아니면 네슬레와 로레알의 결합물인지 자유롭게 선택할 수 있어야 한다"는 롭의 믿음에 근거한다. 그는 "네슬레 주식 교환 오퍼exchange offer**를 통한" 매각은 "네슬레의 자본 환원 정책을 최적화하는 노력에 박차를 가할 것이고, 당장 자기자본이익률(ROE)이 증가할뿐더러 주식 수는 감소하는데 순이익은 증가하면서 장기적으로 지분 가치를 유의미하게 증대할 것이다"라는 말로 끝맺었다. 지분법 적용 주식을 처분함으로써 ROE를 개선하는 건 허울뿐이라는 게 명백하다. 하지만 이러한 겉치레에 불과한 변화에 감명받는 사람이 또 일부 존재한다. 우리는 그 무리에 속하지 않는다. 만약 내가 세계적인 화장품 기업(네슬레가 보유하고 있는 그 회사, 즉 로레알)의 지분을 23%나 보유하게 된다면, 이 회사를 처분하자고 나를 설득하려면 훨씬 강력한 근거를 제시해야만 할 것이다.

서드 포인트의 주장에 대한 네슬레의 첫 대응은 롭이 서한을 보낸 겨우 이틀 후에 이루어졌다. 성명은 '가치 창출'이라는 추상적인 이야기를 했는데, 거기에 담긴 구체적인 사항이 하나는 있었다. 200억 스위스 프랑 규모의 자사주 매입 프로그램을 진행하겠다는 발표였다.

더 세부적인 대응책은 마크 슈나이더Mark Schneider 네슬레 CEO와 다

* 사모펀드가 한 기업을 인수한 뒤 그 기업의 가치를 증대하기 위해 다른 연관 기업을 인수해 시너지를 내는 전략.
** 한 종류의 증권을 그 기업에서 발행하는 다른 증권으로 교환할 수 있는 옵션을 부여하는 것.

른 경영진이 9월 26일 IR 행사에서 발표한 자료에서 드러났다. 네슬레는 공식적 목표 영업이익률을 새로 설정했다. 2016년 16%였던 영업이익률을 2020년 17.5~18.5%까지 150~250bp 끌어올리겠다는 내용이다. 나아가 자사주 매입 활동을 가속하겠다고 말했다. 또한 미국 제과 사업 부문에 관해 "전략적 선택지를 모색"하겠다고 이미 밝힌 결정뿐 아니라 "최근 블루 보틀 커피Blue Bottle Coffee와 스위트 어스Sweet Earth, 프레실리Freshly 투자에서 확인할 수 있듯이 제품 포트폴리오를 적극적으로 조정하고 있다"고 밝혔다. 하지만 네슬레는 로레알 지분은 지켰다.

전반적으로 우리는 기업이 새로운 목표 이익률이나 자사주 매입, 행동주의자나 인수 제안에 대응한 기업 인수나 매각을 발표하면 그리 감명받지 않는다. 머릿속에 '이런 일을 추진하는 게 가능하고 바람직하다면, 왜 처음부터 미리 하고 있지 않았나?'라는 질문이 늘 떠오른다. 하지만 네슬레 사례에서 마크 슈나이더 CEO를 비판하는 건 적절하지 않은 듯하다. 이제 막 CEO로 부임했으니 그에게 과거 늑장 대처의 책임을 물을 수는 없는 법이다.

현재까지는 서드 포인트가 네슬레에 접근한 일이 우리가 표결에 참여해야만 할 일로 이어지지 않았는데, 오히려 다행인지도 모르겠다.

P&G / 트라이언

트라이언Trian은 넬슨 펠츠가 운용하는 펀드인데, 펩시코를 설명하면서 이미 그를 언급했다. P&G는 우리 포트폴리오 기업이 아니기에 이 싸움에 직접적인 이해관계는 없지만, 그래도 우리 투자 유니버스에는 속하므로 주기적으로 투자 집행 여부를 검토했다. 또한 P&G 전략을 우려해 지분을 매도했기에 펠츠가 말한 내용에 관심을 가졌다.

트라이언은 P&G에 관해 세운 계획의 세부 사항을 9월 6일에 공개했다. "책무성accountability과 빠른 의사결정, 현지 취향에 대한 대응력을 높이는 방향으로 P&G를 조직"하고 "경영진이 세운 120~130억 달러 규모의 생산성 향상 계획을 실제로 실행"하며, "혁신 기구를 쇄신"하고 "중소형 및 현지 브랜드 개발을 유기적 성장과 M&A 모두를 통해 촉진"하며, "디지털 부문에서 선도적 입지를 구가"하고 "P&G의 배타적인 문화를 탈바꿈"하며 "경영진 보수를 시장점유율 증가에 연동하는 방식을 포함해 기업 지배구조를 개선"할 것을 촉구했다.

이 제안의 다음 장, 즉 발표 자료의 거의 맨 처음 부분에는 트라이언이 권하지 "않는"(그들은 이 단어를 대문자, 즉 'NOT'으로 강조했다) 세부 사항을 나열했다. 그 내용은 기업 분할과 신규 CEO 선임, 이사진 교체, 과도한 레버리지 활용, 퇴직연금 삭감, R&D 비용과 마케팅·자본적 지출 예산 축소, 제품 퀄리티에 영향을 미칠 수도 있는 비용 절감, 신시내티 외 지역으로의 이전 등이었다. 우리는 이 접근법이 마음에 든다. 다음 장에서 트라이언은 오로지 "펠츠가 P&G 11명(또는 12명)의 이사 중 1명이 되는 것"을 바랄 뿐이라며, 11명이나 12명 중 1명이 P&G를 "탈선"시킨다는 건 어불성설이라는 사실을 강조했다.

트라이언의 93장짜리 발표 자료는 주로 P&G의 형편없는 조직 구조를 지적하는 데 지면을 할애했다("숨 막히는 관료주의와 복잡성"). 즉 누구도 책무를 지지 않고 결정을 하는 데 영원의 시간이 필요하다는 내용 등이다. 우리가 P&G 지분을 매도할 당시 P&G는 질레트Gillette 브랜드로 시장에서 압도적인 선두 주자였음에도 온라인 면도용품 구독 서비스 부문에서 50위를 기록했던 사실은 펠츠가 주장하는 바를 잘 보여준다.

데이비드 테일러David Taylor P&G CEO는 짐 크레이머Jim Cramer가 진행하는 CNBC 프로그램에 출연해 어느 대목에선가 펠츠의 제안이 "매우 위험하다"고 말했다. 하지만 내 생각에 펠츠의 제안은 P&G 주주보다 테일러 자신에게 위험해 보였다.

펠츠는 이사회 자리를 얻어내는 데 성공했는데, P&G는 주주의 돈을 1억 달러 이상 투입해 이를 막으려 했다고 한다. 우리는 펠츠의 노력이 결실을 보길 바란다. 그의 존재 덕분에 P&G는 더 흥미진진하다.

유니레버 / 크래프트 하인즈

2월 17일 크래프트 하인즈가 유니레버를 인수 시도했다는 사실이 알려졌다. 식품 상장사인 크래프트 하인즈는 브라질 사모펀드인 3G가 지배하고 있다. 3G는 워런 버핏의 버크셔 해서웨이와 함께 세계 최대 맥주 제조사인 앤하이저부시 인베브AB InBev와 버거킹Burger King도 지배하고 있다.

2월 22일 유니레버는 즉각적으로 대응하며 두 가지를 발표했다. 첫 번째는 제목이 "유니레버 최신 가이던스"였는데, 유니레버는 "현재 2017년 핵심 영업이익률 증가 폭이 가이던스에서 제시한 40~80bp의 최상단에 이르리라고 기대한다"고 밝혔다. 두 번째 내용은 다음과 같았다. "유니레버는 주주가치 증진을 가속할 수 있는 여러 선택지를 두고 종합적으로 검토하고 있다. 지난주에 일어난 사건으로 인해 우리가 유니레버에서 발견한 가치를 더 신속하게 포착할 필요가 있음을 깨달았다. 종합 검토를 4월 초에 끝낸 후 다시 관련 내용을 공지할 예정이다."

4월 6일 유니레버는 검토 결과를 발표했다.

- "C4G_{Connected 4 Growth}" 프로그램을 가속하고 "2020년 구조조정 전까지 '근원' 영업이익률 목표를 20%로 잡는다."
- 식품과 간편 식음료 사업 부문을 하나로 통합해서 "미래 성장과 이익률 개선 가속화의 문을 연다."
- EBITDA* 대비 순부채 비율 목표를 2배로 설정한다.
- 50억 유로 규모의 자사주 매입 프로그램을 시행한다.
- 배당금을 기존 증가율의 두 배인 12%까지 인상한다.

이런 접근 방식은 행동주의자나 인수 제안이 가시권에 들어올 때 경영진은 모자에서 토끼를 꺼내는 식의 마술을 부리려 한다는 우리 회의적인 입장과 분명 충돌한다. 우리는 토끼를 이미 봤거나 적어도 토끼의 존재 사실을 미리 전해 들었어야 한다.

분명히 짚고 넘어가자면(그러길 바란다) 우리는 크래프트 하인즈를 지지하지 않는다. 우리는 크래프트 하인즈나 이를 구성하는 기업의 지분을 보유한 적이 없다. 3G가 효율적으로 사업을 운영해서 앤하이저부시 인베브에서 그래왔듯이 대대적인 비용 절감으로 2016년 영업이익률을 23%까지 끌어올리고 소유주(누구를 말하는지 몰라도 3G와 버크셔 해서웨이를 포함하는 건 확실하다)에게 막대한 이득을 냈다고 하더라도, 우리는 성장을 향한 지름길을 택하는 기업을 원하지 않는다. 크래프트 하인즈 경영진은 회사의 여러 브랜드가 대다수 시장에서 성장하는 영역에 속하지 않기 때문에 분명 불리함을 안고 있다. 하지만 사업이 성장하는 데 필요한 인력이나 방법론 같은 요소는 비용 절감을

---

* 이자비용, 세금, 감가상각비, 무형자산상각비 차감 전 이익_{Earnings before Interest, Taxes, Depreciation and Amortization}.

강조하는 문화 내에서는 잘 자라지 못하는 경향이 있다.

그러나 크래프트 하인즈와 유니레버의 접근법 사이의 차이 때문에 경영진에게 몇 가지 질문을 하게 되는데, 이 질문들은 여전히 해소되지 않았다. 간단한 계산을 해보자. 유니레버의 2016년 매출은 527억 유로였고 평균 직원 수는 16만 9,000명이다. 따라서 직원 1인당 매출액은 약 31만 2,000유로 정도였다. 크래프트 하인즈의 매출은 238억 유로, 평균 직원 수는 4만 1,500명이므로 직원 1인당 매출액은 약 57만 4,000유로였다. 크래프트 하인즈의 총매출은 유니레버의 절반에 약간 미치지 못했지만, 유니레버의 4분의 1에 불과한 직원만으로 이룬 성과였다. 인정사정없는 비용 절감의 열렬한 지지자가 아니더라도 유니레버가 뭔가 답을 해야 한다는 생각이 들 것이다.

안타깝게도 유니레버가 이 흥미로운 직원 1인당 매출액 수치에 관해 설명했다는 소식을 듣지 못했다. 유니레버가 인수 제안에 적대적인 입장이라는 사실이 분명해지자 크래프트 하인즈가 제안을 철회했기 때문이다. 워런 버핏은 적대적 인수합병의 반대자로 명성이 자자하다.

이 글을 통해 우리 포트폴리오 기업과 관심 있는 기업, 다른 주주, 행동주의자, 인수 제안자에 관해 우리가 어떻게 생각하고 소통하는지 이해가 되었길 바란다.

61.
ESG? SRI?
그린 포트폴리오는 정말 친환경인가?

《파이낸셜 타임스》, 2018년 1월 18일

자동차를 구매하기로 했다고 해보자. 환경을 보호해야 한다는 책임 의식을 가진 당신은 딜러에게 적합한 자동차를 추천해달라고 한다. 전기차를 염두에 두고 있었는데, 딜러는 하이브리드 자동차를 권한다. 그리 나쁘지 않다고 생각했지만, 자동차가 도착하고 보니 파워트레인powertrain의 내연기관 부분이 배기가스 계수를 조작했다가 들통난 독일 제조사가 공급한 디젤 엔진이라는 사실을 알게 됐다. 설상가상 2년 후 자동차에 녹이 슬고 나서야 부식 방지 처리가 되어 있지 않다는 사실을 깨달았다. 자동차는 곧 폐차장으로 보내진다. 음, 이 정도면 그리 지속가능하다고 볼 수 없지 않을까?

이른바 지속가능성 펀드sustainable funds에 투자한 대다수에게 아주 익숙한 경험일 것이다. 친환경green이나 지속가능성, 사회 책임 투자Socially Responsible Investment, SRI, ESGEnvironmental, Social and Governance 중에서 어떤 용어를 사용하든 이 전략을 표방하는 ESG 펀드에 투자한 자금 규모가 작년 유럽에서만 총 12조 달러가 넘었다. 지속가능 투자는 잘 팔리는 상품이기 때문에 이 수치 자체가 놀랍지는 않다. 그런데 투자자가 얻는 건 과연 무엇일까?

여러분의 지속가능성 펀드가 예컨대 화석 연료나 '죄악$_{sin}$' 주식(무기와 술, 담배) 같은 섹터를 배제하리라고 생각할지도 모르겠다. 하지만 거의 모든 지속가능성 펀드가 엄격한 섹터 배제 기준을 갖고 있지 않다는 사실을 알면 꽤 놀랄 것이다.

이런 사실이 섹터 내 기업의 순위를 매기는 데 사용되는 지속가능성 분석이라는 기이한 응용 프로그램과 결합하면 예상치 못한 결과가 나온다. 이런 접근법을 가진 펀드는 누가 봐도 의심스러운 섹터에 투자할 수 있을뿐더러 실제로도 하고 있기 때문이다. 물론 '나쁜 놈 중에 그나마 나은 놈'에 투자하긴 한다.

예를 들어 많은 투자자가 S&P 다우 존스 지속가능경영지수$_{\text{Dow Jones Sustainability Indexes, DJSI}}$를 ESG 투자의 가장 좋은 벤치마크라고 생각한다. 하지만 브리티시 아메리칸 토바코$_{\text{British American Tobacco, BAT}}$도 이 지수 구성 종목이다. 펀드도 마찬가지인데, 뱅가드 SRI 유러피안 스톡 펀드$_{\text{Vanguard SRI European Stock Fund}}$는 11월 말 기준 석유·가스 생산 섹터에 6% 비중을 투자하고 있다. 여러분이 ESG·SRI 투자에 기대했던 게 이런 것이었나?

스스로 책임 의식이 있는 투자자라고 생각한다면 이런 위반은 가히 충격적이다. 여러분이 투자한 ESG·SRI 펀드나 지수가 술과 도박, 담배, 석유, 가스, 광산, 화석 연료를 사용하는 유틸리티, 무기 회사에 투

- 던힐, 켄트, 럭키 스트라이크 등 브랜드를 보유한 세계 최대 담배 회사.

자하고 있는지 문의해봐야 한다.

더 복잡한 문제도 있다. ESG·SRI 펀드매니저는 이산화탄소 배출이나 유해 폐기물 생산, 직원 연령대나 복지 혜택 같이 흔히 수집하는 통계치를 추적 관찰하고 있을 것이다. 그런데 사업 지속가능성의 펀더멘털을 추적하는 매니저는 과연 얼마나 될까? 기업이 R&D에 쓰는 비용이나 자본적 지출을 추적하는 매니저가 있긴 하려나? 물리적 설비를 신규로 대체하거나 확장하지 않고서 잘되는 사업 사례를 들어본 적이 없다. 기업이 자본적 지출에서 창출한 이익이 불충분하다면, 결국 실패할 것이다.

현실 세계의 지속가능성 지표를 추적 관찰하는 지속가능성 펀드는 사실상 없다고 봐도 무방하다. 현실 차원의 지속가능성이 담보되지 않으면 아무리 이산화탄소 배출량이 적다고 한들 지속가능 투자는 당연히 실패할 수밖에 없다. 녹슬어 폐기되는 하이브리드 자동차처럼.

그 결과가 투자자에게 어떤 영향을 미칠지는 자명한데, 당연히 좋은 방향은 아니다.

영국 투자협회에 등록된 윤리·지속가능성 주식형 펀드의 5개년 연복리 수익률은 평균 11.9%였다. 동기간 MSCI 선진국 지수의 연 복리 수익률은 15.5%에 이른다. 내가 보기에 일부 투자자는 자기 원칙이 지켜지기만 한다면 투자 성과를 포기할 각오가 되어 있다. 하지만 엄격한 섹터 배제 기준을 가지고 있지 않다는 사실을 고려할 때 이들은 결국 두 영역 모두에서 최악의 결과, 즉 저조한 투자 실적과 원칙의 위반을 얻게 될 뿐이다.

62.
글로벌 주식 포트폴리오에 소형주를 넣으면 추가 위험 없이 가치를 증대할 수 있다
투자의 통념 깨기, 그 첫 번째

《파이낸셜 타임스》, 2018년 8월 31일

투자자라면 다음 두 가지 격언을 한 번쯤 들어봤을 것이다. 첫째, 더 큰 투자 수익을 내려면 더 많은 위험을 감수해야 한다. 둘째, 투자 실적에 가장 크게 기여하는 건 자산 배분이다.

첫 번째 제언은 그래도 상식적인 이야기로 보인다. 이게 바로 좀 더 딱딱한 용어인 자본자산 가격결정 모형 또는 그 약자인 CAPM의 핵심이다. 유일한 문제는 이게 잘 작동하지 않는다는 것이다.

로버트 하우겐과 나딘 베이커는 2012년에 〈전 세계 모든 시장에서 저위험 주식이 초과 성과를 낸다Low Risk Stocks Outperform within All Observable Markets of the World〉라는 연구 보고서를 발표했다(tinyurl.com/y4nh5s8j). 아직 안 읽어봤다면, 공항 매점에서 눈길을 사로잡을 만한 제목이 아니기 때문일 것이다. 참 안타까운 일인데, 보고서의 결론이 깜짝 놀랄 만하기 때문이다.

하우겐과 베이커의 말을 인용해보자.

저위험 주식의 기대수익률이 더 높다는 사실은 금융업계에서 눈길을 끄는 이례적 현상이다. 눈길을 끄는 이유는 이 현상이 꾸준히 지속되기 때문이다. 현시점뿐 아니라 시간을 거슬러 올라갈 수 있는 가장 먼 과거에도 존재했다. 또한 전 세계 모든 주식 시장으로 확대하고 있다. 마지막으로 위험을 감수하면 보상을 받을 수 있다는 금융의 핵심과 모순되기 때문이다.

두 사람의 결론은 1990~2011년 21개 선진국 시장을 아우르는 데이터 일부를 정리한 아래 그래프에서 분명히 드러난다. 전 세계 대다수 주식 시장의 역사를 고려하면 꽤 긴 기간이다.
위험은 주가 변동성으로 정의한다.
CAPM이나 위험-수익 상충에 관한 오래된 격언이 옳은 것으로 판

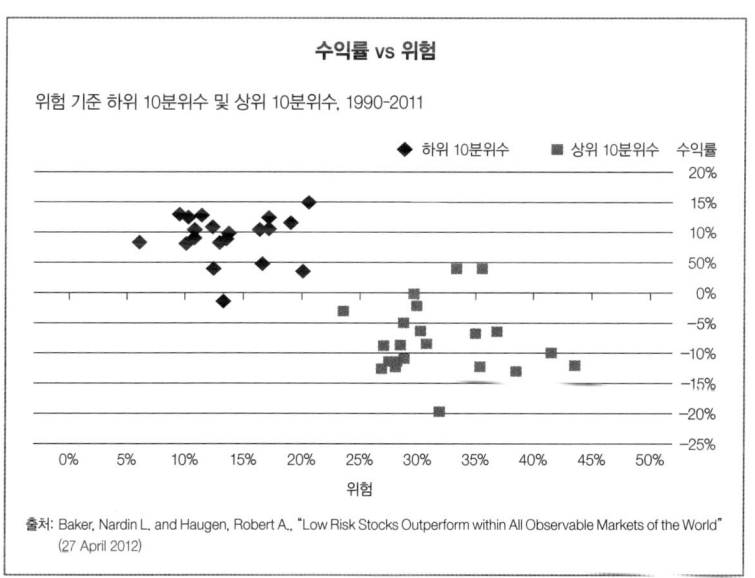

명 나려면 그래프에서 점의 분포가 우하향하는 게 아니라 우상향하는 형태여야 한다. 그런데 고위험 주식이 저위험 주식보다 투자 수익률이 낮다. 투자 이론 세계에서 뭔가 잘못되고 있는 듯하다.

큰 투자 수익을 내려면 복잡하고 이해하기 까다로우며 리서치도 별로 안 되어 있고 레버리지 비율이 높아서 위험한 주식을 발굴해야 한다고 교육받았다. 단 한 가지 문제가 있는데, 노벨 물리학상 수상자인 리처드 파인먼Richard Feynman의 말처럼 "이론이 얼마나 아름다운지는 별로 중요하지 않고, 당신이 얼마나 똑똑한지도 중요하지 않다. 실험 결과와 일치하지 않는다면, 그건 틀린 이론이다."

그렇다면 자산 배분은 어떠한가? 이를 주제로 브린슨Brinson과 후드Hood, 비보워Beebower(업계에는 'BHB'로 알려져 있다)가 1986년에 중요한 연구 보고서를 발표했다. 대형 연기금에 관한 이들의 연구 제목은 〈포트폴리오 실적의 주요 결정 요인Determinants of Portfolio Performance〉인데, 자산 배분이 포트폴리오 투자 수익률의 91.5%를 결정한다는 결론을 내렸다고 잘못 인용하는 경우가 많다.

유감스럽게도 세 사람은 보고서에서 그런 말을 하지 않았다. 실제 결론은 자산 배분이 포트폴리오 투자 수익률 '변동성'의 91.5%를 결정한다는 것이었지, 투자 수익률 그 자체가 아니다.

하지만 잘못 해석한 결론에 근거해 투자 업계의 대부분이 거의 전적으로 자산 배분에만 집중하게 됐다. 투자자문사와 회의를 여러 번 진행해보면 개별 자산 선택, 즉 주식 포트폴리오에 어느 종목을 편입할 것인가 하는 문제보다 자산 배분이 더 중요하다는 이야기를 분명 들을 수 있다.

자산 배분에 대한 집착의 또 다른 징후는 주식 포트폴리오 내 자산의 지역 배분에 초점을 맞추면서 글로벌 펀드에 투자하는 걸 기피하는 자문사가 많다는 데서 확인할 수 있다. 하지만 모건 스탠리 캐피털 인터내셔널 지수를 집계하는 MSCI가 2010년 10월에 발표한 〈주식 배분의 '새로운 고전'?The 'New Classic' Equity Allocation?〉이라는 보고서는 주식 포트폴리오 내 자산 배분을 연구한 결과 이러한 접근법이 초래하는 두드러진 문제점을 발견했다.

가장 명백한 문제는 기업을 구성하는 많은 요소가 이제 지역이나 국가 단위가 아니라 글로벌하게 이뤄지기 때문에 자산의 지역 배분은 더 이상 효과가 없다는 것이다. 대부분의 경우 설립 소재지나 본사 소재지, 상장한 국가는 지리학적 사업과 위험 요인에 대한 실제 익스포저와 거의 혹은 전혀 관계없다. 결론적으로 선진국 주식은 지역적 지침이 아니라 글로벌 투자 지침에 근거해 운용해야 한다.

MSCI의 보고서가 규명한 또 다른 문제는 '자국 편향home bias', 즉 투자자나 자문사가 자신이 거주하는 국가의 시장에 속하는 주식 비중을 과하게 확대하는 경향이다. 그 덕분에 영국 펀드들은 FTSE 100 지수를 벤치마크로 삼는 것을 넘어 지수를 추종하고 싶은 욕망 때문에 포트폴리오 구성의 지침으로도 사용하고 있다.

투자 의사결정을 영국 경제에 한정하려는 사람의 심리를 도저히 이해할 수 없다. 설령 영국에 거주하는 사람이라고 해도 마찬가지인데, 심지어 FTSE 100 지수는 영국 경제를 대표하지도 않는다. 지수 구성 기업의 매출액에서 영국 외 지역 비중이 4분의 3 이상이기 때문이다.

MSCI 보고서는 글로벌 주식 배분이 세 개의 별도 부문 구조를 가진다고 주장했다. 바로 선진국 중대형주와 선진국 소형주, 신흥국 주식이다.

실제로 이들 부문은 별개의 투자 전략이다. 소형주와 신흥국 부문은 글로벌 대형주와는 다른 유동성 제약을 가지고, 특정 거시경제 요인과 개별 주식 위험에 더 큰 영향을 받기 때문이다.

하지만 중소형주를 포트폴리오에 편입하면 아래 그래프가 보여주듯이 추가 수익을 내면서도 위험 수준은 낮추는, 언뜻 불가능한 위업을 달성할 수 있다. 이는 여심의 여지가 없다.

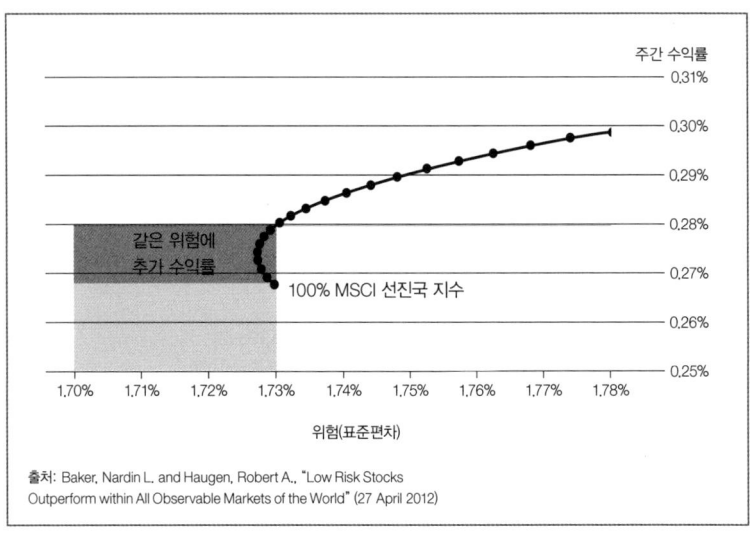

이게 바로 투자 업계 전문용어로 '효율적 투자선 efficient frontier'이라 불리는 것이다. 지난 5년간의 데이터를 취합한 위 도표는 포트폴리오의 100%를 MSCI 선진국 지수에 투자했을 때 얻을 수 있었던 주간 투자 수익률과 그 변동성으로 측정한 위험 간의 관계를 보여준다.

그래프에서 각 점은 포트폴리오를 MSCI 선진국 지수로부터 MSCI 선진국 소형주 지수로 5%씩 비중을 이동했을 때 수익률과 위험을 의미하는데, 분명한 변화가 보인다. 포트폴리오의 35%를 MSCI 선진국 소형주 지수로 바꿨다면(즉, 출발점으로부터 일곱 번째 점) 투자자는 동일한 위험 수준에서 더 높은 투자 수익률을 얻는다. 이보다 소형주 지수의 비중을 낮출 경우, 투자 수익률은 높아지는데 위험 수준도 낮아지는 상황이 펼쳐진다.

파인먼은 주식 포트폴리오를 글로벌 관점에서 운용하고 소형주 익스포저를 추가해야 한다는 결론을 내렸을 것이다.

63.

배당 소득은 필요 없다

세금과 시장 가격 상승 때문에 배당금 재투자는 이제 매력이 떨어졌다
투자의 통념 깨기, 그 두 번째

《파이낸셜 타임스》, 2018년 10월 3일

배당 소득은 너무나도 매혹적이라 투자자가 상식을 버리게 하거나 이를 종용하는 투자 업계의 제안에 솔깃하기 쉽다.

예를 들어 우리는 주식 투자 수익의 대부분이 배당금 재투자에서 비롯한다는 말을 아주 많이 들을 수 있다. 이 주장은 보통 현금 배당과 배당재투자 기준 투자 수익률의 차이를 보여주는 그래프를 함께 제시한다. 당연하게도 후자가 상당히 더 높은 투자 수익률을 낸다. 하지만 그렇다고 해서 투자 수익 대부분이 재투자 배당금에서 비롯한다는 의미는 아니다. 사실 투자 수익을 만드는 건 유보이익이다.

평균적인 S&P 500 기업 한 곳을 살펴보자. 현재 이 기업의 배당성향payout ratio은 52%인데, 이익의 약 절반을 배당금으로 지급한다는 의미다. 세후 자기자본이익률(ROE)은 15%이고, 주식의 시장가치를 장부가치로 나눈 주가순자산비율Price to Book, PBR은 3.5배다.

그렇다면 투자자가 배당금을 재투자하는 것과 기업이 유보이익을 재투자하는 것 중 주주에게 더 큰 가치를 창출하는 건 어느 쪽인가?

배당금 재투자의 첫 번째 단점은 일단 주주 손에 들어간 배당금은 과세 대상이 된다는 데 있다. 정확한 세액은 주주의 거주지와 과세 구간에 따라 다르다. 영국에 거주하고 고세율 구간 납세자라면 배당 소득 세율은 32.5%다.* 따라서 재투자할 수 있는 금액은 배당금 1달러당 67.5센트뿐이다(미국 달러 기준으로 설명하는 이유는 S&P 500 지수를 예시로 들었기 때문인데, FTSE 100 지수와 파운드화를 기준으로 하더라도 원리는 같다).

두 번째 단점은 주식의 시장 가격으로 재투자한다는 데 있다. 위 사례에서 PBR이 3.5배였으므로 여러분이 투자한 1달러 중 고작 28.5센트(100÷3.5) 가치의 자본금을 보유할 수 있다. 게다가 세금을 고려하면, 사실 세후 배당금 67.5센트 중 겨우 19센트(67.5÷3.5)만큼만 재투자할 수 있다는 뜻이다.

그리 좋은 기회처럼 보이지 않는다. 반면에 주주에게 귀속되는 유보이익은 추가 과세 대상이 아닐뿐더러 장부가치로 재투자할 수 있기에 유보이익 1달러당 100센트의 자본금을 보유할 수 있다.

이것만으로 배당금보다 유보이익을 선호할 만한 이유가 충분하지 않다면, 여러분을 대신해 기업이 유보한 이익 1달러는 3.5달러의 시장가치로 돌아온다는 사실(이 주식의 PBR은 3.5배이다)은 어떠한가?

이게 바로 모든 주식 투자자가 가지려고 애써야 하는 복리의 마법이다. 워런 버핏이 조종간을 잡은 1965년 이후 배당금을 지급하지 않은 버크셔 해서웨이 투자자가 그 마법을 누려왔듯이 말이다.

* 영국에서 기본 세율(25%) 납세자의 배당 소득 세율은 7.5%, 추가 세율(45%) 납세자는 38.1%다.

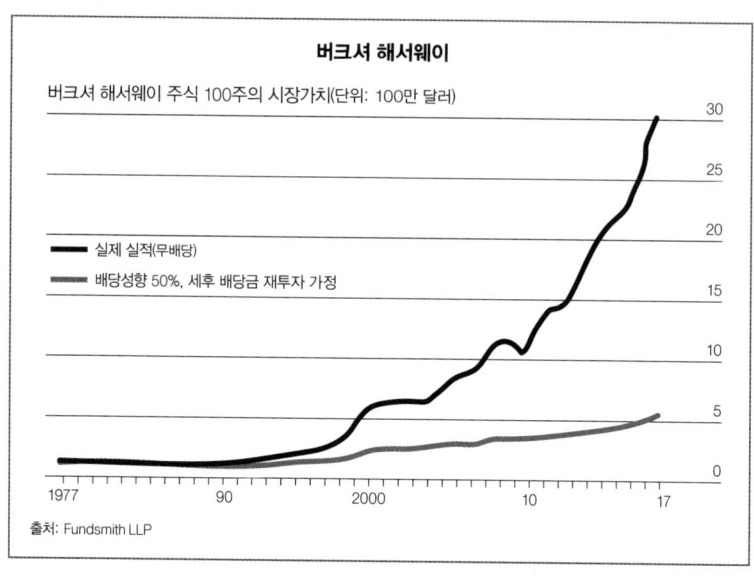

위 그래프가 좋은 사례다. 우선 1977년 이후 버크셔 해서웨이 주식 100주의 실제 주가 실적, 즉 모든 이익을 재투자한 경우의 실적을 보여준다(1977년이 기점인 이유는 이 분석을 위해 필요한 데이터를 구할 수 있는 최초 연도이기 때문이다). 비교 수치는 이익의 절반을 배당금으로 지급하고 세후 배당금(30%로 가정했다)을 시장 가격에 재투자했을 경우의 가상 실적이다.

아래 표에서 확인할 수 있듯이 투자자의 투자 수익률에 미친 영향은 깜짝 놀랄 정도다.

버크셔 해서웨이의 연 복리 수익률	
순이익을 모두 재투자할 때	순이익의 50%를 배당 지급할 때
19.0%	14.0%

출처: Fundsmith LLP

이게 바로 다른 자산군은 갖지 못한 주식만의 특징이다. 기업은 창출한 이익 일부를 유보해 90분(주주)을 대신해 자동으로 재투자한다. 그래서 배당금을 재투자하는 것보다 훨씬 큰 가치를 창출할 수 있는 것이다. 물론 재투자 수익률이 불충분한데도 투자해서 재투자가 형편없는 성과를 내는 경영진이 있는 기업에는 해당 사항이 없다.

채권이나 부동산은 이런 특성을 갖지 않는다. 투자자는 이자 소득(채권)과 임대 소득(부동산)을 얻지만, 투자자를 위해 자동으로 재투자되지는 않는다. 평균적인 기업이 아니라 자본이익률이 평균보다 높은 훌륭한 기업에 투자할 경우 이러한 주식의 장점을 증폭할 수 있다.

따라서 인컴 펀드가 다른 펀드보다 훨씬 잘 판매된다는 사실은 놀랍다. 경이로운 마케팅 덕분에 펀드는 이름을 지을 때 '인컴'을 사용하고 영국 투자협회의 에쿼티 인컴Equity Income 섹터 편입 기준을 충족하려 애쓴다.

놀랍게도 FTSE 종합 주가 지수 3년 롤링 배당수익률을 아주 조금이라도 앞서기만 하면 편입 요건을 충족할 수 있다. 문턱이 정말 낮은 셈이다. 펀드가 이 기준을 충족하지 못해서 에쿼티 인컴 섹터에서 퇴출되더라도 펀드 명칭에서 '인컴'을 지우지 않아도 된다. 그런데도 투자 업계는 자기 평판이 나쁜 이유를 의아해한다.

그런데 애초에 주식에 투자하는 사람이 배당 소득을 원하는 이유는 무엇인가? 은퇴 후에 지출할 돈을 투자에서 얻어야 한다는 건 확실하다. 하지만 그게 왜 반드시 배당금이어야만 하나? 가능한 최대의 총수익을 내기 위해 투자한 후 지출에 필요한 만큼을 현금화하는 것이 올바른 접근법이다.

이 대안의 편익은 아래 표에서 MSCI 선진국 지수와 고배당수익률

기간	지수 실적 (%)	
	MSCI 선진국 HDY	MSCI 선진국
1년	7.40	13.71
3년	10.67	12.56
5년	8.35	10.84
10년	7.02	7.74

출처: Fundsmith LLP, MSCI

High Dividend Yield, HDY 부분집합의 실적을 비교해보면 확실히 알 수 있다. 지수가 고배당 주식을 앞서는 실적을 냈는데, 고배당 주식은 MSCI 선진국 지수에도 포함되므로 고배당 주식을 피하는 전략의 장점을 실제보다 축소해서 보여준다. 투자자는 인덱스펀드에 투자한 후 HDY 지수 초과 수익만큼 펀드 구좌를 매도해도 고배당 지수에 투자했을 때보다 결과적으로 더 큰 자금을 손에 쥘 수 있다. 하지만 대다수 투자자는 투자금의 일부를 현금화해 소득을 마련한다는 생각을 파멸의 길로 여기는 듯하다.

64.
주식이 채권보다 좋은 실적을 낼까?
대부분 주식은 우리를 실망시킬 수밖에 없으니, 그렇지 않은 소수를 찾아야만 한다
투자의 통념 깨기, 그 세 번째

《파이낸셜 타임스》, 2018년 11월 7일

주식형 펀드 매니저인 내가 주식이 채권보다 좋은 실적을 낸다는 투자 통념에 이의를 제기하는 건 강박적 외설증에 상응하는 일일지도 모르겠다. 이는 투렛 증후군Tourette's syndrome의 간헐적 특징으로, 환자가 본의 아니게 사회적으로 부적절한 발언을 하는 증상을 말한다.

우리는 장기적으로 주식이 채권보다 좋은 실적을 낸다는 사실을 알고 있다. 그렇잖은가? 이는 자본자산 가격결정 모형(CAPM)의 바탕을 이루는 내용인데, 합리적 투자자는 채권이 아닌 주식에 투자하는 위험에 대한 보상으로 주식 위험 프리미엄, 곧 더 큰 투자 수익을 원하기 때문이다.

이 통념은 1994년에 출간된 제러미 시겔Jeremy Siegel의 《주식에 장기투자하라Stocks for the Long Run》 같은 여러 저서를 통해 대중화됐다. 주요 주가 지수는 분명히 채권을 앞서는 실적을 낸다.

하지만 헨드릭 베셈바인더Hendrik Bessembinder가 《금융경제학 저널

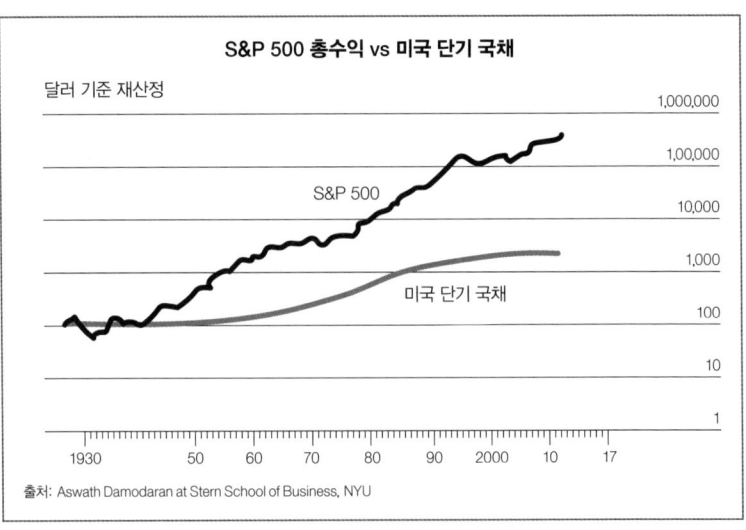

Journal of Financial Economics》 9월호에 게재한 연구 논문은 '과연 주식은 미국 단기 국채Treasury bills의 실적을 앞서는가?'라는 질문을 제기하고 대다수 주식 투자자를 걱정스럽게 만들 결론 몇 가지를 도출했다.

베셈바인더 교수는 뉴욕 증권거래소와 아메리카 증권거래소(AMEX), 나스닥에 상장한 모든 보통주의 1926~2016년 실적을 검토한 결과, 1개월 만기 미국 단기 국채의 월간 수익률을 앞선 주식 투자 수익률 기록은 전체의 47.8%에 불과하다는 사실을 알아냈다.

모든 주식을 매수 후 보유한다는 가정 아래 상장 기업 자격을 유지하는 전체 기간, 즉 사업을 중단하거나 상장 폐지되기 전까지 기간의 주식 투자 수익률에 초점을 맞추면 배당재투자 기준에도 불구하고 1개월 만기 미국 국채 수익률을 앞선 종목은 42.6%에 불과했다.

주가 지수가 미국 국채를 앞서는 투자 수익률을 냈지만, 지수 구성 종목 대다수는 국채를 밑도는 실적을 낸 이유는 정말이지 단순하다.

몇 안 되는 종목이 큰 폭으로 양(+)의 투자 수익률을 달성한 덕분에 다른 절대다수 종목의 평범하거나 음(-)의 투자 수익률을 상쇄하기 때문이다.

관점에 따라서는 사실 그리 놀랍지 않을 수도 있다. 위 연구에서 다룬 기간은 90년인데, 그 세월 동안 상장 기업 자격을 유지하는 기업은 극히 드물다. 사실 연구에서 다루는 기간에 상장 기업 수명의 중앙값은 겨우 7.5년에 불과했다. 훨씬 오랫동안 상장 기업 자격을 유지하는 일부 종목은 가치를 복리 성장할 시간도 더 많고, 수십 년간 상장 기업으로 존속해 왔다면 비교적 성공한 기업일 가능성이 크다.

그런데도 투자 수익률의 집중도는 실로 놀랍다. 위 연구의 투자 유니버스에 속한 2만 5,967개 기업이 90년간 창출한 총 투자 수익 중 5개 기업의 비중이 10%에 이른다. 게다가 전체 기업의 4%가 총 투자 수익의 거의 전부를 만들어냈다.

그런데 90년 기간 범위의 연구가 여러분의 실제 투자 경험과 얼마나 관련 있을까? 어찌 됐든 90년은 평균적인 투자 수명은 물론이고 인간의 기대 수명보다도 긴 시간이다. 게다가 대다수 투자자가 선사 시대쯤으로 여기는 과거를 포함한다. 하지만 그런 이유로 이 연구가 시사하는 바를 무시하는 건 현명한 생각이 아니다.

연구는 10년 단위 투자 수익률 기준도 검토했는데, 거의 비슷한 결론을 도출했다. 10개년 주식 투자 수익률은 미국 단기 국채 수익률보다 낮다는 것인데, 최근 들어서 주식 투자자에게 더 도움이 안 되는 추이를 보인다. 1947~1956년에 상장한 종목의 87%는 미국 국채 수익률을 앞서는 실적을 냈다. 이 비율은 1957~1966년 상장 종목의 경우 61.5%로, 1977~1986년 상장 종목의 경우 31.7%로 급감했다.

가장 놀라운 사실은 1977년 이후 상장한 종목의 투자 수익률 중앙값은 미국 국채 수익률을 밑돌았을 뿐 아니라 음(-)의 수치를 기록했다는 것이다. 최근 몇십 년간 상장한 기업 중 매출은 증가하지만 아주 형편없는 이익 실적을 보이는 유형이 많아서인 듯하다.

이 모든 걸 종합한 결론은 무엇일까? 전반적인 주식군은 채권보다 좋은 실적을 낸다. 하지만 개별 종목은 대부분 그렇지 않고, 양(+)의 투자 수익률은 극소수 종목에 몰려 있다. 대부분의 액티브 투자자는 주가 지수뿐 아니라 채권보다도 낮은 실적을 거둘 수밖에 없는 운명에 처해있다.

이 결론의 원인은 주로 보수와 기타 비용, 능력 부족, 유사 인덱스펀드를 양산하는 기관 투자자의 편향에서 찾을 수 있다. 하지만 액티브 투자자가 주가 지수보다 집중도가 높긴 하지만 초과 성과를 내는 그 극소수 종목은 보유하지 않는 포트폴리오를 가졌기 때문이기도 하다.

마지막으로, 중요한 점은 투자자가 장기간 양(+)의 투자 수익률을 내는 극소수 종목에 집중한 포트폴리오를 구성한다면 액티브한 종목 선정의 투자 수익이 막대하리라는 것이다. 하지만 주가 지수뿐 아니라 채권보다 좋은 실적을 낼 극소수 종목을 판별할 능력이 없다면 그냥 인덱스펀드를 사는 게 낫다.

65.
2018년 연례 투자자 서한

펀드스미스, 2019년 1월

펀드스미스 에쿼티 펀드 투자자에게 보내는 아홉 번째 연례 서한이다. 아래 표는 최근 역년 투자 수익률과 2010년 11월 1일 설정 후 누적 및 연 복리 수익률을 여러 벤치마크와 비교해 보여준다.

총수익률(%)	2018.1.1.~12.31.	설정일~2018.12.31.	
		누적	연 복리
펀드스미스 에쿼티 펀드[1]	+2.2	+269.6	+17.4
주식[2]	-3.0	+128.4	+10.6
영국 국채[3]	+1.2	+35.7	+3.8
현금[4]	+0.7	+5.1	+0.6

1. T클래스 배당재투자 펀드(보수 차감 후, 영국 기준 정오 가격). / 2. MSCI 선진국 지수(파운드화 표시 순 배당재투자 기준, 미국 장 마감 시간 가격). / 3. 블룸버그/EFFAS 영국 국채 5~10년. / 4. 3개월 리보 금리. 출처: Bloomberg

위 표에서 가장 많은 사람이 보유하고 내 개인 돈도 투자하고 있는 T클래스 배당재투자 펀드의 2018년 수익률이 2.2%였음을 알 수 있다. 이에 비해 파운드화 표시 배당재투자 기준 MSCI 선진국 지수 수익률은 -3.0%였다. 따라서 우리 펀드는 2018년에 시장을 앞서는 성과를 달성했고, 영국 투자협회 글로벌 섹터에서 설정 이후 가장 높은 수익률을 기록한 펀드 자리를 지켜냈다. 누적 수익률이 2위 펀드보다 13%p 높고, 평균값(81.9%)보다는 188%p나 높다.

하지만 많은, 실은 대부분의 펀드스미스 투자자가 MSCI 선진국 지수를 벤치마크로 삼는 걸 당연시하지 않는다는 점을 깨달았다. 영국에 살면서 실적 측정 척도로 FTSE 100 지수를 사용하는 사람이나 FTSE 100 지수를 추종하는 펀드(또는 그 유사 인덱스펀드)에 투자한 사람도 있다. 우리 펀드는 2018년 총수익률이 -8.7%였던 FTSE 100 지수를 10.9%p 앞섰다.

우리 펀드의 2018년 투자 수익률을 걱정하는 사람이 일부 있다고 하더라도 그리 놀랍지 않다. 2018년은 설정 후 절대 수익률 기준으로 우리가 가장 저조한 실적을 거둔 한 해였다. 하지만 그 배경을 고려할 필요가 있다고 생각하는데, 단순히 시장 지수의 실적이 어땠는지 뿐만 아니라 다른 액티브펀드의 실적도 살펴봐야 한다.

영국 투자협회의 유니버스에는 2,592개의 뮤추얼펀드가 있는데, 이 중 92%가 2018년 음(-)의 투자 수익률을 기록했다. 13개 펀드는 투자 수익률이 정확히 0이었고, 양(+)의 투자 수익률을 기록한 건 단 202개 펀드뿐이다. 우리 펀드는 네 번째 백분위에 속했는데, 우리를 앞서는 실적을 거둔 펀드가 3%에 불과하다는 뜻이다. 모순적으로 들리겠지만 2018년은 우리 펀드의 절대 수익률 관점에서 훌륭한 한 해가 아니었다. 하지만 투자협회 유니버스의 모든 펀드 대비 상대 수익률 기준으로는 두 번째로 좋은 실적을 거뒀다. 상대 수익률이 가장 높았던 건 시장 지수도 하락했던 2011년이었는데, 아마 우연은 아닐 것이다.

2018년에 우리는 일부 시장 참여자가 상당히 불안해하는 모습을 많이 봤는데, 다음과 같은 이유 때문이었다.

- 미·중 무역 전쟁 도래의 위협
- 브렉시트
- 미국 금리 인상
- 미국 중간 선거
- 이탈리아 국가 부채 논쟁(이탈리아는 세계에서 세 번째로 큰 국채 시장이다)
- 미국 정부 폐쇄*

이에 시장 불안이 이어졌다. 파운드화 표시 순Net 배당재투자** 기준 MSCI 선진국 지수는 10월에 5.4% 하락했고, 이후 반등했지만 2월에 다시 7.4% 하락했다. 히스테리성 헤드라인에도 불구하고 이들 사건을 묘사하는 데 쓰인 단어인 '시장 혼란turmoil'으로 해석하는 건 과하다고 생각한다.

최근 수십 년간 10월은 실적이 저조하기로 악명이 자자하다. 진정한 시장 혼란으로 볼 수 있는 과거 사례는 이른바 '블랙 먼데이Black Monday'라 불리는 1987년 10월의 일이다. 이날 다우 존스 산업평균지

---

* 미 의회가 연방정부 및 연방기관의 예산안 등에 관한 합의에 이르는 데 실패하거나 미 대통령이 예산안 결의 서명을 거부할 때 일어나는 상황으로, 이때 대다수 연방정부 직원은 강제 휴가에 돌입해 유관 활동이나 서비스가 '폐쇄'된다.
** 순 배당재투자 기준은 배당 소득세 차감 후 배당금을 재투자하는 경우를 의미한다. 한편 총Gross 배당재투자 기준은 세금을 고려하지 않는다.

수는 하루 만에 22.6% 하락했는데, 극적인 요소가 있었다. 그 사건은 한 편의 연극을 보는 듯했다. 아직도 기억이 또렷한데, 그날 나는 투자은행인 BZW 객장에서 일을 마치고 집에 도착하자마자 미국의 거물급 고객한테서 수많은 매도 주문을 요청하는 전화를 받았다. 나는 천천히 매도 주문을 받아 적을 수밖에 없었는데, 그 전 주 금요일 허리케인이 강타하는 바람에 전력이 아직 복구되지 않아서 촛불에 의지할 수밖에 없었기 때문이다(극적 효과가 배가했다).

나는 올해 10월과 12월의 충격이 아직 가시지 않은 평론가와 '투자자', 시장 참여자가 1987년 10월에는 어떻게 반응했을지 웃음을 띠며 상상해 볼 뿐이다. 2018년 12월 《파이낸셜 타임스》 헤드라인은 "격렬한 시장 변동Wild market swings"을 언급했는데, 기사를 작성한 기자는 지나친 과장법이라며 기사 제목을 뽑은 사람을 탓하고 싶었을지도 모른다(각자 신문과 픽셀을 팔려고 하는 일이라는 면에서 둘 다 마찬가지긴 하다). 기사는 최근 하루 만에 다우 지수가 3.1% 하락한 일을 두고 "눈이 튀어나올 정도로" 놀랍다고 표현했다. 1987년 그 일곱 배에 달하는 규모의 하락에 관해서는 과장을 하고 싶어도 쓸 만한 어휘가 바닥났을 것이다. 당시에 눈이 아니라 무엇이 튀어나왔을지 알게 뭐가?

블랙 먼데이가 소란스럽고 혼란스러우며 요동 치는 날이었다고 하더라도, 그게 정말 중요한 일이었나? 다우 존스 지수를 나타낸 아래 그래프에서 블랙 먼데이를 정확하게 짚을 수 있는지 한번 보라. 아마도 시력이 매우 좋거나 독서용 돋보기가 필요할지도 모른다.

장기적으로는 전혀 중요하지 않았다. 하지만 이 사실만으로 자문사나 평론가가 시장 붕괴나 약세장을 예측하는 일을 막지는 못한다. 나아가 주식 비중을 줄이고 저평가된 '가치'주를 매수하거나 섹터를 '순

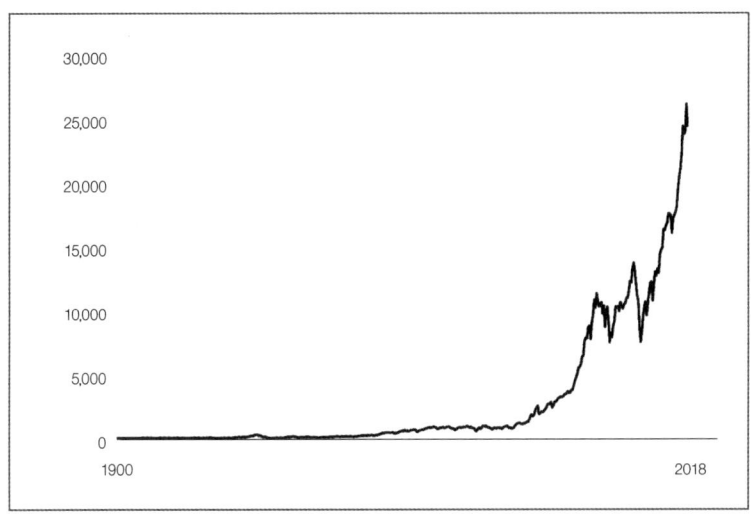

환'하라는 것부터 자산가치를 지키기 위해 모든 걸 매도하고 현금으로 들고 있으라거나 비트코인Bitcoin을 사라는 조언(2018년에 80% 하락했다)까지, 예방적 조처를 제안하는 것도 막을 수 없다.

이러한 사건과 예측을 다루는 내 기본 원칙을 살펴보자.

1. 시장 하락에 관해 유의미한 신뢰도를 가진 예측을 할 수 있는 사람은 존재하지 않는다. 시장에서 일어날 일에 관한 예측은 1987년 10월 15일 BBC 기상 예보 방송에서 허리케인이 오지 않으리라고 예측한 마이클 피시 Michael Fish의 유명한 '그럴 리 없다'는 말처럼 믿을 게 못 된다.
2. 하지만 거듭된 경고 가운데 하나가 들어맞으면, 예측 전문가는 과거에 자기 조언을 따랐다면 시장 하락 때 입은 손실을 만회하고도 남을 만큼의 투자 수익을 낼 기회를 놓쳤다는 사실을 못 본 척 무시한다. 나는 지난 6년 동안 우리가 투자할 만한 유형의 주식이나 우리 투자 전략과 펀드가 시장

을 밑도는 실적을 내리라고 경고했던 시장 논평을 다 기억하고 있다. 그 6년간 우리 펀드의 가치는 185% 이상 증가했다. 그들의 예측이 맞아떨어지는 잠깐의 시기에 그 조언을 따랐다면 이 성과를 놓쳤으리라는 사실은 언급되지 않는다. 여러분은 기억해두는 게 좋을 것이다.

3. 강세장은 오래 지속됐다고 해서 끝나지 않는다. 따라서 '이번 강세장은 오랫동안 이어졌다' 같은 생각에 근거한 경고를 무시하라. 강세장은 특정 사건이 발생하면 끝나기 마련인데, 금리 상승을 원인으로 하는 경우가 많지만 언제나 그런 건 아니다.

4. 강세장은 걱정의 벽을 타고 올라 넘는다. 여러분이 손쉽게 인지할 수 있는 문제의 사건이 전개한다고 해서 약세장이 시작하는 경우는 드물다. 앨런 그린스펀Alan Greenspan이 1996년에 벌써 시장의 "비이성적 과열irrationally exuberance"을 지적했으니, 우리는 걱정스러울 정도로 상승한 강세장 속에 있었다. 이어서 1997년 아시아 금융 위기, 1998년에는 러시아 디폴트 사태와 롱텀 캐피털 매니지먼트Long-Term Capital Management의 붕괴가 일어났다. 모두 겁을 냈지만, 아이러니하게도 그 덕분에 연준이 금리 인상을 주저하면서 강세장은 새로운 동력을 확보한 채 2000년까지 상승세를 지속했다. 미·중 무역 전쟁과 시장 불안도 비슷한 아마 비슷한 효과를 내지 않을까 싶다.

5. 강세장은 오래 지속됐다고 해서 확장하는 게 아니라 오히려 축소한다. 현 강세장은 2009년에 시작했는데, 주가가 무차별적으로 상승했다. 그러다가 선진국 중에서는 미국이 선두 자리를 확보했다. 다음에는 미국의 기술 섹터, 그다음에는 "FAANG"(페이스북, 아마존, 애플, 넷플릭스, 구글)이 그 자리를 차지했다. 강세장 말기에도 아직 덜 오른 주식으로 갈아타면 투자 수익을 낼 수 있다는 생각이 과거 경험에도 아랑곳하지 않고 활개친다.

6. 이른바 가치주에 투자한 경우 이 전략을 실행하기에 가장 좋은 시점은 약

세장이 도래한 이후이지 그 전이 아니다. 유명한 가치 투자자에게 그 전략의 일환으로 FTSE 100 지수 내에서 여러 가치주를 매수하라고 제안하는 사람은 비웃음을 당하게 될 것이다. 임페리얼 브랜즈(전 임페리얼 토바코) 같은 '가치'주는 약세장이었던 2000년 말 현행 PER$_{historic\ PER}$이 8.1배였는데, 현재는 16.5배에 이른다. 가치 투자자의 목표는 시장 하락 때 배당수익률이 PER보다 높은 '가치'주를 매수하는 것이어야 한다.

7. 약세장은 어느 순간 시작한다. 이미 하락장에 들어섰는지도 모른다. 이를 예측하거나, 투자 수익을 놓쳐서 부가 늘어나지 않는 걸 피하려고 효과적인 포지션을 잡는 건 불가능하다. 따라서 그냥 무시하는 게 가장 좋은 태도다. 하지만 약세장이 도래했을 때 이러한 입장을 고수하려면 감정적·재무적 안정성을 가져야 한다.

2018년에 일어난 사건으로 돌아가 보자. 파운드화 표시 순 배당재투자 기준 MSCI 선진국 지수는 3% 하락했다. 형편없는 실적이지만, 히스테리나 투자 전략의 대이동을 옹호할 수 있는 수준은 확실히 아니다. 나는 시장이 좋지 않을 때는 위 6번에서 다뤘듯이 '가치'주로 '순환'하는 징후가 분명히 보인다는 사실에도 불구하고 그렇게 생각한다. 내가 '가치'라는 단어를 작은따옴표로 묶어 사용하는 경우가 많은 데는 여러 이유가 있다.

- 일부 사람은 가치를 저평가됐다는 의미로 사용한다. 저평가된 수식은 사업의 부족한 퀄리티와 전망을 고려해보건대 기업의 내재가치나 펀더멘털이 밸류에이션보다 더 낮은 수준이라면 가격 대비 가치가 높다고 볼 수 없다.

- 많은 평론가가 가치 투자 개념을 성장 투자나 퀄리티 투자와 구분해서 사용하지만, 내가 보기에는 다소 피상적이다. 워런 버핏이 한 말을 인용하면,

  > 대다수 애널리스트는 으레 대비되는 개념이라고 받아들이는 두 가지 접근법, 즉 '가치'와 '성장' 중 하나를 선택해야만 한다고 여긴다. 사실 여러 투자 전문가는 두 개념을 섞는 건 남녀가 서로의 옷을 바꿔 입는 복장 도착cross-dressing과 같다고 해석한다.
  > 우리는 퍼지 사고fuzzy thinking*의 관점에서 이 주제를 바라본다(고백건대 나 역시 위 이분법적 논쟁에 가담했었다). 우리가 보기에 '가치'와 '성장'은 껌딱지처럼 착 달라붙어 있다. 성장은 가치 산정에서 절대 빼놓을 수 없는 구성 요소다. 무시해도 되는 수준에서부터 엄청난 의미가 있는 것에 이르는 변수이고, 결과값에 미치는 영향도 부정적일 수도, 긍정적일 수도 있다.

  대다수 투자 전략은 매수했거나 보유하고 있는 주식의 가치 평가를 어느 정도 고려해야 한다. 고퀄리티 기업에 초점을 맞추는 우리 투자 전략도 마찬가지다. 기업의 성장률은 가치 평가에서 중요한 요소다.

- 앞서 6번에서 지적했듯이 현재 대다수 주식은 고전적인 가치 투자자의 관심을 끌 만한 밸류에이션 수준에 있지 않다.

* 그 대상을 경계가 분명한 이분법적 논리로 구분하는 게 아니라 가진 특성 정도에 차이가 있다는 스펙트럼 차원의 이해 방식.

진정한 가치 투자는 기업의 내재가치나 펀더멘털 가치에 관한 추정치보다 상당히 낮은 가격에 거래될 때 매수하고는, 주가가 내재가치만큼이나 그 이상 상승할 만한 사건(들)이 일어날 때까지 기다리는 전략이다. 그 사건(들)이란 보통 경영진 교체나 기업 인수·분할, 경기 사이클 변동이나 투자자 사이에서 다시 유행하는 일 등을 말한다. 이런 사건(들)이 일어나면 가치 투자자는 투자 수익을 실현하고, 이 방식을 반복할 또 다른 가치주를 찾아 이동한다.

가치 투자는 최근 몇 년간 인기가 없었다. 지속적인 저금리 상황으로 인해 거의 모든 주식의 시장가치가 진정한 가치 투자자가 접근할 수 있는 범위를 넘어섰기 때문이다. 그래도 가치 투자는 나름의 장점이 있고, 가치 투자자를 매료시키는 종류의 주식이 좋은 실적을 내기만 하면 다시 번성할 것이다.

하지만 우리가 추구하는 전략은 아니다. 언젠가 가치 투자의 시대가 찾아오리라는 사실을 우리가 알고 있는데도 말이다. 가치 투자자가 매료될 만큼 충분히 낮은 밸류에이션에 거래되는 주식은 우리가 찾는 유형일 가능성이 작다. 우리는 예상했던 높은 현금 기준 사용자본이익률(ROCE)을 실제 달성하고, 창출한 현금의 적어도 일부를 사업에 재투자해 성장 재원을 확보함으로써 가치가 복리 성장할 수 있는 기업을 원한다.

그런 기업을 발굴해 오랫동안 보유하여 기업이 그 재투자에서 창출하는 이익이 훌륭한 수가 실석을 이끌노독 내버려 두는 게 우리 진략이다. 반면, 가치 투자는 두 가지 약점에 시달린다. 먼저 가치 투자자가 매수 시점에 산정한 내재가치 수준으로 주가를 상승시킬 게 분명해 보이는 사건(들)을 기다리는 동안, 그 기업은 우리가 추구하는 유형의 기업에서처럼 가치가 복리 성장할 가능성이 작다. 실제로는 오히려 가치를 파괴할 가능성이 크다. 나아가 가치 투자는 훨씬 액티브한 투자 전략이다. 가치 투자자가 자신이 생각하는 내재가치를 반영해 주가가 상승해서 이익을 취하는 데 성공하더라도 대체 가치주를 또 찾아야 한다. 지난 몇 년간 일어났던 사건에서 알 수 있듯이, 그건 쉬운 일이 아니다. 게다가 이런 활동에는 거래비용이 든다. 우리 투자 전략에서는 비활동성이 장점이 된다. 가치가 복리 성장할 수 있는 기업을 올바르게 찾아냈다면, 그 기업 주식을 영원히 보유해서 낮은 거래비용과 더불어 훌륭한 투자 성과를 달성하는 게 바람직하다고 생각한다.

가치주의 실적이 어떤지 알려주는 두 가지 주가 지수가 있다. 이 중 하나가 파운드화 표시 순 배당재투자 기준 MSCI 유럽 가치 지수MSCI Europe Value Index다. 2007~2009년 금융 위기 당시 이 지수는 최대 52%까지 하락했는데, 동기간 MSCI 선진국 지수를 16%p 밑도는 실적이다. 가치주가 시장 하락 국면에서 여러분을 지켜준다는 이론에 관해서는 이쯤 해두자.

지금쯤이면 누구나 알고 있을 우리 전략의 세 단계는 단순하다.

1. 훌륭한 기업에 투자하라.
2. 비싸게 사지 마라.
3. 아무것도 하지 마라.

우리 실적이 어땠는지 위 기준에 따라 순서대로 살펴보자.

언제나처럼 우리는 첫 번째 요인, 즉 훌륭한 기업 주식 보유 여부에 대한 통찰을 공유하려고 한다. 아래 표는 펀드스미스가 뮤추얼펀드가 아니라 '포괄적' 기준에서 포트폴리오에 보유한 종목별 지분으로 이뤄진 회사라고 가정했을 때 시장(FTSE 100과 S&P 500 지수를 사용했다)과 비교한 성과를 보여준다.

이번에도 역시 주요 주가 지수와 비교뿐 아니라 시간 경과에 따른 추이도 보여준다.

	펀드스미스 에쿼티 펀드 포트폴리오								S&P 500	FTSE 100
연도	2011	2012	2013	2014	2015	2016	2017	2018	2018	2018
ROCE	28%	29%	31%	29%	26%	27%	28%	29%	16%	17%
매출총이익률	58%	58%	63%	60%	61%	62%	63%	65%	45%	39%
영업이익률	22%	23%	24%	25%	25%	26%	26%	28%	15%	16%
현금전환비율	103%	101%	108%	102%	98%	99%	102%	95%	84%	96%
레버리지 비율	15%	44%	40%	28%	29%	38%	37%	47%	46%	39%
이자보상비율	27배	18배	16배	15배	16배	17배	17배	17배	7배	9배

참고: 출처: ROCE, 매출총이익률, 영업이익률, 현금전환비율은 펀드스미스 에쿼티 펀드가 투자한 기업은 가중평균값, FTSE 100 지수와 S&P 500 지수는 평균값이다. FTSE 100 지수와 S&P 500 지수 수치에서 금융회사는 제외했다. 레버리지 비율과 이자보상비율은 모두 중앙값이다. 출처: Fundsmith LLP / Bloomberg

보다시피 큰 변화는 없다. 레버리지 비율, 즉 포트폴리오 기업의 부채를 자본금으로 나눈 비율이 증가한 것은 무시해도 된다고 생각한다. 우리 포트폴리오 기업의 산술평균 레버리지 비율은 큰 의미가 없는데, 순현금을 보유한 9개 종목과 1,000%가 넘는 레버리지 비율을 가진 3개 종목(자사주 매입을 해서 자본금이 줄었다)을 아우르는 광범위한 수치에 대한 평균이기 때문이다. 심지어 우리가 사용하는 중앙값조차 그리 나은 기준은 아니다. 레버리지 비율 순위에서 14번째와 15번째 값의 평균값이 중앙값인데, 해당 수치가 각 27%와 73%일만큼

양측의 차이가 크기 때문이다. 통계치를 들먹이는 설명에 따분해하는 사람을 위해 다시 정리하면, 위 수치는 기업의 실제 재무 특성에 관해 사실상 알려주는 게 없다. 그러면 왜 이 척도를 표에 포함하고 있는지 의문이 들 텐데(최근에 나도 의문을 품게 됐다), 과거에는 공개했던 수치를 제외하여 의심을 살 만한 행동은 하고 싶지 않기 때문이다(만사가 잘 풀릴 때 이런 수치를 제외하는 경우는 거의 없다).

17배 정도에서 안정화됐고 지수 구성 기업의 약 두 배 수준인 이 자보상비율이 우리 포트폴리오 기업의 재무적 안정성을 가늠하는 더 나은 척도다.

우리 포트폴리오 기업이 주가 지수에 편입된 평균적인 기업보다 훨씬 높은 자본이익률과 매출총이익률을 꾸준히 기록했다는 사실이 더 흥미롭다. 또한 평균적인 기업보다 훨씬 더 낮은 부채 수준으로 더 높은 현금전환비율을 기록했다. 당해 연도 말 우리 포트폴리오 기업의 평균 설립 연도는 1922년이다.

투자할 만한 기업을 탐색할 때 우리가 원하는 신호 중 하나는 꾸준히 높은 자본이익률이다. 또 다른 신호는 성장원인데, 큰 이익을 내더라도 그와 같은 비율로 기업이 성장하지 못하거나 사용자본에서 수익률을 기록하지 못한다면 아무 소용이 없다. 이 관점에서 우리 기업의 2018년 실적은 어땠을까? 가중평균 잉여현금흐름(배당금을 제외한 모든 비용을 지불한 뒤 기업에 남은 현금이자 우리가 선호하는 척도다)은 2018년에 8% 증가했다. 전 세계가 대체로 둔화되고 부침 있는 성장을 겪고 있음을 고려하면 아주 좋은 성과라고 생각한다. 게다가 작년 증가율이 13%에 달했으니, 2018년 수치는 어느 정도 기저 효과가 작용했다.

이는 밸류에이션 문제로 이어진다. 포트폴리오의 가중평균 잉여현금흐름 수익률(기업이 창출한 잉여현금흐름÷시가총액)은 당해 연도 초에 3.7%로 시작해 기말에는 4.0%를 기록했다. 따라서 2018년 전체 포트폴리오의 밸류에이션은 하락했거나 더 저평가됐다. 개별 종목이나 펀드 실적 관점에서는 좋은 소식이 아닐지 모르나, 조만간 기업이 창출하는 현금흐름이 주가보다 더 빠르게 증가하리라는 점이 확실하다(그 반대가 아니다). 이는 비정상적인 발전과 거리가 먼데, 특히 배당재투자 펀드 주식(좌)을 통해 펀드에 더 많이 투자한다면 더욱 그러하다(실제로 여러분은 그러고 있다).

S&P 500 지수의 당해 연도 말 잉여현금흐름 수익률 중앙값은 4.7%였고, FTSE 100 지수의 중앙값은 5.2%였다. 우리 종목은 후자보다 전자에 속한 경우가 많은데, 여기에서 왜 FTSE 100 지수가 벤치마크나 투자 대용 지표로서 적절하지 않은지 작년에 다뤘던 내용을 반복하지는 않겠다. 우리 포트폴리오는 지수 구성 기업보다 펀더멘털이 훨씬 좋고 평균적인 FTSE 100 기업보다 훨씬 높은 밸류에이션을, S&P 500 기업보다는 약간 높은 밸류에이션을 기록했다. 하지만 우리가 투자한 기업의 퀄리티가 훨씬 높다.

당해 연도에 우리 펀드 실적에 긍정적으로 기여한 상위 다섯 개 기업은 다음과 같다.

마이크로소프트	+1.3%
아이덱스	+1.0%
인튜이트	+1.0%
페이팔	+1.0%
닥터 페퍼 스내플	+0.9%

미국의 회계·세무 소프트웨어 선두 주자인 인튜이트는 2017년에 편입한 만큼 이 목록에서 비교적 새로운 이름이다. 페이팔은 2년 연속으로 이름을 올렸고, 아이덱스는 2016년 이후 다시 이름을 올렸다. 마이크로소프트는 2013~2015년 이후 네 번째로 이름을 올렸다. 차익을 실현하는 전략에 관해서는 이쯤 해두자. 닥터 페퍼 스태플은 큐리그 그린 마운틴Keurig Green Mountain으로부터 합병 제안을 받았다.

실적에 부정적인 영향을 미친 하위 다섯 개 기업은 다음과 같다.

필립 모리스	-1.5%
세이지	-0.8%
페이스북	-0.7%
3M	-0.5%
노보 노디스크	-0.4%

필립 모리스는 새로 출시한 저위험 제품(전자담배vaping와 궐련형 기술)을 둘러싼 소음과 불확실성에 휘말렸는데, 회사가 아이코스iQOS로 시장을 선도하는 부문이다. 나는 흡연자가 연초 담배를 끊게 해서 더 안전한 담배 소비와 사업에 새로운 활력을 가져올 제품을 출시하는 것뿐 아니라 이에 반대하는 규제 기관과 평론가의 숫자 측면에서도 필립 모리스가 오히려 올바른 방향으로 가고 있다는 걸 알 수 있다고 본다.

회계 소프트웨어 서비스 기업인 세이지는 당해 연도에 예기치 않은 경영자 교체를 겪었는데, 뒤에서 더 자세히 다루겠다.

페이스북 지분 매수는 회사가 사용자 개인정보를 이용하고 일부 사용자가 이를 활용해 선거에서 모종의 역할을 한 것을 두고 대중이 격분했다는 점에서 가장 논란이 많은 우리 투자 의사결정일 것이다.

앞에서 언급하고 다른 여러 사례에서 확인했듯이, 우리는 기업이 공시하는 재무제표상 수치를 근거로 적합한 투자처를 판단한다. 페이스북의 현행 공시 수치는 확실히 인상적이다. 일간 활성 사용자Daily Active Users, DAU가 약 15억 명이고, 월간 활성 사용자Monthly Active Users, MAU는 약 23억 명이다. 페이스북이 중국에서 아무 사업도 하지 않는 점을 고려하면, 이 수치는 페이스북이 어디에나 존재한다ubiquity는 의미다.

2017년 페이스북의 자본이익률은 30%이고, 매출총이익률은 87%, 영업이익률은 50%였다. 지난 5년간 연평균 매출 증가율은 49%였고, 동기간 연평균 영업이익 증가율은 106%였다.

물론 이 모든 수치는 과거에 대한 것일 뿐, 페이스북의 미래는 달라질 가능성이 있다. 우리가 페이스북 매수를 시작할 당시에는 앞으로 매출 증가율이 과거 절반 수준인 연 20%에 안착하리라고 생각했다. 2018년 3분기 매출이 34% 증가했지만, 회사는 4분기 매출 증가율이 더 둔화해 20% 중반대에 이르리라고 밝혔다. 게다가 영업이익률이 하락했지만, 여전히 놀라운 42%를 기록했다. 이 수치는 개인정보 이용을 두고 언론의 격분을 샀던 배후 사정에도 불구하고 페이스북 논평가가 공개적인 공격이 얼마나 허망하게 연기처럼 사라지는지 깨닫는 계기로 충분했다.

그러나 다음 내용은 기억해야 한다.

순이익 13% 증가로 이어진 3분기 영업이익 증가율 42%는 비용이 53% 증가했는데도 불구하고 달성한 실적이다. 유리컵이 절반이나 찼는지 아니면 절반이나 비었는지 하는 문제일 수도 있다. 하지만 페이스북은 3분기에 R&D 비용을 29%, 마케팅 및 판매 비용을 65% 늘렸고 일반관리비도 76% 증가했다. 이러한 비용 증가에 문제가 많다고 볼 수도 있지만, 대중의 분노를 마주한 경영진이 데이터 보안과 콘텐츠 관리, 사용자 경험 개선에 많은 돈을 쓰기로 한 결정을 공개적으로 알리는 것에 가깝다고 본다. 비용을 늘림으로써 ① 페이스북 실적이 하락했다. 그래도 받아들일 만한 수준이었긴 하지만 말이다. 그런 철저한 감시를 받으면서 훌륭한 실적까지 낸다면 사람들의 화를 더 돋우었을 것이다. 또한 ② 경쟁사가 넘볼 수 없는 진입장벽을 더 높게 쌓았다. 대중의 분노에 대응하면서 페이스북은 아이러니하게도 경쟁 포지셔닝을 더 공고히 다졌는지도 모른다. 또한 이 글을 쓰는 시점에 페이스북이 새로 선보인 정치 관련 광고 투명성 도구를 통해 영국 정부가 메이 총리의 브렉시트 안건 홍보에 9만 6,684파운드를 지출했다는 걸 알게 됐다. 페이스북을 향한 정치적 공격은 원형으로 서서 서로를 향해 총을 쏘는 부대 같은 꼴이 됐다.

마찬가지로 페이스북의 자본적 지출 역시 2018년 9월 기준 작년 대비 두 배가 된 96억 달러를 기록했다. 그런데도 3분기 잉여현금흐름은 1년 전보다 16% 높았다.

하지만 페이스북의 현행 PER은 S&P 500 지수와 거의 비슷한 19.7배를 기록했다. 페이스북의 사업 실적이 지금까지 경험해 온 수준이나 합리적 예상치보다 더 심각하게 악화되지만 않으면, 우리가 보기에 주가는 아주 저렴하다.

하지만 다음 내용도 고려해야 한다.

페이스북은 소셜 네트워크 사용자에게서 돈을 벌지 않는다. 대부분의 매출은 온라인 광고에서 나오는데, 사실상 구글과 양강 체제를 구축하고 있는 사업 부문이다.

나는 대다수 사람이 개인적인 경험과 편견에 근거해 페이스북을 판단한다고 꽤 확신한다. 하지만 페이스북 DAU의 69%와 MAU의 73%는 미국과 유럽 이외 지역 사용자다. 이들 중 미국 선거에서 데이터를 오용했다는 혐의에 관해 신경 쓰는 사람이 얼마나 되리라고 생각하는가? 내가 보기에는 그리 많지 않은 듯하다. 3분기 DAU가 9% 증가하고 MAU가 10% 증가한 사실이 입증하듯 말이다.

페이스북은 아직 왓츠앱WhatsApp을 '수익화'하지 않았다. 우리가 페이스북 지분을 매수한 일에 관해 문의한 누군가가 왓츠앱을 이용했다는 사실이 참 재밌다. 누가 모순의 시대가 끝났다고 말했던가?

우리 페이스북 지분 때문에 현재까지 전체 실적을 다소 희생해야 했다. 게다가 언론의 관심을 고려할 때 계속 보유하는 데 많은 어려움이 따를 종목임이 틀림없다. 하지만 훌륭한 기업 주식을 저렴한 밸류에이션에 매수할 유일한 기회는 기업에 작은 문제가 발생했을 때뿐이라는 사실을 깨달았다.

우리 전략의 세 번째 다리, 즉 '아무것도 하지 마라'는 간결한 표현으로 돌아가서, 당해 연도에 13.4%의 회전율을 기록하며 포트폴리오 회전율 최소화라는 우리의 여전한 목표를 다시 한번 달성했다. 이는 현재까지 우리가 기록한 가장 높은 연간 회전율 수치이지만, 대다수 펀드와 비교하면 여전히 아주 낮은 수준이다. 게다가 당해 연도 후반에 시장이 하락하며 우리가 보유한 순현금이 소진됐던 사실로 인해 다소 부풀려진 수치다. 이로 인한 회전율을 제외하면 수치는 11% 정도로 떨어진다. 자발적 거래의 수수료로 당해 연도 펀드 평균 가치의 겨우 0.018%(1.8bp)를 지출했다는 사실이 더 와닿을지도 모르겠다(여기에는 펀드 설정과 환매에 관련된 비자발적 비용은 포함하지 않는다). 설정 이후 우리가 줄곧 보유해 온 종목은 11개다.

 이게 왜 중요할까? 비용을 최소화하는 데 도움이 되기 때문이고, 투자 비용의 최소화는 투자자가 만족스러운 성과를 얻는 데 핵심 역할을 하기 때문이다. 투자자나 평론가, 자문사는 연간 운용 보수·비용(AMC)이나 성과 보수 제외 총보수·비용 비율(OCF)에 초점을 맞추는 경우가 너무 많다. OCF는 AMC 외에도 펀드에 부과되는 몇 가지 비용을 포함한다. T클래스 배당재투자 펀드의 2018년 OCF는 1.05%였다. 문제는 OCF가 중요한 비용 구성 요소, 즉 거래비용을 포함하지 않는다는 데 있다. 매니저가 펀드에서 주식을 거래할 때는 브로커에게 내는 수수료와 대상 증권의 매수-매도 호가 스프레드, 증권거래세(예를 들어 영국의 인지세)가 발생한다. 이들은 OCF에 포함되지 않지만, 펀드 비용을 상당히 늘릴 수 있다.

 펀드스미스는 거래비용을 포함하는 우리만의 총비용 기준을 투자총비용(TCI)이라는 이름으로 공개해왔다. T클래스 배당재투자 펀드의 2018년 TCI는 1.09%였는데, 자발적 거래뿐 아니라 모든 자금 유출입에 수반되는 거래비용을 포함한 수치다.

 오래전부터 우리 TCI를 다른 펀드와 비교할 수 있는 날이 오기를 고대한다고 말했는데, 드디어 그날이 왔다. 아래 표는 영국에서 운용 자산 규모 상위 15개 주식형 총수익 펀드의 TCI 수치와 OCF와의 차이를 보여준다.

영국 상위 15개 액티브펀드 및 총수익 펀드				
	OCF (%)	거래비용 (%)	TCI (%)	TCI와 OCF의 차이 (%)
Fundsmith Equity Fund	1.05	0.04	1.09	4
Standard Life Investments GARS	0.89	0.25	1.14	28
Invesco Global Total Return	0.87	0.40	1.27	46
Invesco High Income	0.92	0.10	1.02	11
Stewart Investors Asia Pacific Leaders	0.89	0.13	1.02	15
Newton Real Return	0.80	0.15	0.95	19
Baillie Gifford Diversified Growth	0.82	0.63	1.45	77
M&G Global Dividend	0.91	0.09	1.00	10
Lindsell Train UK Equity	0.70	0.13	0.83	19
Artemis Income	0.79	0.13	0.92	16
Jupiter European	1.03	0.09	1.12	9
Newton Global Income	0.79	0.10	0.89	13
Ruffer Absolute Return	1.15	0.20	1.35	17
Woodford Equity Income	0.75	0.27	1.02	36
Aviva Multi Strategy Target Return	0.85	0.23	1.08	27
평균	0.88	0.20	1.08	23

출처: Financial Express Analytics/Fundsmith(기준일: 2019.1.7. 규모 기준 내림차순)

우리 펀드의 OCF와 여기에 거래비용을 합산한 TCI의 차이가 4%에 불과할 뿐만 아니라 이 집단 내에서 그 증가율이 가장 낮다는 사실이 기쁘다. 하지만 펀드 비용 수치에 사로잡힌 나머지 실적에 집중하지 못하는 태도도 경계해야 한다. 이 연례 서한의 앞부분에 나온 펀드 실적은 모든 보수 차감 후 기준 수치라는 점을 기억하고, 그 실적에 집중하자. 이는 위 표와 동일한 15개 펀드를 3개년 연 복리 수익률 기준으로 순위를 매긴 아래 표를 통해 더 확실히 알 수 있다(5개년 연 복리 수익률 기준으로 순위를 매겨도 큰 그림은 그리 달라지지 않지만, 최근에 출범해서 5개년 수익률 기록을 계산할 수 없는 펀드가 두 군데 있다).

연 복리 수익률	3개년(%)	5개년(%)
Fundsmith Equity	16.9	17.9
M&G Global Dividend	14.0	7.3
Stewart Investors Asia Pacific Leaders	12.7	11.8
Newton Global Income	11.5	10.7
Jupiter European	10.2	11.8
Lindsell Train UK Equity	9.9	9.7
Artemis Income	3.9	4.3
Baillie Gifford Diversified Growth	2.6	2.9
Ruffer Absolute Return	2.2	2.5
Newton Real Return	2.0	2.1
Invesco Global Targeted Returns	0.3	2.1
Invesco High Income	−0.9	3.4
Standard Life Investments GARS	−2.2	0.3
Aviva Multi Strategy Target Return	−2.5	n/a
Woodford Equity Income	−4.6	n/a

출처: Financial Express Analytics(기준일: 2018.12.31.)

위 표가 시사하는 바는 자명하다.

2018년에 약간의 투자 활동을 수행했는데, 특히 닥터 페퍼 스내플과 네슬레 지분 매도를 언급할 필요가 있다.

닥터 페퍼 스내플은 우리 펀드 설정 시점부터 계속 보유해 온 종목이다. 하지만 큐리그 그린 마운틴이 회사를 인수한 전략적 판단을 이해할 수 없었기 때문에 이 상황에서 벗어나기로 했다. 평론가들은 코카콜라와 큐리그가 비슷한 결합을 시도했지만 성공하지 못해서 조용히 폐기했던 사실을 잊은 듯하다.

다른 포트폴리오 기업 가운데 네슬레가 행동주의 투자자에게 받았던 관심에 대해 작년 연례 서한에서 다뤘다. 그 결과 네슬레는 새로운 영업이익률과 자사주 매입 목표를 발표했는데, 이후 스타벅스Starbucks의 'RTDReady to Drink'를 제외한 슈퍼마켓 커피 제품 사업부를 71억 5,000만 달러에 인수하기로 합의했다. 다시 말해 실로 엄청난 양의 커피다. 짐작건대 네스프레소용 스타벅스 캡슐도 출시할 것이다. 향후 네슬레가 이들 제품을 판매할 때마다 스타벅스에 로열티를 계속 지급하는지는 아무런 언급이 없었다. 우리는 주주가치를 창출하는 방식으로 경영진이 자본 배분 결정을 내리길 믿을 수밖에 없다. 그런데 이번 거래는 이 기준에 부합하지 않는 듯하다. 물론 무언가를 하라는 행동주의자의 주문에는 딱 들어맞을 뿐 아니라 스타벅스에는 좋은 거래처럼 보이긴 한다.

올해 나는 이 연례 서한이 마련하는 기회를 활용해 우리가 기업과 어떤 관계를 맺는지 이야기하려 한다. 펀드스미스 투자자는 우리가 기업 경영진을 만나는지, 어떤 방식으로 관계를 맺는지 자주 질문한다.

답을 하자면, 우리는 아주 많이 만난다. 우리가 조사하고 싶은 기업을 방문하고, 실적 발표나 산업 학회에서 경영진을 직접 만나거나 화상 회의를 한다. 이따금 이사회 산하 보수 위원회에 참여하기도 하고, 주주총회에 참석해 결의 사항과 위임장을 검토하고 표결한다. 이 일을 외부 대행사에 맡기지 않고 직접 한다.

하지만 경영진을 만나는 건 기업이 우리가 투자할 만한 퀄리티를 가졌는지 판단하는 주요 시험대가 아니다. 훌륭한 기업은 재무제표 공시 수치를 통해 판별할 수 있다고 생각한다. 나아가 경영진을 만나서 사업을 어떻게 경영할지 우리 견해를 전달하지도 않는다. 그들이 방법을 모른다면 우리는 난처한 상황에 부닥친다.

필요할 때 우리가 실행하는 더 가까운 관계 맺기가 2018년에 두 차례 있었다.

먼저 영국에서 시가총액 기준 최대 IT 기업이자 회계 소프트웨어 서비스 기업인 세이지다. 다른 소프트웨어 서비스 기업과 마찬가지로 제품에 대한 영구적 소프트웨어 라이선스(지금까지는 디스크 형태였다)를 제공하던 방식에서 서비스형 소프트웨어(업계 용어로는 'SaaS')를 제공하는 방식, 즉 온라인 구독 서비스로 전환하는 중이다. 여러 장점이 있는데, 고객이 누구인지 알 수 있고 업그레이드를 손쉽게 제공할 수 있으며 인접 제품(급여나 인적자원 관리 서비스)도 판매하고 반복 매출을 창출한다. 하지만 이렇게 전환한다고 해서 자동으로 승리하는 것은 아니다. 기존 고객이 주저할 수 있고, SaaS 전환은 파괴적 경쟁자에게 기회가 될 수 있다. 세이지는 2018년 두 개 분기에서 연 8% 정도로 예상했던 매출 증가율이 6%에 가까운 수치로 드러나면서 실망스러운 실적을 냈다. 이상적인 실적은 아니지만, 제품 개발이 목적에 부합하지 않거나 단기 목표를 달성하려다가 핵심 제품 개발을 방치하는 일만큼 걱정할 만한 건 아니다.

그래서 우리는 이러한 우려를 전달하고자 세이지 회장과 대화했다. 이 측면에서 우리가 인튜이트 주주로서 겪은 경험을 활용할 수 있겠다고 생각했다. 세이지의 경쟁사이기도 한 인튜이트는 현재까지 SaaS 기업으로 전환하는 데 성공했다. 그러나 우리가 세이지 경영진 교체를 요청한 것은 아닌데, 이사회는 결과적으로 CEO를 해임하기로 했다.

우리는 회장과 관계를 맺으며 적절한 선택을 할 수 있도록 노력했다. 마이크로소프트 주주로서 회사가 CEO를 스티브 발머에서 사티아 나델라Satya Nadella로 교체해 좋은 성과를 달성했던 경험이 도움이 됐다. 마침내 세이지의 새 상임 CEO가 임명된 후 만나서 성공으로 가는 길을 논의했다. 우리는 장기적인 성공을 희생하면서 단기적인 해결책을 요구할 생각이 없다는 점을 이해시키려 애썼다. 그가 6,000만 파운드 규모의 추가 지출 예산을 발표하면서 그 3분의 2를 제품 개발에 쓰겠다고 했으니, 우리와 같은 생각을 가진 것으로 보인다.

2018년에 지극히 평범한 연례 주주총회 위임장 검토와 이사 보수 자문이 아닌 관계를 맺은 또 다른 기업은 유니레버다. 유니레버는 영국과 네덜란드에 이중 상장했던 주식을 통합해 본사를 네덜란드로 옮기고 단독 상장하겠다는 계획을 발표했다. 당연히 영국 Plc 법인* 주주 의결이 필요한 사안이지만, 그런 일은 일어나지 않았다. 표결에 부치면 부결되리라는 것을 이사회가 예상했기 때문인 듯하다.

일부 투자자의 생각과 달리 이전 상장 자체는 우리가 계속 주주로 남으려는 의지에 별다른 영향을 미치지 않았을 것이다. 유니레버 회장과 논의한 건 변화의 동기였는데, 요약하자면 특히 미국에서 유니레버가 신주 발행이 필요한 기업 인수 활동을 수월하게 할 바람직한 간소화라는 게 그의 설명이었다.

우리는 오히려 이 변화가 필요한 이유에 관한 설명에 회의적이었다. 지난해 유니레버는 크래프트 하인즈의 인수 제안 때문에 거의 죽을 뻔한 고비를 넘겼다. 이와 관련해 미국 화학 기업인 PPG 인더스트리

* 주식 시장에 상장한 공개유한회사Public limited company로, 일반적인 유한회사와 달리 주식과 회사채를 발행할 수 있어서 일반적인 주식회사corporation와 같은 성격의 법인격.

즈PPG Industries가 네덜란드 페인트 제조사인 악조 노벨Akzo Nobel을 인수하겠다는 제안을 했는데, 뒤이은 정보 공개 청구 결과 악조 노벨 경영진과 네덜란드 정치인이 인수 제안을 거절하려고 결탁했던 사실이 드러난 일도 있었다. 가상의 인물인 네덜란드 형사 판 데르 팔크Van der Valk가 아니더라도 유니레버의 이전 제안에 다른 동기가 있다는 것쯤은 누구나 알아차릴 수 있을 것이다.

작년 연례 투자자 서한을 읽었다면 알 수 있듯이, 우리는 주주 행동주의에 열광하지 않을뿐더러 크래프트 하인즈의 비즈니스 모델을 좋아하지도 않는다. 하지만 유니레버 경영진은 답을 할 책임이 있고, 적대적 기업 인수를 추진하는 능력은 우리 자산을 올바르게 관리하고 있다고 확신할 수 있는 중요한 규율이라고 생각한다. 유니레버 회장이 일부 기업을 부실하게 경영했다는 점을 인정하면서도 그런 인수 활동을 지지하진 않는다고 말하자, 그런 변화가 정말 필요한 상황이 오면 그가 어떤 메커니즘을 적용하려고 생각하는 건지 혼란스러웠다. 거친 말로 혼내면 해결되는 건가?

유니레버의 변화에 관해 표결하게 된다면 우리가 어느 쪽에 표를 줄지 공개적으로 밝힌 적은 없다. 나아가 이 서한에서 우리 의사를 드러내지도 않았다(부디 기억하시라). 그저 과정에 관해 견해를 밝혔을 뿐이다. 기업을 훌륭하게 관리하기 위해서 미디어의 힘을 빌리는 것만이 능사는 아니라고 생각한다.

향후 주식 시장에 무슨 일이 일어날지에 관한 질문을 다루면서 글을 마치려고 한다. 이 말을 듣고 놀랐을 수도 있는데, 이 질문에 대해 나는 단서가 없고 그건 누구나 마찬가지라고 늘 답해왔기 때문이다.

한 펀드매니저가 고퀄리티 기업으로 구성한 포트폴리오에 투자하라면서 다가왔다고 해보자. 여러분은 전략 자체는 마음에 들지만, 지금 이 주식 시장에 투자할 적기인지 걱정이 된다. 전 세계에서 시가총액 규모가 가장 큰 주가 지수이자 어느 다른 지수보다 많은 퀄리티 기업을 편입한 S&P 500 지수의 시계열 그래프를 보자.

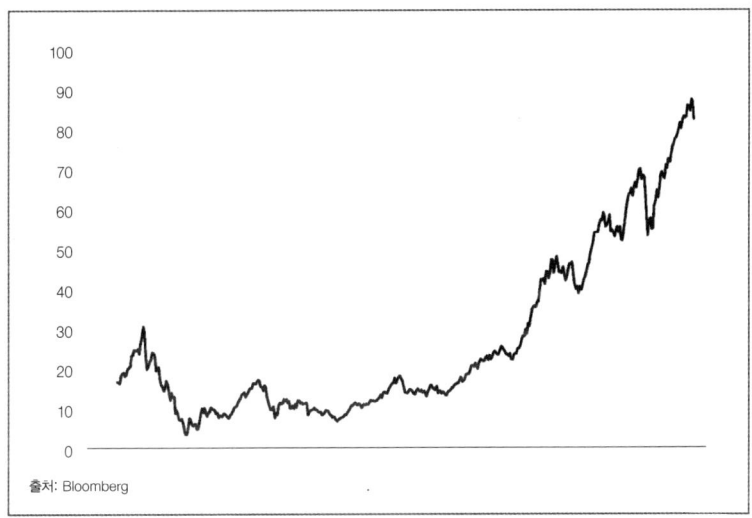

출처: Bloomberg

마치 궤도 정상을 막 지난 롤러코스터처럼 보인다. 아무리 훌륭한 전략이더라도 지금 투자하는 건 멍청이 같은 짓일 게 분명하다. 시장이 충분히 하락할 때까지 기다리는 게 낫다.

위 S&P 500 지수 그래프에 날짜가 적혀 있지 않다는 사실을 알아차렸는가? 현시점의 시장과 우리 펀드에 관해 이야기하고 있다는 걸 여러분이 이해하길 바라기 때문이다. 사실 위 그래프는 1965년을 종료 시점으로 한 35년 동안의 수치인데, 1965년은 워런 버핏이 버크셔 해서웨이를 맡은 시점이다. 마켓 타이밍을 하기로 해서 당시 투자를 보류했다면, 결과적으로 1965년 이후 버크셔 해서웨이의 시장가치가 연 20.9% 복리 성장한 성과를 놓친 셈이다.

누군가 "아, 하지만 그건 마켓 타이밍이 작동하는 방식이 아닌데요"라고 반문할 것이다. "1965년 6월에 버크셔 해서웨이 주식을 매수하지 않았다고 해서, 이후 시장이 하락했을 때도 매수하지 않았다는 의미는 아니니까요." 꽤 그럴듯하지만, 사실 시장은 1965년 하반기에 하락하지 않았다. 오히려 동기간 S&P 500 지수는 13% 상승했다. 당시 여러분은 어떤 선택을 했을 것인가? 패닉 바잉panic buying을 했을까, 아니면 또 미뤘을까? 나중 기회를 노리겠다고 호기를 부렸다면, 1966년 S&P 500 지수가 22% 하락한 시기에 명예를 회복했을지도 모르겠다.

하지만 몇 가지 문제가 있다. 버크셔 해서웨이는 S&P 500 지수가 아니다. 버크셔 해서웨이 주가는 1965년 49.5% 상승한 후 1966년 겨우 3.4% 하락했다. 따라서 여러분의 망설임은 아무 성과를 내지 못했을 것이다. 게다가 시장은 1967년에 회복해서 전고점을 경신했다.

여러분은 ① 시장이 하락하리라 예측할 뿐 아니라 ② 그 하락이 개별 주식 움직임에 어떤 영향을 미칠지 알아내고, ③ 지키려는 투자에서 발생한 손실보다 훨씬 큰 투자 수익을 낼 기회를 놓치지 않거나 아예 하락을 경험하지 않을 만큼 정확하게 타이밍하며, ④ 시장 하락 예측이 현실이 됐을 때 매수를 시작할 수 있는 정신적 민첩함과 배포를 갖췄고, ⑤ 떨어지는 칼날을 잡거나 회복세의 일부나 전부를 놓치지 않고 전반적인 매매 타이밍을 잘할 만큼 똑똑한가? 만약 그렇다면, 내 생각에 여러분은 개인 소유 섬에서 이 서한을 읽고 있을 것만 같다. 하지만 무엇보다도, 이 세상 사람인지 의심스럽다.

공정하게 보자면, 1965년 이후 현재까지 50여 년간 시장과 버크셔 해서웨이 모두 큰 폭으로 하락한 시기가 많이 있었다. 버크셔 해서웨이 주가는 1973~1975년과 2008~2009년에 50% 이상 하락했고 1998~2000년에 거의 50%가량, 1987년에는 '겨우' 37% 하락했다.

요점은 단순히 마켓 타이밍을 정확하게 잘하는 게 불가능하다는 사실뿐 아니라 그런 시도 때문에 워런 버핏의 버크셔 해서웨이에 투자할 기회를 놓쳤을지도 모른다는 데 있다. 그 어떤 종류의 마켓 타이밍에서 낼 수 있었던 투자 수익을 압도적으로 앞서는 실적을 말이다.

그렇다면 현재 우리는 어디쯤 있을까? 다음은 위 그래프가 끝나는 시점인 1965년부터 올해까지 53년이 넘는 기간의 S&P 500 지수 시계열 그래프다.

어디서 많이 본 그림 아닌가? 사람들은 역시나 앞에서 말한 것과 같은 이유로 투자를 주저한다.

하지만 또 누군가 반문하는 소리가 들리는 듯하다. "아, 그때와 지금은 상황이 다르죠. 1965년에는 밸류에이션이 지금보다 훨씬 낮았으니까요." 1965년 중반 S&P 500 지수의 PER은 18.6배였다. 현시점에서 2019년 예상 PER은 17.1배다. 그리 큰 차이는 없고, 사실 현시점의 밸류에이션이 더 낮다.

하지만 주가 지수가 위 두 그래프와 같을 때 고퀄리티 기업 주식으로 구성한 포트폴리오에 투자하는 건 바보 같은 사람뿐일 것이다.

마크 트웨인의 말처럼 "역사는 그대로 반복되지 않지만, 그 흐름은 반복된다."

66.
펀드 운용에 관한 통념

《글로벌 파이낸스 모리셔스》, 2019년 11월

펀드 운용을 둘러싼 통념이 많이 존재하는데, 내가 보기에 이 업계를 이해하고 싶다면 그 통념을 맹목적으로 받아들이기보다 의심해보는 게 현명하다.

먼저 펀드매니저가 주요 금융 시장, 예를 들어 런던과 뉴욕 근처에 자리 잡아야 한다는 생각이 있다. 이 통념은 이미 오래전부터 주요 금융 중심지가 아닌 지역에 성공한 펀드매니저들이 강력한 집단을 이루면서 어느 정도 허상이 드러났다. 예를 들어 영국의 에든버러나 미국의 보스턴 같은 곳이다.

큰 성공을 거둔 펀드매니저 가운데 일부는 훨씬 더 멀리 나아가서, 주요 금융 중심지 밖에서도 운용업을 할 수 있을 뿐 아니라 매일의 사건과 트레이딩이라는 '소음'을 피하고자 더 시티와 월스트리트라는 트레이딩 중심지에서 멀어지는 게 더 좋다는 사실을 입증했다. 이를 보여주는 가장 유명한 사례는 바로 워런 버핏이다. 이른바 '오마하의 현인'으로 불리며 지난 반세기 동안 가장 성공한 투자자인 그는 네브래스카주 오마하에서 운용할 때 갖춘 미덕을 보여줬다.

이를 입증한 또 다른 유명 투자자로 바하마의 나소에서 펀드를 운용했던 존 템플턴 경을 들 수 있다. 템플턴 경은 내가 한때 운영했던 브로커 회사 털릿 프리본의 고객이었다. 한번은 그가 바하마에서 자금을 운용할 때 얻는 이점 하나는 신문이 하루 늦게 도착하는 것이라는 이야기를 들려줬다(인터넷 시대가 도래하기 전이었다). 그가 충격적인 신문 헤드라인을 읽을 때쯤이면 이미 시장이 반응한 터라 공황 상태에 빠지기에도 너무 늦었다는 말이었다. 여기에서 펀드 운용에 관한 통념 한 가지의 허상이 또 드러난다. 성공을 부르는 건 활동성이나 재빠른 반응이라는 생각이다.

디지털 시대가 되면서 펀드매니저는 광대역 통신망만 구축됐다면 그 어디에서나 자금을 운용할 수 있다. 클라우드cloud 서비스가 개발되면서 심지어 일하는 와중에 다른 장소로 이동할 수도 있다. 온라인 가상화 프로그램으로 컴퓨터를 켜서 블룸버그 피드feed*를 보며 가던 길을 계속 갈 수 있다.

상황이 이런데도 왜 그렇게 많은 펀드매니저가 여전히 런던이나 뉴욕 같은 도시에 몰리는 걸까? 당사자에게 물어보면 보통 자기가 투자하는 기업과 가까운 곳에 자리 잡고 싶기 때문이라고 답한다. 당연히 말도 안 되는 소리다. 그들이 투자하는 기업은 주로 캘리포니아나 중앙아메리카, 유럽, 아시아처럼 아주 먼 곳에 있으니까. 실상은 펀드매니저에게 서비스를 제공하는 투자은행에 가까이 있고 싶고, 매니저끼

* 블룸버그 터미널에서 특정 종목이나 산업, 주제 등과 관련된 실시간 뉴스와 정보, 소셜 네트워크 포스팅 등을 정리해 보여주는 기능.

리 서로 가까이 있고 싶어 한다는 것에 가깝다. 이는 당연히 집단사고group think**로 이어지고 존 템플턴 경의 원칙 한 가지를 위반한다. "군중보다 뛰어난 실적을 얻고 싶다면 군중과 다르게 행동해야 한다." 여기에서 대다수 매니저가 형편없는 실적을 냈던 이유를 이해할 수 있을 것이다. 일부 경우에는 유유상종하려는 욕망이 극으로 치달은 탓에 헤지펀드와 사모펀드가 GPS 없이 잠시라도 런던 W1과 SW1 사이에 있는 웨스트 엔드의 메이페어와 세인트 제임스를 떠날 수 있을지 궁금할 정도다.

그도 그럴 것이 대다수 펀드매니저는 뭔가 다른 일을 시도조차 하지 않는다. "통상적인 방법으로 실패하는 게 유별난 방법으로 성공하는 것보다 처세에 도움이 된다." 저명한 경제학자일 뿐 아니라 성공한 펀드매니저이기도 했던 존 메이너드 케인스John Maynard Keynes의 말이다. 대다수 펀드매니저에게 자기 커리어의 가장 큰 위험은 벤치마크를 밑도는 실적을 내는 게 아니라, 벤치마크나 동료와 달라지는 것이다. 그 결과 자기 실적 벤치마크로 삼는 주가 지수 구성 종목을 하도 많이 보유해서 지수와 엇비슷한 실적을 낼 수밖에 없는 '유사 인덱스펀드' 매니저가 되어 버린다. 하지만 지수와 유사한 실적이란 건 당연히 보수와 거래비용 같은 기타 비용을 차감하기 전 이야기다. 결과적으로 대다수 액티브펀드 매니저는 지수를 밑도는 실적을 낼 수밖에 없다.

나는 워런 버핏이나 존 보글(세계 최대 인덱스펀드 판매사인 뱅가드의 창업자)과 마찬가지로 대다수 투자자는 그저 유사 인덱스펀드에 불과한 '액티브' 매니저보다 훨씬 낮은 비용을 부과하는 저비용 인덱스 추

** 동질적인 구성원이 모인 집단 내에서 서로 갈등을 최소화하거나 승진과 보상 등의 이유로 서로 의견 일치하는 방향을 추구하며 비판석인 사고를 하지 않는 현상.

종 펀드에 투자하는 게 낫다고 생각한다.

펀드 운용을 이해하려 애쓰는 외부자가 마주하는 한 가지 문제는 단어가 일반적인 의미와 전혀 다르게 쓰이는 경우가 많다는 것이다. '액티브'라는 단어를 한번 보자. 이는 액티브펀드 매니저는 수많은 거래 활동에 참여하는 매니저가 아니다. 오히려 엄격한 의미에서 인덱스 추종 펀드가 아닌 펀드를 운용하는 매니저를 구분하기 위한 단어일 뿐이다.

워런 버핏과 같은 일부 훌륭한 펀드매니저는 유사 인덱스 추종 행위를 삼가며 액티브펀드를 운용할 뿐 아니라 최대한 거래 활동 빈도를 줄인다. 거래비용은 운용 보수에 합산돼서 펀드 실적을 떨어뜨리는 요인이기 때문이다. 버핏의 말처럼 "주식 시장은 액티브 투자자로부터 인내심 있는 투자자로 부를 이전하는 메커니즘이다." 이 말에 혼란스러운 사람이 이렇게 반문할 수도 있다. "펀드매니저가 거래를 그리 많이 하지 않는다면, 내가 보수를 내는 이유는 뭐죠?" 답을 하자면 보수는 결과, 즉 실적에 대해 지불하는 돈이다. 관점을 전환해보자. 거래를 많이 하지만 형편없는 실적을 낸, '바쁜 바보 증후군busy fool syndrome'을 앓는 매니저에게 기쁜 마음으로 보수를 지불할 수 있는가? 설마 그럴 리 없을 것이다.

67.
2019년 연례 투자자 서한

펀드스미스, 2020년 1월

펀드스미스 에쿼티 펀드 투자자에게 보내는 열 번째 연례 서한이다. 아래 표는 최근 역년 투자 수익률과 2010년 11월 1일 설정 후 누적 및 연 복리 수익률을 여러 벤치마크와 비교해 보여준다.

총수익률(%)	2019. 1.1.~12.31.	설정일~2019.12.31. 누적	설정일~2019.12.31. 연 복리	샤프 지수[5]	소르티노 지수[5]
펀드스미스 에쿼티 펀드[1]	+25.6	+364.4	+18.2	1.22	1.22
주식[2]	+22.7	+180.3	+11.9	0.63	0.59
영국 국채[3]	+3.8	+40.9	+3.8	n/a	n/a
현금[4]	+0.8	+0.0	+0.6	n/a	n/a

1. T클래스 배당재투자 펀드(보수 차감 후, 영국 기준 정오 가격). 출처: Fundsmith LLP. / 2. MSCI 선진국 지수(파운드화 표시 순 배당 재투자 기준, 미국 장 마감 시간 가격). 출처: Bloomberg / 3. 블룸버그/바클레이즈 채권 지수 영국 국채 5~10년. 출처: Bloomberg / 4. 3개월 리보 금리. 출처: Bloomberg. / 5. 샤프, 소르티노 지수는 2010.11.1. 설정일부터 2019.12.31.까지. 출처: Financial Express Analytics

위 표에서 가장 많은 사람이 보유하고 내 개인 돈도 투자하고 있는

T클래스 배당재투자 펀드의 2019년 수익률이 25.6%였음을 알 수 있다. 이에 비해 파운드화 표시 배당재투자 기준 MSCI 선진국 지수 수익률은 22.7%였다. 따라서 우리 펀드는 2019년에 시장을 앞서는 성과를 달성했고, 영국 투자협회 글로벌 섹터에서 설정 이후 가장 높은 수익률을 기록한 펀드 자리를 지켜냈다. 해당 섹터의 누적 수익률 평균값 131.8%보다 233%p나 높다.

하지만 많은, 실은 대부분의 펀드스미스 투자자가 MSCI 선진국 지수를 벤치마크로 삼는 걸 당연시하지 않는다는 점을 깨달았다. 영국에 살면서 실적 측정 척도로 FTSE 100 지수를 사용하는 사람이나 FTSE 100 지수를 추종하는 펀드(또는 그 유사 인덱스펀드)에 투자한 사람도 있다. 우리 펀드는 2019년 총수익률이 17.3%였던 FTSE 100 지수를 8.3%p 앞섰다.

당해 연도에 우리 펀드 실적에 긍정적으로 기여한 상위 다섯 개 기업은 다음과 같다.

마이크로소프트	+2.7%
에스티 로더	+2.1%
페이스북	+2.0%
페이팔	+1.8%
필립 모리스	+1.4%

마이크로소프트는 다섯 번째로 이름을 올렸고 페이팔은 3년 연속 이름을 올렸다. 차익을 실현하면 돈을 잃을 일은 없다는 말이 있다. 맞는 말이지만, 한편 그 방식으로 부자가 된 사람도 없다고 생각한다. 우

리는 승리를 단언하는 부류의 사람이 아니지만(우리는 편집증적인 태도로 투자에 임한다), 페이스북의 기여를 언급하려니 기분이 좋아진다. 페이스북은 가장 논란이 많았던 매수 종목이었고, 펀드스미스 투자자가 그 어느 기업보다 많이 질문하고 매도하라고 요청했던 기업이다. 마이크로소프트를 처음 매수했을 때도 비슷한 의견이 쇄도했다.

실적에 부정적인 영향을 미친 하위 다섯 개 기업은 다음과 같다.

3M	−0.2%
콜게이트 파몰리브	0.0%
크로락스	0.0%
브라운 포먼	0.0%
레킷벤키저	+0.2%

우리는 당해 연도에 3M과 콜게이트 파몰리브 지분을 매도했다. 매수를 시작한 종목은 잭 다니엘스Jack Daniel's의 테네시 위스키 증류주 제조사인 브라운 포먼Brown-Forman과 미국 가정·개인위생용품 제조사인 크로락스다. 3M의 경우 현 경영진의 자본 배분 의사결정에 의구심이 커지던 차였고, 콜게이트 파몰리브가 효과적인 성장 전략을 내놓길 기다리는 데 지쳤다. 대다수 경우와 마찬가지로 브라운 포먼을 매수한 시기는 주가가 하락한 때였는데, 미국산 증류주에 대한 EU 관세 부과 조치에 영향을 받았기 때문이다.

당해 연도에 우리 펀드와 지수 실적표에 샤프 지수Sharpe ratio와 소르티노 지수Sortino ratio를 추가했다. 투자 전문가가 아니라면 내가 아래에 나눈 내용을 이해하기 힘들다는 것을 잘 알고 있다. 하지만 펀드의 투자 수익률만큼이나 그 성과를 달성하려고 감수한 위험 수준 역시 아주 중요한데, 그 수준을 측정하는 게 바로 두 비율이다.

샤프 지수는 펀드 투자 수익률에서 무위험 수익률(기본적으로 국채 수익률을 사용한다)을 차감해서 얻은 무위험 수익률 대비 초과 투자 수익률을 그 분산도variation(보통 표준편차로 측정한다)로 나눈 값이다(이해하기 힘들 것이라고 경고했잖은가?). 결과값은 위험 한 단위당 얻을 수 있는 초과 투자 수익률 단위를 의미하는데, 우리 펀드의 설정 후 현재까지 샤프 지수는 1.22다. 이에 비해 MSCI 선진국 지수는 0.63이다. 즉, 우리 펀드가 위험 한 단위당 얻은 초과 투자 수익률이 MSCI 선진국 지수의 약 두 배 수준이라는 뜻이다.

소르티노 지수는 샤프 지수의 응용판인데, 내 생각에는 개선판에 가깝다. 샤프 지수가 투자 수익률의 변동성으로 위험을 측정하지만, 소르티노 지수는 하방 변동성만 고려한다. 상방 변동성, 즉 우리 펀드 가치가 급등하는 경우에 대해 우려할 이유가 명확하지 않기 때문인데, 오히려 축하할 일일 테니 말이다. 설정 후 현재까지 우리 펀드의 소르티노 지수는 1.22였는데, MSCI 선진국 지수의 경우 그 샤프 지수보다 낮은 0.59를 기록했다.

지금쯤이면 누구나 알고 있을 우리 전략의 세 단계는 단순하다.

1. 훌륭한 기업에 투자하라.
2. 비싸게 사지 마라.
3. 아무것도 하지 마라.

우리 실적이 어땠는지 위 기준에 따라 순서대로 살펴보자.

언제나처럼 우리는 첫 번째 요인, 즉 훌륭한 기업 주식 보유 여부에 대한 통찰을 공유하려고 한다. 아래 표는 펀드스미스가 뮤추얼펀드가 아니라 '포괄적' 기준에서 포트폴리오에 보유한 종목별 지분으로 이뤄진 회사라고 가정했을 때 시장(FTSE 100과 S&P 500 지수를 사용했다)과 비교한 성과를 보여준다. 주요 주가 지수와 비교뿐 아니라 시간 경과에 따른 추이도 보여준다.

연도	펀드스미스 에쿼티 펀드 포트폴리오								S&P 500 2019	FTSE 100 2019
	2012	2013	2014	2015	2016	2017	2018	2019		
ROCE	29%	31%	29%	26%	27%	28%	29%	29%	17%	17%
매출총이익률	58%	63%	60%	61%	62%	63%	65%	66%	45%	39%
영업이익률	23%	24%	25%	25%	26%	26%	28%	27%	15%	17%
현금전환비율	101%	108%	102%	98%	99%	102%	95%	97%	84%	86%
레버리지 비율	44%	40%	28%	29%	38%	37%	47%	39%	53%	41%
이자보상비율	18배	16배	15배	16배	17배	17배	17배	16배	7배	10배

참고: ROCE, 매출총이익률, 영업이익률, 현금전환비율은 펀드스미스 에쿼티 펀드가 투자한 기업은 가중평균값, FTSE 100 지수와 S&P 500 지수는 평균값이다. FTSE 100 지수와 S&P 500 지수 수치에서 금융회사는 제외했다. 레버리지 비율과 이자보상비율은 모두 중앙값이다. 출처: Fundsmith LLP / Bloomberg

보다시피 큰 변화는 없는데, 우리가 선호하는 결과다. 우리 포트폴리오 기업은 이익이나 수익성, 현금흐름, 재무 건전성 등 어떤 재무 척도를 기준으로 하더라도 지수 구성 기업보다 우수하다.

작년에 언급했던 것처럼 앞으로 위 표에서 레버리지 비율을 제외할 생각인데, 아무런 의미가 없기 때문이다. 여러분도 알다시피 레버리지 비율 수치가 좋지 않기 때문에 제외하는 게 아니다. 오히려 당해 연도 우리 펀드의 레버리지 비율이 39%였는데 반해, S&P 500 지수는

53%, FTSE 100 지수는 41%를 기록했다. 하지만 우리 펀드에서 레버리지 비율의 중앙값을 구성하는 두 기업의 수치가 각 26%와 53%라는 점을 고려할 때 얼마나 무의미한지 깨닫게 됐다. 평균값이라고 해서 상황이 낫지는 않은데, 우리 포트폴리오에서 순현금을 보유한 기업이 여덟 곳이나 되기 때문이다. 당해 연도 말 우리 포트폴리오 기업의 평균 설립 연도는 1925년이다.

투자할 만한 기업을 탐색할 때 우리가 원하는 신호 중 하나는 꾸준히 높은 자본이익률이다. 또 다른 신호는 성장원인데, 큰 이익을 내더라도 그와 같은 비율로 기업이 성장하지 못하거나 사용자본에서 수익률을 기록하지 못한다면 아무 소용이 없다. 이 관점에서 우리 기업의 2019년 실적은 어땠을까? 가중평균 잉여현금흐름(배당금을 제외한 모든 비용을 지불한 뒤 기업에 남은 현금이자 우리가 선호하는 척도다)은 2019년 9% 증가했다.

이는 밸류에이션 문제로 이어진다. 포트폴리오의 가중평균 잉여현금흐름 수익률(기업이 창출한 잉여현금흐름÷시가총액)은 당해 연도 초에 4.0%로 시작해 기말에는 3.4%를 기록했다. 따라서 2019년 전체 포트폴리오의 밸류에이션은 상승했다. 개별 종목이나 펀드 실적 관점에서는 좋은 소식이지만, 밸류에이션의 변화에는 한계가 있고 원상태로 되돌아갈 수 있는 특징이 있기 때문에 긴장의 끈을 놓을 수 없다. 하지만 그러한 전환의 가장 가능성 큰 원인, 즉 금리 인상이 가까운 미래에 일어나리라고 예상하지는 않는다.

S&P 500 지수의 당해 연도 말 잉여현금흐름 수익률 중앙값은 4.2%였고, FTSE 100 지수의 중앙값은 5.5%였다. 우리 종목은 후자보다 전자에 속한 경우가 많은데, 여기에서 왜 FTSE 100 지수가 벤치마

크나 투자 대용 지표로서 적절하지 않은지 2017년 연례 서한에서 다뤘던 내용을 반복하지는 않겠다. 우리 포트폴리오는 지수 구성 기업보다 펀더멘털이 훨씬 좋고 평균적인 FTSE 100 기업보다 훨씬 높은 밸류에이션을, S&P 500 기업보다는 약간 높은 밸류에이션을 기록했다. 하지만 우리 기업의 퀄리티가 훨씬 높다. 많은 평론가가 엉성한 대용 지표를 많이 사용하는데, 밸류에이션이 낮다고 해서 가격 대비 가치가 높지 않을뿐더러 밸류에이션이 높다고 해서 가격이 비싸지는 않다는 점을 명심하는 게 현명하다.

우리 전략의 세 번째 다리, 즉 '아무것도 하지 마라'는 간결한 표현으로 돌아가서, 당해 연도에 음(-)의 회전율 수치를 기록하며 포트폴리오 회전율 최소화라는 우리의 여전한 목표를 다시 한번 달성했다. 자발적 거래의 수수료로 당해 연도 펀드 평균 가치의 겨우 0.005%(1bp의 2분의 1 또는 1%의 200분의 1)를 지출했다는 사실이 더 와닿을지도 모르겠다(여기에는 펀드 설정과 환매에 관련된 비자발적 비용은 포함하지 않는다). 설정 이후 우리가 줄곧 보유해 온 종목은 10개다.

이게 왜 중요할까? 비용을 최소화하는 데 도움이 되기 때문이고, 투자 비용의 최소화는 투자자가 만족스러운 성과를 얻는 데 핵심 역할을 하기 때문이다. 투자자나 평론가, 자문사는 연간 운용 보수·비용(AMC)이나 성과 보수 제외 총보수·비용 비율(OCF)에 초점을 맞추는 경우가 너무 많다. OCF는 AMC 외에도 펀드에 부과되는 몇 가지 비용을 포함한다. T클래스 배당재투자 펀드의 2019년 OCF는 1.05%였다. 문제는 OCF가 중요한 비용 구성 요소, 즉 거래비용을 포함하지 않는다는 데 있다. 매니저가 펀드에서 주식을 거래할 때는 브로커에게 내는 수수료와 내상 증권의 매수-매도 호가 스프레드, 증권거래세(예를 들어 영국의 인지세)가 발생한다. 이들은 OCF에 포함되지 않지만, 펀드 비용을 상당히 늘릴 수 있다.

펀드스미스는 거래비용을 포함하는 우리만의 총비용 기준을 투자총비용(TCI)라는 이름으로 공개해왔다. T클래스 배당재투자 펀드의 2019년 TCI는 1.06%였다. 자발적인 거래뿐 아니라 모든 자금 유출입에 수반되는 거래비용을 포함한 수치다. 아래 표는 영국에서 운용자산 규모 상위 15개 주식형 총수익 펀드의 TCI 수치와 OCF와의 차이를 보여준다.

	OCF (%)	거래비용 (%)	TCI (%)	TCI와 OCF의 차이 (%)
Fundsmith Equity Fund	1.05	0.01	1.06	1
Invesco Global Targeted Returns	0.87	0.43	1.30	49
Baillie Gifford Diversified Growth	0.77	0.50	1.27	65
Lindsell Train UK Equity	0.65	0.09	0.74	14
Stewart Investors Asia Pacific Leaders	0.88	0.16	1.04	18
BNY Mellon Real Return	0.80	0.20	1.00	25
Invesco High Income	0.92	0.15	1.07	16
BNY Mellon Global Income	0.80	0.07	0.87	9
Liontrust Special Situations	0.89	0.18	1.07	20
Artemis Income	0.80	0.12	0.92	15
ASI Global Absolute Return Strategies	0.90	0.15	1.05	17
Jupiter European	1.02	0.06	1.08	6
LF Ruffer Absolute Return	1.22	0.35	1.57	29
Baillie Gifford Managed	0.42	0.05	0.47	12
Threadneedle UK Equity Income	0.82	0.05	0.87	6
평균	0.85	0.17	1.03	20

출처: Financial Express Analytics/Fundsmith(기준일: 2020.1.6. 규모 기준 내림차순)

우리 펀드의 OCF와 여기에 거래비용을 합산한 TCI의 차이가 1%에 불과할 뿐만 아니라 이 집단 내에서 그 증가율이 가장 낮다는 사실이 기쁘다. 하지만 펀드 비용 수치에 사로잡힌 나머지 실적에 집중하지 못하는 태도도 경계해야 한다. 이 연례 서한의 앞부분에 나온 펀드 실적은 모든 보수 차감 후 기준 수치라는 점을 기억하고, 그 실적에 집중하자. 이는 위 표와 같은 15개 펀드를 3개년 연 복리 수익률 기준으로 순위를 매긴 아래 표를 통해 더 확실히 알 수 있다(5개년 연 복리 수익률 기준으로 순위를 매겨도 큰 그림은 그리 달라지지 않는다).

	직전 연도까지 3년 누적 투자 수익률 (%)	직전 연도까지 5년 누적 투자 수익률 (%)
Fundsmith Equity Fund	56.6	132.2
Jupiter European	53.5	98.4
Lindsell Train UK Equity	46.6	81.9
Liontrust Special Situations	39.0	83.3
Baillie Gifford Managed	35.8	70.3
BNY Mellon Global Income	30.5	85.9
Artemis Income	25.0	45.3
Stewart Investors Asia Pacific Leaders	24.1	51.3
Threadneedle UK Equity Income	21.0	43.8
BNY Mellon Real Return	14.8	20.8
Baillie Gifford Diversified Growth	13.9	23.4
ASI Global Absolute Return Strategies	2.8	2.9
LF Ruffer Absolute Return	2.5	16.0
Invesco Global Targeted Returns	0.6	5.7
Invesco High Income	-0.5	13.7

출처: Financial Express Analytics/Fundsmith(기준일: 2020.1.6.)

위 표가 우리 펀드의 상대 실적에 관해 시사하는 바는 자명한데, 보수와 비용뿐 아니라 이들을 지불한 대가로 얻는 보상, 즉 실적도 한꺼번에 볼 수 있다.

당해 연도 우리 펀드 실적은 부진했던 두 달(9월과 10월) 때문에 부정적인 영향을 받았는데, 이 기간에 수익률이 6%나 하락했다. 그 원인은 두 가지로 볼 수 있다. ① 2016년 브렉시트 국민투표 결과와 뒤이은 하드 브렉시트hard Brexit*에 대한 두려움으로 저점 기록 후 반등세가 지속하고 있는 파운드화 환율과 ② 우리 펀드가 보유할 만한, 퀄리티가 높고 비교적 고평가된 주식으로부터 퀄리티가 떨어지고 저평가된 '가치'주로 '순환'하는 현상이 나타났기 때문이다.

우리 실제 실적을 모르는 채로 언론에서 이 문제를 다룬 숨이 턱 막히는 논평을 읽었다면, 위 사건에도 불구하고 당해 연도 우리 펀드 가치가 25.6% 상승한 데서 깜짝 놀랐을지도 모르겠다. 이는 설정 후 두 번째로 높은 수익률이고, MSCI 선진국 지수를 2.9%p 앞선 수치다.

위에서 언급한 원인을 차례대로 살펴보자. 통화 변동은 분명 우리 포트폴리오에 영향을 미친다. 포트폴리오의 60% 이상을 미국 상장 기업에 투자했다. 미국 달러에 대한 실제 익스포저, 곧 달러-파운드 환율에 영향받는 건 미국에 있는 기업의 매출인데, 포트폴리오의 40% 정도로 추산한다. 하지만 통화 변동은 우리가 예측 가능하다거나(굳이 예측 가능성을 따져보자면, 뱀과 사다리 게임Snakes and Ladders**과 비슷한 수준일 듯하다) 헤징할 수 있다고 생각하는 요인이 아니다.

* EU와 맺었던 모든 동맹관계(무역, 관세, 노동정책 등)를 모두 정리하고 탈퇴하는 방식을 말한다. 반면 소프트 브렉시트soft Brexit는 일정 분담금은 내면서 단일 시장 접근권을 유지하는 방식이다.
** 뱀과 사다리가 그려져 있는 보드 위에서 주사위를 가지고 하는 게임으로, 사다리가 그려진 칸에서는 위로 올라가고 뱀이 그려진 칸에서는 내려간다.

이 문제를 바라보는 다른 관점을 제안해보겠다. 지난 9년간 우리에게 훌륭한 투자 수익을 안긴 일부 기업이나 향후 9년간 그럴 가능성이 큰 기업과 대화하면서, 성공을 낳는 가장 중요한 요인 세 가지를 말해달라고 요청한다고 해보자. 그들이 '통화 익스포저와 환율'이라고 답할 가능성이 얼마나 된다고 생각하는가? 내 생각에는 제품 혁신과 R&D, 강력한 브랜드, 유통망 관리, 시장점유율, 고객 관계, 설비·소프트웨어의 설치 기반, 경영진, 자본적 지출의 성과 창출, 기업 인수가 훨씬 더 중요하다고 답할 듯하다. 따라서 우리는 통화 변동의 뱀과 사다리 게임을 무시하는 게 가장 좋다고 생각한다.

내가 조경에 관해 잘 알지는 못하지만, 두 번째 원인(이른바 가치주로 '순환')은 조경사가 말하는 '여러해살이 식물 hardy perennial' 같은 문제가 되어가는 듯하다. 《인베스트먼트 어드바이저》 잡지에서 인용해보면, "PER 수치로 보건대 오늘날 퀄리티 기업의 주가가 상대적으로 비싸다는 사실을 보여주는 증거가 아주 많다." 이 주장에서 흥미로운 지점은 이 내용이 2012년 8월 13일 자 잡지에 게재됐다는 사실이다. 당시 비싸다고 지적받았던 주식은 이후 7년간 훌륭한 투자 수익을 냈다.

위 주장을 요약하면 다음과 같다. 펀드스미스가 보유할 만한 유형의 주식은 펀드스미스와 마찬가지로 과거에 훌륭한 실적을 냈지만, 머지않아 막을 내릴 것이다(이미 막을 내렸는지도 모른다). 이른바 '가치 투자', 즉 주로 시장 대비 낮은 밸류에이션 수치를 갖는 주식을 매수하는 전략이 다시 인기를 얻으면서 이를 추구하는 펀드가 곧 펀드스미스의 실적을 앞설 것이다.

가치 투자는 투자 전략으로서 여러 결함을 안고 있다. 시장은 완벽하지는 않지만, 그렇다고 완전히 비효율적이지도 않다. 가치 투자자를 매료시키는 밸류에이션을 가진 대부분의 주식은 그럴 만한 이유가 다 있다. 훌륭한 기업이 아니기 때문이다. 이는 정말 저평가됐지만 충분한 자본이익률을 대부분이나 항상 달성하지 못하는 기업을 매수한 가치 투자자가 역풍을 맞으리라는 뜻이다. 가치 투자자가 그 기업의 밸류에이션이 낮다는 사실이 널리 알려져 이를 반영한 주가가 상승하길 기다리는 동안, 내재가치는 시간이 지나도 증가하지 않거나(불운한 투자자가 유보하도록 허용하거나 주식 발행의 형태로 청약한 신규 자본을 제외하고) 심지어 스러진다.

게다가 가치 투자자의 판단이 정확했고 주가가 상승한다고 해도 목표를 달성한 종목을 매도하고 다른 저평가 종목을 새로 찾아서 같은 작업을 반복해야 한다. 이는 당연히 거래비용을 수반한다. 가치 투자는 매수 후 보유 전략을 추구할 수 있는 방식이 아니다. 투자에서는 '내가 먹는 음식이 나를 만든다'는 원칙이 작동한다. 가치 투자 전략을 구사하는 포트폴리오의 투자 수익은 장기적으로 기업이 창출하는 이익 수준으로 끌려내려질 수밖에 없는데, 대부분의 가치주는 이익률이 낮다. 워런 버핏의 사업 파트너인 찰리 멍거가 이를 잘 요약했다.

> 장기적으로 볼 때 주식에 투자해서 그 기초 사업의 실적을 훨씬 앞서는 투자 수익을 내기는 힘들다. 40년간 6% 자본이익률을 내는 기업 주식을 40년간 보유한다면 투자 수익률은 6%와 크게 다르지 않을 것이다. **처음에 아주 저렴한 가격에 매수했더라도 마찬가지다.** 반대로 20~30년간 18% 자본이익률을 내는 기업 주식을 보유한다면 **비싸 보이는 가격에 매수했더라도 정말 굉장한 성과를 달성할 수 있을 것이다**(강조는 필자).

멍거는 이론을 내놓거나 견해를 밝힌 게 아니다. 그가 설명한 건 수학적 확실성이다. 유일한 불확실성은 먼 미래의 이익을 예측할 수 있는 능력에 있다. 이게 바로 우리가 비교적 예측 가능한 기업에 투자하는 걸 선호하는 이유다.

가치 투자의 가장 큰 결함은 주식의 고유한 특성을 기회로 활용하지 않는 데 있다. 주식은 투자 수익의 일부가 여러분을 위해 자동으로 재투자되는 유일한 자산군이다. 배당금을 차감한 유보이익(아니면 우리가 선호하는 잉여현금흐름으로 생각해도 무방하다)은 사업에 재투자된다. 부동산(임대 소득을 얻지만 자동으로 건물에 추가 투자되진 않는다)이나 채권(이자 소득을 얻지만 추가 채권을 얻지는 못한다)은 이런 특성을 갖지 않는다.

사업에 재투자되는 유보이익은 복리 수익을 낳는 강력한 메커니즘이 될 수 있다. 20세기에 S&P 500 지수 투자 수익의 약 80%는 밸류에이션 확장이 아니라 기업의 이익과 유보자본 재투자에서 발생했다. 여러분이 훌륭한(그리고 장수한) 가치 투자자였고 S&P 500 지수가 밸류에이션 기준에서 저점일 때(미국이 제1차 세계대전에 참전했던 1917년 S&P 500 지수의 PER은 5.3배였다) 매수한 후 밸류에이션 면에서 고점에 매도했다면(1999년 S&P 500 지수의 PER은 34배였다), 이 기간 배당재투자를 가정한 연 복리 수익률은 11.6%였을 것이다. 이 중 2.3%p만이 PER의 대폭 증가에 기인한 것이고, 나머지 9.3%p(11.6%의 80%)는 기업의 이익과 유보이익 재투자에 따른 성과다.

S&P 500 지수 사례는 일반적인 대형주 500개 종목에 적용되는 이야기다. 평균적인 기업보다 높은 유보자본이익률을 내는 훌륭한 기업에 투자힐 경우, 기업의 재투자 활동이 창출한 이익의 비중은 극적으

로 늘어날 것이다.

이 모든 내용은 워런 버핏의 간결한 표현으로 요약할 수 있다. "아주 좋은 가격에 적당한 기업을 사는 것보다 아주 좋은 기업을 적당한 가격에 사는 것이 훨씬 낫다."

워런 버핏은 《현명한 투자자》와 《증권 분석》의 저자인 벤저민 그레이엄 밑에서 수학한 전통적인 가치 투자자에서 《위대한 기업에 투자하라Common Stocks and Uncommon Profits》의 저자인 필립 피셔Philip Fisher의 가르침에 기반해 가치가 복리 성장할 수 있는 기업을 추구하는 퀄리티 투자자로 변모했다. 물론 찰리 멍거의 영향력도 빼놓을 수 없다.

버핏은 자신의 이런 변화를 1989년 버크셔 해서웨이 주주 서한에서 설명한 바 있다.

> 애초에 '할인한' 가격이라고 생각했던 게 결국 횡재로 판명 나는 일은 거의 없을 것이다. 어려움에 부닥친 기업은 한 가지 문제를 해결하자마자 다른 문제가 수면 위로 떠 오른다. 부엌에서 바퀴벌레를 발견했다면, 그게 전부인 경우는 없는 법이다. [게다가] 기업의 낮은 이익률 때문에 처음에 확보했던 경쟁우위가 빠르게 사라진다. 가령 1,000만 달러에 매각하거나 청산할 수 있는 기업은 800만 달러에 매수한 직후에 그 두 가지 방법의 하나를 실행한다면 엄청난 투자 수익을 실현할 수 있다. 하지만 기업을 1,000만 달러에 매각하는 데 10년이 걸렸다고 해보자. 그 사이에 기업이 창출한 겨우 몇 퍼센트의 이익 일부를 비용까지 지불해가며 배당금을 조금 받는 데 그쳤다면, 이 투자는 실패에 가깝다. 시간은 훌륭한 기업에는 친구이지만, 그저 그런 기업에는 적이다.

가치 투자가 성과를 낼 때까지 기다리는 전략의 문제점은 미국 달러 표시 MSCI 선진국 가치 지수 실적에서 확인할 수 있다. MSCI 선진국 가치 지수는 2007년 10월 말 6,570포인트였는데 2016년 2월 말에는 이보다 낮았다. 2019년 12월 31일 지수는 9,182포인트였는데, 2007년 고점과 비교해 49% 상승했다.

2007년 10월 9일 고점을 기록한 후 2013년에 다시 전고점을 회복했다가 2019년 12월 31일에 2007년 고점과 비교해 189% 상승한 미국 달러 표시 S&P 500 지수와 대조적이다.

아, 그런데 이 데이터가 그들이 오랫동안 예측해 온 가치 투자의 부활이 임박했다는 증거라고 외치는 가치 투자자의 사이렌 소리가 들리는 듯하다. 옛말마따나 "망치를 든 사람 눈에는 세상 모든 것이 못으로 보인다."

가치 투자 전략이 시장을 밑도는 실적을 내는 기간이 길어질수록, 가치 투자자의 손실이 커질수록, 사이렌 소리도 더 시끄러워진다. 조만간 그들이 옳았음이 입증될 것이다. 하지만 ① 그때가 언제일지 가치 투자자도 알지 못하고(위에 인용한 《인베스트먼트 어드바이저》 논평이 2012년에 게재됐던 사실을 기억하라), ② 지금까지 그 조언에 따랐을 때 놓쳤을 투자 수익을 만회하려면 엄청난 실적 반전이 필요할 것이며, ③ 앞으로 한동안 지금과 같은 상황이 지속될 수도 있다.

마지막으로 이 문제를 해결할 방법이 여러분의 포트폴리오 일부를 두 가지 투자 전략에 모두 투자하는 것이라고 주장하는 일부 평론가를 살펴보자. 즉 일부는 퀄리티·성장주에 투자하고, 나머지는 가치주에 투자하라는 것이다. 이러한 분산 전략에 위험 요소가 없다는 주장은 워런 버핏이 꽤 철저히 논박한 바 있지만, 그가 뭘 알겠는가? 어쩌면 가치 투자 대 퀄리티·성장 투자 전략 논의를 다음 중 어느 편과 함께하고 싶은지 자문해보는 방식으로 접근하는 게 옳을지도 모른다. ① 영국 금융 미디어의 상당수 섹션과 자기 논평으로 장사를 하는 투자자문사인가, 아니면 ② 워런 버핏과 찰리 멍거(버크셔 해서웨이), 빌 게이츠Bill Gates(마이크로소프트), 베텐코트Bettencourt 가문(로레알), 브라운 가문(브라운 포먼), 월턴 가문(월마트), 베르나르 아르노Bernard Arnault(LVMH) 연합군인가? 후자가 보기 드문 부자가 될 수 있었던 이유는 단 하나의 고퀄리티 기업에 집중투자하고 밸류에이션 수준과 관계없이 트레이딩 자체를 안 했기 때문이다. 여러 투자 전략에 분산투자하는 것에 아무런 위험 요소가 없다는 이야기는 이쯤 해두자.

우드퍼드라는 이름을 언급하지 않고 2019년 영국의 주식 투자 현황을 논하는 건 불가능하다. 우드퍼드 인베스트먼트 매니지먼트Woodford Investment Management의 주요 펀드인 LF 우드퍼드 에쿼티 인컴 펀드가 '환매 규모 제한gating'을 시행한 데 이어 종말을 맞이한 건 작년 투자 업계에서 가장 큰 뉴스였다.

이 문제에 관한 일반적인 논평에 한 줄 더 보태거나 남의 불행에서 쾌감을 느끼는 좀스러운 행각에 동참할 생각은 없다. 우리는 오래전에 태동한 우드퍼드의 문제점을 이미 알아챘지만 잠자코 있었다. 우드퍼드를 언급한 유일한 발언은 연례 총회에서 투자자 한 명이 우드퍼드에 관한 직접적인 질문을 했을 때 말고는 없다. 투자자가 답변을 요청하는 경우가 아니라면 경쟁사를 두고 이런저런 비평을 하는 건 동업자 간 예의가 부족한 행동이라고 본다. 다른 업계 동료들도 같은 입장을 견지하길 바랄 뿐이다.

하지만 이제 우드퍼드에 관해 더 자유롭게 말할 수 있을 듯하다. 우리 발언으로 인해 상황이 악화되리라고 보기 어려워졌기 때문이다. 게다가 우드퍼드의 대실패가 투자 업계를 향해 중요한 질문을 던졌고, 그 일부는 우리를 향하기도 해서 펀드스미스 투자자가 이 문제에 관한 우리 입장을 알 필요가 있다고 생각하기 때문이다.

우드퍼드의 가장 명백한 문제는 일일 환매 개방형 펀드와 유동성이 떨어지는 투자 자산을 결합한 데서 출발한다. 많은 비상장 기업에 투자했을뿐더러 소규모 상장 기업의 높은 지분을 보유했다. 분명히 아주 터무니없는 생각이지만, 그렇다고 우드퍼드가 이 문제를 마주한 유일한 펀드는 아니다. 대부분의 영국 부동산펀드가 브렉시트 국민투표 이후 마찬가지 이유로 환매 규모를 제한했고, 더 최근에는 M&G 프로퍼티 포트폴리오M&G Property Portfolio도 같은 운명을 맞았다. 개방형 일일 환매 펀드는 그런 자산을 보유하기에 적합한 수단이 아니다. 일일 환매와 개방형 구조는 투자자에게 유동성이라는 환상을 심어 주지만, 많은 동종 펀드가 동시에 유동성을 회수하면 그 결과는 관객이 꽉 찬 극장에서 "불이야!"를 외치는 상황과 비슷해진다.

평론가들이 깨닫지 못한 듯한 여러 원인 중에는 투자 플랫폼의 부상이 우드퍼드와 펀드 운용 산업의 다른 영역에 미친 영향이라는 문제도 있다. 이제 일일 환매 펀드가 아니고서야 개인 투자자나 자산운용사가 투자 운용에 사용하는 주요 투자 플랫폼에 개방형 펀드를 출시하는 경우는 없다. 이들 플랫폼은 일일 환매를 허용하는 개방형 펀드만 승인한다. 결국 펀드매니저는 자기 전략에 전혀 적합하지 않은 구조인데도 일일 환매를 허용할 수밖에 없다.

펀드스미스 에쿼티 펀드는 이 문제에 어떤 입장일까? 우리는 늘 유동성을 중요한 문제로 여겼다. 그 증거로, 2012년 이후 월간 보고서

factsheet에 유동성 척도를 보고해왔다. 동시에 우리는 대형주에만 투자한다. 2019년 12월 31일 기준 우리가 투자한 기업의 평균 시가총액은 1,140억 파운드였고 7일 이내에 펀드 자산의 57%를 현금화할 수 있다.

요청 즉시 100% 현금화를 보장할 수 있는 유일한 펀드는 현금 펀드cash fund 유형밖에 없는 게 현실이다. 하지만 여러분이 우리가 투자하길 바라는 대상이 현금은 아닐 것이다. 나아가 우리 펀드보다 유동성이 높은 주식형 펀드를 찾기는 어렵다. 우리 보유 종목 중에서 가장 유동성이 낮은 게 FTSE 100 구성 기업인 인터컨티넨탈 호텔과 인터텍Intertek, 세이지라는 사실에서 우리 펀드의 유동성에 관해 확실히 알 수 있다.

우드퍼드 사태로 붉어진 또 다른 문제는 언론이 집착하는 꼬리표인 이른바 '스타' 펀드매니저에 관한 의문이다. 이 용어는 내 마음에 드는 요소가 하나도 없는데, '뷰티 퍼레이드beauty parade*'라는 표현만큼이나 부적절해 보인다. 전문 자문사를 선정할 때 사용하는 용어임에도 불구하고 대다수는 주목할 만한 퀄리티를 갖추지 못한 듯하다.

내가 보기에 '스타'에 관한 우려는 엉뚱한 문제에 초점을 맞추고 있다. 스타 선수가 있다는 이유로 그 스포츠팀 응원을 그만두는 것만큼이나 '스타' 펀드매니저가 운용하는 펀드를 기피하는 것도 말이 안 된다. 문제가 발생하는 원인은 팀에 스타 선수가 있기 때문이 아니라 그 선수가 뛰어난 성적을 거둘 수 있었던 것과 다른 방식으로 경기에 임하기 때문이다. 크리스티아누 호날두Cristiano Ronaldo가 골키퍼 포지션으

- 기업 분야에서 어떤 프로젝트나 서비스에 입찰한 회사가 제출하는 제안서나 대면 발표를 지칭할 때 사용한다.

로 간다면 유벤투스가 좋은 성적을 낼 수 있겠는가? 우사인 볼트Usain Bolt가 두 번째 커리어로 택한 축구 선수 생활은 어떻게 됐나?

닐 우드퍼드는 인베스코 퍼페추얼에서 인컴 펀드를 성공시키며 펀드매니저로서 명성을 얻었다. 이 과정에서 그는 두 번의 섹터 기피 포지션을 취하며 세상의 주목을 받았다. 2000년 닷컴 버블 붕괴를 앞두고 우드퍼드는 앞으로 일어날 일을 이미 경험한 사람처럼 당시 대표적인 성공 사례였던 기술주와 미디어, 통신주 투자를 기피했다. 그는 이 결정과 짝을 이루듯 닷컴 열풍이 휩쓸던 시기에 저평가됐던 구경제old economy의 소외주를 매수하는 포지션을 취했다. 이와 비슷하게 신용 위기를 앞두고 그는 은행주를 보유하지 않기로 했다.

하지만 우드퍼드는 자기 펀드 운용 사업을 시작하면서 광범위한 분야의 기업에 매수 포지션을 취했다. 일부를 예로 들어보면, AA그룹AA과 아스트라제네카, 캐피타Capita, 임페리얼 브랜즈, 프로비던트 파이낸셜Provident Financial, 스토바트Stobart 등이었다. 이 목록에서 내가 찾을 수 있는 공통점은 나중에 실적이 좋지 않았다는 것 빼고는 없다. 게다가 이 목록에 수많은 스타트업과 생명공학 비상장 투자 기업도 추가해야 한다. 내 생각에 닐 우드퍼드의 잘못은 투자 전략을 바꿨다는 것이다. 펀드 운용 업계의 전문 용어로 표현하면, 그에게 '스타일 드리프트style drift'가 일어났다. 문제는 그가 스타였던 게 아니라, 자기 경기를 바꿨다는 데 있다. 사실 우드퍼드가 아직 인베스코 퍼페추얼에 재직할 당시 '스타일 드리프트'는 이미 시작했다. 그의 인컴 펀드는 유동성이 떨어지는 소형주와 비상장 기업의 지분을 대량 취득했는데, 자기 회사를 설립하면서 문제가 확장됐을뿐이다.

그렇다면 펀드스미스에서 스타일 드리프트나 이와 유사한 투자 전략의 변화가 일어날 가능성이 있을까? 나는 그렇지 않다고 본다. 우리는 처음부터 우리 투자 전략을 논한 '투자자 설명서'를 펴냈고, 이 글과 같은 연례 서한을 작성해 우리 전략을 어떻게 실행하고 있는지 작성해 투자자에게 발송한다. 게다가 영국에서 연례 총회를 개최하는 유일한 뮤추얼펀드이기도 하다. 이 공개 총회에서 투자자의 질문에 즉석에서 직접 답변한다. 따라서 투자 전략에 변화를 줬는데 투자자가 눈치채지 못한다면 정말 굉장한 사건이라 할 만하다.

무엇보다도 전략을 바꾸고 싶은 생각이 없다. 우리 전략이 장기적으로 훌륭한 투자 수익을 낼 수 있다고 확신한다. 이쯤에서 우드퍼드 사태에 관한 논의와 앞서 다뤘던 퀄리티 주식에서 가치주로 '순환'하는 현상을 연결해 질문을 하나 던지려 한다. 언젠가 그런 '순환'이 실제로 일어나 가치주가 따뜻한 햇살을 즐기는 시간을 보낼 것이라고 예상한다고 해보자. 우리도 같은 예측을 하면서 밸류에이션에만 근거해 주식을 매수하는 가치 투자 전략으로 전환하는 게 낫겠는가? 아니면 고퀄리티 기업을 매수하고 보유하는 지금의 전략을 고수하는 게 낫겠는가? 나는 후자가 낫다고 생각하는데, 그게 바로 우리가 하는 일이다. 펀드스미스에서 '스타일 드리프트'는 절대 일어나지 않을 것이다.

68.
긴급 투자자 서한: 팬데믹

펀드스미스, 2020년 3월 31일

올해의 시작은 다사다난하다는 표현으로는 부족할 듯하다. 그래서 이번 기회에 우리가 코로나19 팬데믹 환경에 어떻게 대처하고 있는지 최근 소식을 전하고자 한다.

먼저 펀드스미스 에퀴티 펀드가 계속 돌아가고 있다는 사실이 가장 중요하다. 우리는 펀드 가치를 산정할 수 있고 투자자는 펀드 거래를 할 수 있으며 필요한 곳에 유동성을 공급할 수 있다.

여러분이 보통 펀드 가격만 보고 다른 문제는 걱정하지 않는다는 걸 잘 알고 있다. 하지만 우리에게 언제든 연락할 수 있고, 필요로 하는 모든 정보를 받을 수 있으며, 어떤 거래를 지시하든 그대로 실행할 것이라는 사실을 반드시 알고 있어야 한다. 이건 중요한 일이다. 우리가 위와 같은 일을 하나 이상 잘 해내지 못한다면, 향후 무슨 일이 벌어질지 걱정하는 것도 아무런 의미가 없다. 인디애나폴리스 500 레이스Indianapolis 500 Race에서 네 번 우승한 세 명의 선수 중 한 명인 릭 미어스Rick Mears의 말처럼, "결승선을 가장 먼저 통과하려면 먼저 경기를 끝마쳐야 한다."

다음으로 우리 펀드 실적은 기대하고 바라며 예측했던 그대로였다. 약세장에서 밸류에이션이 일부 하락하는 건 어쩔 수 없다고 받아들인다면, 우리 실적은 오히려 만족스러울 정도였다.

증감률(%)	2020 YTD
펀드스미스 에쿼티 펀드[1]	-7.9
MSCI 선진국 지수[2]	-15.7
MSCI 선진국 가치 지수[2]	-22.0
FTSE 100 지수[3]	-23.8

1. T클래스 배당재투자 펀드(보수 차감 후, 영국 기준 정오 가격). 출처: Fundsmith LLP. / 2. MSCI 지수(파운드화 표시 순 배당재투자 기준, 미국 장 마감 시간 가격). 출처: Bloomberg. / 3. FTSE 100(파운드화 표시 총수익률 기준, 영국 장 마감 시간 가격). 출처: Bloomberg.

펀드스미스 에쿼티 펀드(1)의 당해 연도 YTD 수익률은 -7.9%였다. 이는 비교 척도인 MSCI 선진국 지수(2)를 8%p 앞서고 FTSE 100 지수(3)를 16%p, MSCI 선진국 가치 지수(2)를 14%p 앞서는 실적이다.

또한 최근 연속 상승세 이전에 시장의 고점에서 저점까지의 하락 폭이라는 면에서도 다른 주가 지수보다 훨씬 좋은 결과를 냈다. MSCI 선진국 지수와 FTSE 100 지수는 우리 포트폴리오 기업이 대거 편입된 덕분에 이득을 본다는 점을 기억하자. 이들 주가 지수에서 우리가 보유하지 않은 종목들은 해당 지수보다 좋지 않은 실적을 내고 있다.

여러분도 알다시피 나는 이른바 가치주가 시장 하락 국면에서 여러분을 지켜준다는 관점에 무척 회의적이다. 사실 나는 '가치' 투자가 좋은 실적을 낸다거나 경기 사이클의 하락 국면에서 투자금을 지켜준다는 철학의 신봉자였던 적이 없다. 저평가된 주식은 대부분 그럴 만한 이유가 다 있다. 경기 사이클에 큰 영향을 받는 사업을 한다거나 레버리지 비율이 높고, 자본이익률이 형편없거나, 다른 구조적 문제나 경영진 문제를 겪고 있기 때문이다. 어쨌거나 어려운 시기에 기업과 여러분의 투자금을 지켜낼 수 있을 만한 조합으로 보이진 않는데, 현재까지의 실적이 이를 입증한다.

우리 포트폴리오에서 공격받기 쉬운 상황에 부닥친 기업(항공권 예약 서비스인 아마데우스Amadeus와 인터컨티넨탈 호텔)은 현저한 비용 절감 및 현금 보전cash conservation 조처와 함께 향후 18개월 이상 매출이 없는 상태에서 숨죽이고 버틸 수 있는 유동성을 확보하는 중이다. 이들 섹터가 팬데믹 후에 어떻게 될지 예측하는 것보다 이런 정보가 훨씬 유용하다. 일단 살아남아야 앞으로 무슨 일이 일어날지도 알 수 있다(출처: 앞서 언급한 미어스의 생각). 두 기업에 투자한 우리 지분이 증발하면, 현재 포트폴리오 가치의 5%를 잃는다. 물론 기쁜 일은 아니지만, 우리에게 닥칠 최악의 상황이 그 정도라면 충분히 감수할 수 있다고 본다. 면세점에 연쇄적인 영향을 받는 많은 종목(예컨대 화장품과 위스키)을 보유하고 다른 포트폴리오 기업에서 공급망 문제가 일어나고 있지만, 굳이 추측해 본다면 우리 포트폴리오 기업의 약 3분의 1은 매출이 증가해 당해 연도를 버틸 수 있을 것이다. 가령 마이크로소프트와 결제 프로세서 기업들, 크로락스, 레킷벤키저 등이다.

모든 구름의 뒤편은 은빛으로 빛난다는 옛말처럼, 우리는 지금 기회를 보는 중이다. 오랫동안 추적해 온 두 종목 지분을 매수했는데, 중국 익스포저와 전형적인 '작은 문제' 때문에 시장에서 큰 타격을 입은 뒤였다.

나는 팬데믹에 대한 현재의 시장 반응을 바이러스 그 자체와 관련 있는 단순한 비유로 설명할 수 있다고 생각한다. 코로나19 바이러스는 인구의 절대다수에게 치명적이지 않다. 하지만 고령과 기저질환 때문에 이미 면역 시스템이 약해진 사람이 감염될 경우 치명적인 것으로 보인다. 마찬가지로 경제와 시장 부문에서도 약해진 면역 시스템을 갖춘 구조 때문에 바이러스의 영향력이 확대됐다(또는 바이러스에 대응하기 위한 조처 때문인 경우도 있었다). 2008~2009년 시행한 대부분의 긴급 조치(적자 지출, 저금리 혹은 제로 금리, 양적 완화)가 10년이 지났는데도 여전히 시행 중이다. 이 사실은 환자(이 경우에는 글로벌 경제)가 바이러스에 감염되기 전의 건강한 상태로 아직 돌아오지 못했다는 걸 보여준다. 아마도 시장 패닉이 다가온다는 신호였을 것이다.

세상의 종말이라도 온 듯한 상황에서 벗어난다는 건 무엇일까? 얼마나 많은 사람이 감염되거나 사망에 이를까? 예전처럼 자주 여행을 다닐 수 있을까? 정부가 경제를 지키기 위해 시행하는 극단적 조치 중 인플레이션으로 이어질 만한 것은 무엇일까? 나도 이 질문에 답할 단서가 없다. 오히려 우리가 존경하는 일부 기업처럼, 예측하거나 통제할 수 없는 문제를 고민하는 데 시간을 쓰는 대신 내가 영향을 미칠 수 있는 문제에 집중하려 한다. 그래서 펀드스미스에서 우리는 우선 투자자 대상 서비스가 전면 가동하도록 한 다음, 시장 혼란 덕분에 밝혀진 신규 투자 기회를 포착하는 데 집중하려 한다. 동시에 동료와 가족, 친구를 포함해 우리와 손길이 닿는 그 누구라도 필요한 도움을 확실히 받을 수 있도록 하는 역할에 최선을 다하겠다.

훌륭한 기업에만 투자한다는 우리 투자 전략이 힘든 시기에 손상을 입지 않고 계속해서 성공을 구가하길 기대하고 바란다.

69.
절대 위기를 허비하지 마라

《파이낸셜 타임스》, 2020년 4월 30일

코로나19 팬데믹에 대응하면서 이제 요건을 다 갖춘 제대로 된 경제 위기를 겪는 중이다. 투자 관점에서 우리가 해야 할 일은 무엇인가?

많은 투자자문사나 애널리스트는 피하라고 강력히 조언한다. 그들은 앞으로 일어날 일을 추측하는 데 시간을 다 쓴다. 락다운은 언제 끝날까? 여행과 호스피털리티hospitality 산업*에는 무슨 일이 일어날까? 백신은 언제 나올까(나는 사실 이 질문을 '효과적인 백신이 나오기는 할까?'로 바꿔야 한다고 생각한다)? 소독제와 마스크, 제약사, 이커머스, 음식 배달 서비스 중 누가 승자 기업이 될까?

내가 보기에 이 모든 추측은 다 쓸모없다. 아무도 모른다. 이는 기업이 작성할 의무가 있는 '기업 리스크 등록부risk register'**가 그저 사업에

---

* 숙박과 관광, 레스토랑, 카지노, 유람선 등의 산업을 포함하는 개념.
** 영국에서 기업이 영위하는 사업에 영향을 미치는 위험과 기회 요인을 기술하고 이에 관한 대응 방안을 제시해 공개할 의무가 있는 문서.

중요한 위험을 헤아려보긴 했다는 의미에 불과한 것처럼 딱 그만큼만 유용하다. 이번 사건이 일어나기 전에 '팬데믹'을 저 문서에 기재했던 기업이 얼마나 될 것 같은가? 마찬가지로 앞으로 이 위험을 문서에서 제외할 기업이 있겠는가? 늘 지난번 전쟁과 똑같은 방식을 고수하는 건 군대 지휘관에게만 국한되지 않는다.

현재까지 가장 멍청한 애널리스트 질문 대회의 우승자는 한 미국 기업의 분기 실적 발표 자리에서 "올해 2분기에 기기 판매액을 떨어뜨릴 수 있는 요인은 무엇일까요?"라고 질문한 사람이다(내가 지어낸 말이 아니다).

하지만 옛말에도 있듯이 "절대 위기를 허비하지 마라." 우리는 위기를 언제나 기회로 인식해야 한다. 전 영국 교통부 장관 스티븐 바이어스Stephen Byers의 공보 비서관이 9·11 테러를 두고 "지금은 우리가 숨기고 싶은 일을 다 까발리기에 적절한 시점이다"라고 했던 악명 높은 발언에 그 정신이 잘 드러난다.

이미 이 조언을 따르는 사례도 볼 수 있다. 영국 투자협회는 에쿼티 인컴 섹터 편입 기준 충족을 12개월간 유예하기로 했다. 인컴 펀드 투자자에게는 좋지 않은 뉴스인데, 이 요구사항이 애초에 엄격하지 않았다는 의미만은 아니다.

영국 투자협회 에쿼티 인컴 섹터 편입 기준을 충족하기 위해 펀드가 해야 할 일은 매년 FTSE 종합 주가 지수 배당수익률의 90%가 넘는 배당수익률을 내고(오타가 아니라, 펀드 배당수익률이 지수보다 10%나 낮아도 인컴 펀드 기준을 충족할 수 있다) 지수를 앞서는 3개년 롤링 배당수익률을 내는 것뿐이다.

다른 어떤 투자 상품에는 허용되지 않을 만한 어처구니없는 속임수한 가지는 바로 펀드가 투자협회 섹터 분류에서 퇴출당하고도 여전히 그 명칭에 '인컴'이라는 단어를 사용할 수 있다는 것이다. 흔히들 하는 말로 바꿔 표현해보면, "광고에서 말했던 그대로 되지는 않는다."

투자협회도 어느 정도 현실을 인정하는 중이다. 스톡스 유럽 600 지수STOXX Europe 600 Index＊ 구성 기업의 4분의 1이 4월 중순경 배당금 지급을 유예했다.

하지만 내가 보기에 인컴 펀드 투자자에게 정말 나쁜 뉴스는 아직 수면 위로 떠오르지 않았다. 4월 중순 기준 FTSE 100 지수에서 배당수익률 기준 상위 20개 배당금보상비율의 평균값은 겨우 1.3배에 불과했다. 동 지수에서 배당금 지급 절대액 기준 상위 20개 종목의 배당금보상비율이 1.1배였으니, 순이익이 배당금보다 겨우 10% 크다는 뜻이다.

이번 위기에 투자자나 다른 사람들의 더 어처구니없는 질문은 바로 "상황이 언제쯤 정상으로 되돌아가리라고 봅니까?"였다. 이는 위기 이전의 상황이 정상이 아니었을 수도 있다는 사실을 무시한다. 시간이 지날수록 대부분의 기업은 1.1~1.3배 수준의 배당금보상비율을 지속할 수 없다. 대다수 기업은 성장하기 위해 유보이익이 필요하기 때문이다. 2배 수준의 배당금보상비율이 정상에 가깝다. 내가 보기에 배당금 미지급을 의결한 이사회야말로 위기를 그냥 허비하지 않으려는 정신을 갖췄다. 이후에 금액은 훨씬 적지만 오랫동안 지속할 수 있는 배당금을 다시 지급할 텐데, 인컴 펀드 투자자 입장에서는 배당수익률이 상당히 하락하리라는 뜻이다.

* 유로존의 여러 섹터(소비재, 금융, 산업재, 헬스케어 등)를 대표하는 대형주 600개로 구성된 지수.

나는 오래전부터 배당 소득을 얻기 위해 주식에 투자해서는 안 된다고 말했다. 지난 5년간 영국 투자협회의 에쿼티 인컴 섹터에 편입된 인컴 펀드에 투자했다면, 연 1.3% 손실을 냈을 것이다. 가장 바람직한 접근법은 총수익을 극대화할 방식으로 투자하고 현금 지출이 필요한 만큼 주식(좌)을 매도하는 것이다. 하지만 많은 투자자가 지출 요구를 감당하기 위해 투자금 일부를 현금화하라는 내 주장에 결사반대하리라는 걸 잘 알고 있다. 그렇다면 뭘 할 수 있을까?

배당 소득을 얻으려는 투자를 고수한다면, 가족 경영 상장 기업에 투자하는 방법을 고려해보라. 스톡스 유럽 600 지수 중 '가족 기업family influenced'에 속하는 47개 기업 중 배당금 지급을 취소하거나 미룬 건 단 세 기업에 불과했다. 기업 창업자의 자손인 이들 대가족은 소유한 기업에서 나오는 배당 소득에 의존해 생활하는 경우가 많다.

펀드스미스가 투자한 어느 가족 경영 기업의 CEO에 따르면 자기 가문의 원로가 처음 했던 조언이 바로 배당금을 삭감하지 말라는 것이었다고 한다. 이들 옆에서 함께 투자하면 여러분의 배당 소득을 지키는 데도 도움이 된다. 지금과 같은 시장 상황에서는 이런 특성을 갖춘 매력적인 투자 기회를 찾기 어렵지 않을 것이다.

70.
세상에는 두 부류의 투자자가 존재한다

《파이낸셜 타임스》, 2020년 7월 2일

이른바 마켓 타이밍의 문제점을 마지막으로 다룬 게 2013년이었다 (《17. 마켓 타이밍: 절대 따라 하지 마라》).

코로나19 팬데믹이 뉴스를 도배하고 최근 전 세계 주식 시장의 변동성이 커졌기 때문에 아마 마켓 타이밍에 관해 또다시 많은 이야기를 들어왔을 것이다.

자문사나 금융 평론가가 '마켓 타이밍'을 단어 그대로 언급하고 있을 가능성은 작다. 아마도 코로나 바이러스가 경제에 미치는 영향과 잇따른 시장 영향을 고려해 투자한 주식 일부나 전부를 팔아야 할지 떠들어대고 있을 것이다.

그 모든 게 바로 투자 업계의 전문용어로 '마켓 타이밍'에 해당하는 것이다. 시장 하락을 예상할 때 투자를 미루거나 투자금 전부나 일부를 시장에서 빼버리는 결정을 의미한다.

'예상'이라는 난어가 이 접근법이 가진 첫 번째 문제를 시사한다. 내가 만나는 대다수 사람은 시장이 하락하는 동안이나 하락한 후에 자금을 뺀다. 마치 지난 3월에 그랬던 것처럼 말이다. 이는 백미러를 보면서, 또는 기껏 해봐야 운전석 창밖으로 머리를 내밀어 뒤를 보면서 운전하는 것과 같다. 안전 운전할 가능성을 최대한 높이려면 앞 유리를 봐야 한다. 주식 시장이라는 도로에서 그렇게 뒤만 쳐다보면 가시성이 떨어져 안개 속을 운전하는 것과 같다.

정말이지 헛된 접근법이다. 시장은 2차적 시스템으로, 마켓 타이밍 전략을 성공적으로 잘 구사하려면 여러 사건(금리 상승과 전쟁, 유가 충격, 코로나 바이러스의 영향력, 선거와 국민투표의 결과 등)을 예측할 수 있어야 할 뿐 아니라 시장이 기대했던 바와 이에 대한 반응을 알아야 하고 정확히 타이밍을 해야 한다. 한마디로 아주 까다롭다.

하지만 시장은 오랜 시간에 걸쳐 하락하고 전고점을 회복하는 데도 오랜 시간이 걸린다. 시장의 이러한 특성을 기회로 활용할 것인지 결정하려면 무엇을 검토해야 할까?

1970~2020년 시장(다우 존스 산업평균지수, 즉 다우 지수를 사용했는데, 아래에서 설명할 전략에 관한 데이터를 와이차트YCharts로부터 제공받았기 때문이다)을 한번 살펴보자. 이 50년의 기간은 인플레이션과 디플레이션 사이클을 포괄할 뿐 아니라 여러 번의 위기와 붕괴, 강세장이 있었다. 충분히 긴 표본 기간일뿐만 아니라 표본 수도 충분하다.

이 50년에 걸쳐 두 가지 투자 전략이 경쟁했다고 해보자. 하나는 시장 상황과 관계없이 같은 금액을 거래일마다 투자하는, 이른바 정액분할투자법pound cost averaging이다(파운드화가 아니라 미국 달러로 바꿔도 상관없다). 많은 투자자가 연금이나 개인종합자산관리계좌(ISA), 정기 적립식 펀드Regular Savings Plan, RSP에 정기적으로 입금하면서 실제로 실천하고 있는 방법이다.

나머지 전략은 투자자의 상당한 예지력을 요구한다. 투자자가 동일한 금액을 거래일마다 투자하는 건 같지만, 시장이 하락하면 투자를 멈추고 현금 보유한다. 이 현금으로 다우 지수의 하락 기간이 얼마나 됐든 관계없이 신저점을 기록할 때만 투자한다(그래서 '절대저점 매수 전략absolute-bottom-buying strategy'이라는 이름이 붙었다).

이게 바로 예지력을 적용할 수 있는 좀 더 현실적인 예시라고 생각한다. 미래를 너무나도 확신해서 시장이 하락세로 전환하기 전에 가진 주식을 다 팔고 저점에서 다시 매수했을 때 달성했을 투자 수익을 측정하는 것보다는.

두 번째 전략은 첫 번째 전략보다 50년간 22% 높은 총수익을 냈을 것이다. 인상적이지만, 단위를 바꿔 연 0.4% 초과 성과를 냈다고 문장을 바꾸면 감동이 덜해진다. 하지만 시장을 추적하며 정확한 매수 포지션을 잡기 위해 들여야 하는 시간과 노력을 생각해보라.

내가 이 주제를 마지막으로 다뤘던 2013년 3월 이후 시장 상승분과도 비교해보자. 다우 지수는 총 150% 이상 상승했는데, 연 단위로는 13.3% 증가율이다. 시장 공포에 따라 행동해 투자했던 주식을 매도하거나 투자를 중단했는데, 이후 시장이 이만큼 실적을 냈다고 해보자. 최대 연 0.4% 상방 가능성을 얻기 위해 다우 지수가 달성한 투자 수익의 상당 부분을 포기하는 위험을 감수할 필요가 있겠는가?

현실에서는 두 번째 전략을 실행하면 거의 확실히 순자산에 손상이 발생한다. 완벽한 예지력을 갖춘 사람은 존재하지 않기 때문이다. 마켓 타이밍을 하려는 욕망에 사로잡혀 투자를 중단하거나 심지어 시장 하락을 예상하고 주식을 매도 후 자금을 인출했는데 시장이 상승하는 경우도 있다.

　브렉시트와 트럼프의 대통령 당선을 다시 생각해보자. 대다수 평론가는 그런 일이 일어날 리 없지만, 만약 그렇게 된다면 시장이 급락하리라고 예측했다. 사건을 예측하는 데 실패했을 뿐 아니라 그 사건에 대한 시장의 반응을 예측하는 데도 실패했다. 시장은 급등했다.

　마켓 타이밍과 관련해 세상에는 두 부류의 투자자, 즉 마켓 타이밍을 할 수 없는 사람과 자신이 할 수 없다는 사실을 아는 사람이 존재한다. 후자 편에 있는 게 더 안전하고 돈도 벌 수 있는 길이다.

71.
결승선을 가장 먼저 통과하려면

《글로벌 파이낸스 모리셔스》, 2020년 8월

경제학자 J. K. 갤브레이스는 이런 말을 한 바 있다. "경제 예측의 유일한 기능은 점성술을 존중할 만해 보이게 만드는 것이다." 나는 코로나 19 팬데믹과 그로 인한 경제 셧다운shutdown에서 회복하는 형태가 V자형이나 U자형, W자형, 욕조형, 나이키 형태 중 무엇일지 견해를 제시하는 사람들을 만났다. 이들은 갤브레이스의 생각에 동의하지 않거나 심지어 들어본 적도 없는 듯했다. 또한 많은 사람이 대체로 잘못됐거나 적어도 미심쩍은 추정을 내놓았다.

1. "백신이 나오면"이라는 표현은 "만약 백신이 언젠가 나오면"으로 바꾸는 게 정확할 것이다. 그 흔한 감기나 HIV 같은 바이러스 감염에도 아직 백신이 존재하지 않는다.
2. "상황이 언제쯤 정상으로 되돌아가리라고 봅니까?"라고 질문하는 사람은 도대체 어떤 근거로 팬데믹 이전의 상황이 정상이라고 생각하는가? 어쩌

면 장거리 관광이나 회사 출퇴근 자체가 비정상이었는지도 모른다.

3. "코로나19 팬데믹은 전례 없는 상황이다"라는 말은 어떤가? 지금쯤이면 대부분 사람이 1918~1919년 스페인 독감(여담이지만 미국 캔자스주에서 첫 발병 사례가 보고됐다)을 들어봤을 것이다. 그런데 지난 130년간 일어났던 팬데믹을 나열한 아래 표를 한번 보자.

최근 팬데믹	시기	추정 사망자 수
러시아 독감	1889-90	100만
제3차 페스트	1894-1922	1,200만
스페인 독감	1918-19	5,000만
아시아 독감	1957-58	200~500만
홍콩 독감	1968-69	100~400만
돼지 독감	2009-10	50만

코로나19 팬데믹은 전례 없는 상황과는 거리가 멀다.

4. 스페인 독감 이야기를 알게 된 사람은 이제 스페인 독감을 사상 최악의 팬데믹이라고 생각한다. 그런데 서기 541년에 시작한 유스티니아누스 역병 Plague of Justinian(비잔틴 제국 황제의 이름에서 유래했다)이나 서기 1331년에 시작한 흑사병(우연히도 중국에서 시작했다)은 어떠한가? 이들에 감염된 사람의 사망률은 40%에 달했던 것으로 추정된다.

5. 스페인 독감과 마찬가지로 2차 대유행이 일어날까? 코로나19가 계절 감염병이라서 따뜻한 날씨에는 전염성이 떨어지고 북반구에 겨울이 찾아오면 다시 기승을 부릴지 우리는 모른다. MSCI 선진국 지수가 저점을 기록한 3월 이후 상승세를 계속 이어가리라는 예상은 특히 2차 대유행이 일어나 락다운으로 이어진다면 시기상조였던 것으로 판명 날 가능성이 크다.

코로나19에 관해 확실히 말할 수 있는 것

시장 반응이 뜻하는 바는 두 가지다. 하나는 '일시 해고furloughing'와 헬스케어, 양적 완화에 대한 정부 지출 같은 재정 정책과 돈을 '찍어내서'(당연히 컴퓨터로) 자산을 매입하는 통화 정책의 부양 규모 그 자체다. 이는 경제보다는 자산 가격을 부양할 가능성이 더 크다.

다른 하나는 락다운이 공급 측면의 충격이라는 사실이다. 경제 활동이 위축되는 이유는 수요 감소 때문이 아니라 정부가 꼭 필요하지 않다고 판단한 경제 활동을 셧다운했기 때문이다. 유형자산은 여전히 제자리에 있으므로, 정부가 허가만 하면 바로 재개할 수 있을뿐더러 수요는 영향을 받지 않았기 때문에 가파른 회복을 하리라고 결론 내리고 싶은 충동이 들 것이다. 하지만 락다운은 이들 중 상당수 기업의 자기 취약성을 드러내는 계기일 수도 있다. 기업이 연이어 파산하고 일시 해고가 장기 실업으로 바뀌면서 수요가 하락할지도 모른다. 하지만 그게 사실일지라도 시장 긴축market retrenchment을 예측하는 데 그리 도움이 되진 않는다. 경기 침체라는 결말을 맞이할 유일한 시장 유형은 약세장이다. 시장은 미래지향적인 할인 메커니즘이기 때문이다.

그런데 최근이나 먼 과거에 발생했던 팬데믹 사례를 열거했다고 해서 우리가 코로나19의 가능한 결과에 관해 결론을 도출할 수 있는 게 확실한가? 과거를 돌아보면, 팬데믹을 포함한 위기는 이미 존재하던 경제 추세를 가속한다. 대량 생산을 위한 생산 라인이 그 좋은 사례다. 스페인 독감 이전에도 존재하긴 했지만(포드Ford의 모델 T는 1913년에 생산 라인을 도입했다), 스페인 독감으로 사망률이 치솟으면서 노동력이 감소함에 따라 그 도입에 박차를 가했다.

코로나19에 대한 대응으로 가속할 사회 추세는 어떤 것일까? 아래에 몇 가지 예시가 있다.

- 재택근무 working from home, WFH와 원격 근무
- 이커머스
- 디지털 결제
- 음식 배달
- 홈 쿠킹
- 소셜 미디어
- 원격 의료
- 온라인 수업
- 반려동물
- 자동화

'효율성' 증진의 위험성

물론 좋은 뉴스만 있는 건 아니다. 이전의 일부 흐름은 코로나19 팬데믹 때문에 속도가 줄어들거나 궤도를 벗어날 것이다. 항공 여행은 명백한 피해자인데, 저가 항공 여행이 특히 그렇다. 호스피털리티 산업은 고전을 면치 못할 것이다. 대다수 음식점은 사회적 거리두기 정책에 의해 입장 인원수를 줄이기 전에는 영업이 불가능하다. 오피스나 쇼핑몰을 공급하던 부동산 사업은 확실히 시험대에 올랐다. '효율성'을 증진해온 기업은 이제 긴축할 필요가 있다. 패스트 패션 fast fashion부터 자동차에 이르는 섹터의 제조사는 지금까지 글로벌 공급망을 통해 '적시생산방식 just in time, JIT'으로 제품과 부품을 공급받았는데, 이제 그 공급 라인을 단축하고 '비상 대비 just in case, JIC' 재고를 확보하는 방향으

로 변화가 필요해졌다. 그 결과 재고와 비용은 증가하고 이익은 감소할 것이다. 재무 효율성을 높여 온 기업도 예외가 아니다. 미국에서 가장 규모가 큰 5개 항공사는 지난 10년간 총 470억 달러를 투입해 자사주를 매입했던 결정을 분명 후회하고 있을 것이다. 현재 이들이 생존하기 위해 필요한 자금 규모가 공교롭게도 500억 달러에 달한다는 추정치를 고려하면 말이다.

인디애나폴리스 500 레이스에서 네 번이나 우승한 릭 미어스의 말처럼 "결승선을 가장 먼저 통과하려면 먼저 경기를 끝마쳐야 한다." 투자은행가의 경고 소리를 받아들여 자사주 매입의 속도를 높여 '효율성'을 증진한 기업이 결국 깨닫겠지만, 너무 빨리 달리다가 충돌 사고라도 나면 아무 소용이 없다.

부록 1

2020년 연례 투자자 서한

펀드스미스, 2021년 1월

펀드스미스 에쿼티 펀드 투자자에게 보내는 열한 번째 연례 서한이다. 아래 표는 최근 역년 투자 수익률과 2010년 11월 1일 설정 후 누적 및 연 복리 수익률을 여러 벤치마크와 비교해 보여준다.

총수익률(%)	2020. 1.1.~12.31.	설정일~2020.12.31. 누적	설정일~2020.12.31. 연 복리	샤프 지수[5]	소르티노 지수[5]
펀드스미스 에쿼티 펀드[1]	+18.3	+449.3	+18.2	1.11	1.06
주식[2]	+12.3	+214.8	+11.9	0.56	0.52
영국 국채[3]	+4.6	+47.5	+3.9	n/a	n/a
현금[4]	+0.3	+6.3	+0.6	n/a	n/a

1. T클래스 배당재투자 펀드(보수 차감후, 영국 기준 정오 가격). 출처: Fundsmith LLP. / 2. MSCI 선진국 지수(파운드화 표시 순 배당 재투자 기준, 미국). 출처: Bloomberg / 3. 블룸버그/바클레이즈 채권 지수 영국 국채 5~10년. 출처: Bloomberg / 4. 3개월 리보 금리. 출처: Bloomberg. / 5. 샤프, 소르티노 지수는 2010.11.1. 설정일부터 2020.12.31.까지. 출처: Financial Express Analytics

위 표에서 가장 많은 사람이 보유하고 내 개인 돈도 투자하고 있는

T클래스 배당재투자 펀드의 2020년 수익률이 18.3%였음을 알 수 있다. 이에 비해 파운드화 표시 배당재투자 기준 MSCI 선진국 지수 수익률은 12.3%였다. 따라서 우리 펀드는 2020년에 시장을 앞서는 성과를 달성했고, 영국 투자협회 글로벌 섹터에서 설정 이후 두 번째로 높은 수익률을 기록한 펀드 자리를 지켜냈다. 해당 섹터의 누적 수익률 평균값인 166.6%보다 283%p나 높다. 연간 수익률 18.3%는 우리 10개년 연 복리 수익률과 거의 일치한다.

하지만 많은, 실은 대부분의 펀드스미스 투자자가 MSCI 선진국 지수를 벤치마크로 삼는 걸 당연시하지 않는다는 점을 깨달았다. 영국에 살면서 실적 측정 척도로 FTSE 100 지수를 사용하는 사람이나 FTSE 100 지수를 추종하는 펀드(또는 그 유사 인덱스펀드)에 투자한 사람도 있다. 우리 펀드는 2020년 총수익률이 -11.5%였던 FTSE 100 지수를 29.8%p 앞섰다.

당해 연도에 우리 펀드 실적에 긍정적으로 기여한 상위 다섯 개 기업은 다음과 같다.

페이팔	+5.1%
아이덱스	+3.1%
마이크로소프트	+2.8%
인튜이트	+1.5%
페이스북	+1.1%

마이크로소프트는 여섯 번째로 이름을 올렸고 페이팔은 4년 연속 이름을 올렸다. 아이덱스는 세 번째로 이름을 올렸다. 차익을 실현하

면 돈을 잃을 일은 없다는 말이 있다. 맞는 말이지만, 그 접근법을 통해 부자가 된 사람도 없다고 생각한다. 우리는 승리를 단언하는 부류의 사람이 아니지만(우리는 편집증적인 태도로 투자에 임한다), 페이스북의 기여를 언급하려니 기분이 좋아진다. 페이스북은 가장 논란이 많았던 매수 종목이고, 펀드스미스 투자자가 그 어느 기업보다 많이 질문하고 매도하라고 요청했던 기업이다. 마이크로소프트를 처음 매수했을 때도 비슷한 의견이 쇄도했다. 하지만 고퀄리티 기업 주식을 저가에 매수할 유일한 기회는 기업에 '작은 문제'가 발생했을 때뿐이다. 실적에 부정적인 영향을 미친 하위 다섯 개 기업은 다음과 같다.

아마데우스	-1.1%
세이지	-0.6%
인터컨티넨탈 호텔	-0.6%
벡톤디킨슨	-0.4%
필립 모리스	-0.2%

아마데우스와 인터컨티넨탈 호텔이 왜 부진한 투자 실적을 냈는지 설명할 필요는 없을 것이다. 지난해 항공권·여행 예약과 호텔 섹터의 상황은 좋지 않았지만, 항공사나 호텔에 투자하는 것만큼 나쁘지는 않았다. 하지만 블룸버그 항공사 지수Bloomberg Airlines Index가 2020년 27.9% 하락한 반면 아마데우스 주가는 13.5% 하락했다. 마찬가지로 다우 존스 미국 호텔·숙박 리츠 지수Dow Jones US Hotel and Lodging REIT Index가 35.1% 하락할 때 인터컨티넨탈 호텔 주가는 9.9% 하락하는데 그쳤다. 이는 아마데우스와 인터컨티넨탈 호텔이 각자 속한 산업

내 다른 기업과 비교해 가진 장점을 잘 보여준다.

어려운 상황에 부닥친 두 기업의 경영진 모두 무의미하게 회복 기간과 단계를 추측하기보다 유동성과 비용을 관리해서 살아남을 방법을 강구하는 데 시간과 노력을 다했다는 사실이 기쁘다. 두 기업 모두 그저 살아남는 것에 그치지 않고 향후 경쟁 포지션을 강화할 것으로 믿는다.

세이지의 새로운 경영진이 클라우드와 구독 소프트웨어 시대에 적합한 제품을 만들어서 이미 그 과제를 완료한 기업과 효과적으로 경쟁할 수 있을지 기다리는 동안 주가는 계속 부진했다.

우리는 필립 모리스가 특히 궐련형 전자담배 아이코스를 필두로 한 저위험 제품(RRP) 개발에 성공해서 깊은 인상을 받았다. 최근 필립 모리스가 사상 처음으로 다우 존스 북미 지속가능성 지수Dow Jones Sustainability North America Index에 편입된 걸 보면, 우리만 그렇게 느낀 건 아닌 듯하다. 당장은 주가가 억눌려 있는데, 코로나19와 관련해 일부 시장에서 수요가 급감한 데다가 RRP가 가져올 편익이 무엇인지 따져보기도 전에 필립 모리스가 담배 회사라는 편견에 사로잡힌 일부 평론가 때문이다.

우리는 당해 연도에 크로락스와 레킷벤키저 지분을 매도하고 나이키와 스타벅스 지분을 매수했다. 크로락스와 레킷벤키저는 가정용 청소용품과 개인 위생용품, 일반의약품을 더 많이 구매하려는 수요가 급증하면서 주가가 대폭 상승했다. 우리는 당시 밸류에이션이 정상 상황에서는 딱히 흥미진진한 요소가 없는 각 사업의 본질은 물론이고 코로나19로 인한 수요 급증세가 점차 누그러들면 모두가 다시 집중하게 될 당면 문제도 반영하지 않았다고 생각했다. 게다가 이 두 기업이 이례적으로 훌륭한 실적을 즐기는 동안 우리가 존경하는 두 회사, 즉 나이키와 스타벅스는 코로나19로 인한 시장 패닉이 정점일 때 주가가 40% 이상 하락했다. 두 회사는 세계 시장을 선도하는 운동화·스포츠 의류 제조사와 커피숍 브랜드로 친숙한 기업일 것이다. 둘 다 자본이익률과 성장률이 높아서, 우리가 원하는 유형의 기업이다.

코로나19가 유발한 제한 때문에 제품의 디지털 유통이 필수가 됐는데, 이를 잘 해낼 기업은 나이키를 포함해 극히 일부에 불과하다고 생각한다.

커피를 카페에 앉아서 마시거나 출근길에 포장하는 손님이 많은 스타벅스 도심 매장이 락다운으로 인해 어려움에 부닥치리라고 결론 내리는 건 쉬운 일이다. 하지만 스타벅스에 그런 형태의 매장만 존재하는 건 아니다. 드라이브 스루 매장에 엄청나게 늘어선 대기 행렬과 잇따른 차량 정체는 대안적인 판매 양식이 존재한다는 걸 보여줄 뿐 아니라 2020년 로열티 클럽 회원 수가 증가한 것처럼 브랜드 충성도가 지속한다는 증거이기도 하다. 당해 연도에 스타벅스의 두 번째로 큰 시장에서 주요 경쟁자, 즉 중국 루이싱 커피Luckin Coffee의 회계 부정이 드러나면서 썰물이 되면 누가 벌거벗고 수영했는지 알게 된다는 규칙이 존재한다는 걸 입증했다.

코로나19 락다운 시행 이후 우리는 전 세계 디자이너·럭셔리 상품 시장을 선도하는 LVMH 지분도 매수했다. 기존에 화장품 기업과 위스키 제조사 지분을 통해 어느 정도 럭셔리 상품 익스포저가 있긴 했지만, 이번 LVMH 매수로 디자이너 의류와 보석 익스포저도 갖게 됐다.

우리는 단순한 세 단계 투자 전략을 계속 적용하고 있다.

1. 훌륭한 기업에 투자하라.
2. 비싸게 사지 마라.
3. 아무것도 하지 마라.

우리 실적이 어땠는지 위 기준에 따라 순서대로 살펴보자.

언제나처럼 우리는 가장 중요한 첫 번째 요인, 즉 훌륭한 기업 주식 보유 여부에 대한 통찰을 공유하려고 한다. 아래 표는 펀드스미스가 뮤추얼펀드가 아니라 '포괄적' 기준에서 포트폴리오에 보유한 종목별 지분으로 이뤄진 회사라고 가정했을 때 시장(FTSE 100과 S&P 500 지수를 사용했다)과 비교한 성과를 보여준다. 주요 주가 지수와 비교뿐 아니라 시간 경과에 따른 추이도 보여준다.

연도	펀드스미스 에쿼티 펀드 포트폴리오								S&P 500 2020	FTSE 100 2020
	2013	2014	2015	2016	2017	2018	2019	2020	2020	2020
ROCE	31%	29%	26%	27%	28%	29%	29%	25%	11%	10%
매출총이익률	63%	60%	61%	62%	63%	65%	66%	65%	44%	39%
영업이익률	24%	25%	25%	26%	26%	28%	27%	23%	12%	9%
현금전환비율	108%	102%	98%	99%	102%	95%	97%	101%	94%	95%
이자보상비율	16배	15배	16배	17배	17배	17배	16배	16배	6배	6배

참고: ROCE, 매출총이익률, 영업이익률, 현금전환비율은 펀드스미스 에쿼티 펀드가 투자한 기업은 가중평균값, FTSE 100 지수와 S&P 500 지수는 평균값이다. FTSE 100 지수와 S&P 500 지수 수치에서 금융회사는 제외했다. 이자보상비율은 모두 중앙값이다. 출처: Fundsmith LLP / Bloomberg

2020년 포트폴리오 기업의 자본이익률과 이익률이 하락했다. 경제 전반에 일어난 사건에 비추어 볼 때 놀라운 일은 아니지만, 처참할 정도의 하락 폭은 아니었다. 사람들은 경기 사이클을 타지 않는 기업에 투자하는 게 우리 투자 전략인지 묻곤 하는데, 나는 항상 지금껏 그런 기업을 본 적이 없다고 답변한다. 우리가 종목 선정을 통해 통제하려는 것은 포트폴리오 내 경기 변동성의 정도다. 전체적으로 우리가 투자한 종목은 경기가 좋지 않았는데도 여전히 훌륭한 이익을 냈고 높은 이익률과 현금 창출 능력을 보여줬다. 위 표에서 알 수 있듯이 주요 주가 지수는 우리가 선택한 훌륭한 기업을 편입하는데도 불구하고 실적은 그렇지 않았다.

당해 연도 말 우리 포트폴리오 기업의 평균 설립 연도는 1922년이다. 하나의 회사로 봤을 때 우리가 투자하는 기업은 100세에 조금 못 미친다.

투자할 만한 기업을 탐색할 때 우리가 원하는 한 가지 신호는 꾸준히 높은 자본이익률이다. 또 다른 신호는 성장원인데, 큰 이익을 내더라도 그와 같은 비율로 기업이 성장하지 못하거나 사용자본에서 수익률을 기록하지 못한다면 아무 소용이 없다. 이 관점에서 우리가 고른 기업의 2020년 실적은 어땠을까? 가중평균 잉여현금흐름(배당금을 제외한 모든 비용을 지불한 뒤 기업에 남은 현금이자 우리가 선호하는 척도다)은 2020년 8% 증가했다.

이는 밸류에이션 문제로 이어진다. 포트폴리오의 가중평균 잉여현금흐름 수익률은 당해 연도 초에 3.4%로 시작해 기말에는 2.8%를 기록했다. 따라서 주가 상승 폭이 현금흐름 증가 폭을 앞서면서 2020년 전체 포트폴리오의 밸류에이션은 상승했다. 개별 종목이나 펀드 실적 관점에서는 좋은 소식이지만, 밸류에이션의 변화에는 한계가 있고 원상태로 되돌아갈 수 있는 특징이 있기 때문에 안심할 수는 없다. 하지만 그런 전환이 일어날 가장 가능성 높은 원인, 즉 금리 인상이 가까운 미래에 일어날 것 같지는 않다.

  S&P 500 지수의 당해 연도 말 잉여현금흐름 수익률 중앙값은 3.7%였고, FTSE 100 지수의 중앙값은 4.2%였다. 우리 종목은 후자보다 전자에 속한 경우가 많은데, 여기에서 왜 FTSE 100 지수가 벤치마크나 투자 대용 지표로서 적절하지 않은지 2017년 연례 서한에서 다뤘던 내용을 반복하지는 않겠다. 나아가 우리가 FTSE 100 지수를 30% 앞서는 당해 연도 실적을 내면서 동 지수와의 밸류에이션 격차는 더 커졌다. 우리 포트폴리오의 현금흐름이 그 격차와 비슷한 비율로 증가하지 않는 이상 이렇게 큰 투자 수익률 차이는 상대적으로 높은 밸류에이션으로 이어질 수밖에 없다. 2020년 경제 상황으로 인해 시장은 사업 실적의 일관성에 높은 가치를 부여하는 듯하다.

  우리 포트폴리오는 지수 구성 기업보다 펀더멘털이 훨씬 좋고 평균적인 FTSE 100 기업보다 훨씬 높은 밸류에이션을, S&P 500 기업보다는 약간 높은 밸류에이션을 기록했다. 많은 평론가가 엉성한 대용 지표를 많이 사용하는데, 밸류에이션이 낮다고 해서 가격 대비 가치가 높은 것이 아닐뿐더러 밸류에이션이 높다고 해서 가격이 비싼 것은 아니라는 점을 명심하는 게 현명하다.

  우리 전략의 세 번째 단계, 즉 '아무것도 하지 마라'는 간명한 표현으로 돌아가보자. 당해 연도에 4.1%의 회전율 수치를 기록하며 포트폴리오 회전율 최소화라는 우리의 여전한 목표를 다시 한번 달성했다. 자발적 거래 수수료로 당해 연도 펀드 평균 가치의 겨우 0.03%(3bp)를 지출했다는 사실이 좀 더 와닿을지도 모르겠다(펀드 설정과 환매에 관련된 비자발적 비용은 포함하지 않는다). 설정 이후 우리가 줄곧 보유해온 종목은 9개다.

이게 왜 중요할까? 비용을 최소화하는 데 도움이 되기 때문이고, 투자 비용의 최소화는 투자자가 만족스러운 성과를 얻는 데 핵심 역할을 하기 때문이다. 투자자나 평론가, 자문사는 연간 운용 보수·비용(AMC)이나 성과 보수 제외 총보수·비용 비율(OCF)에 초점을 맞추거나 심지어 집착하는 경우가 너무 많다. OCF는 AMC 외에도 펀드에 부과되는 몇 가지 비용을 포함한다. T클래스 배당재투자 펀드의 2020년 OCF는 1.06%였다. 문제는 OCF가 중요한 비용 구성 요소, 즉 거래비용을 포함하지 않는다는 데 있다. 매니저가 펀드에서 주식을 거래할 때는 브로커에게 내는 수수료와 대상 증권의 매수-매도 호가 스프레드, 증권거래세(예를 들어 영국의 인지세)가 발생한다. 이들은 OCF에 포함되지 않지만, 펀드 비용을 상당히 늘릴 수 있다.

펀드스미스는 거래비용을 포함하는 우리만의 총비용 기준을 투자총비용(TCI)이라는 이름으로 공개해왔다. T클래스 배당재투자 펀드의 2020년 TCI는 1.09%였다. 자발적인 거래뿐 아니라 모든 자금 유출입에 수반되는 거래비용을 포함한 수치다. 우리 펀드의 OCF와 여기에 거래비용을 합산한 TCI의 차이가 0.03%(3bp)에 불과하다는 사실에 기쁘다. 하지만 펀드 비용 수치에 사로잡힌 나머지 실적에 집중하지 못하는 태도도 경계해야 한다. 이 연례 서한의 앞부분에 나온 펀드 실적은 모든 보수 차감 후 기준 수치라는 점을 기억하자.

일부 평론가는 우리 최근 실적이 기술주 덕분이라고 논평하면서 기술주 '버블'이 부글부글 일고 있는데 이는 닷컴 버블과 비슷하다고 지적했다. 그때와 유사한 부작용을 낳으며 결국 붕괴하고 말 것이라는 예측과 함께 말이다. 기술주 편입 비중이 큰 나스닥 지수는 2020년 40.9% 상승했고 MSCI 선진국 IT 지수MSCI World Information Technology Index

는 40.2% 상승했으니, 그들의 말에 일리가 있는 것 같기도 하다.

하지만 나는 이들 평론가가 몇 년 전 우리 투자 전략이 그들이 보기에 고평가된 필수 소비재 종목 의존도가 높다고 지적했던 바로 그 사람들이 아닐까 의심스럽다. 사실 확신에 가깝지만, 그래도 역시 팩트에서 출발하는 게 언제나 옳다. 당해 연도 말 우리 펀드의 섹터 익스포저는 다음과 같았다.

섹터	포트폴리오 비중(%)
기술	28.9
필수 소비재	27.0
헬스케어	22.6
임의 소비재	10.1
커뮤니케이션 서비스	4.5
산업재	3.4
현금	3.5

기술 섹터가 확실히 가장 큰 섹터 익스포저이긴 하지만, 필수 소비재가 그 뒤를 바싹 따랐다. 사실 필수 소비재와 임의 소비재를 합한 소비재 익스포저는 기술 익스포저에 한참 앞선다.

게다가 각 섹터에 붙은 이름이 우리가 정말 노출된 위험이 무엇인지 판단하는 데 그리 유용한지 확신할 수 없다. 위 표에서 커뮤니케이션 서비스 익스포저는 사실 페이스북을 의미한다. 그런데 페이스북은 기술 기업 아니었던가?

아마데우스와 오토매틱 데이터 프로세싱, 페이스북, 인튜이트, 마이크로소프트, 페이팔, 세이지, 비자의 공통점은 과연 무엇인가? 모두 펀드스미스 에쿼티 펀드가 보유한 종목인데, 시장은 이들에게 기술 기업이라는 꼬리표를 붙였다. 하지만 이들이 영위하는 사업은 항공권 예약과 급여 처리, 소셜 미디어·디지털 광고·커뮤니케이션, 회계·세무 소프트웨어, 운영체제·분산 컴퓨팅('클라우드')·소프트웨어 개발 도구·기업용 애플리케이션·비디오 게임, 결제 프로세서처럼 범위가 아주 넓다. 각 사업의 구조적 동인 사이에는 뚜렷한 차이가 있어서, 기술이라는 단일 요인이 그 전망을 결정하지 않는다는 게 내 생각이다. 이 천편일률적인 꼬리표는 개별 기업을 평가할 때 별로 도움이 안 된다.

나아가 우리가 투자를 고려할 만한 기업처럼 무형자산 비중이 높은 일부 기술 기업에는 상대적 밸류에이션이라는 문제도 존재한다.

우리가 투자를 고려할 만한 기업의 주요 자산은 무형자산인 경우가 많다. 가령 브랜드와 저작권, 특허, 노하우, 서비스 그리고 유지 보수가 필요해서 공급자가 고객을 묶어둘 수 있는 장비 설치 기반 같은 것이다. 기업이나 개인에게 중요한 소프트웨어 시스템과 이른바 '네트워크 효과'도 좋은 예다. 이들은 부동산이나 기계 설비, 운송 수단 같은 유형자산과 완전히 다르다.

무형자산은 보통 부채가 아니라 자기자본으로 자금을 조달해야 하므로 무형자산 이익률은 유형자산 이익률보다 높고, 그에 걸맞은 높은 이익을 낸다. 대출 기관은 유형자산을 담보로 대출함으로써 안도감을 얻을 수 있길 갈망한다. 무형자산 역시 광고와 마케팅, 혁신, 제품 개발을 통해 잘 유지만 한다면 무한한 수명을 가질 수 있다. 자산의 듀레이션은 그 실질 이익을 판단하는 중요한 기준이다.

하지만 유형자산이 대부분인 기업과 무형자산이 대부분인 기업을 같은 층위에서 비교하면 명백한 문제가 발생한다. 유형자산은 재무상태표 항목이다. 현금을 지출하거나 부채(차입금이나 리스)를 조달해 취득한 유형자산은 재무상태표에 계상한다. 감가상각비가 존재한다면 손익계산서에 계상하는 유일한 계정이 되고, 취득 이후에는 현금흐름에 미치는 영향이 없을 수도 있다. 반면에 무형자산은 대부분 손익계산서와 현금흐름표를 통과하는 비용 지출로 구축한다. 물론 일부 소프트웨어 개발을 자본화하긴 하지만, 대다수는 당기 비용 처리한다. 브랜드 개발이나 연구개발도 마찬가지지만, 기업 인수는 예외다.

이를 종합해보면, 주어진 자산 투자액 수준에서 무형자산을 구축하는 기업의 수익성은 유형자산을 구축하거나 인수한 기업과 비교해 저평가받을 가능성이 높다. 일부 평론가나 투자자가 이 두 기업의 PER을 단순 비교하여 밸류에이션을 비교하는 건 엉터리에 불과하다. 게다가 그런 비교를 할 때 고려해야 하는 투자액이 계속 증가해왔다. 아래 그래프는 미국 기업의 무형자산 투자가 증가하고 있음을 보여준다.

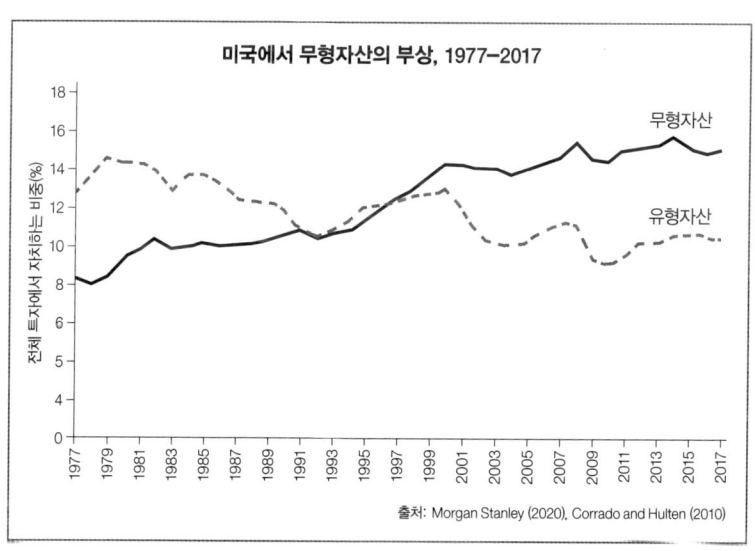

위 그래프에서 알 수 있듯이 무형자산 투자는 1970년대 중반 이후 거침없이 증가해 1990년대에 이르러서는 전체 투자에서 차지하는 비중이 유형자산을 앞섰다. 이 현상이 인터넷 시대가 전속력으로 달렸던 시기와 겹치는 건 우연이 아니다.

서로 다른 유형의 기업 간 비교뿐 아니라 시간 경과에 따른 시장의 역사적 밸류에이션을 서로 비교하는 것, 예컨대 경기 조정 주가수익비율Cyclically Adjusted PER, CAPE을 적용하는 것도 쉬운 문제가 아니다. 간단한 예를 들자면, 1964년 S&P 500 지수 구성 기업의 평균 수명은 33년이었는데 반해, 2016년 이 값은 24년으로 떨어졌다.

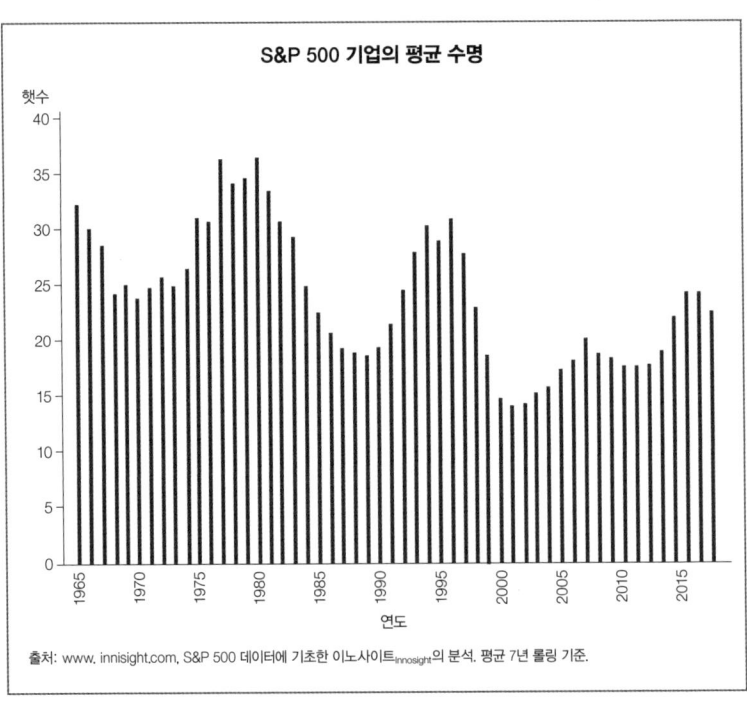

1964년과 2016년 지수 구성 기업은 같은 기업이 아닐뿐더러 같은 유형이지도 않다.

나는 일본 주식 시장의 흥망성쇠를 몸소 겪었다. 1989년 시장의 PER이 60배 이상을 기록했던 정점에서 일본 기업 회계가 서양 국가보다 더 보수적인 데서 발생한 현상이라는 이야기를 들었다. 사실 일본 기업의 주가는 그냥 비쌌을 뿐이다. 그래서 나는 높은 밸류에이션을 받아들여야 하는 이유를 설명할 때 주의하게 됐는데, 그 근거가 회계 이론에 관한 것일 때는 특히 조심스럽다. 존 템플턴 경은 투자에서 가장 위험한 네 단어가 "이번에는 다르다This time it's different"라고 했지만(누군가 지적하기 전에 먼저 말하면, 사실 이 문장은 다섯 단어로 이뤄져 있다), 진짜 다른 경우도 간혹 있는 법이다. 만약 그 변곡점을 놓친다면 결국 여러분 순자산에 악영향을 미친다.

2020년 실적을 보고하면서 코로나19를 언급하지 않을 수는 없다. 우리 포트폴리오가 주가 실적과 투자 기업의 펀더멘털 실적 면에서도 좋은 성과를 냈다는 점을 여러분도 다 이해했길 바란다.

또한 락다운과 여행 제한 기간에도 펀드스미스를 정상 운영했다는 사실도 중요하다. 펀드 투자 실적은 당연히 중요하지만, 여러분이 우리에게 언제든 연락할 수 있고 우리가 효율적으로 그 요구를 즉시 처리하는 것 역시 중요하다. 여러분은 필요로 하는 정확한 최신 정보를 모두 받을 수 있다. 아마도 가장 중요한 것은 여러분이 펀드 환매를 포함해 어떤 거래를 하고 싶다면 우리가 그대로 실행하리라는 점이다. 락다운의 심연 속에서도 이 모든 핵심 기능을 끊김없이 계속할 수 있었다. 우리는 오랫동안 광범위한 여러 지역에서 거래와 운영, 포트폴리오 운용, 리서치 업무를 관리해왔다. 런던 내 일부 지역에 사무실이 있어야만 이 모든 업무를 관장할 수 있다고 생각하는 사람들의 놀라움을 자아내면서 말이다. 그래서 재택 근무가 필수이고 이동이 불가한 환경은 우리에게 그리 큰 장애가 아니었다.

슬프게도 우리 연례 총회는 평소와 같이 운영할 수 없다. 현 실외 모임 인원 제한을 고려할 때 당해 연도 대면 총회를 여는 건 불가능하다는 결론을 내렸다. 하지만 스카이 뉴스 이언 킹Ian King의 진행 하에 질의응답 세션을 녹화해서 2021년 3월 2일(화요일) 웹사이트에 게시하는 방식으로라도 총회를 진행할 수 있어서 다행이다. 여러분이 asm@fundsmith.co.uk 주소로 궁금한 내용을 작성해 보내면 이언이 시의성 있는 질문을 선택해 나와 줄리언 로빈스Julian Robins가 답변하겠다.

2020년의 사건을 두고 평론가는 전례 없는 일이라는 말을 주문처럼 되뇌었다. "역사는 그대로 반복되지 않지만, 그 흐름은 반복된다"라는 마크 트웨인의 말처럼, 평론가의 견해는 말 자체는 옳다. 대다수는 이런 일을 경험해 본 적이 없다는 건 분명한 사실이다. 하지만 2020년에 일어난 사건이 전례 없다고 하는 건 엄밀하게 말해서 옳지 않다.

지난 130년간 눈에 띄는 팬데믹이 총 여섯 차례 일어났다.

최근 팬데믹	시기	추청 사망자 수
러시아 독감	1889-90	100만
제3차 페스트	1894-1922	1,200만
스페인 독감	1918-19	5,000만
아시아 독감	1957-58	200~500만
홍콩 독감	1968-69	100~400만
돼지 독감	2009-10	50만

과거의 팬데믹이라는 평행 세계에서 현 코로나19의 결과로 일어날 일에 관해 몇 가지 시사점을 찾을 수 있다.

먼저 팬데믹의 경제적 영향에 관해 도출할 수 있는 결론은 팬데믹이 새로운 추세를 만들기보다 이미 존재하던 경제 추세를 강화하리라는 것이다.

가장 직접적인 비교 대상이자 사람들이 입 모아 언급하는 사례는 1918~1919년 스페인 독감이다. 최소 5,000만 명에 이르는 사망자로 인해 노동력이 감소하면서 대량 생산을 위한 라인 공정 기술을 광범위하게 도입하는 계기가 됐다. 생산 라인은 스페인 독감의 결과로 만들어진 게 아니라(포드의 모델 T는 1913년에 생산 라인을 도입했다), 그로 인해 도입에 박차가 가해졌다.

생산성 향상으로 생산량이 늘면서 자동차와 가정용 전자제품 등의 생산비가 감소했고, 인류 역사상 처음으로 중산층이 그런 제품을 구매할 수 있게 되면서 경기 호황에 불을 지폈다. 이는 다시 '광란의 20년대Roaring Twenties' 경기와 주식 시장 활황에 불을 지폈다.

코로나19의 결과로 그때와 비슷한 일이 일어날까? 당연히 나도 답을 알 수는 없는데, 다행인 건 우리 투자 전략이 내 예측 능력에 바탕을 두지 않는다는 점이다. 하지만 이미 존재하던 추세가 코로나19로 가속했다는 증거가 몇 개 있다. 예를 들어 다음과 같다.

- 이커머스
- 클라우드나 분산 컴퓨팅을 활용한 원격 온라인 근무
- 홈 쿠킹과 음식 배달
- 온라인 수업과 원격 의료

- 소셜 미디어와 커뮤니케이션
- 코로나19 격리 상황이나 주인이 집에 머무는 시간이 늘어나면서 더 중요해진 반려동물
- 자동화와 AI

그 결과 많은 사람의 생산성이 높아졌다. 영업사원은 화상 회의가 허용된다면 더 많은 고객과 만날 수 있는 데다 늘어나는 비용도 사실상 없다. 사회적 거리두기로 인해 기존 인력 대비 절반 규모로 공장을 운영하는 곳에서 생산량은 예전과 거의 비슷하다고 한다. 여기서 도출할 수 있는 결론이 무엇일지 궁금하다.

물론 모든 기업이 혜택을 보는 건 아니다. 항공사와 호스피털리티, 오프라인 소매, 오피스 부동산 등은 모두 몹시 어려운 문제에 부닥쳤다. 마치 헨리 포드와 그의 경쟁자가 본격적으로 일을 시작했을 때 말 안장 판매상이 마주했던 운명과 비슷하다.

코로나19 락다운에서 회복하는 형태가 V자형이나 U자형, L자형, W자형, 욕조형, 나이키형(내가 만들어 낸 말이 아니다) 중 무엇일지를 두고 추측하는 수많은 평론가를 보면서 어안이 벙벙하다. 이 의미 없는 알파벳 수프 속 추측에 지루해지려던 참에, 무슨 일이 일어날지 정확히 설명하는 데 도움이 될 생각이 떠올랐다. 회복은 K자형이리라는 생각이다. K자형 회복은 경제의 각 섹터가 마치 로마자 K의 대각선처럼 서로 아주 다른 궤적을 그리며 침체에서 빠져나오는 상황을 말한다.

작년 이맘때쯤 여러분이 다음 이야기를 전해 들었다고 해보자. 팬데믹이 발생해 이를 막기 위한 조처가 경제에 너무도 큰 영향을 미쳐서 2분기에 미국 GDP가 9% 하락하고 호스피털리티와 여행 섹터가 수많

은 전통 소매업과 함께 파괴될 것이다. 그 이야기에 MSCI 선진국 지수가 10개년 연 복리 수익률을 살짝 앞서는 12.3%의 연간 수익률을 내리라는 추측도 담겨 있었다면 어땠겠는가? 이를 통해 앞으로 일어날 주요 사건이 무엇인지 아는 경우에도 예측과 마켓 타이밍은 위험 요소로 가득하다는 사실을 이해했길 바란다.

도움이 될 만한 이야기를 하나 더 들려주겠다. 예측가와 외눈박이 투창 선수의 유사점은 무엇인가? 정답은 둘 다 자기 일에 정확할 리 만무하지만 관중의 관심을 끄는 데는 특출나다는 것이다.

마지막으로 코로나19에서 벗어난 새해가 되길 바라며 여러분의 변함없는 성원에 감사의 마음을 전한다.

부록 2

2021년 연례 투자자 서한

펀드스미스, 2022년 1월

펀드스미스 에쿼티 펀드 투자자에게 보내는 열두 번째 연례 서한이다. 아래 표는 최근 역년 투자 수익률과 2010년 11월 1일 설정 후 누적 및 연 복리 수익률을 여러 벤치마크와 비교해 보여준다.

총수익률(%)	2021. 1.1.~12.31.	설정일~2021.12.31.		샤프 지수[5]	소르티노 지수[5]
		누적	연 복리		
펀드스미스 에쿼티 펀드[1]	+22.1	+570.7	+18.6	1.31	1.25
주식[2]	+22.9	+287.1	+12.9	0.78	0.74
영국 국채[3]	-4.5	+40.9	+3.1	n/a	n/a
현금[4]	+0.1	+6.4	+0.6	n/a	n/a

1. T클래스 배당재투자 펀드(보수 차감후, 영국 기준 정오 가격). 출처: Fundsmith LLP. / 2. MSCI 선진국 지수(파운드화 표시 순 배당 재투자 기준, 미국). 출처: Bloomberg / 3. 블룸버그/바클레이즈 채권 지수 영국 국채 5~10년. 출처: Bloomberg / 4. 3개월 리보 금리. 출처: Bloomberg. / 5. 샤프, 소르티노 지수는 2010.11.1. 설정일부터 2021.12.31.까지. 출처: Financial Express Analytics

위 표에서 T클래스 배당재투자 펀드의 2021년 수익률이 22.1%였음을 알 수 있다. 이에 비해 파운드화 표시 배당재투자 기준 MSCI 선진국 지수 수익률은 22.9%였다. 따라서 우리 펀드는 2021년에 시장을 약간 밑도는 성과를 냈지만, 영국 투자협회 글로벌 섹터에서 2010년 11월 설정 이후 가장 높은 수익률을 기록한 펀드 자리를 지켜냈다. 해당 섹터의 누적 수익률 평균값인 213.9%보다 357%p나 높다.

하지만 많은, 실은 대부분의 펀드스미스 투자자가 MSCI 선진국 지수를 벤치마크로 삼는 걸 당연시하지 않는다는 점을 깨달았다. 영국에 살면서 실적 측정 척도로 FTSE 100 지수를 사용하는 사람이나 FTSE 100 지수를 추종하는 펀드(또는 그 유사 인덱스펀드)에 투자한 사람도 있다. 우리 펀드는 2021년 총수익률이 18.4%였던 FTSE 100 지수를 3.7%p 앞섰다.

MSCI 선진국 지수 실적을 밑도는 시기는 전혀 반갑지 않지만, 반드시 일어날 수밖에 없다. 모든 시장 유형과 보고 기간에 걸쳐 초과 수익을 낼 수 있는 투자 전략은 존재하지 않는다. 마음에 들지 않아도, 시장 실적을 밑도는 시기는 언제든 찾아오리라고 예상할 수 있다.

팬데믹에 엄청난 영향을 받은 2020~2021년이 특히 그랬다. 팬데믹이 경제에 미치는 영향이 최고조였던 2020년에 우리 펀드는 시장을 6%p 앞서는 실적을 냈다. 나아가 우리가 투자한 기업 대다수는 훌륭한 회복 탄력성을 보였다. 하지만 2021년은 사실 회복의 한 해에 가까웠는데, 우리가 고른 기업은 그 무엇으로부터도 회복할 필요가 거의 없었다.

2021년처럼 시장이 22.9% 상승한 강세장일 때 우리가 초과 실적을 내기는 어렵다. 지난해는 다른 때 같았으면 좌초했을, 우리가 보유하고 싶지 않은 기업도 상하게 상승한 한 해였다. 밀물에는 모든 배가 뜨는 법이다.

인생처럼 투자에서도 케이크를 갖고 있으면서 동시에 먹을 수 있는 방법은 없다. 하락장에서 회복 탄력성을 보이는 동시에 뒤따르는 회복 장세의 이득을 완전히 누리는 기업을 찾는 건 불가능하진 않더라도 몹시 어렵다. 물론 적절한 시점에 전자를 매도하고 후자를 매수하는 트레이딩이야 가능하겠지만, 그건 우리가 추구하는 길이 아니다. 우리 펀드 투자 수익 대부분은 투자 기업이 훌륭한 이익을 내고 성장 기회가 풍부해서 유보이익을 높은 수익률로 투자할 수 있는 역량에서 나온다. 우리가 보기에 회복 잠재성은 높지만 퀄리티는 낮은 기업에 잠깐 투자하려고 훌륭한 기업 지분을 매도하는 것은 실수일 가능성이 크다.

당해 연도 우리 펀드 실적에 긍정적으로 기여한 상위 다섯 개 기업은 다음과 같다.

마이크로소프트	+3.9%
인튜이트	+3.1%
노보 노디스크	+2.3%
에스티 로더	+2.0%
아이덱스	+1.9%

마이크로소프트는 일곱 번째로 이름을 올렸고 아이덱스는 네 번째, 인튜이트는 세 번째, 노보 노디스크와 에스티 로더는 두 번째로 이름을 올렸다. 차익을 실현하면 돈을 잃을 일은 없다는 말이 있다. 맞는 말이지만, 내 경험으로 보건대 그 접근법을 통해 부자가 된 사람도 없

다. 우리는 승자 종목을 계속 달리게 두는 정책을 고수한다.

실적에 부정적인 영향을 미친 하위 다섯 개 기업은 다음과 같다.

페이팔	−0.7%
아마데우스	−0.2%
코네	−0.2%
유니레버	−0.2%
브라운 포먼	−0.1%

페이팔의 작년 실적은 승자 종목을 계속 달리게 하는 데서 얻는 효과의 예외라고 하기에 충분했다. 사용자를 페이팔 결제 시스템으로 유도할 '슈퍼 앱'을 구축하려는 야망이 어느 정도 가치 붕괴를 수반하리라는 우려가 커지면서 주가 실적은 부진했다. 특히 소셜 미디어 운영사인 핀터레스트Pinterest를 인수하는 데 관심이 있다는 사실이 분명해지면서 그 우려에 확신을 더했다. 우리가 틀릴 수도 있지만, 페이팔은 자기 사업에 집중하는 게 낫다고 생각한다.

아마데우스는 확실히 팬데믹이 여행 산업에 미친 영향으로 고통받고 있는데, 항공권 예약이 가장 큰 사업 부문인 걸 고려할 때 그리 놀랍지는 않다. 하지만 우리는 아마데우스가 이 침체에서 살아남을 수 있을 뿐 아니라 더 강력한 시장 포지션도 구축할 수 있다고 확신한다.

코네는 가장 큰 시장인 중국에서 건설 섹터가 고역을 치르면서 악영향을 받았다.

유니레버는 기업 펀더멘털에 집중하는 대신 지속가능성과 관련한 '자격증'을 공개적으로 자랑하는 데 집착하는 경영진이라는 짐을 지고 사업을 수행하는 듯하다. 이스라엘이 요르단강 서안지구를 점령하자 벤앤제리스Ben & Jerry's가 그에 반대하는 뜻으로 아이스크림 공급을 거부한 걸 두고 논란에 휘말리면서 그 징후가 분명해졌다. 하지만 유니레버의 문제를 보여주는 터무니없는 사례는 훨씬 더 많다. 헬만Hellmann's 마요네즈의 '사회적 목적'을 정의해야 한다고 생각하는 회사는 우리가 보기에 분명 상황을 제대로 파악하지 못했다. 헬만 브랜드는 1913년부터 존재해왔으니, 지금쯤이면 모든 소비자가 그 목적을 다 깨달았으리라고 본다(스포일러 주의: 답은 샐러드와 샌드위치다). 유니레버는 팬데믹 기간 우리가 보유한 소비재 종목 중 가장 부진한 실적을 냈지만, 그 강력한 브랜드와 유통망이 결국 승리하리라고 생각해서 지분을 계속 보유하고 있다.

브라운 포먼은 팬데믹으로 인한 무역 봉쇄와 미국산 증류주에 대한 EU 관세 부과라는 이중고를 겪었고, 덕분에 우리 지분을 늘릴 기회를 잡을 수 있었다. 두 역풍은 결국 잦아들 것으로 생각한다.

우리는 당해 연도에 인터텍과 세이지, 벡톤디킨슨, 인터컨티넨탈 호텔 지분을 매도하고 아마존 지분을 매수했다(포지션 규모는 아직 공개하지 않겠다).

매도 종목 중 세 기업이 영국 상장 기업이기에 우리가 영국 익스포저를 다 매도하거나 S&P 500 지수나 기타 시장 지수, 거시경제 관점에서 FTSE 100 지수의 전망에 관해 특정 입장을 취했다는 명백한 증거로 해석하려는 사람이 일부 있을 거라 확신한다. 그건 사실이 아니다. 우리는 기업에 투자하지 주가 지수나 개별 국가에 투자하지 않는다. 게다가 기업이 상장한 국가는 규제가 잘 이뤄지는 주식 시장이기만 하다면 대체로 아무 의미가 없다. 또한 기업이 매출을 창출하는 지역에 관한 정보를 많이 알려주지도 않는다. 예를 들어 인터컨티넨탈 호텔은 영국에 상장했지만 최대 시장은 미국이고, 재무제표 표시 통화도 미국 달러다.

나는 모든 매매의 이유를 이야기할 생각은 없지만, 아마존 매수는 많은 관심을 불러모았다. 아마 과거에 아마존 지분 매수를 거절한 적이 있기 때문일 것이다. 매수 이유를 길게 설명하기보다 경제학자이자 성공한 펀드 매니저였던 존 메이너드 케인스의 말을 인용해서 요약하겠다. "사실이 바뀌면 생각도 바꾼다." "좀 늦더라도 아예 안 하는 것보단 낫다"라는 더 단순한 표현으로도 충분히 이해할 수 있지만, 어찌 됐든 우리는 기대하는 실적을 올릴 수 있다면 매수한다.

우리는 단순한 세 단계 투자 전략을 계속 적용하고 있다.

1. 훌륭한 기업에 투자하라.
2. 비싸게 사지 마라.
3. 아무것도 하지 마라.

우리 실적이 어땠는지 위 기준에 따라 순서대로 살펴보자.

언제나처럼 우리는 가장 중요한 첫 번째 요인, 즉 훌륭한 기업 주식 보유 여부에 대한 통찰을 공유하려고 한다. 아래 표는 펀드스미스가 뮤추얼펀드가 아니라 '쪼팔직' 기준에서 포트폴리오에 보유한 종목별 지분으로 이뤄진 회사라고 가정했을 때 시장(FTSE 100과 S&P 500 지수를 사용했다)과 비교한 성과를 보여준다. 주요 주가 지수와 비교뿐 아니라 시간 경과에 따른 추이도 보여준다.

	펀드스미스 에쿼티 펀드 포트폴리오								S&P 500	FTSE 100
연도	2014	2015	2016	2017	2018	2019	2020	2021	2021	2021
ROCE	29%	26%	27%	28%	29%	29%	25%	28%	16%	14%
매출총이익률	60%	61%	62%	63%	65%	66%	65%	64%	45%	45%
영업이익률	25%	25%	26%	26%	28%	27%	23%	26%	17%	15%
현금전환비율	102%	98%	99%	102%	95%	97%	101%	95%	106%	124%
이자보상비율	15배	16배	17배	17배	17배	16배	16배	23배	9배	8배

참고: ROCE, 매출총이익률, 영업이익률, 현금전환비율은 펀드스미스 에쿼티 펀드가 투자한 기업은 가중평균값, FTSE 100 지수와 S&P 500 지수는 평균값이다. FTSE 100 지수와 S&P 500 지수 수치에서 금융회사는 제외했다. 이자보상비율은 모두 중앙값이다. 출처: Fundsmith LLP / Bloomberg

2021년 포트폴리오 기업의 자본이익률과 이익률은 2020년 하락에서 회복해 더 높은 수준을 기록했다.

전체적으로 우리가 투자한 종목은 경기가 좋지 않았는데도 여전히 훌륭한 이익을 냈고 높은 이익률과 현금 창출 능력을 보였다. 위 표에서 알 수 있듯이 주요 주가 지수는 그렇지 않았다. 단, 주가 지수의 현금전환비율은 우리가 투자한 회사보다 높았는데, 내가 보기에는 일시적 현상이다. 공급망 문제 때문에 여러분이 원하는 제품의 재고가 부족하다면, 운전 자본에 묶인 현금 규모는 아주 적을 수밖에 없다. 또한 주가 지수의 수치는 우리가 고른 훌륭한 기업을 포함하고 있는 데서도 득을 본다는 사실을 기억하자.

당해 연도 말 우리 포트폴리오 기업의 평균 설립 연도는 1926년이다. 하나의 회사로 봤을 때 우리가 투자한 기업은 100세에 조금 못 미친다.

투자할 만한 기업을 탐색할 때 우리가 원하는 신호 중 하나는 꾸준히 높은 자본이익률이다. 또 다른 신호는 성장원인데, 큰 이익을 내더라도 그와 같은 비율로 기업이 성장하지 못하거나 사용자본에서 수익률을 기록하지 못한다면 아무 소용이 없다. 이 관점에서 우리 기업의 2021년 실적은 어땠을까? 가중평균 잉여현금흐름(배당금을 제외한 모든 비용을 지불한 뒤 기업에 남은 현금이자 우리가 선호하는 척도다)은 2021년 20% 증가했다.

이는 밸류에이션 문제로 이어진다. 포트폴리오의 가중평균 잉여현금흐름 수익률은 당해 연도 초에 2.8%로 시작해 기말에는 2.7%를 기록했다.

S&P 500 지수의 당해 연도 말 잉여현금흐름 수익률 중앙값은 3.6%였고, FTSE 100 지수의 중앙값은 5.4%였다.

우리 포트폴리오는 지수 구성 기업보다 펀더멘털이 훨씬 좋고 평균적인 S&P 500 기업보다 약간 높은 밸류에이션을, FTSE 100 기업보다는 훨씬 높은 밸류에이션을 기록했다. 많은 평론가가 엉성한 대용 지표를 많이 사용하는데, 밸류에이션이 낮다고 해서 가격 대비 가치가 높은 것이 아닐뿐더러 밸류에이션이 높다고 해서 가격이 비싼 것은 아니라는 점을 명심하는 게 현명하다.

우리가 투자를 고려할 만한 주식 집단의 '적정' PER을 보여주는 아래 도표에서 요점을 파악할 수 있다. 다시 말해 투자자가 1973년에 매수했다면 2019년까지 지난 46년간 연 복리 수익률compound annual growth rate, CAGR 7%를 달성하며 동 기간 MSCI 선진국 지수의 CAGR 6.2%를 앞서는 투자 실적을 낼 수 있었던 주식을 1973년 매수할 당시 지불해야 했던 PER 수치를 보여준다. 이들 주식에 이 가격을 지불했다면 주가 지수를 앞서는 실적을 낼 수 있었다는 말인데, 완전시장perfect market 이론가에 따르면 투자자가 절대 이룰 수 없는 위업이다.

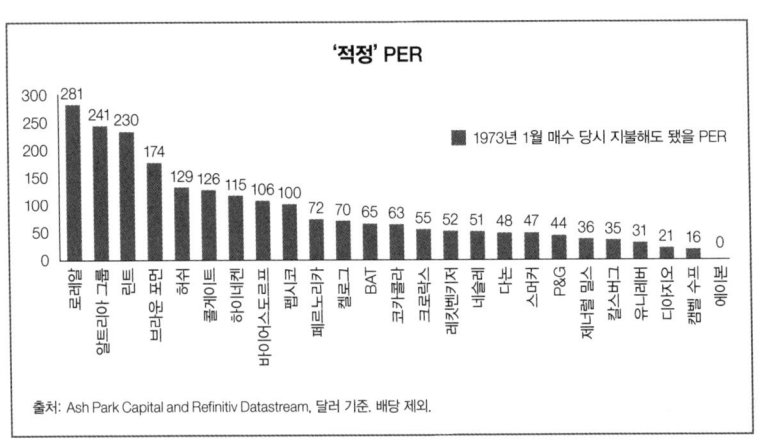

1973년 로레알의 '적정' PER은 281배였고 브라운 포먼은 174배, 펩시코는 100배, P&G는 44배, 유니레버는 '겨우' 31배에 불과했다.

우리가 이 정도 멀티플에 돈을 낼 의향이 있다는 뜻은 아니지만, 고 PER이 곧 비싼 주식을 의미한다는 엉성한 대용 지표에 관해서는 다시 생각할 필요가 있다.

우리 전략의 세 번째 단계, 즉 '아무것도 하지 마라'라는 간결한 표현으로 돌아가서, 당해 연도에 5.6% 회전율 수치를 기록하며 포트폴리오 회전율 최소화라는 우리의 여전한 목표를 다시 한번 달성했다. 자발적 거래의 수수료로 당해 연도 펀드 평균 가치의 겨우 0.009%(1bp에 살짝 못 미친다)를 지출했다는 사실이 더 와닿을지도 모르겠다(펀드 설정과 환매에 관련된 비자발적 비용은 포함하지 않는다). 설정 이후 우리가 줄곧 보유해 온 종목은 7개다.

이게 왜 중요할까? 비용을 최소화하는 데 도움이 되기 때문이고, 투자 비용의 최소화는 투자자가 만족스러운 성과를 얻는 데 핵심 역할을 하기 때문이다. 투자자나 평론가, 자문사는 연간 운용 보수·비용

(AMC)이나 성과 보수 제외 총보수·비용 비율(OCF)에 초점을 맞추는 경우가 너무 많다. OCF는 AMC 외에도 펀드에 부과되는 몇 가지 비용을 포함한다. T클래스 배당재투자 펀드의 2021년 OCF는 1.04%였다. 문제는 OCF가 중요한 구성 요소, 즉 거래비용을 포함하지 않는다는 데 있다. 매니저가 펀드에서 주식을 거래할 때는 브로커에게 내는 수수료와 대상 증권의 매수-매도 호가 스프레드, 증권거래세(예를 들어 영국의 인지세)가 발생한다. 이들은 OCF에 포함되지 않지만, 펀드 비용을 상당히 늘릴 수 있다.

펀드스미스는 거래비용을 포함하는 우리만의 총비용 기준을 투자총비용(TCI)라는 이름으로 공개해왔다. T클래스 배당재투자 펀드의 2021년 TCI는 1.05%였다. 자발적인 거래뿐 아니라 모든 자금 유출입에 수반되는 거래비용을 포함한 수치다. 우리 펀드의 OCF와 여기에 거래비용을 합산한 TCI의 차이가 0.01%(1bp)에 불과하다는 사실에 기쁘다. 하지만 펀드 비용 수치에 사로잡힌 나머지 실적에 집중하지 못하는 태도도 경계해야 한다. 일부 평론가는 투자자의 최우선 관심 주제가 바로 보수라고 말한다. 찰리 멍거는 다른 맥락에서 말하긴 했지만 표현만 빌려오자면, 그런 말은 '헛소리Twaddle'에 가깝다. 이 연례 서한의 앞부분에 나온 펀드 실적은 모든 보수 차감 후 기준 수치라는 점을 기억하자.

2021년을 시배했던 주제로 돌아가서, 여러분은 우리가 투자하려는 퀄리티 주식에서 이른바 가치주로의 '순환' 현상에 관해 많이 들어봤을 것이다. 여기서 가치주는 보통 밸류에이션이 낮은 주식을 의미한다. 어떤 면에서 보면 팬데믹에서 벗어났을 때 이득을 볼 것으로 예상하는 이른비 '경제활동 재개주reopening stock', 즉 항공사와 호스피털리티 산업에 관한 흥분이 주기적으로 되살아나는 일과도 관련 있다.

이러한 주식에 투자하려는 접근법은 여러 문제가 있다. 먼저 타이밍이라는 명백한 문제가 있고, 이들의 주가가 경제활동 재개의 편익을 이미 과대 반영했을 수도 있다. 유명한 공매도 투자자인 짐 차노스Jim Chanos의 관찰처럼 "경제활동 재개주에 일어날 수 있는 최악의 사건은 바로 경제활동 재개다." 실제 여행지에 도착했을 때보다는 여행을 계획하는 과정이 더 희망찬 법이다.

우리가 보기에 저퀄리티 기업에 투자하는 전략의 가장 큰 문제는 기업 이익 특성return characteristics이 지속된다는 데 있다. 아래 그래프에서처럼 훌륭한 섹터와 기업은 꾸준히 그 상태를 유지하고, 이익이 부

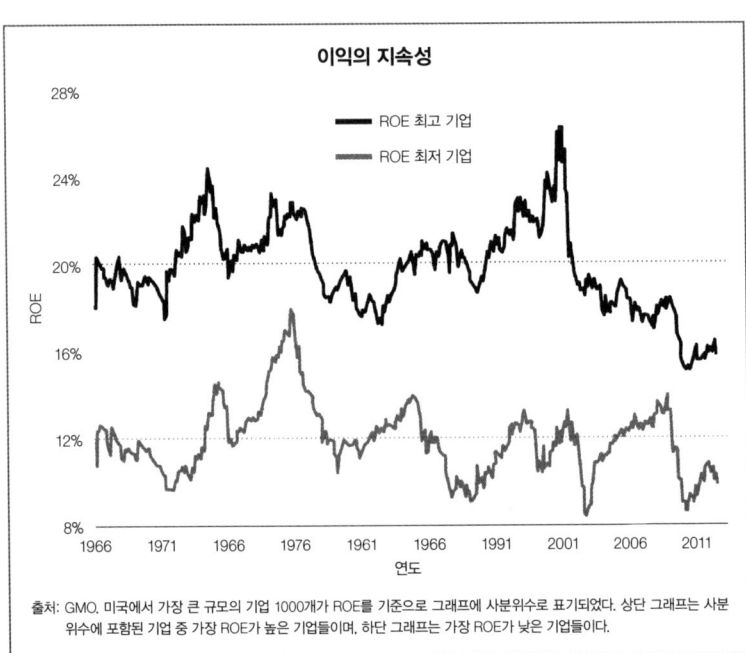

출처: GMO. 미국에서 가장 큰 규모의 기업 1000개가 ROE를 기준으로 그래프에 사분위수로 표기되었다. 상단 그래프는 사분위수에 포함된 기업 중 가장 ROE가 높은 기업들이며, 하단 그래프는 가장 ROE가 낮은 기업들이다.

진한 기업 역시 계속해서 부진한 이익을 낸다.

이렇게 이익 특성이 지속되는 이유는 훌륭한 기업이 경쟁을 막을 수 있는 방법을 찾아낸다는 데 있다. 워런 버핏이 '해자'라고 명명했던 강력한 브랜드와 유통망 관리, 제품 개발에 큰 비용 지출, 혁신, 마케팅, 프로모션 등이다. 특허와 장비·소프트웨어 설치 기반처럼 변경하기 까다로워서 해자가 되는 때도 있다.

형편없는 이익이 지속되는 이유는 경쟁자가 많고 가격 결정력과 비용 통제력이 없으며 경기 침체 시 소비자가 제품의 수명을 연장해버려서(자동차가 좋은 사례다) 단지 저평가됐거나 경기 회복에서 이득을 본다는 사실만으로 이 형편없는 이익 특성을 갑자기 떨쳐버릴 수 없기

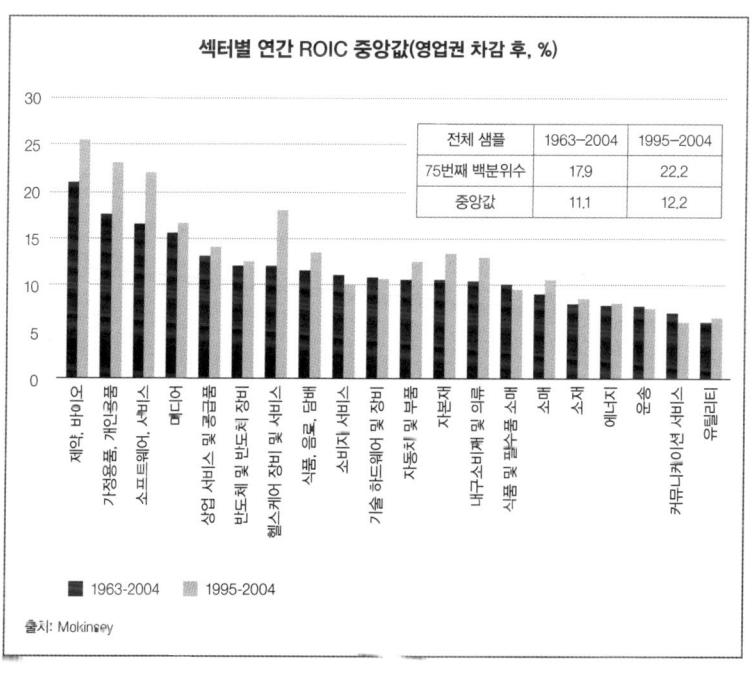

때문이다.

모든 펀드가 외우는 주문과 달리, 기업의 과거 이익은 미래 이익을 보여주는 훌륭한 안내서다.

설령 진정 저렴한 가치주나 경제활동 재개주를 구별할 수 있고 이익을 내기 위해 그 주식으로 갈아탈 타이밍을 알 수 있다 하더라도, 적절한 시기에 매도해야 하기 때문에 훌륭한 장기 투자로 탈바꿈할 일은 없다. 그 시기는 여러분의 동료 도박꾼, 아니 투자자 역시 매도를 고민하는 바로 그 시점일 텐데, 기업의 주가가 저렴하다고 해서 훌륭한 기업으로 변모하는 것은 아닐뿐더러 장기적으로 투자 수익을 결정하는 건 투자 기업의 퀄리티이기 때문이다.

아래 그래프는 우리 투자 전략의 대용 지수로 생각하는 MSCI 선진국 퀄리티 지수의 초과 투자 수익, 즉 MSCI 선진국 지수를 웃도는 투자 수익을 보여준다. 지난 25년간 120개월(10년) 롤링 기준으로 퀄리티 지수가 선진국 지수 대비 초과 투자 수익을 달성하지 못했던 때는 없었다.

10년은 긴 시간이고 대다수 투자자의 시간 지평을 훨씬 앞선다는

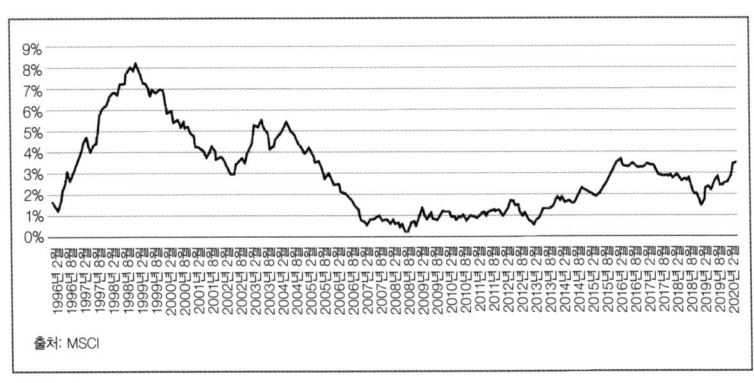

사실을 알고 있다. 하지만 우리는 장기 투자자로서 훌륭한 기업이 결국 달성할 수밖에 없는 이 초과 투자 수익을 누리고 싶다. 우리 투자 시간 지평이 여러분에게 너무 길다면 잘못된 펀드에 투자했을 가능성이 크다. 나아가 위 그래프가 저퀄리티 기업이나 경기 순환주, 가치주, 경제활동 재개주에 투자하는 성과를 돋보이게 한다면, 그건 순전히 퀄리티 지수의 비교 지수도 고퀄리티 기업을 포함하기 때문이다. 만약 이들을 비교 지수 구성에서 제외했다면 퀄리티 지수는 더 확연하게 상대 수익이 높았을 것이다.

지난해 여러분은 인플레이션에 관해 많은 이야기를 들었으리라 짐작하는데, 내가 보기에 2022년에는 더 많은 이야기를 듣게 될 듯하다.

어떤 측면에서 인플레이션이 도래한 것인지는 사실 논의할 필요가 없다. 독일 도매물가지수는 2021년 11월에 전년 대비 16.6% 상승했는데, 동 기간 33.1% 상승한 스페인 생산자물가지수producer price index, PPI에 비하면 아무것도 아니다. 하지만 이 눈길을 끄는 통계치는 인플레이션의 전말과는 거리가 멀다.

인플레이션을 유발하는 잠재 원인을 이해하는 건 어렵지 않다. 신용 위기 이후 양적 완화를 시행하면서 중앙은행은 재무상태표 확대 기조를 유지했는데, 이제 팬데믹의 경제적 영향에 대응하기 위해 대규모 재정·통화 부양책도 시행하고 있다. 통화 공급이 제품·서비스 생산보다 훨씬 더 증가했으므로 이 제품·서비스 가격은 상승할 수밖에 없고, 바로 그 이유로 인플레이션이 발생한다고 추론할 수 있다.

하지만 이 설명은 방정식의 한 가지 중요한 요소를 빠뜨렸는데, 바로 통화의 유통 속도다. 사람들은 늘어난 돈을 저축하려 하는가, 아니면 지출하는가? 신용 위기 이후 급증했던 저축률은 팬데믹 기간에도 급증했다. 위기에 대비하려는 목적도 있지만, 돈을 쓸 기회(가령 여행이나 휴가) 자체가 줄어든 것도 한몫했다. 하지만 이제 그 속도가 팬데믹 이전 수준으로 돌아갔기에 강력한 인플레이션을 위한 모든 요소를 다 갖춘 듯 보인다.

이 지점에서 여러분이 헷갈릴 수 있는데(나도 마찬가지다), 신용 위기 이후 '관계 당국'이 신용 위기와 그 원인들이 초래한 디플레이션 압박을 완화하고자 지난 10년간 인플레이션을 유발하려 했다는 사실을 고려하면 특히 그럴 것이다. 문제는, 다른 많은 일도 그렇겠지만, 인플레이션에 관해서는 말이 씨가 되니 조심해야 한다는 것이다. 마치 춥고 습기 찬 날에 모닥불이나 전통 바비큐를 피우려는 것과 같다. 휘발유 같은 촉매제를 끼얹으면 불씨가 없던 상태에서 '쐭' 하는 시끄러운 소리와 함께 정원에 불을 낼 수 있는 상태로 변한다. 강력한 인플레이션이 오면 예상을 훨씬 뛰어넘는 수준일지도 모른다.

이에 대응하는 방법에 관해서는(만약 대응하는 게 가능하다면) 고려할 요인이 몇 가지 더 있다. 원자재 비용의 인플레이션은 소매가나 자산 인플레이션과 똑같지 않다. 아래 그래프는 여러 원자재 가격의 증감과 소비자물가지수consumer price index, CPI의 오랜 시간에 걸친 상관관계를 규명하고자 했다.

보다시피 상관관계가 없다. 소비자는 원자재를 구매하지 않는다는 것이 한 가지 이유다. 원자재를 구매하는 건 이를 사용해 소비자가 구매하는 제품을 만드는 기업이다. 흥미롭게도, 깜짝 놀랄 만한 11월 스페인 PPI의 33.1% 상승은 에너지 가격 88% 상승과 비금속 가격 48% 상승, 제지 가격 16% 상승을 반영하는데, 식품 가격 상승은 8.3%에 불과했다. 비금속 역시 소비자가 구매하는 품목이 아니다.

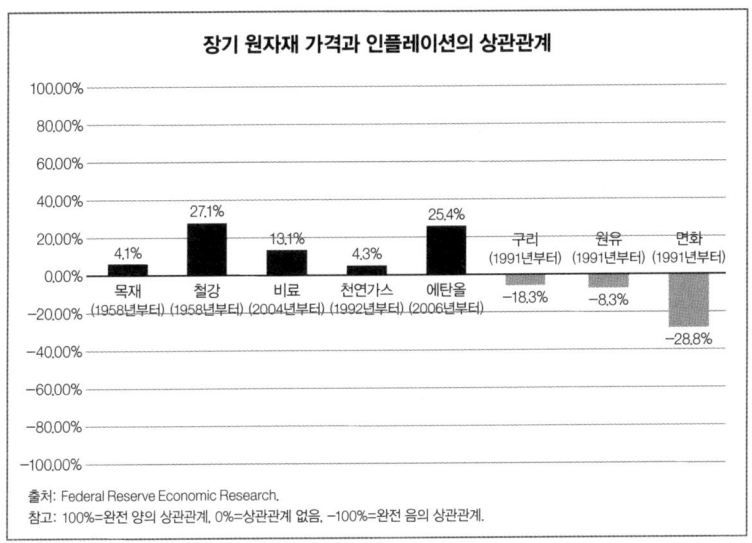

따라서 투입 비용 인플레이션은 초기에 소비자 가격이 아니라 기업 이익에 영향을 미친다. 이때 모든 기업이 인플레이션 앞에서 평등한 건 아니다. 매출액과 매출원가의 차이인 매출총이익률이 높을수록 인플레이션으로부터 수익성을 더 잘 지켜낼 수 있다.

아래 그래프는 투입 비용 인플레이션이 소비재 섹터에 속하는 두 기업, 즉 우리가 보유 중인 로레알과 미보유 종목인 캠벨 수프Campbell's Soup에 미치는 영향을 보여준다. 로레알의 매출총이익률은 73%이고 캠벨은 35%다. 투입 비용 5% 인플레이션은 아무런 조처도 행하지 않았을 때 로레알 이익을 7% 떨어뜨리는 반면, 캠벨의 이익은 22% 떨어뜨린다.

위에 실었던 포괄적 기준의 실적표 수치를 기억해보면, 우리 포트폴리오 기업의 매출총이익률은 60%가 넘지만 평균적인 주가 지수 구성 기업은 40% 정도다. 따라서 기업 펀더멘털 관점에서 우리가 투자한

5% 인플레이션의 영향

로레알	전	후
매출 대비 비율		
매출	100%	100%
매출원가율	27%	28%
매출총이익률	73%	72%
판관비율	55%	55%
영업이익률	18%	17%
감소 이익률		-7%

캠벨	전	후
매출 대비 비율		
매출	100%	100%
매출원가율	65%	68%
매출총이익률	35%	32%
판관비율	20%	20%
영업이익률	15%	12%
감소 이익률		-22%

출처: Fundsmith Research

기업은 인플레이션을 무사히 헤쳐 나갈 가능성이 크다.

하지만 인플레이션은 밸류에이션에도 영향을 미친다. 인플레이션 증가와 금리 인상 역시 모든 기업의 밸류에이션에 똑같은 영향을 미치지는 않는다. 채권 시장에서는 채권의 만기가 길수록 그 밸류에이션이 금리 변화에 더 민감하게 반응한다. 단기 채권은 곧 만기가 도래하고 그 원리금을 새로운 금리에 재투자할 수 있지만, 10년이나 30년 만기 채권은 그렇지 않다.

주식에서 채권의 듀레이션과 상응하는 개념은 순이익 기준이든 우리가 선호하는 현금흐름 기준이든 밸류에이션 멀티플이라고 할 수 있다. 고평가된 기업 주식일수록 인플레이션이나 금리 변화에 더 많은 영향을 받는다. 이게 바로 이익을 내지 못하는 새로운 물결의 기술 기업 주식이 최근 형편없는 주가 실적을 내고 있는 한 가지 이유다. 이들은 손실을 보고 있기에 기업 기대가치의 100% 이상이 미래가치에 근거한다. 사실상 기업이 아니라 사업계획서에 투자하는 것 같다고 깨닫는 투자자가 늘어나는 것 같은 다른 이유도 있다.

따라서 만약 연준을 포함한 일부가 예상하는 것보다 인플레이션이 더 강력하다면 우리는 밸류에이션 측면에서 순탄치 않은 길을 앞두고 있는지 모른다. 하지만 우리 포트폴리오 기업의 펀더멘털 실적에 미치는 영향에 관해서라면, 우리는 낙관하고 있다. 그게 우리의 주요 관심사다.

좋은 소식은 우리가 인플레이션이나 여타 거시경제 요인을 예측하는 능력에 바탕을 두고 투자하지 않는다는 점이다. 우리는 국가나 주가 지수, 거시경제에 관한 예측이 아니라 기업 자체에 투자한다.

다음 이야기를 꼭 전하고 싶다. 우리 펀드는 팬데믹 기간 투자 실적이 아주 좋았다. 우리가 투자한 기업은 훨씬 잘 버텨낸다. 대공황과 제2차 세계대전, 1965~1982년 대인플레이션, 닷컴 붕괴, 신용 위기 모두에서 그랬다. 이들 기업은 앞으로 무슨 일이 닥치든 살아남을 것이고, 우리도 원칙을 고수한다면 마찬가지일 것이다. 그래서 우리는 원칙을 반드시 지켜나가려 한다.

마지막으로 행복한 새해를 기원하며 여러분의 변함없는 성원에 감사의 마음을 전한다.

부록 3

2022년 반기 투자자 서한

펀드스미스, 2022년 7월

아래 표는 펀드스미스 에쿼티 펀드의 2022년 상반기 투자 수익률과 2010년 11월 1일 설정 후 누적 및 연 복리 수익률을 여러 벤치마크와 비교해 보여준다.

총수익률(%)	2022.1.1.~2022.6.30.	설정일~2022.6.30.	
		누적	연 복리
펀드스미스 에쿼티 펀드[1]	−17.8	+451.5	+15.8
주식[2]	−11.3	+243.2	+11.2
영국 국채[3]	−7.1	+30.9	+2.3
현금[4]	+0.3	+6.7	+0.6

참고: 펀드스미스 에쿼티 펀드는 어떤 벤치마크도 추종하지 않는다. 위의 비교군은 오로지 정보 제공을 위해서 제시했다.
1. T클래스 배당재투자 펀드(보수 차감 후, 영국 기준 정오 가격). 출처: Bloomberg / 2. MSCI 선진국 지수(파운드화 표시 순 배당재투자 기준, 미국 장 마감 시간 가격). 출처: www.msci.com / 3. 블룸버그/EFFAS 영국 국채 5~10년. 출처: Bloomberg / 4. 3개월 리보 금리. 출처: Bloomberg

2022년 상반기 우리 펀드는 가장 확실한 비교 지표라고 할 파운드화 표시 배당재투자 기준 MSCI 선진국 지수(-11.3%)를 6.5%p 밑도는 투자 실적을 냈다.

글로벌 주식 시장이 하락한 원인은 명확하다. 인플레이션이 급증하면서 경기 침체를 각오하고서라도 금리를 인상할 필요성이 커졌다. 인플레이션 급증과 다가오는 경기 침체의 그림자는 축구 감독이었던 토미 도허티Tommy Docherty의 말을 떠올리게 한다. "문 하나가 닫히면, 다른 하나가 안면을 강타한다."

경기 침체가 도래했는데 인플레이션이 지속되는 상황은 '스태그플레이션stagflation'이라는 용어가 만들어졌던 1970년대 이후 처음 접하는 시장 유형이다. 내가 업계에 발을 들인 1974년에 소비자물가지수로 측정한 영국의 인플레이션율은 24.24%였다. "역사는 그대로 반복되지 않지만, 그 흐름은 반복된다"라는 마크 트웨인의 말처럼, 1970년대 인플레이션은 아랍 원유 금수 조치와 함께 뒤따른 욤 키푸르 전쟁으로 격화했다. 이런 측면에서 볼 때 러시아의 우크라이나 침공은 유사한 영향을 미칠 것이다.

나는 인플레이션을 진압하는 데 필요한 금리 인상 폭이나 지속 기간을 알아맞힐 통찰력이 없지만, 그리 낙관하고 있지는 않다. 인플레이션에 대항하는 수단으로써 금리는 잘해봐야 뭉툭한 몽둥이일 뿐인데, 경기 호황기에 수요가 공급을 초과해서 발생한 인플레이션이 아닌 지금 같은 상황에서는 그 효과가 더 떨어지지 않을까 걱정된다.

전 영국 중앙은행 총재 머빈 킹Mervin King 경의 최근 인터뷰에 따르면 현 인플레이션은 코로나19 팬데믹의 정점이었던 2020년 3월에 문제를 오판한 데서 기인했다. 추가 양적 완화 조치를 통해 수요를 진작하려고 시도했던 당시에, 진정한 문제는 수요 부족이 아니라 공급 부족이었다. 에너지 공급에 차질이 생기고 연관 상품인 비료와 플라스틱, 금속, 유리, 팜유 같은 농산물, 마이크로칩 같은 필수 부품뿐 아니라 '대퇴사Great Resignation'•와 이민자의 이동 불가로 인해 노동력 공급에도 문제가 발생했다.

금리 인상은 이제 불가피한데, 이는 결과적으로 수요를 억누를 것이다. 소비자가 팬데믹 기간 특정 유형의 소비 지출을 할 수 없었다는 사실을 고려하면 그 효과가 발현하는 데 시간이 걸릴 수도 있다. 하지만 고금리는 원자재와 반도체를 포함해 모든 섹터에서 지속되는 공급 문제를 바로잡는 데는 아무 도움이 안 된다. 따라서 고금리가 수요를 억제해 공급이 이를 초과해서 가격 인플레이션이 완화되기까지는 시간이 걸릴 것이다.

다행히 우리는 거시경제 예언에 바탕을 두고 투자하지 않지만, 현재 인플레이션이 도래했는지는 추측하고 말고 할 문제가 아니다. 인플레이션과 금리 상승, 점점 가능성이 커지는 경기 침체가 주식 시장에 미치는 영향은 크게 두 가지로 볼 수 있다. 펀더멘털과 밸류에이션에 미치는 영향인데, 순서대로 그 내용을 다루면서 일부 우리 보유 종목의 실적을 검토해보자.

인플레이션의 결과 기업의 매출원가를 구성하는 원재료와 부품, 기타 투입물의 가격이 상승한다. 인플레이션을 방어하는 최고의 방법은 높은 매출총이익률(매출액과 매출원가의 차이)이다. 지난해 우리 포트폴리오 기업의 평균 매출총이익률은 60% 정도였는데, 일반적인 대형주의 40%와 대조적이다. 우리가 투자한 기업은 제품을 4파운드에 만들

• 2020~2021년 미국 고용 시장에서 평소보다 훨씬 많은 사람이 퇴사하거나 휴직 후 복귀하지 않고 퇴사하는 추세.

어 10파운드에 판다. 시장은 6파운드에 만들어서 10파운드에 판다. 매출원가가 10% 상승할 때 우리 포트폴리오 기업에 미치는 영향은 일반적인 기업보다 확실히 적다. 나아가 매출원가 10% 상승분을 판매가에 전가해 보충하려 할 때 우리 포트폴리오 기업은 일반적인 기업보다 판매가를 아주 조금만 올려도 된다. 인플레이션의 영향에 매출원가에 관한 것만 있는 것은 아니지만, 지속적으로 높은 매출총이익률을 올리는 우리 투자 기업의 역량은 강력한 1차 방어선이다.

미국 유통기업 타깃Target의 1분기 실적을 보면 낮은 매출총이익률의 문제점이 잘 드러난다. 참고로 우리는 절대 타깃에 투자할 생각이 없다. 전년 동 분기 30.0%였던 매출총이익률은 25.7%로 4.3%p 하락했는데, 재고자산 손상차손과 예상치를 밑돈 임의 소비재 판매액, 물류·공급망 차질, 물류 센터의 임금과 인원수 증가에 따라 비용이 늘어났기 때문이다. 전년 동 분기 9.8%였던 영업이익률은 5.3%로 매출총이익률과 거의 비슷하게 4.5%p 하락했고, 영업이익은 43% 감소했다. 낮은 매출총이익률과 높은 고정비는 우리가 최선을 다해 피하려는 몹시 위험한 조합이다.

그렇다고 안심하기엔 이르지만, 우리가 투자한 기업의 2022년 상반기 기초 사업 실적은 꽤 준수했다. 2022년 6월 기준 주당 가중평균 잉여현금흐름은 2021년 12월에 비해 4% 증가했는데, 연 단위로는 8% 증가했음을 의미한다. 우리 연례 서한을 오랫동안 읽어 온 독자는 이 수치가 역사적 평균과 큰 차이가 없다는 사실을 잘 알 것이다.

전체적으로 매출 증가는 견실했고, 일부 투자 기업은 아주 견실한 수준에 가깝다. 2022년 상반기 보고 실적에 따르면 2개년 매출 성장(팬데믹 기간 변동이 자아내는 혼돈을 피하고자 2개년 평균값을 사용했다)은 어도비 48%, 알파벳Alphabet 66%, 브라운 포먼 51%, 인튜이트 79%, 마이크로소프트 40%, 페이팔 39%, 워터스 코퍼레이션 47% 등이었다.

이들이 만약 우리가 사적 소유의 가족 기업이었다면 올해 상반기에 올린 실적을 보고 6개월 전처럼 손뼉을 치며 자축했겠지만, 향후 2년간 이 위업을 다시 달성할 수 있을지 다소 우려스럽다.

이를 낙관하기에는 인플레이션을 동반한 이번 경기 사이클의 아직 극초기일뿐더러 향후 몇 개 분기 실적 시즌이 아주 흥미진진하리라고 보진 않는다. 그렇긴 해도 우리 기업의 수익성 구조 덕분에 상당히 안심하고 있다. 나아가 경기 침체기에 매출 성장이 붕괴하는 기업 행렬의 선두에 우리가 투자한 기업이 낄 것 같지도 않다. 우리는 일부 임의 소비재도 있긴 하지만 필수 소비재와 헬스케어, 기술 섹터에 주로 투자하기 때문이다. 이들은 수요의 경기 순환성이 강하고, 고정자산과 비용이 더 많이 필요하며, 수익성과 현금 창출이 저조한 섹터보다 경기 침체기에 더 좋은 실적을 올릴 가능성이 크다.

따라서 우리가 초점을 맞추려는 기업 펀더멘털 측면에서 우리 포트폴리오 기업이 인플레이션과 경기 침체 사이클 국면에 비교적 좋은 실적을 낼 것으로 확신한다. 하지만 유감스럽게도 이들은 우리가 사적으로 소유한 가족 기업이 아니다. 만약 그랬더라면 펀더멘털 실적에 집중하고 주식 시장에 관해서는 걱정하지 않아도 됐을 텐데 말이다.

금리 인상기에 장기 자산이 단기 자산보다 실적이 좋지 않으리라는 것은 자명하다. 채권뿐 아니라 주식도 마찬가지다. 고평가된 기업의 주가는 시장에서 더 높은 PER을 부여받으므로 사실상 더 먼 미래의 이익이나 현금흐름까지 할인할 수밖에 없다. 그러니 이른바 가치주라고 불리는 저평가 기업과 비교해 금리 상승에 더 큰 영향을 받는다.

우리 포트폴리오도 그 영향에서 자유로울 순 없다. 대체로 지금까지 금리 상승에 가장 큰 영향을 받은 종목은 올해 초 가장 고평가됐던 종목이었기에 할인율 상승에 가장 큰 영향을 받았다.

2022년 상반기 투자 실적에 부정적인 영향을 미친 하위 다섯 개 기업은 다음과 같다.

페이팔	-3.0%
메타 플랫폼스	-2.3%
아이덱스	-2.3%
인튜이트	-1.5%
마이크로소프트	-1.2%

이 중에서 페이팔과 아마도 인튜이트는 자초한 상처로 현재의 상황을 더 악화시켜 기초 실적에 악영향을 미쳤다. 아이덱스와 마이크로소프트에서는 아무런 둔화의 증거를 발견할 수 없었다.

상반기에 더 저평가된 '가치'주를 더 많이 보유하지 않아서 우리가 좋은 기회를 놓쳤던 걸까? 당치도 않다. 많은 사람이 말하는 2022년 상반기 '성장'주에서 '가치'주로 '순환'하는 양상은 후자에게는 딱히 감흥이 없는 상황이다. 미국 S&P 가치 지수는 대응 관계인 S&P 성장 지수와 나스닥 지수를 상당히 앞서는 실적을 냈지만, S&P 성장 지수가 28% 하락하고 나스닥 지수가 30% 하락하는 동안 S&P 가치 지수는 12%만 하락하는 형태의 초과 실적이었다. 어려운 시기에 남들보다 조금만 하락하는 건 당연히 좋은 일이지만, 가치주가 성장주를 훨씬 밑도는 실적을 냈던 오랜 기간을 견딘 끝에 얻은 보상치고는 충분하지 않다.

우리가 절대 보유하지 않으리라고 여러 번 말했던 섹터를 보유하지 않은 것은 대체로 2022년 상반기 실적에 아무런 손해를 끼치지 않았다. 미국 S&P 은행 지수는 올 상반기 25% 하락했고 S&P 항공사 지수는 여행 수요가 회복했는데도 22% 하락했다. 심지어 S&P 금속·광업 지수도 시장보다는 작은 폭이지만 절대값 기준으로 하락했다. '우리가 절대 보유하지 않을' 분류에 속하면서 보유하지 않아서 대가를 치른 건 에너지 섹터였다. 올 상반기 미국 S&P 에너지 지수는 29% 상승했고 영국 BP의 주가는 17%, 쉘은 34% 상승했다. 우리 포트폴리오에 에너지 종목을 편입하지 않아서 아쉬운 사람에게 알려주자면, 올 상반기 상승으로 S&P 에너지 지수는 2008년 고점 수준을, 두 영국 종목은 1990년대 고점 수준을 거의 회복했을 뿐이다.

밸류에이션 관점에서 우리 포트폴리오 현황에 약간의 객관성을 더하자면, 포트폴리오의 잉여현금흐름 수익률은 2021년 말 2.7%에서 2022년 6월 말 3.6%로 증가했다. 즉, 6개월 동안 우리 포트폴리오의 밸류에이션이 2017년 말 수준으로 하락했다. 밸류에이션 상승으로 인한 우리 펀드의 주가 상승은 물론 좋은 일이긴 하지만, 한계가 있고 원상태로 되돌아갈 수 있는 특징이 있기 때문에 우려스럽다고 과거에도 경고한 바 있다. 지금이 바로 그런 상황으로 보이기에 그저 안도할 수만은 없다.

나아가 '성장'에서 '가치'로 순환하는 양상이 이른바 '고평가 기술 섹터'가 돌아서는 상황을 초래했다. S&P 500 지수에 편입된 78개 기술주의 잉여현금흐름 수익률 중앙값은 4.6%이고 평균값은 5.2%다. 반대로 지수를 구성하는 36개 필수 소비재 종목의 잉여현금흐름 수익률 중앙값은 3.8%, 평균값은 4.6%였다. S&P 500 지수의 기술주는 사실상 필수 소비재 종목보다 더 저평가됐다.

'고평가 기술 섹터'라는 내러티브가 존재하는 이유는 많은 기술주가 과거에 다음 특징 중 두 개 이상을 가졌거나 지금도 가지기 때문이다. 바로 거대 시가총액 기업이거나 매출액이나 이익이 전무한 재무 상태이거나, 2020년이나 2021년에 상장해 사람들에게 잘 알려졌거나, 카리스마 넘치는 CEO가 있거나 하는 특징이다. 이런 유형의 주식에 투자하는 가장 유명한 투자자는 바로 아크 이노베이션ARK Innovation ETF를 운용하는 아크 인베스트먼트 매니지먼트ARK Investment Management일 것이다. 블룸버그에 따르면 이 ETF가 보유한 비중 상위 10개 종목 중 일곱 개의 예상 PER은 'N/A Not Available'로, 이익을 내지 못한다. 나머지 세 종목에서 예상 PER의 평균값은 53배였다.

반면에 기술주로 대충 분류할 수 있는 우리 포트폴리오 종목 대다수(마이크로소프트와 어도비, 알파벳, 비자, ADP, 인튜이트, 페이팔, 메타Meta)의 예상 PER은 24배이고, 아마존만 아웃라이어다. 사람들이 전체 기술 섹터를 한데 묶어 이야기할 때면 이 대조적인 밸류에이션 수치를 머릿속에 새겨두는 게 좋다.

2022년 상반기 투자 실적이 좋았던 기업은 어디인가? '그리 많지 않다'라는 관찰 결과가 먼저 떠오르지만, 우리 펀드 실적에 긍정적으로 기여한 상위 다섯 개 기업은 다음과 같다.

필립 모리스	+0.8%
노보 노디스크	+0.4%
브라운 포먼	+0.3%
펩시코	+0.3%
워터스 코퍼레이션	+0.1%

노보 노디스크가 당뇨병 치료용으로 개발한 의약품은 실제 체중 감량 효과가 있는 세계 첫 번째 의약품이기도 하다는 사실이 드러났다. '위고비wegoby'라 이름 붙인 이 의약품의 잠재 시장은 어마어마하다. 한편 필립 모리스 인터내셔널은 담배 회사의 경기 방어적인 특성과 저평가에서 이득을 봤다. 최근에는 스웨디시 매치를 인수해 무연 담배 제품과 니코틴 파우치 시장에서 확실한 선두 주자로 자리매김할 매력적인 계약을 체결했다. 이런 성과에도 불구하고 필립 모리스는 2022년 6월 말 우리 포트폴리오에서 두 번째로 저평가된 종목이었다. 가장 저평가된 종목 수상의 영광은 메타 플랫폼스에게 돌아갔다. 메타 주식은 잉여현금흐름 수익률 8.7%에 거래된다. 이 정도면 저렴한 가격이거나 이른바 '밸류 트랩value trap'이라고 할 만하다. 둘 중 어느 경우인지 알게 되면 여러분에게 알리겠지만, 전자라고 믿고 싶다.

올 상반기 우리 포트폴리오 회전율은 3.2%였다. 펀드 설정과 환매와 관련한 비용을 포함하지 않는 자발적 거래비용은 39만 2,705파운드, 펀드 평균 가치의 0.002%(1bp의 5분의 1)에 불과했다. T클래스 배당재투자 펀드의 성과 보수 제외 총보수·비용 비율(OCF)은 1.04%였고, 여기에 모든 거래비용을 합산한 투자 총비용(TCI)은 1.05%였다.

2022년 상반기로 우리 포트폴리오 종목이 기초 사업 실적뿐 아니라 저금리와 그에 따른 밸류에이션 상승의 이득을 누렸던 오랜 시간이 당장은 끝났다는 것을 의미한다. 이 순풍이 사라지기만 한 게 아니라, 순식간에 금리 상승이라는 엄청난 역풍이 인플레이션의 영향과 높은 경기 침체 가능성에 대한 두려움과 결합한 형태로 나타났다.

우리는 금리 상승으로 인한 역풍이 밸류에이션에 미치는 영향이 얼마나 지속될지 통찰할 능력이 없다. 하지만 우리 포트폴리오 기업은 그런 환경 속에서도 살아남아 비교적 좋은 실적을 낼 것이라 확신한다. 이게 바로 지금까지도 그랬고 앞으로도 유지할 우리의 주요 관심사다. 우리 생각이 옳다면 우리가 투자한 기업의 내재가치는 향상하거나 적어도 유지될 것이다. 주가는 결국 펀더멘털을 반영하게 되어 있다(그 반대가 아니다).

인플레이션 시기에 투자할 선택지를 표현하는 용어 중에 'TINA'라는 것이 있다. '대안이 없다There Is No Alternative'라는 뜻인데, 이런 상황에서 주식이야말로 가장 덜 부진한 자산군이라는 생각을 담은 개념이다. 실질적 성장을 지속함으로써 인플레이션율을 앞서는 실질자본이익률을 올릴 수 있는 기업이 일부라도 존재하기 때문이다.

고정 쿠폰이자를 받는 채권은 이런 환경에서 택할 만한 대안이 아니다. 부동산은 어느 정도 안전한 대안이지만 유동성이 아주 낮은 국지적 시장일뿐더러 마찰 비용도 너무 크다. 인플레이션 사이클 초기에 원자재는 좋은 실적을 내왔는데, 이번에도 마찬가지일 수도 있고 아닐 수도 있다. 하지만 원자재는 고유의 투자 수익이 없다. 쿠폰이자도 없고, 배당금이나 이익 재투자도 없다. 이런 특성의 자산에 투자하는 건 명백히 더 큰 바보 이론 게임에 참가하는 것과 같다. 돈을 벌 수 있는 방법은 지불한 값보다 더 비싼 값을 치를 의사가 있는 사람에게 매도

하는 것뿐이다. 나는 이걸 해낼 자신이 없다. 모든 걸 종합해보면 올 상반기 실적이 부진했는데도 불구하고 주식 말고는 대안이 없다는 사실을 암시하는 듯하다.

하지만 이 사실에 동의한다고 해도 보유 주식을 팔고 현금을 보유해서 주식 시장의 추가 하락을 피하려는 충동이 들 수 있다. 그 행위의 본질은 타이밍에 있다. 이미 주식을 다 팔아서 현재 현금만 보유하고 있는 게 아니라면, 이미 고점을 놓쳤다. 위 전략의 나머지 부분이라도 대략적으로 올바르게 하려면 경제 상황이 가장 절망적일 때 다시 주식을 매수해야 한다. 이 능력을 갖춘 사람은 만약 존재한다고 해도 극소수에 불과하다. 게다가 현금을 보유하면서 시간을 보내는 것은 인플레이션에서 빠져나갈 구멍이 될 리 만무하다.

마지막으로 여러분이 'TINA' 주문의 논리를 받아들인다고 해도 우리 포트폴리오에 편입한 주식이 한동안 좋은 실적을 내지 못할 유형일 수도 있다. 퀄리티 기업 주식을 팔고 저평가된 가치주를 매수한 후 적절한 시기에 다시 반대로 행하는 건 마켓 타이밍 접근법의 부분집합이다. 이 접근법을 추구하겠다면, 행운을 빈다. 나는 경기 순환성이 아주 강하고 매출총이익률과 자본이익률이 낮은 저평가 주식 대다수가 경기 침체기에 어떤 실적을 낼지 잘 알고 있다.

한편 우리는 하던 일을 계속할 것이다. 고퀄리티 기업으로 포트폴리오를 구성하고 계속 보유해서, 시장의 예측할 수 없는 변화가 아니라 기업이 그 가치를 복리 성장할 고유 능력이 우리 장기 투자 실적을 결정하게 할 것이다. 여러분을 그 투자 천국에서 만날 수 있길 바란다.